Paul Kegan

Die Verbrechen gegen das Leben nach attischem Recht

Wissenschaftliche Beilage zum Programm des Humboldts-Gymnasiums. Ostern

1883

Paul Kegan

Die Verbrechen gegen das Leben nach attischem Recht
Wissenschaftliche Beilage zum Programm des Humboldts-Gymnasiums. Ostern 1883

ISBN/EAN: 9783743622104

Hergestellt in Europa, USA, Kanada, Australien, Japan

Cover: Foto ©ninafisch / pixelio.de

Weitere Bücher finden Sie auf **www.hansebooks.com**

Wissenschaftliche Beilage zum Programm des Humboldts-Gymnasiums.
Ostern 1883.

Die

Verbrechen gegen das Leben

nach attischem Recht.

Von

Dr. S. Herrlich,
ord. Lehrer am Humboldts-Gymnasium.

BERLIN 1883.
R. Gaertners Verlagsbuchhandlung
Hermann Heyfelder.

Die Verbrechen gegen das Leben nach attischem Recht.

Das attische Gerichtswesen ist in neuerer Zeit vielfach Gegenstand der Untersuchung und Darstellung seitens der Altertumsforscher gewesen. Während man sich bis zum Anfang unseres Jahrhunderts im wesentlichen mit den Arbeiten der Realphilologen des 16. und 17. Jahrhunderts begnügte[1]), hat seitdem unsere Kenntnis dieses Teils der griechischen Altertümer durch die Werke Matthiaes[2]), Meiers[3]), Schömanns[3]), Plattners[4]), Heffters[5]), K. F. Hermanns[6]) eine bedeutende Erweiterung erfahren. Namentlich die Fragen, welche die Blutgerichtsbarkeit und besonders den Areopag berühren, haben eine ganze Reihe von Schriften und eine teilweise sehr lebhafte Kontroverse hervorgerufen[7]). Aber diese Werke haben es eigentlich nur mit dem gerichtlichen Verfahren, mit dem Prozefs zu thun. Das materielle Recht und namentlich das **materielle Strafrecht** tritt im ganzen sehr zurück.

Auch das Werk des belgischen Gelehrten Thonissen[8]), der vor kurzem eine umfassende Darstellung des attischen Strafrechts geliefert hat, kann, so verdienstlich es auch als erster Versuch sein mag, doch nach dem Urteil berufener Beurteiler den Ansprüchen der Wissenschaft nicht genügen[9]). Sam. Mayer[10]) endlich will in dem das Strafrecht behandelnden Teile seines grofs angelegten Werkes in erster Linie Materialien für das Verständnis und die Geschichte des heutigen deutschen Strafrechtes liefern, indem er den Bestimmungen desselben die bei den wichtigsten Völkern des Altertums geltenden Normen gegenüber stellt, und so dankbar jeder auf dem Gebiete des antiken Strafrechts

---

[1]) Eine Übersicht der älteren Litteratur giebt **Philippi**, der Areopag u. die Epheten. Berlin 1874. p. VI ff.

[2]) Miscellanea philologica vol. I p. 141—275. Altenburg 1803.

[3]) De bonis damnatorum. Berlin 1819, u. Der attische Prozefs. Halle 1824.

[4]) Der Prozefs u. die Klagen bei den Attikern. Darmstadt 1825.

[5]) Die Athenäische Gerichtsverfassung. Köln 1822.

[6]) Grundsätze und Anwendung des Strafrechts im griech. Altertume. Göttingen 1855.

[7]) Zu einem vorläufigen Abschlufs sind diese Fragen gelangt in dem citierten Werke von **Philippi**; für weitere Litteraturangaben verweise ich hier auf **Lipsius** Berichte über griech. Staatsaltertümer in **Bursians** Jahresbericht.

[8]) Droit pénal de la république Athénienne. Brüssel 1875.

[9]) Die Behandlung der einzelnen Verbrechen ist eine allzu äufserliche, eine Begriffsbestimmung fehlt meist gänzlich; besonders aber fehlt es Th. an einer ausreichenden Beherrschung des Materials, namentlich soweit Verständnis und Kritik der Quellen in Betracht kommen. cf. **Lipsius** in Bursians Jahresber. t. XV p. 284 ff.

[10]) Die Rechte der Israeliten, Athener und Römer. 3. Band. Geschichte der Strafrechte. Trier 1876. Weit mehr als die beiden letzten Werke habe ich übrigens das Buch Philippis benutzen können.

Arbeitende dem Verfasser auch sein wird, eine selbständige Darstellung des attischen Strafrechts kann dasselbe nicht ersetzen. Eine solche muſs vielmehr noch immer im hohen Grade wünschenswert bleiben. Einen Beitrag zu einer solchen will der Verfasser im folgenden zu liefern versuchen. Der Abschnitt des attischen Strafrechtes nämlich, welcher die Lehre von den Verbrechen gegen das Leben umfaſst, soll hier dargestellt werden. Mit Ausschluſs aller der Fragen also, die das gerichtliche Verfahren und die Kompetenz der einzelnen Gerichtshöfe angehen, wird es in erster Linie den Gegenstand der Untersuchung bilden, wie das attische Recht den Begriff dieser Verbrechen bestimmt, wie es dem entsprechend die einzelnen Kategorien derselben festgesetzt, und mit welchen Strafen es endlich dieselben belegt hat. Der Zeit nach wird sich die Darstellung im wesentlichen auf die Periode der 10 attischen Redner zu beschränken haben. Denn nur für diese ist es durch die erhaltenen gerichtlichen Reden, auf welche ja auch die Angaben der Lexikographen Harpokration und Pollux im wesentlichen zurückgehen, möglich sich eine Vorstellung von dem thatsächlichen Rechtszustande in Athen zu bilden, die durch die Angaben bei den gewissermaſsen die Stelle der Vertreter der theoretischen Rechtswissenschaft einnehmenden Philosophen Plato und Aristoteles[11]) eine wichtige Ergänzung findet. Ehe ich jedoch hierzu übergehe, scheint es notwendig zu sein, einen kurzen Überblick der geschichtlichen Entwicklung des uns hier beschäftigenden Teils des Strafrechtes zu geben. Den Ausgangspunkt für dieselbe muſs die Zeit bilden, von deren Zuständen uns das homerische Epos Kunde giebt[12]). Von einem eigentlichen Strafrecht kann allerdings in derselben noch nicht die Rede sein. Entsprechend der noch sehr losen Verbindung der Staatsgenossen, denen der Begriff des Staates als einer rechtlichen und sittlichen Lebensgemeinschaft seiner Angehörigen noch ganz fern liegt, erscheint der Angriff auf das Leben eines Bürgers noch nicht als ein die Rechtsordnung des Staates selbst verletzendes „öffentliches Unrecht" (*κοινὸν ἀδίκημα*), sondern der Mord wird nur als ein gegen die Verwandten des Getöteten gerichtetes „Privatunrecht" angesehen. Diesen bleibt die Bestrafung des Mörders daher auch vollständig überlassen, und zwar können sie dieselbe entweder durch Vollstreckung der Blutrache oder durch Annahme eines Sühngeldes (*ποινή*) vollziehen. Letzteres scheint keineswegs für ehrenrührig gegolten, sondern vielmehr die Regel gebildet zu haben. Wenigstens wird es dem unversöhnlich zürnenden Achilleus tadelnd vorgehalten, „daſs man selbst von dem Mörder des Bruders oder Sohnes ein Sühngeld annehme" [13]). Wird aber das Sühngeld, dessen Betrag nicht wie in den germanischen Volksrechten ein gesetzlich festgesetzter war, sondern der Vereinbarung der Parteien überlassen gewesen zu sein scheint, nicht angenommen, oder vermag es der Mörder nicht zu bezahlen, so kann derselbe sich nur durch schleunige Flucht ins Ausland der Vollziehung der ihm drohenden Blutrache entziehen. Denn in irgend einer Weise für den Mord eines Angehörigen Vergeltung zu üben, galt als eine heilige Pflicht, deren Verletzung bei allen Menschen als schmachvoll und schimpflich angesehen

---

[11]) cf. bes. K. F. Hermann, de vestigiis institutorum veterum imprimis Atticorum per Platonis de legibus libros indagandis. Marburg 1836, u. Thonissen l. l. p. 415—485.

[12]) cf. bes. Schömann, griech. Staats-Altert. I p. 48 ff. u. Thonissen l. l. p. 1—54. (Le droit criminel de la Grèce légendaire.)

[13]) Il. IX, 632 . . . *Καὶ μέν τίς τε κασιγνήτοιο φονῆος*
ποινὴν ἢ οὗ παιδὸς ἐδέξατο τεθνηῶτος.

cf. auch IX, 508 ff. über die Pflicht den *Λιταί* zu gehorchen u. keinen unversöhnlichen Groll zu hegen; auch der Il. XVIII, 497 auf dem Schilde des Ach. dargestellte Rechtshandel bezieht sich auf den Streit um eine *ποινὴ φόνου*.

wurde[14]). Beispiele solcher wegen Tötung Landflüchtiger kommen bei Homer mehrfach vor[15]). Ein Unterschied zwischen beabsichtigter und unfreiwilliger Tötung scheint nicht gemacht worden zu sein[16]). Ganz fremd aber scheint Homer die Anschauung zu sein, nach welcher der Mörder durch seine That auf sich selbst und das ganze Land eine schwere religiöse Befleckung (*ἄγος, μίασμα*) herabzieht: der Mörder lebt, ohne dass sich eine Spur einer vorausgegangenen religiösen Sühne findet, unangefochten unter den Menschen, und er wird auch nicht als den Göttern verhasst angesehn, sondern im Gegenteil wird beispielsweise von Tlepolemus, der einen Verwandten getötet hatte, ausdrücklich erzählt, dafs ihn Zeus geliebt und mit reichen Glücksgütern beschenkt habe[17]). Wir finden also hier einen Gegensatz gegen jene uns besonders aus der attischen Tragödie bekannte Vorstellung, nach der der Mörder und zwar auch der, dessen That keine ungerechte gewesen ist (Orestes, Oedipus), von einem schweren Fluche betroffen erscheint, der auch das ganze Land betrifft, im Falle dafs es den Mörder nicht ausstöfst[18]). Hier tritt uns eine Anschauung entgegen, die eine neue Stufe der Entwicklung der Rechtsanschauungen bezeichnet: diejenige nämlich, nach welcher die Tötung eines Menschen zwar noch nicht als gegen die Grundlagen der Staatsgemeinschaft selbst gerichtet, wohl aber als eine Verletzung der Pflichten gegen die Götter betrachtet wird. Der Mord erscheint daher ganz wesentlich im Lichte eines Religionsverbrechens. Manche Völker, wie besonders die des Orients, sind bekanntlich nie über diesen Standpunkt hinausgekommen, aber auch die Rechtsanschauung der Athener hat sich selbst in der Periode, in welcher sie der als die höchste Stufe der Rechtsentwicklung zu bezeichnenden Anschauung nahe gekommen war, nach welcher jedes Verbrechen als wenigstens indirekt gegen die Staatsordnung selbst gerichtet erscheint und demgemäfs von dem Staate selbst ex officio bestraft wird[19]), nie ganz von der Auffassungsweise frei machen können, nach welcher die Verbrechen gegen das Leben als Verletzung der Religion, des jus divinum erscheinen[20]). Selbst jener Standpunkt der homerischen Zeit, in welcher der Mord lediglich als ein gegen die Verwandten des Getöteten gerichtetes Verbrechen erscheint und seine Bestrafung der Privatrache derselben überlassen bleibt, ist auf diesem Gebiete für die Athener nie völlig zu einem überwundenen geworden. Allerdings weniger im materiellen Recht selbst als in Bezug auf das uns hier nicht beschäftigende Prozefsverfahren und zwar in erster Linie für das Klagrecht ist dieser

---

14) Od. XXIV, 433 ff. *λώβη γὰρ τάδε γ' ἐστὶ καὶ ἐσσομένοισι πυθέσθαι,*
εἰ δὴ μὴ παίδων τε κασιγνήτων τε φονῆας
τισόμεθ'. . . . .

cf. auch Od. XXIII, 118 ff. I, 298 ff.

15) Il. II, 664 f., XIII, 696, XVI, 573 f., XXIII, 85 ff., Od. XV, 224.

16) Il. XXIII, 86 ff.

17) cf. Thonissen l. l. p. 44 Anm. 3 u. bes. Il. II 668 ff.
. . . . ἠδ' ἐφίληθεν
ἐκ Διός, ὅςτε θεοῖσι καὶ ἀνθρώποισιν ἀνάσσει,
καί σφιν θεσπέσιον πλοῦτον κατέχευε Κρονίων.

18) cf. Soph. Oed. R. 97 ff. *μίασμα χώρας, ὡς τεθραμμένον χθονὶ*
ἐν τῇδ', ἐλαύνειν μηδ' ἀνήκεστον τρέφειν.

u. 101. *ὡς τόδ' αἷμα χειμάζον πόλιν* u. die Rede des Oedipus v. 236 ff.

19) Zum Beweise sei hier nur auf die *γραφὴ ὕβρεως* hingewiesen, worüber das Nähere bei Meier-Schömann l. l. p. 319 ff.

20) cf. Antiphon or. 6 § 3 *ἡγοῦμαι — περὶ πολλοῦ εἶναι τὰς φονικὰς δίκας ὀρθῶς διαγιγνώσκειν μάλιστα μὲν τῶν θεῶν ἕνεκα καὶ τοῦ εὐσεβοῦς.* — Tetral. I, α § 3 *σαφῶς γὰρ οἴδαμεν ὅτι πάσης τῆς πόλεως μιαινομένης ὑπ' αὐτοῦ ἕως ἂν διωχθῇ, τὸ δὲ ἀσέβημα ἡμέτερον γίνεται κ. τ. λ.* u. Tetral. III α § 2 ff. u. Demosth. or. 20 § 158. cf. auch Grote hist. of Greece III p. 75.

Standpunkt von entscheidendem Einflufs geblieben[21]). Auch Plato, der in dem hierher gehörigen Teil seiner Gesetze für die kretische Musterkolonie sich im allgemeinen an das attische Recht seiner Zeit angeschlossen zu haben scheint, räumt sowohl dem religiösen als auch dem privatrechtlichen Standpunkt bei der Beurteilung der Verbrechen gegen das Leben eine sehr erhebliche Bedeutung ein[22]). Eine Erklärung für diese Thatsache scheint darin zu finden zu sein, dafs die Athener, die sich sonst so aufserordentlich leicht zu einer Änderung ihrer Gesetze entschlossen, auf diesem Gebiete einer ungewöhnlich konservativen Gesinnung huldigten. Denn für die Verbrechen gegen das Leben scheinen die Gesetze, welche dem Drakon zugeschrieben werden, alle Zeit in Geltung geblieben zu sein. Mehrfach heben es die Redner hervor, dafs dieser Teil der attischen Gesetze unter allen Veränderungen der Verfassung allein unverändert geblieben ist[23]). Dafür, dafs Solon die *νόμοι φονικοί* Drakons allein unverändert in seine Gesetzgebung aufgenommen hat, giebt es aufser anderen[24]) auch ein inschriftliches Zeugnis. In dem athenischen Psephisma vom Jahre 409/8 a. Chr. nämlich wird die Neuaufstellung einer Inschriftssäule mit dem den Mord betreffenden Gesetze Drakons angeordnet, und dann der Wortlaut dieses Gesetzes selbst unter der Bezeichnung *πρῶτος ἄξων* gegeben[25]). Da nun *ἄξονες* die Tafeln heifsen, auf welchen die Gesetze Solons aufgezeichnet waren[26]), so mufs dieses Gesetz Drakons in die Solonische Gesetzgebung aufgenommen worden sein. Von den Gesetzen Drakons aber steht es fest, dafs sie im wesentlichen nur eine Fixierung der zur Zeit ihrer Abfassung in thatsächlicher Geltung stehenden Rechtsgewohnheiten waren[27]), und es ist daher leicht ersichtlich, dafs in den auf Drakon zurückgehenden *νόμοις φονικοῖς* stets der Einflufs der oben charakterisierten in den ältesten Zeiten herrschenden Rechtsanschauungen sehr stark hervortreten mufste.

Indem wir nunmehr zu dem auf die Verbrechen gegen das Leben bezüglichen materiellen Recht übergehen, bedarf es vielleicht eines besonderen Hinweises darauf, dafs im Folgenden mehrfach Erörterungen enthalten sind, die nicht sowohl dem attischen Strafrecht als der allgemeinen Lehre von den Verbrechen und Strafen anzugehören scheinen; es wird dies aber nicht als eine Überschreitung der der vorliegenden Arbeit gesteckten Grenzen erscheinen, denn gewisse Grundprinzipien liegen so sehr in dem Wesen des Strafrechtes, dafs ihre Erörterung für das Verständnis des Strafrechtes jedes Kulturvolkes als notwendig erscheinen mufs[28]). Auszugehen ist von dem Begriff des Thatbestandes, d. h. der Summe der Merkmale der Verbrechen gegen das Leben. Zu diesen gehört zunächst die Rechtswidrigkeit; denn da ein jedes Verbrechen in erster Linie als eine Rechtsverletzung erscheint, so ist es klar, dafs wenn die Tötung eines Menschen nicht rechtswidrig erfolgt

---

21) cf. besonders Philippi l. l. p. 70 ff., wo die uns sowohl inschriftlich (Corp. Inscr. Att. I, No. 61) als auch in der Rede des Demosthenes gegen Makartatos (43) § 57 u. in der Rede gegen Euergos u. Mnesibulus § 72 erhaltenen Bestimmungen über das Klagerecht der Angehörigen des Getöteten ausführlich erörtert werden.

22) cf. K. F. Hermann de vestigiis etc. p. 44 ff. u. Plato de legg. IX c. 8—13 u. bes. p. 865 d. e.

23) Antiphon, 5, § 14 f. *οὕτως οἵ γε νόμοι κάλλιστα κεῖνται οἱ περὶ φόνου οὓς οὐδεὶς πώποτε ἐτόλμησε κινῆσαι.* or. 6, § 2 *ὑπάρχει μὲν γὰρ αὐτοῖς* (scil. *τοῖς περὶ φόνου νόμοις*) *ἀρχαιοτάτοις εἶναι ἐν τῇ γῇ ταύτῃ, ἔπειτα δὲ τοὺς αὐτοὺς ἀεὶ περὶ τῶν αὐτῶν.*

24) Plut. Sol. 17. Demosth. 23, § 51. 47, § 71. 20, § 158.

25) Corp. Inscr. Att. I, No. 61. cf. besonders Köhler im Hermes II, p. 27 ff. und Philippi l. l. Anhang.

26) cf. Schömann Griech. St. Altert. I, p. 341 und Philippi l. l. p. 354 ff., sowie Plut. Sol. XIX, 4. Demosth. 23, § 31. Pollux VIII, 125. Harpokration ed. Dindorf p. 41 u. 220.

27) cf. Aristot. Polit. II, 9 *Δράκοντος δὲ νόμοι μὲν εἰσί, πολιτείᾳ δὲ ὑπαρχούσῃ τοὺς νόμους ἔθηκεν κ. τ. λ.* und Grote hist. of Gr. III, p. 76.

28) Im allgemeinen verweise ich hier auf Berner, Lehrbuch des deutschen Strafrechts.

ist, ein Verbrechen eigentlich gar nicht vorliegen kann. Diese Schlufsfolgerung hat, wie wir unten näher sehen werden, auch das attische Recht gezogen, indem es in einer ganzen Reihe von Fällen die Tötung als nicht rechtswidrig und daher überhaupt nicht als strafbar ansah. Ein weiteres Merkmal für den Thatbestand des Tötungsverbrechens ist die Absichtlichkeit, d. h. die Tötung mufs von dem handlungs- und zurechnungsfähigen Thäter als Objekt seiner Handlung beabsichtigt gewesen sein; ist dies nicht der Fall, so kann höchstens eine nur mit einer verhältnismäfsig geringen Strafe zu belegende fahrlässige Tötung angenommen werden. Das attische Recht hat nun zwar unter dem Einflufs der oben beleuchteten religiösen und privatrechtlichen Gesichtspunkte bei den Tötungsverbrechen das objektive Element, d. h. die Thatsache, dafs der Tod eines Menschen erfolgt ist, bei der strafrechlichen Beurteilung sehr in den Vordergrund treten lassen; indessen hat es doch schon seit Drakon[29]) die Bedeutung des subjektiven Elements der Absichtlichkeit, welche die Athener durch *πρόνοια* bezeichnen, bei der Beurteilung der Strafbarkeit der Verbrechen gegen das Leben nicht aufser Acht gelassen. Noch mehr ist dies allerdings durch Plato geschehen[30]). Diesen Merkmalen des Thatbestandes entsprechend werden nun im attischen Strafrecht drei ihrer Strafbarkeit nach sehr verschiedene Klassen von Tötungsfällen unterschieden[31]), es sind dies:

1. die Fälle der sowohl rechtswidrigen als auch absichtlichen Tötung.
2. die Fälle der zwar absichtlichen aber nicht rechtswidrigen Tötung.
3. die Fälle der unvorsätzlichen Tötung.

Diese drei Kategorien werden nun im folgenden einzeln behandelt werden.

---

1. Die Fälle der sowohl absichtlichen als auch rechtswidrigen Tötung.

Zu dieser Kategorie, für welche das Vorhandensein der Absichtlichkeit oder *πρόνοια* das entscheidende Merkmal ist, gehören vor allem: der eigentliche Mord (*φόνος ἑκουσίως* od. *ἐκ προνοίας καὶ ἀδίκως γιγνόμενος*), ferner das Verbrechen der Anstiftung zum Morde (*βούλευσις φόνου ἐκ προνοίας*), und endlich der Mordversuch (*τραῦμα ἐκ προνοίας*). Auszugehen ist bei der Feststellung des Thatbestandes von dem Morde im Sinne des heutigen Strafrechtes, da der Thatbestand der beiden anderen Verbrechen entweder mit dem des Mordes zusammenfällt oder im Anschlufs an denselben erörtert werden mufs. In dem alten Gesetze über die Gerichtsbarkeit des Areopags[32]) ist der Mord nur durch die Worte *φόνος ἐκ προνοίας* bezeichnet, nur der Fall des Giftmordes ist genauer durch die Worte *φάρμακα ἐάν τις ἀποκτείνῃ*

---

[29]) Vorläufig verweise ich auf den Eingang des drakonischen Gesetzes im Corp. Inscr. Att. I, 61, sowie auf Antiph. or. 1, § 5. Demosth. 21, § 43; 23, § 50.

[30]) legg. IX p. 866 e—869 e (näheres unten).

[31]) Eine Zusammenstellung der einzelnen Fälle findet sich in der für die Tötungsverbrechen so überaus wichtigen Rede des Demosthenes gegen Aristokrates (23) § 45 *οὐκοῦν ταυτά γε δήπου προσῆκε γράψαι, ἐάν τις ἀποκτείνῃ γράφοντα, ἄκων ἢ ἑκών, ἀδίκως ἢ δικαίως κ. τ. λ.* § 50. — *ἀλλ' ἁπλῶς ἄν τις ἀποκτείνῃ Χαρίδημον, ἀγέσθω, κἂν ἄκων, κἂν δικαίως, κἂν ἀμυνόμενος, κἂν ἐφ' οἷς διδόασιν οἱ νόμοι.*

[32]) Dem. or. 23. § 24 *γέγραπται γὰρ ἐν μὲν τῷ νόμῳ τὴν βουλὴν* (scl. *τὴν ἐν Ἀρείῳ πάγῳ*) *δικάζειν φόνου καὶ τραύματος ἐκ προνοίας καὶ πυρκαϊᾶς καὶ φαρμάκων ἐάν τις ἀποκτείνῃ δούς.* ebenso Pollux VIII, 117. Dafs sich *ἐκ προνοίας* auch auf *φόνου* bezieht, weist mit Hinweis auf Dinarch. or. 1, § 6, Philippi l. l. p. 23, Anm. 30 gegen Meier Opusc. Academ. II, p. 193 f. nach.

δούς bestimmt. Die einzelnen Merkmale des Thatbestandes müssen daher teils aus den gerichtlichen Reden, teils durch Vergleichung mit den beiden anderen Kategorien von Tötungsverbrechen, teilweise endlich auch aus der Betrachtung des allgemeinen Strafrechtes gewonnen werden. Notwendig ist zunächst als Thäter eine handlungsfähige Person, welcher die That zugerechnet werden kann. Die Zurechnungsfähigkeit aber wird ausgeschlossen einmal durch das frühe Kindesalter und das mit diesem auf eine gleiche Stufe zu stellende kindische Greisenalter, dann aber durch gewisse die Geistesthätigkeit entweder dauernd oder zeitweilig störende oder doch beeinträchtigende Zustände, wie Wahnsinn, Trunkenheit u. a. Zwar finden sich hierüber in den erhaltenen Reden keinerlei Bestimmungen [53]), doch erklärt sich dies wohl daraus, dass sich keine derselben auf einen derartigen Fall absichtlicher Tötung durch einen Unzurechnungsfähigen bezieht, und man darf deshalb nicht annehmen, dass eine von einem kleinen Kinde, einem Wahnsinnigen begangene Tötung als wirklicher Mord angesehen worden sei; vielmehr darf man glauben, dafs Plato [54]), wenn er in den Gesetzen die von nicht zurechnungsfähigen Thätern begangenen Tötungen nur mit einjähriger Verbannung sühnen läfst, sich hierin wie in so vielen Punkten nicht allzuweit von dem attischen Gerichtsgebrauch entfernt hat: freilich stimmt auch diese leichte Strafe nicht mit den Grundsätzen einer geläuterten Rechtsanschauung überein, da nach dieser im Falle der Unzurechnungsfähigkeit des Thäters eine strafbare Handlung überhaupt nicht vorliegen würde; aber nach der religiösen Anschauungsweise der Athener würde völlige Straflosigkeit in diesem Falle als ein Unrecht gegen den Getöteten und als eine gröbliche Verletzung der religiösen Pflicht erschienen sein [55]). Ein zweites Merkmal des Thatbestandes des Mordes ist der Nachweis, dafs die Handlung des Thäters mit dem thatsächlich erfolgten Tode des Gemordeten in einem notwendigen Kausalzusammenhang steht, d. h. dafs letzterer durch die erstere unmittelbar bewirkt worden ist. Das attische Recht sagte abgesehen von dem Falle des Giftmordes einfach *ἐάν τις ἀποκτείνῃ*, die Feststellung des Kausalzusammenhanges blieb daher den Richtern überlassen. Am einfachsten ist dies in dem Falle, dafs der Tod durch eine unbedingt tödliche Verwundung auf der Stelle erfolgt, alsdann wurde der Thäter als *αὐτόχειρ*, die That aber als *αὐτοχειρία* bezeichnet [56]). Oft aber trat der Tod erst nachträglich infolge erlittener Verletzungen ein [57]). Dann mufste aufser der *πρόνοια* von dem Ankläger auch nachgewiesen werden, dafs der Tod als eine notwendige Folge der Verwundung eingetreten war. In der 3. Tetralogie Antiphons sucht der Angeklagte dies zu bestreiten: der Tod sei nicht infolge der Schläge, sondern infolge der ungeschickten Behandlung durch den Arzt eingetreten [58]). Für diese Behauptung beruft er sich auf das Zeugnis der Ärzte, deren Aussage überhaupt für die Feststellung des ursächlichen Zusammenhanges zwischen einer Verletzung und dem eingetretenen Todesfall von grosser Bedeutung gewesen zu

---

[53]) Aristot. Ethic. Nicom. III, 5 § 8 verlangt für in der Trunkenheit begangene Verbrechen sogar doppelte Strafen; denn der Thäter sei Herr darüber gewesen, ob er sich berauschen wollte oder nicht.

[54]) Plato legg. IX, p. 864 d, e, *τούτων δή τις ἂν ἴσως πράξειέ τι μανεὶς ἢ νόσοις ἢ γήρᾳ ὑπερμέτρῳ ξυνεχόμενος ἢ παιδίᾳ χρώμενος — κ. τ. λ.*

[55]) Antiph. Tetral. II. γ § 11 ff.

[56]) Plato l. l. p. 872.

[57]) Beispiele hierfür sind bei den Rednern nicht selten, so Antiph. Tetral. III, Isokrat. or. 18, § 52 f. (Demosth.) or. 47, § 67. or. 59, § 9.

[58]) § 4, *νῦν δὲ πολλαῖς ἡμέραις ὕστερον πονηρῷ ἰατρῷ ἐπιτρεφθεὶς διὰ τὴν τοῦ ἰατροῦ μοχθηρίαν καὶ οὐ διὰ τὰς πληγὰς ἀπέθανε.*

sein scheint; so beruft sich der Sprecher in der 47. Rede des Demosthenes (?) auf das Zeugnis des Arztes, der die infolge der Mifshandlungen des Theopompus verstorbene Person vor ihrem Tode behandelt hatte [39]). Vielfach war übrigens der Nachweis dieses ursächlichen Zusammenhanges entweder sehr schwer oder auch gar nicht zu führen, alsdann konnte von einem eigentlichen Morde nicht die Rede sein, sondern es mufste je nach der Lage des Falles entweder Freisprechung erfolgen, oder die Anklage mufste sich gegen ein anderes Verbrechen richten. Für den Fall des Giftmordes scheint nach dem Wortlaut des oben angeführten Gesetzes „φάρμακα ἐάν τις ἀποκτείνῃ δούς" der Nachweis, dafs der Angeklagte dem Getöteten unmittelbar das Gift beigebracht habe, notwendig gewesen zu sein; konnte dieser Beweis nicht erbracht werden, so war nur wegen des gleich zu besprechenden Verbrechens der βουλεύσεως Anklage zu erheben [40]). Der Nachweis des ursächlichen Zusammenhanges zwischen der Darreichung des Giftes und dem erfolgten Tode wird heutzutage fast ausschliefslich durch die wissenschaftliche Untersuchung der Leiche geführt: von einer solchen findet sich bei den Alten keinerlei Spur. In den Reden Antiphons für den Choreuten und gegen die Stiefmutter, in denen es sich, wenn auch die Anklage selbst nicht auf Giftmord lautete (cf. Anm. 40), doch jedenfalls um Tötungen durch Gift handelt, suchen die Ankläger nur nachzuweisen, dafs der Trank den Getöteten durch die Schuld der Angeklagten beigebracht worden sei, der Nachweis aber, dafs der Tod infolge dessen eingetreten, wird nirgends zu führen versucht, und ebenso wenig suchen sich die Angeklagten durch die Leugnung dieses Kausalnexus zu verteidigen, sondern die angeklagte Stiefmutter macht geltend, sie habe das Gift nicht mit der Absicht zu töten, sondern als Liebestrank (ἐπὶ φίλτροις) darreichen lassen, womit sie die für den Thatbestand des Mordes wie der Anstiftung zu demselben notwendige Absichtlichkeit (πρόνοια) bestreitet [41]). In den zahlreichen Fällen, in denen ohne eine sorgfältige ärztliche Untersuchung der Leiche der Nachweis, dafs der Tod durch Gift erfolgt ist, oder dafs dieses überhaupt beigebracht worden ist, nicht geführt werden kann, mufste es sehr schwer sein, den Schuldigen zur Strafe zu ziehen; vielleicht erklärt es sich hieraus, dafs im Altertum das Verbrechen des Giftmordes so häufig war, da bei diesem ein einigermafsen schlauer Verbrecher am leichtesten unentdeckt zu bleiben hoffen konnte.

Der Tod braucht übrigens in dem Falle des eigentlichen Mordes nicht gerade durch ein Thun herbeigeführt worden zu sein, es kann dies auch durch ein schuldbares Unterlassen geschehen sein, z. B. durch Entziehung der nötigen Nahrungsmittel, wie dies in dem im Euthyphro Platos vorkommenden Falle geschehen war [42]). Ist aber die Tötung eines Menschen weder durch ein Thun noch durch ein Unterlassen des Angeklagten unmittelbar bewirkt worden, sondern durch dessen Anstiftung, so lag das bereits oben erwähnte Verbrechen der βούλευσις, oder genauer der βούλευσις φόνου ἐκ προνοίας vor. Man kann dieses Verbrechen, dessen Natur von den

---

39) § 67.

40) cf. Forchhammer, de Areopago non privato per Ephialtem homicidii judiciis. Kiel 1828 p. 30 Anm. u. Philippi l. l. p. 31 ff. u. p. 51, der nachweist, dafs die Reden Antiphons für den Choreuten und gegen die Stiefmutter nicht auf Anklagen wegen Giftmord, sondern wegen βουλεύσεως zu beziehen sind.

41) Antiph. or. 1, § 9. — πλὴν οὐκ ἐπὶ θανάτῳ φάσκουσαν διδόναι (τὰ φάρμακα) ἀλλ' ἐπὶ φίλτροις; cf. auch die noch weiter zu erörternde Stelle des Aristoteles (Eth. magn. 1, c. 16), nach welcher eine wegen Giftmordes Angeklagte dieselbe Ausrede vorbrachte.

42) Plato Euthyphr. p. 4 c. d. In den Gesetzen p. 865 c. wird allerdings zunächst für den Fall des φόνος ἀκούσιος auch die Entziehung der Luft erwähnt.

neueren Darstellern oft verkannt worden ist[43]), am besten als das der **Anstiftung** oder **intellektuellen Urheberschaft** des Mordes bezeichnen.

Das attische Recht stellte dasselbe durchaus dem eigentlichen Morde selbst gleich[44]). Auch Plato[45]) läfst den, welcher durch Anstiftung den Tod eines Menschen herbeiführt, „und dessen Seele nicht rein ist von der Blutschuld", ebenso wie den wirklichen Mörder bestrafen, nur dafs er ihm das Grab in der Heimat nicht versagt. Das moderne Recht stellt nun die Anstiftung nur dann der Thäterschaft gleich, wenn der Anstifter durch Verlockung, Drohung, Zwang, Irrtumserregung und ähnliche Mittel den Willen des Thäters in einer Weise beeinflufst hat, dafs derselbe gewissermafsen als sein Werkzeug erscheint[46]); das attische Recht dagegen scheint den Begriff der *βούλευσις* sehr weit ausgedehnt zu haben und Fälle darunter mit inbegriffen zu haben, in denen uns höchstens Beihülfe oder Teilname vorzuliegen scheint. Wirkliche *βούλευσις φόνου ἑκουσίου* im Sinne der Anstiftung des heutigen Strafrechtes scheint unter den bei den Rednern vorkommenden Fällen nur in der bereits erwähnten Rede Antiphons gegen die Stiefmutter vorzuliegen; denn diese soll nach der Darstellung der Anklage das Kebsweib des Philoneos durch die falsche Vorspiegelung, dafs es sich um einen Liebestrank handele, zur Darreichung des Giftes veranlafst haben[47]). Aber auch ungerechte Denunzianten und Ankläger werden, wenn der Tod ihrer Opfer erfolgt ist, wie wirkliche Mörder vor Gericht gezogen, und die Anklage konnte dann jedenfalls nur auf *βούλευσις* lauten[48]). Ja Demosthenes droht dem Aristokrates mit einer Klage wegen Anstiftung zum Morde, weil er durch Beantragung seines Psephisma für Charidemus eventuell die

[43]) So verwechselt es Heffter l. l. p. 140 ebenso wie S. Mayer l. l. p. 521 mit dem Meuchelmord, Thonissen l. l. p. 74 u. 247 mit der Mitschuld; das Richtige findet sich zuerst bei **Forchhammer** l. l. p. 30 f. Über Anstiftung cf. auch **Berner** l. l. p. 193 ff. u. Deutsches R.-Strafges.-B. § 48.

[44]) cf. bes. Philippi l. l. p. 29 ff., die Hauptstellen sind: Harpokr. p. 74 s. v. *βουλεύσεως* (wo aber auch ein zweites mit den *φονικά* nicht zusammenhängendes Vergehen dieses Namens genannt wird). **Hesychius** s. v. *βουλεύσεως ἔγκλημα*. **Andocides** or. 1, § 91 *καὶ οὗτος ὁ νόμος καὶ πρότερον ἦν καὶ ὡς καλῶς ἔχων καὶ νῦν ἔστι καὶ χρῆσθε αὐτῷ, τὸν βουλεύσαντα ἐν τῷ αὐτῷ ἐνέχεσθαι καὶ τὸν τῇ χειρὶ ἐργασάμενον*. **Dem.** 23 § 38. *ἐὰν τις ἀποκτείνῃ τὸν ἀνδροφόνον ἢ αἴτιος ᾖ φόνου* — u. § 43, wo das Verbrechen des *αἴτιος φόνου* offenbar *βούλευσις* ist und der unmittelbaren Thäterschaft gleich gestellt wird. Auch in dem drakontischen Gesetze, dessen Ergänzung ja wesentlich mit Hilfe der in der Aristokratea erhaltenen Bestimmungen über die *φονικά* ermöglicht wird, scheint neben der unberechtigten Tötung des flüchtigen Mörders auch die Anstiftung dazu genannt worden zu sein und mit der ersteren gleich gestellt gewesen zu sein, und wenn Z. 12 der Inschr. von dem *δικάζειν — αἰτιῶ[ν] φό[νο] ἢ [βουλεύσεως]* gesprochen wird, so bezieht sich dies, wie Lipsius (Bursians Jahresber. I, 2 p. 1350) hervorhebt, zwar zunächst auf den uns hier nicht beschäftigenden Fall der *βούλευσις φόνου ἀκουσίου* (da die Eingangsworte *καὶ ἐὰμ μὴ 'κ προνοίας* sich auch hierauf beziehen), es darf aber wohl hieraus geschlossen werden, dafs auch in dem Gesetze über *φόνος ἑκούσιος* die *βούλευσις* desselben dem eigentlichen Morde völlig gleichgesetzt wurde. Auch Lucian tyrannic. (ed. Bipont. t. IV, p. 318 f.) erwähnt die völlig gleiche Bestrafung der Anstiftung und der wirklichen Ausführung eines Mordes.

[45]) l. l. p. 872a *ἐὰν δὲ αὐτόχειρ μὲν μή, βουλεύσῃ δὲ θάνατόν τις ἄλλος ἑτέρῳ καὶ τῇ βουλήσει καὶ ἐπιβουλεύσει ἀποκτείνας αἴτιος ὢν καὶ μὴ καθαρὸς τὴν ψυχὴν τοῦ φόνου — γιγνέσθων καὶ τούτῳ κατὰ ταὐτὰ αἱ κρίσεις.* —

[46]) cf. Berner l. l. p. 193 u. S. Mayer l. l. p 171.

[47]) Antiph. or. 1 § 15, 19, 20.

[48]) In der 12. Rede bezeichnet Lysias den Eratosthenes, der als einer der Dreifsig seinen hingerichteten Bruder verhaftet hatte, als dessen Mörder, cf. § 23, 26, 83. Ebenso wird in der 13. Rede der Denunziant Agoratus der Mörder des Dionysodorus und der übrigen von ihm Denunzierten genannt, cf. § 2 u. bes. § 33 *ὅτι μὲν ἀπέγραψεν Ἀγόρατος οὑτοσὶ τῶν ἀνδρῶν ἐκείνων τὰ ὀνόματα — καὶ ἔστι φονεὺς ἐκείνων* —, ferner § 41 f. u. § 56. Andoc. or. 1 führt die gesetzliche Bestimmung an (§ 20): *εἰ μὲν τἀληθῆ μηνύσαι τις εἶναι τὴν ἄδειαν, εἰ δὲ τὰ ψευδῆ τεθνάναι.*

Ermordung eines flüchtigen Mörders des Charidemus bewirken könne[49]); auch erklärt sich die auffällige Bestimmung, dafs der, welcher den den Bann brechenden Mörder anzeigt, ausdrücklich von der Anklage wegen Mordes ausgenommen wird[50]), wohl daraus, dafs dem Anzeiger in anderen Fällen eine Klage wegen *βούλευσις* drohte.

Als ein weiteres Merkmal für den Thatbestand des eigentlichen Mordes und der mit ihm in dieselbe Kategorie gehörenden Verbrechen ist, wie bereits oben hervorgehoben wurde, das zu bezeichnen, was das neuere Strafrecht Absichtlichkeit, die römischen Juristen dolus malus, die Athener *πρόνοια* nennen: der handlungs- und zurechnungsfähige Thäter mufs die den Tod herbeiführende Handlung in böswilliger, auf die Tötung gerichteter Absicht begangen haben. Auf das Vorhandensein dieses Merkmals der *πρόνοια* legte das attische Recht und namentlich auch die drakontische Gesetzgebung in hervorragender Weise Gewicht[51]). So hebt es Antiphon in der mehrfach erwähnten Rede gegen die Stiefmutter an mehreren Stellen hervor, dafs dieselbe eine vorsätzliche Mörderin sei und ihre That freiwillig und mit Absicht begangen habe[52]); in der 4. Übungsrede der 3. Tetralogie dagegen wird es zu Gunsten des Angeklagten geltend gemacht, dafs er den verhängnisvollen Streich gar nicht in der Absicht zu töten geführt habe, und man ihn daher gar nicht als Mörder ansehen könne[53]). Wichtig für das Wesen der *πρόνοια* ist auch die bereits (Note 41) erwähnte Stelle des Aristoteles[54]), in welcher erzählt wird, eine des Giftmordes angeklagte Frau sei deshalb vom Areopag freigesprochen worden, weil sie das Gift als Liebestrank dargereicht habe, und die dadurch bewirkte Tötung nicht als mit Vorsatz geschehen angesehen worden sei. Es ergiebt sich hieraus, dafs es zur *πρόνοια* erforderlich war, dafs die den Tod herbeiführende Handlung nicht nur im gewöhnlichen Sinne des Wortes keine unvorsätzliche gewesen war, sondern dafs sie mit einer bestimmt und direkt auf die Tötung gerichteten Absicht verbunden gewesen sein mufste. Eine wie grofse Bedeutung das attische Recht auf das Vorhandensein der *πρόνοια* legte, geht auch aus der strafrechtlichen Beurteilung des Mordversuches hervor. Denn Mordversuch ist unter dem im Eingange dieses Abschnittes als *τραῦμα ἐκ προνοίας* mit aufgeführtem Verbrechen zu verstehen. *Τραῦμα ἐκ προνοίας* nämlich lag vor, wenn eine Körperverletzung in der Absicht zu töten begangen war; das Verbrechen gehörte alsdann vor den Areopag und wurde fast ebenso schwer wie der eigentliche Mord, nämlich mit Verbannung und Gütereinziehung bestraft[55]). Fehlte aber die *πρόνοια*, d. h. die auf Tötung gerichtete

---

49) Dem. or. 23 § 43. *ἴση δ' αἴτιος (φόνου) τὴν διὰ τοῦ ψηφίσματος ἐξουσίαν δεδωκώς.*

50) Ibid. § 51. *κατὰ τῶν ἐνδεικνύντων τοὺς κατιόντας ἀνδροφόνους ὅποι μὴ ἔξεστι δίκας φόνου μὴ εἶναι.* Daher ist die von Meier, Att. Prozefs p. 309, Anm. 49, vorgeschlagene Änderung von *ἐνδεικνύντων* in *ἐκτιννύντων* zu verwerfen. cf. Weber, Demosth. or. in Arist. p. 218 f. Schömann, Antiquitates juris publici p. 290, Note 7, u. Philippi l. l. p. 345.

51) Demosth. or. 21 § 43. *ἐπειδ' οἱ φονικοὶ (νόμοι) τοὺς μὲν ἐκ προνοίας ἀποκτιννύντας θανάτῳ καὶ ἀειφυγίᾳ καὶ δημεύσει τῶν ὑπαρχόντων ζημιοῦσι, τοὺς δ' ἀκουσίως αἰδέσεως καὶ φιλανθρωπίας πολλῆς ἠξίωσαν.* or. 23 § 50, 54. *οὐ τὸ συμβὰν ἐσκέψατο, ἀλλὰ τὴν τοῦ δεδρακότος διάνοιαν.* cf. auch die Inschrift (C. I. Att. 61.)

52) or. 1. § 3, 5, 25, 26 — *ἡ μὲν γὰρ ἑκουσίως καὶ βουλεύσασα τὸν θάνατον (ἀπώλεσεν τὸν ἄνδρα).*

53) § 4, 5. *τῆς μὲν οὖν πληγῆς βουλευτὴς ἐγένετο, τὸν δὲ θάνατον πῶς ἂν ἐπεβούλευσεν ὅς γε ἀκουσίως ἐπάταξεν;*

54) Ethic. Magn. 1, c. 16. *οἷον φασί ποτέ τινα γυναῖκα φίλτρον τινὶ δοῦναι πιεῖν· εἶτα τὸν ἄνθρωπον ἀποθανεῖν ἀπὸ τοῦ φίλτρου· τὴν δ' ἄνθρωπον ἐν Ἀρείῳ πάγῳ ἀποφυγεῖν· οὐ παροῦσαν δι' οὐδὲν ἄλλο ἀπέλυσαν ἢ διότι οὐκ ἐκ προνοίας κ. τ. λ.*

55) cf. Philippi l. l. p. 28 ff., Meier-Schömann l. l. p. 314, S. Mayer l. l. p. 550 ff. cf. die oben angeführte Stelle Dem. 23 § 24 u. Plato l. l. p. 876e—877a. Weitere Stellen bei Meier-Schömann p. 314. Anm. 66.

Absicht, so konnte nur eine bei den gewöhnlichen Gerichten anzustellende *γραφὴ αἰκίας* erhoben werden. Charakteristisch sind in dieser Beziehung namentlich die Worte des Sprechers der 3. Rede des Lysias, der wegen *τραῦμα ἐκ προνοίας* angeklagt, sich folgendermafsen über das Wesen dieses Verbrechens ausspricht: „Offenbar haben die Gesetzgeber nicht gegen Leute, die sich zufällig in einem Kampfe die Köpfe zerschlagen, die Verbannung als Strafe festgesetzt — oder sie hätten sehr viele verbannen müssen —, sondern nur gegen diejenigen haben sie so schwere Strafen (Verbannung und Vermögenskonfiskation cf. § 38) festgesetzt, die in der Absicht zu töten andere verwundet haben, sie aber nicht töten konnten, indem sie (die Gesetzgeber) die Ansicht hegten, dafs es angemessen sei, wenn sie für das, was sie gewollt und beabsichtigt hätten, Strafe erlitten“ [36]). Es geht hieraus hervor, dafs unter *τραῦμα ἐκ προνοίας* nicht sowohl das Verbrechen der schweren Körperverletzung, sondern **versuchter Mord** im Sinne des heutigen Strafrechtes zu verstehen ist. Da dieses Verbrechen ohne dolus überhaupt unmöglich ist, denn beim Versuche mufs die Absicht immer auf das ganze Verbrechen gerichtet sein, so ist in dem grofsen Gewicht, welches das attische Strafrecht der *πρόνοια* in diesem Falle beimifst, eine richtige Einsicht von dem Wesen dieses Verbrechens zu erkennen. Während sich aber hier das attische Strafrecht im wesentlichen in Übereinstimmung mit dem modernen Strafrecht befindet, scheint in einer anderen Hinsicht eine bedeutende Abweichung vorhanden zu sein. Das moderne Strafrecht nimmt nämlich auch in dem Falle, dafs die direkte Absicht zu töten vorhanden ist, doch nur dann wirklichen Mord an, wenn die Ausführung nach vorausgegangener Überlegung, d. h. mit Vorbedacht (dolus praemeditatus) erfolgt ist; ist dies nicht anzunehmen, sondern ist die That unter dem Einflufs (impetus) eines heftigen Affektes geschehen, so wird nur Totschlag angenommen, auch wenn nicht geleugnet werden kann, dafs der Thäter die Absicht seinen Gegner zu töten gehabt hatte. Diese Unterscheidung zwischen dolus praemeditatus und dolus non praemeditatus scheint das attische Recht nicht gemacht zu haben, und die Fälle des Totschlags sind dem Anscheine nach grundsätzlich nicht verschieden von denen des eigentlichen Mordes beurteilt worden [37]). Plato allerdings stellt zwischen die Fälle des *φόνος ἑκούσιος* und *ἀκούσιος* als eine mittlere Gattung den Fall hin, „dafs jemand unvorbedacht (*ἀπροβουλεύτως*) in irgend einer Aufwallung der Leidenschaft einen Freien tötet“ und läfst hierfür weit mildere Strafen als beim eigentlichen Morde eintreten. Ja er geht sogar noch weiter als das moderne Strafrecht und läfst selbst die nicht in unmittelbarer Aufwallung des Zornes auf der Stelle (*ἐκ τοῦ παραχρῆμα, εὐθύς*) erfolgte, sondern erst nachträglich, aus Rache geschehene Tötung nur mit dreijähriger Verbannung bestrafen [38]). Ob hier Plato sich an wirkliche, uns unbekannte Bestimmungen

---

[36]) Lys. or. 3, § 42. cf. auch § 41 *ἔπειτα δὲ καὶ οὐδεμίαν ἡγοῦμαι πρόνοιαν εἶναι τραύματος ὅστις μὴ ἀποκτεῖναι βουλόμενος ἔτρωσε.* Auch die vierte Rede des Lysias bezieht sich auf eine Klage wegen *τρ. ἐ. πρ.*; über die *πρόνοια* cf. bes. § 5, 6, 12.

[37]) S. Mayer l. l. p. 189 u. 523 scheint anzunehmen, dafs auch das attische Recht zwischen Mord und Totschlag unterschieden habe; er stützt sich dabei besonders auf Demosth. or. 21 § 41, wo zugegeben wird, dafs wenn jemand in plötzlicher Aufwallung, ohne Überlegung sich zu einer Handlung hinreifsen läfst, dieselbe, selbst wenn sie eine *ὕβρις* enthält, als im Zorn geschehen angesehen werden könne; indessen bezieht sich die Stelle doch nur auf *ὕβρις*, und selbst für diese geht nicht daraus hervor, dafs irgend ein Gesetz bestimmt hat, dafs eine im Zorn geschehene Injurie milder beurteilt wurde. Lys. or. 10, § 30 bestreitet es wenigstens für den Fall einer Verbal-Injurie ausdrücklich: *ὁ νομοθέτης οὐδεμίαν ὀργῇ συγγνώμην δίδωσιν.* cf. auch Meier-Schömann l. l. p. 470, N. 96 u. Platner l. l. II, p. 374 f.

[38]) legg. p. 866 d—868 a. *ἐὰν δ' ἄρα τις αὐτόχειρ κτείνῃ ἐλεύθερον, θυμῷ δὲ ᾖ τὸ πεπραγμένον ἐκπραχθέν — θυμῷ γὰρ δὴ πέπρακται καὶ τοῖς ὅσοι ἂν ἐξαίφνης μὲν καὶ ἀπροβουλεύτως τοῦ ἀποκτεῖναι — διαφθείρωσί τινα*

des attischen Strafrechts angeschlossen hat, oder ob er zu dieser Unterscheidung zwischen Totschlag und eigentlichem Morde durch seine Seelenlehre, in welcher der Unterschied zwischen *θυμός* und *ἐπιθυμία* von so großer Bedeutung ist, bewogen worden ist, läfst sich zwar nicht mit genügender Sicherheit feststellen, indessen scheint die zweite Annahme gröfsere Wahrscheinlichkeit zu haben[39]). Übrigens brauchte der hier angedeutete Mangel des attischen Strafrechts nicht so bedenkliche Folgen herbeizuführen, als dies unter modernen Verhältnissen der Fall sein würde; denn die grofse Freiheit, welche die attischen Gerichte bei der Rechtsprechung genossen, ermöglichte es denselben leicht Härten dadurch auszugleichen, dafs sie einen Fall von Totschlag als *φόνος ἀκούσιος* behandelten; auch kommt ja in Betracht, dafs es dem Angeklagten frei stand, sich der Todesstrafe durch Selbstverbannung zu entziehen.

Das vierte für den Thatbestand der vorliegenden Klasse von Verbrechen notwendige Merkmal ist die Rechtswidrigkeit, d. h. die Tötung (resp. der Versuch derselben) mufs mit Verletzung der Gesetze und darum rechtswidrig — *ἀδίκως* — *οὐ δικαίως* — erfolgt sein[40]). Ohne dieses Merkmal ist, wie bereits oben dargelegt worden ist, überhaupt ein Verbrechen nicht möglich, sondern eine sonst alle Kriterien des wirklichen Mordes an sich tragende Tötung konnte, wenn die Rechtswidrigkeit fehlte, überhaupt nicht als eine strafbare Handlung angesehen werden. In welchen Fällen aber das attische Recht dies annahm, wird sich aus der Betrachtung der zweiten der oben angegebenen Klassen von Tötungen, nämlich der zwar absichtlich aber nicht rechtswidrig erfolgten, ergeben. Zu erörtern ist an dieser Stelle nur die Frage, ob der Stand des Getöteten für die Beurteilung des Verbrechens von Bedeutung war oder nicht. Vor allen denkt man hier an die Sklaven; denn da diesen eine Persönlichkeit im juristischen Sinne überhaupt nicht zukam, und sie keine Rechtssubjekte sein konnten, so müfste man nach der strengen Konsequenz des Rechtes eigentlich annehmen, dafs auch die vorsätzliche Tötung eines Sklaven niemals als wirklicher Mord habe betrachtet werden können, sondern nur, wenn es sich um die Tötung eines fremden Sklaven handelte, als Vermögensbeschädigung des Herrn. Indessen hat das attische Recht diese Folgerung nicht gezogen: wie überhaupt die Stellung der Sklaven in Athen der der Freien nahe kam[41]), so wurde auch ihre vorsätzliche Tötung nicht als Sachbeschädigung sondern als wirklicher Mord angesehen, wenigstens sagt Lykurgus[42]) ausdrücklich, dafs die Ermordung eines Sklaven gleich der eines Freien mit dem Tode bestraft wurde, und dies wird auch durch das Zeugnis des Antiphon be-

---

παραχρῆμα τῆς ὁρμῆς γιγνομένης — θυμῷ δὲ καὶ ὅσοι — μεταδιώκοντες τὴν τιμωρίαν, ὕστερον ἀποκτείνωσί τινα βουληθέντες κτεῖναι κ. τ. λ.

[39]) Arist. verwirft durchaus die mildere Behandlung der *διὰ θυμὸν* geschehenen Verbrechen. cf. Eth. Nicom. III, 1 § 14, 21, 27. Eth. Eudem. II, 8 u. (vielleicht mit spezieller Beziehung auf Plato) Ethic. Magn. I, 17. Steinhart, Einleit. zur Müllerschen Plato-Übers. VII, 285 ist ebenso wie K. F. Hermann, de vestigiis etc. p. 56 der Ansicht, dafs die Unterscheidung zwischen Mord und Totschlag Plato eigentümlich ist. Dafs übrigens die straffreie Tötung des auf der That ertappten Ehebrechers nicht, wie wir nach unserem Gefühl und auch nach der Auffassung des röm. Rechts (cf. Dig. L. 48; 5, 21—25 de adulter.) anzunehmen geneigt sein könnten, als ein in der Aufwallung des gerechten Zornes des gekränkten Ehemannes erfolgter Totschlag angesehen wurde, wird unten dargelegt werden.

[40]) Vorläufig verweise ich hier auf Dem. or. 20, § 158 u. 23. § 74—76; weitere Angaben siehe unten.

[41]) cf. Schömann, Griech. St. Altert. I, p. 360 ff., K. F. Hermann, St. Altert. § 114 u. Dem. or. 9, § 3. Pseud. Xenoph., de r. p. Athen. 1, § 10—13.

[42]) c. Leocr. § 65. *οὐδὲ τὸν μὲν οἰκέτην ἀποκτείναντα ἀργυρίῳ ἐζημίουν, τὸν δὲ ἐλεύθερον εἶργον τῶν νόμων· ἀλλ' ὁμοίως ἐπὶ πᾶσι καὶ τοῖς ἐλαχίστοις παρανομήμασι θάνατον ὥρισαν εἶναι τὴν ζημίαν.*

stätigt[63]). Auch Plato läfst die böswillige, vorsätzliche Tötung eines Sklaven ganz wie die eines Freien bestrafen[64]). Nach der Angabe einiger Quellen[65]) soll allerdings über den Mord eines Sklaven stets *ἐπὶ Παλλαδίῳ* gerichtet worden sein, und hieraus hat man den Schlufs gezogen, dafs derselbe höchstens mit der Strafe des *φόνος ἀκούσιος* belegt worden ist; indessen sind einerseits die Quellen, welche diese Notiz geben, keineswegs sehr glaubwürdig, anderseits wird weder bei Pollux und Harpokration, noch bei Demosthenes die Tötung eines Sklaven mit unter den Fällen aufgezählt, in welchen am Palladion gerichtet wurde[66]). Anders als in dem Falle der Tötung eines fremden Sklaven, für welchen das Gesagte allein gilt, lag die Sache, wenn der eigene Herr seinen Sklaven ermordete; dafs alsdann eine eigentliche Klage wegen Mordes nicht stattfinden konnte, ergiebt sich schon aus der Erwägung, dafs hier die Person des zur Klage Berechtigten mit der des angeklagten Thäters zusammen gefallen sein würde, da der Herr seinem Sklaven gegenüber als *προςήκων* galt[67]). Dafs indessen die Tötung auch des eigenen Sklaven gesetzlich nicht erlaubt war, ist ausdrücklich bezeugt. Jedenfalls erforderte es die Sitte, dafs der Herr sich der Teilnahme an den Opfern etc. enthielt und sich einer religiösen Sühnung unterzog[68]). Zwischen den Sklaven und den Vollbürgern standen als eine mittlere, zwar freie aber nicht im Vollgenufs der bürgerlichen Rechte befindliche Klasse die Beisassen und Fremden (*μέτοικοι καὶ ξένοι*). Auch für den an diesen vollbrachten *φόνος ἑκούσιος* hat man, gestützt auf dieselben Quellen, wie in Bezug auf die Sklaven, angenommen, dafs dieses Verbrechen nicht in derselben Weise strafrechtlich beurteilt worden sei, wie wenn es gegen Vollbürger begangen war, eine Annahme, die natürlich von dem, welcher ihre Begründung in Bezug auf die Sklaven bestreitet, durchaus nicht gebilligt werden kann[69]). Das Resultat, zu welchem wir daher kommen, ist, dafs es für die strafrechtliche Beurteilung des eigentlichen Mordes und der in dieselbe Kategorie gehörigen Verbrechen durchaus keinen Unterschied machte, ob das Opfer des Verbrechens Bürger oder Nichtbürger, Sklave oder Freier war.

---

[63]) or. 5, § 48 *καὶ ἡ ψῆφος ἴσον δύναται τῷ δοῦλον ἀποκτείναντι καὶ τῷ ἐλεύθερον.*

[64]) legg. IX, p. 872c. *ἐὰν δέ τις δοῦλον κτείνῃ μηδὲν ἀδικοῦντα — καθάπερ ἂν εἰ πολίτην κτείνας ὑπείχε φόνου δίκας, ὡσαύτως καὶ τοῦ τοιούτου δούλου κατὰ τὰ αὐτὰ ἀποθανόντος οὕτως ὑπεχέτω.* cf. Hermann, de vestig. etc. p. 56 f. Ac si quis servum occidisset Athenis quoque capitale fuisse constat, dagegen St. Altert. § 104; 6, 10. § 114, 6 scheint er dies nicht anzunehmen.

[65]) Schol. ad Aesch. de fals. leg. ed. Bait. Sauppe p. 32b, 35 ff. u. Bekker anecd. I, p. 194 und ihnen folgend Heffter l. l. p. 135, Weber „Ausgabe von Dem. Aristokr. p. 176 u. 200; cf. dagegen Meier, de bon. damn. p. 23 u. opusc. Acad. II, p. 164; Philippi l. l. p. 121.

[66]) Harpokr. s. v. *ἐπὶ Παλλ.*, Pollux VIII, 118; Demosth. 23, § 71—74.

[67]) (Demosth.) 47, § 72 — *κἂν οἰκέτης ᾖ τούτων τὰς ἐπισκήψεις εἶναι· ἐμοὶ δὲ οὔτε γένει προσῆκεν ἡ ἄνθρωπος* (die getötete *τίτθη*) — *οὐδ' αὖ θεράπαινά γε.* Antiph. or. 5 § 48 *καὶ τῷ δεσπότῃ* (*ἔξεστι*) *ἂν δοκῇ ἐπεξελθεῖν ὑπὲρ τοῦ δούλου.*

[68]) Antiph. or. 5, § 46. 6, § 4 — *ὥστε καὶ ἄν τις κτείνῃ τινὰ ὧν αὐτὸς κρατεῖ καὶ μὴ ἔστιν ὁ τιμωρήσων, τὸ νομιζόμενον καὶ τὸ θεῖον δεδιὼς ἁγνεύει τε ἑαυτὸν καὶ ἀφέξεται ὧν εἴρηται ἐν τῷ νόμῳ.* cf. auch Plato l. l. IX, p. 865c.

[69]) cf. Note 65; cf. auch Meier-Schömann l. l. p. 307, N. 45. Auch Plato l. l. IX, p. 872a, h bestimmt zunächst in Bezug auf *βούλευσις* u. *αὐτοχειρία*: *τὰ αὐτὰ δὲ ἔστω ταῦτα ξένοισί τε πρὸς ξένους καὶ ἀστοῖσι καὶ ξένοις πρὸς ἀλλήλους.* Wenn man aber aus Dem. 23, § 38, wo bestimmt wird, dafs der, welcher einen flüchtigen Mörder widerrechtlich tötet, ebenso bestraft werden solle, wie der Mörder eines Atheners (*ὥσπερ τὸν Ἀθηναῖον κτείναντα*), geschlossen hat, dafs der Mord von Nichtbürgern milder wie der von Bürgern bestraft worden sei (cf. Weber l. l. p. 176 u. 200), so ist diese Folgerung m. A. n. nicht notwendig: es handelt sich hier um Tötung eines im Auslande weilenden Verbannten, und da ein solcher als aufserhalb der athen. Staatsgemeinschaft stehend, keinerlei Anspruch auf Rechtsschutz hat, (cf. 41 *τὸν γὰρ φυγάδα τὸ τῆς πόλεως οὐ προςεῖπεν*

Was nun endlich die Bestrafung der bisher behandelten Verbrechen betrifft, so traf den Mörder die Todesstrafe, deren Vollstreckung der Ankläger beizuwohnen berechtigt war, worin wohl noch ein Nachklang der alten Sitte der Blutrache zu erkennen ist[70]). Dieselbe Strafe mufste nach dem oben Gesagten das Verbrechen der Anstiftung zum Morde (*βούλευσις φόνου ἑκουσίου*) treffen[71]); während im Falle des Mordversuches (*τραῦμα ἐκ προνοίας*) nur Verbannung und Vermögenskonfiskation eintrat[72]). Der wirklichen Vollstreckung der Todesstrafe konnte der Angeklagte dadurch entgehen, dafs er sich vor der Schlufsverhandlung in die Verbannung begab[73]), in der er aber dann für immer bleiben mufste, da ihn im Falle der Rückkehr Todesstrafe traf. Auch in der Verbannung mufste er sich der Teilnahme an den amphiktyonischen Opfern, an den nationalen Kampfspielen, sowie auch am Marktverkehr an der attischen Grenze enthalten, widrigenfalls seine Tötung straflos blieb[74]). Das Vermögen des exilierten Mörders wurde von Staatswegen eingezogen und durch die Poleten zum Besten des Fiskus versteigert[75]). Dafs dies auch dann eintrat, wenn der Mörder wirklich hingerichtet worden war, ist von Meier bestritten worden[76]); indessen lassen zwar die Stellen, in denen von Vermögenskonfiskation die Rede ist, die Beziehung auf den Fall zu, dafs der Angeklagte sich der Todesstrafe durch die Verbannung entzieht, sie enthalten aber ebensowenig einen Beweis dafür, dafs die Konfiskation im Falle der Hinrichtung des Mörders nicht stattfand, ja der Schlufs der Rede des Lysias über die Tötung des Eratosthenes scheint der Ansicht Meiers direkt zu widersprechen. Ich bin daher der Ansicht, dafs die Vermögenskonfiskation in jedem Falle stattfand, mochte der Angeklagte in die Verbannung gegangen sein, oder mochte die Hinrichtung wirklich stattgefunden haben. Ganz ausgeschlossen war nach Pollux das Recht sich der Todesstrafe durch Verbannung zu entziehen bei Elternmördern; Plato läfst bei diesen aufserdem noch die nachträgliche Steinigung der Leiche eintreten[77]).

ὄνομα ἧς οὐκ ἔστι μετουσία αὐτῷ u. Dem. 9 § 44, 21 § 92), so sagt das Gesetz, um den exceptionellen Charakter der Bestimmung anzudeuten, der Mord eines solchen Ausgestofsenen solle doch wie der eines Atheners bestraft werden, wobei keineswegs nur an athenische Vollbürger gedacht zu werden braucht. Meier opusc. II, p. 164 f. glaubt, dafs in dem drakontischen Gesetz, wegen der damals noch sehr geringen Zahl der Metöken, diese einfach nicht besonders genannt, aber deshalb nicht ausgeschlossen sind. cf. übrigens auch Thonissen l. l. p. 243.

[70]) Dem. or. 21 § 43 οἱ φονικοὶ (νόμοι) τοὺς μὲν ἐκ προνοίας ἀποκτιννύντας θανάτῳ καὶ ἀειφυγίᾳ καὶ δημεύσει τῶν ὑπαρχόντων ζημιοῦσι· 23 § 69 τῷ δὲ (διώκοντι) ἐπιδεῖν διδόντα δίκην ἔξεστι. Antiph. Tetral. Iβ § 9 ἐὰν δὲ νῦν καταληφθεὶς ἀποθάνω etc.; or. 5 § 10 τοῦ νόμου κειμένου τὸν ἀποκτείναντα ἀνταποθανεῖν.

[71]) Antiph. 1 § 20, 27. Lys. 13 § 56.

[72]) Dem. 40 § 32. Lys. 3 § 35 εἰς τοιοῦτον ἀγῶνα καθέστηκα, ἐν ᾧ καὶ περὶ τῆς πατρίδος καὶ τῆς οὐσίας τῆς ἐμαυτοῦ ἁπάσης κινδυνεύω. or. 4 § 13. cf. auch Plato legg. IX, p. 877b (der keine Vermögenskonfiskation eintreten läfst).

[73]) Dem. 23 § 35 ff., § 69 τὸν πρότερον δὲ ἔξεστι εἰπόντα λόγον μεταστῆναι. Antiph. 5 § 13. Tetral. 1β § 9. — ἢ φυγὼν γέρων καὶ ἄπολις ὢν ἐπὶ ξενίας πτωχεύσω· Pollux VIII, 99, 117.

[74]) Dem. 23 § 29 f., § 38 ff., § 51 (cf. oben Note 50).

[75]) Poll. VIII, 99 πωληταὶ τὰ τέλη πιπράσκουσι — καὶ τὰς τῶν ἐξ Ἀρείου πάγου μετὰ τὸν πρότερον λόγον φυγόντων οὐσίας· Dem. 21 § 43 (cf. Note 70) 23 § 45 τῶν γὰρ ἐκ προνοίας δεδήμευται τὰ ὄντα· Antiph. Tetr. 1β, § 9 (N. 73); Lys. or. 1, § 50 ἐγὼ γὰρ νῦν καὶ περὶ τοῦ σώματος καὶ περὶ τῶν χρημάτων καὶ περὶ τῶν ἄλλων ἁπάντων κινδυνεύω.

[76]) Meier, de bon. damn. p. 18 ff., seine Annahme bekämpfen Schömann, Antiqu. jur. publ. p. 293, Philippi l. l. p. 110 ff. u. Thonissen l. l. p. 241 ff.

[77]) Poll. VIII, 117 μετὰ δὲ τὸν πρότερον λόγον ἐξῆν φυγεῖν πλὴν εἴ τις γονέας εἴη ἀπεκτονώς. Plato legg. IX, p. 873a—c.

2. Die Fälle der zwar absichtlichen aber nicht rechtswidrigen Tötung.

Diese Kategorie wird gebildet durch die Fälle der gesetzlich erlaubten Tötung, welche das attische Recht als *φόνος δικαίως* oder *ἐννόμως ἐκπραχθείς* bezeichnete. Der allgemeine Thatbestand ist hier objektiv betrachtet derselbe wie beim eigentlichen Morde (*φόνος ἑκούσιος*): die Tötung wird absichtlich von einem zurechnungsfähigen Thäter vollbracht und mufs mit einer Handlung desselben im Kausalnexus stehen, nur das eine Merkmal, das die Tötung ebenso wie eine jede durch das Strafgesetz bedrohte Handlung erst zu einem Verbrechen stempelt, fehlt in diesem Falle: nämlich das der Rechtswidrigkeit. Der Grundsatz, dafs eine sonst alle Kriterien des eigentlichen Mordes an sich tragende Handlung ohne dieses überhaupt nicht als strafbar angesehen werden kann, ist so sehr in der allgemeinen Natur des Rechtes begründet, dafs auch die attische Gesetzgebung demselben ihre Anerkennung nicht hat versagen können. Schon Drakon soll trotz seiner sonstigen Strenge die Fälle festgesetzt haben, in denen ein Mord als nicht rechtswidrig und deshalb straflos angesehen werden sollte[78]); und auch die leider in diesem Teile nur sehr wenige Buchstabenreste enthaltende Inschrift aus dem Jahre 409 S scheint nach Köhlers Restitution auf Zeile 34—38 die im wesentlichen mit den in der Aristokratea (cf. Note 78) erhaltenen übereinstimmenden Bestimmungen über den *φόνος δίκαιος* enthalten zu haben. Ja die Athener führten schon aus der Heroenzeit Beispiele für die Anerkennung des Grundsatzes an, dafs in gewissen Fällen eine Tötung als gesetzlich erlaubt angesehen worden sei[79]), und die Existenz der besonderen, für die Aburteilung der Fälle, in denen eine Tötung *δικαίως* vollbracht war, bestimmten Gerichtsstätte *ἐπὶ Δελφινίῳ* wird schon auf Theseus zurückgeführt[80]). Daraus dafs Aristokrates in seinem Psephisma für Charidemus einfach die Worte *ἐάν τις ἀποκτείνῃ Χαρίδημον* gebraucht hatte, macht ihm Demosthenes einen schweren Vorwurf, weil er damit auch die von dem Redner einzeln aufgeführten Fälle, in denen eine Tötung gesetzlich erlaubt war, der auf die Tötung des Charidemus gesetzten Strafe unterworfen habe[81]). Auch Plato[82]) sieht es als ein Kriterium des eigentlichen Mordes an, dafs die That *ἀδίκως* erfolgt ist, und läfst, wenn dies nicht der Fall ist, die Tötung straflos bleiben[83]).

Was nun die einzelnen hierher gehörigen Fälle anlangt, so lassen sich dieselben im allgemeinen unter zwei Kategorien bringen. Straflos mufste zunächst die Tötung derjenigen Personen sein, die der Staat ausdrücklich des sonst einem jeden zustehenden Anspruchs auf Rechtsschutz

---

[78]) Dem. or. 20 § 158 ὁ Δράκων — οὐκ ἀφείλετο τὴν τοῦ δικαίου τάξιν, ἀλλ' ἔθηκεν ἐφ' οἷς ἐξεῖναι ἀποκτιννύναι, κἂν οὕτω τις δράσῃ καθαρὸν διώρισεν εἶναι. cf. auch Dem. or. 23 § 55 ff., wo wir wahrscheinlich die Bestimmungen des drakontischen Gesetzes haben; und Pausan. IX, 36, 8 Δράκοντος θεσμοθετήσαντος ἄλλων τε ὁπόσων ἄδειαν εἶναι χρὴ καὶ δὴ καὶ τιμωρίας μοιχοῦ.

[79]) Dem. 23 § 74, die Freisprechung des Muttermörders Orestes; Apollodor. II, 4, 9, die Freisprechung des Herakles wegen der Tötung des Linus; Pausan. I, 20, 10 u. Pollux VIII, 119, die Freisprechung des Theseus wegen der Tötung des Pallas und seiner Söhne.

[80]) Über diese Gerichtsstätte cf. Dem. c. Arist. § 74, Harpokr. p. 22 s. v. ἐπὶ Δελφινίῳ. Pollux VIII, 119.

[81]) Dem. or. 23 § 60 ὁ δ' οὐδὲν εἴρηκεν ἀλλ' ἁπλῶς ἄν τις ἀποκτείνῃ, κἂν ὡς οἱ νόμοι διδόασιν.

[82]) legg. IX, p. 871a ὃς ἂν ἐκ προνοίας τε καὶ ἀδίκως αὐτόχειρ κτείνῃ. p. 874b—d ἂν δὲ ὁ κτείνας ἐφ' οἷς τε ὀρθῶς ἂν καθαρὸς εἴη τάδ' ἔστω· (folgen die einzelnen Fälle).

[83]) Wenn in den Übungsreden Antiphons mehrfach (Tetral. 2β, § 9; γ § 7; 3β, § 3; δ § 8) gesagt wird, es sei nicht erlaubt μήτε δικαίως μήτε ἀδίκως ἀποκτείνειν, so ist mit Blass, Att. Beredsamk. I, p. 150, Anm. 5 anzunehmen, dafs ἀδίκως hier das mit ungerechter, d. h. auf Tötung gerichteter Absicht erfolgende Töten, δικαίως die mit nicht ungerechter (böser) Absicht, d. h. ohne dafs der Thäter töten wollte, erfolgende Tötung bezeichnet.

für verlustig erklärt hatte, und an denen eine rechtsverletzende Handlung dem Staate gegenüber überhaupt nicht begangen werden konnte. Dies findet Anwendung zunächst auf alle, welche sich der Tyrannis zu bemächtigen, oder die demokratische Verfassung umzustürzen, oder das Vaterland zu verraten versuchen, sowie auch auf diejenigen, welche während der Zeit einer Gewaltherrschaft irgend eine amtliche Funktion ausüben. Diese können nach einem alten angeblich Solonischen, nach der Vertreibung der 30 Tyrannen erneuten Gesetz nicht nur von einem jeden straflos getötet werden[84]), sondern ihre Tötung galt sogar als eine im hohen Grade verdienstvolle That, und wer bei dem Versuche derselben sein Leben einbüfste, wurde aufs höchste gepriesen, zum Beweise wofür es genügt, auf die fast göttliche Verehrung zu verweisen, welche Harmodius und Aristogiton genossen. Ferner gehört hierher die Tötung eines verurteilten Mörders, welche in dem Falle, dafs derselbe entweder ohne Erlaubnis nach Attika zurückgekehrt war, oder sich im Auslande nicht der Teilnahme an allem dem, was ihm verboten war, enthielt, straflos blieb[85]). Die gleiche Bestimmung findet sich auch bei Plato[86]). Dafs dagegen derjenige, welcher, ohne dafs ein solcher Fall vorliegt, einen flüchtigen Mörder tötet, keineswegs straflos blieb, sondern wie ein wirklicher Mörder behandelt wurde, ist bereits oben gesagt worden[87]).

Die zweite Kategorie der gerechtfertigten Tötungen bilden die Fälle der Notwehr. Aus dem jedem Notwehrrechte zu Grunde liegenden einfachen Prinzip, „dafs das Recht niemals dem Unrecht zu weichen braucht“[88]), folgt es, dafs jedermann berechtigt sein mufs, ein ihm zustehendes Recht (unter Umständen auch das eines anderen) mit allen Mitteln und nötigenfalls auch durch Tötung seines Gegners gegen rechtswidrige, gewaltthätige Angriffe zu verteidigen. Es gehört unter den bei den Alten vorkommenden Fällen besonders die Tötung bei der Verteidigung gegen einen ungerechtfertigten körperlichen Angriff hierher. Schon Rhadamanthys soll der Sage nach in diesem Falle Straflosigkeit bestimmt haben[89]), und auch Oedipus sucht die Tötung seines Vaters als im Zustande der Notwehr geschehen, dem Theseus gegenüber zu entschuldigen[90]). Nach den bei den Rednern erhaltenen Bestimmungen[91]) legte das attische Strafrecht Gewicht darauf, dafs der Getötete mit einem ungerechten Angriff den Anfang gemacht hatte, dafs er, wie

---

[84]) Lycurg. c. Leocr. § 124 ff. *ἐψηφίσαντο γὰρ καὶ ὤμοσαν, ἐάν τις τυραννίδι ἐπιτιθῆται ἢ τὴν πόλιν προδιδῷ ἢ τὸν δῆμον καταλύῃ, τὸν αἰσθανόμενον καθαρὸν εἶναι ἀποκτείναντα.* Andoc. or. 1 § 95 *ὃς ἂν ἄρξῃ ἐν τῇ πόλει τῆς δημοκρατίας καταλυθείσης νηποινὶ τεθνάναι.* cf. auch das § 96 f. mitgeteilte Gesetz des Demophantos. Beispiele von in dieser Weise getöteten Hochverrätern kommen mehrfach vor, so Lys. or. 13 § 67 (ein Bruder des Agoratos wegen verräterischer Signale ohne weiteres von Lamachus getötet), § 70 (der Oligarch Phrynichos, dessen Mörder belohnt werden). Über die hohe Ehre, in der Tyrannenmörder standen cf. u. a. Lucian tyrannic. passim.

[85]) Dem. 23 § 28 ff. *τοὺς δὲ ἀνδροφόνους ἐξεῖναι ἀποκτείνειν,* § 51 f. *κατὰ τῶν ἐνδεικνύντων τοὺς κατιόντας ἀνδροφόνους ὅποι μὴ ἔξεστι δίκας φόνου μὴ εἶναι,* cf. auch oben Note 50.

[86]) legg. IX, p. 871 d u. E. *ἐὰν δέ τις ἐπιβῇ τούτων τῆς τοῦ φονευθέντος χώρας, ὁ προστυχὼν πρῶτος τῶν οἰκείων τοῦ ἀποθανόντος ἢ καὶ τῶν πολιτῶν ἀνατεὶ κτεινέτω κ. τ. λ.*

[87]) Dem. or. 23 § 38 u. oben Note 69.

[88]) cf. Berner l. l. § 66—89.

[89]) Apollod. II, 4, 9 erzählt von der Freisprechung des Herakles wegen der Ermordung des Linos: *παρανέγνω νόμον Ῥαδαμάνθυος λέγοντος, ὃς ἂν ἀμύνεται τὸν χειρῶν ἀδίκων ἄρξαντα ἀθῷον εἶναι.*

[90]) Soph. Oed. Kolon. 545 ff.

[91]) Dem. or. 23 § 50 *ὁρᾶτε γὰρ ὡς ἐπὶ πάντων, οὐκ ἐπὶ τῶν φονικῶν μόνον οὕτω τοῦτ' ἔχει. ἄν τις τύπτῃ τινὰ ἄρχων χειρῶν ἀδίκων ὡς εἴ γε ἠμύνατο οὐκ ἀδικεῖ.* Besonders gehören hierher die Übungsreden aus Antiphons 3. Tetralogie, cf. bes. Tetral. 3 β, § 1; γ, § 2 *τὸν γὰρ ἄρξαντα τῆς πληγῆς τοῦτον αἴτιον τῶν πραχθέντων γενόμενον καταλαμβάνεσθαι ὑπὸ τοῦ νόμου, ἄρξαι δὲ τὸν ἀποθανόντα.* δ, § 3. cf. auch Plato legg. IX p. 869 c. d.

es die Quellen ausdrücken, *ἄρχων χειρῶν ἀδίκων* gewesen war; dadurch wurden Fälle ausgeschlossen, in welchen dem Getöteten ein Züchtigungsrecht gegen den Thäter zustand, wie z. B. dem Herrn gegen die Sklaven, dem Vater gegen die Kinder[92]). Auch geht aus den Behauptungen der Parteien in der dritten Tetralogie Antiphons hervor, dafs man darauf sah, ob der Angegriffene sich in den Grenzen der Verteidigung gehalten hatte, oder ob er diese überschritten hatte[93]), wie dies zum Beispiel angenommen wurde, wenn sich jemand gegen einen ihn mit den Fäusten Angreifenden, mit tödlichen Waffen verteidigt hatte. Ein weiterer Fall gerechter Notwehr liegt vor, wenn jemand bei Verteidigung seines Eigentums den gewaltsam andringenden Dieb oder Räuber tötet. Die Tötung mufs in diesem Falle jedoch auf der Stelle und zum Zweck der Verteidigung erfolgt sein[94]). Besonders genannt werden die nächtlicher Weile in die Häuser eindringenden Diebe[95]); Plato nennt aufserdem noch die Kleiderdiebe (*λωποδύται*), die ja auch sonst mit besonders harten Strafen bedroht wurden[96]).

Endlich gehört hierher noch die gesetzlich erlaubte Tötung des ertappten Ehebrechers, die allerdings eine besondere Stellung einnimmt und nur im gewissen Sinne mit unter die Notwehrfälle gerechnet werden kann. Schon Drakon hatte bestimmt, dafs es dem Ehemanne gestattet sein solle, den auf frischer That ertappten Ehebrecher an seiner rechtmäfsigen Gattin oder seiner freien Konkubine (*παλλακῇ ἣν ἂν ἐπὶ ἐλευθέροις παισὶν ἔχῃ*) straflos zu töten; dasselbe Recht stand dem Bruder gegen den *μοιχός* der Schwester, dem Sohne gegenüber dem der Mutter, dem Vater gegenüber dem der Tochter zu[97]). Im gewissen Sinn kann man diese Tötung allerdings als einen Akt der Notwehr gegen einen Angriff auf die beleidigte Ehre des Ehemannes u. s. w. ansehen, die nach der Auffassung des Atheners nur durch das Blut des *μοιχός* wieder rein gewaschen werden konnte; und Plato, der diesen Fall des *φόνος δίκαιος* mitten unter den übrigen Notwehrfällen anführt, scheint in der That ebenso, wie moderne Rechtslehrer, die dieses auch im römischen und im deutschen Rechte vorkommende Tötungsrecht behandeln, diese Auffassung gehabt zu haben[98]).

---

92) Ausdrücklich bestimmt dies Plato legg. IX p. 869 c. d.

93) Antiph. Tetr. 3 δ, § 4 *εἰ γὰρ ὁ μὲν ἄρξας τῆς πληγῆς τύπτειν καὶ μὴ ἀποκτείνειν διενοήθη, ὁ δὲ ἀμυνόμενος ἀποκτεῖναι, οὗτος ἂν ὁ ἐπιβουλεύσας εἴη.*

94) Dem. or. 23 § 60 f. *ἐὰν ἄγοντα ἢ φέροντα βίᾳ ἀδίκως εὐθὺς ἀμυνόμενος κτείνῃ, νηποινεὶ τεθνάναι κελεύει* (ὁ νόμος). *θεάσασθε πρὸς Διὸς ὡς εὖ· τῷ μὲν ὑπειπὼν ἐφ' οἷς ἐξεῖναι κτείνειν προςγράψαι τὸ εὐθὺς ἀφεῖλε τὸν τοῦ βουλεύσασθαί τι κακὸν χρόνον· τῷ δὲ ἀμυνόμενος γράψαι δηλοῖ τῷ πάσχοντι διδοὺς τὴν ἐξουσίαν, οὐκ ἄλλῳ τινί.*

95) Dem. or. 24 § 113 *εἰ δέ τις νύκτωρ ὁτιοῦν κλέπτοι τοῦτον ἐξεῖναι καὶ ἀποκτεῖναι.*

96) l. l. IX, p. 874 b. *καὶ ἐὰν λωποδύτην ἀμυνόμενος ἀποκτείνῃ καθαρὸς ἔστω.* Über die harte Bestrafung der *λωποδύται* cf. auch Dem. 24 § 114; Lys. 13 § 68 u. K. F. Hermann, Griech. Priv. Altert. § 62, 11. 14.

97) Pausan. IX, 36, 8 — *ἄλλων τε ὁπόσων ἄδειαν εἶναι χρή, καὶ δὴ καὶ τιμωρίας μοιχοῦ·* Demosth. 23 § 53—55 *ἐάν τις ἀποκτείνῃ — ἢ ἐπὶ δάμαρτι ἢ ἐπὶ μητρὶ ἢ ἐπ' ἀδελφῇ, ἢ ἐπὶ θυγατρὶ ἢ ἐπὶ παλλακῇ ἣν ἂν ἐπὶ ἐλευθέροις παισὶν ἔχῃ, τούτων ἕνεκα μὴ φεύγειν κτείναντα.* Dieselbe Bestimmung mufs auch in der mehrfach citierten Inschrift Corp. Inscr. I, 61 gestanden haben. Im ganzen übereinstimmend Plato legg. IX, p. 874 c, der aber auch die Tötung des bei einem *παῖς ἐλεύθερος* von dessen Angehörigen Betroffenen gestattet (was wegen Lys. 1, § 32 f., Philippi l. l. p. 56 als dem wirklichen athen. Rechte entsprechend anzusehen geneigt ist). Wichtig sind besonders die Reden des Lysias über die Ermordung des Eratosthenes (1) und die Rede gegen die Neaera (Demosth. 59). Nach dem Eingang der Rede des Lysias (or. 1 § 2) u. Xenophon Hiero III, 3 beruht übrigens die Straflosigkeit der Tötung des *μοιχός* auf einem in fast allen griechischen Staaten geltenden Gesetz.

98) Berner l. l. p. 252 u. S. Mayer l. l. p. 230 u. Digest. L. 48, 5, 21—25. cf. auch oben Note 59.

Indessen überwog doch nach der für diesen Fall in erster Linie in Betracht kommenden Rede des Lysias über die Tötung des Eratosthenes die Auffassung bei den Athenern, dafs die Tötung des *μοιχός* von dem beleidigten Ehemann u. s. w. als ein ihm gesetzlich erlaubter Akt der Privatrache vollzogen wird[99]). Aus derselben Rede sowie aus der unter denen des Demosthenes stehenden Rede gegen die Neaera ergeben sich die näheren Bedingungen für die Straflosigkeit dieses Falles von *φόνος δίκαιος*. Die Tötung mufste auf der Stelle, *εὐθύς*, oder wie es die römischen Juristen nennen, in continenti, an dem in flagranti (*ἐπ' αὐτοφώρῳ*) ertappten *μοιχός* vollzogen werden[100]); auch durfte keinerlei hinterlistige Veranstaltung getroffen worden sein, um den Ehebrecher in eine Falle zu locken[101]). Zweifel an der Rechtmäfsigkeit der Tötung erweckte es ferner bei den Richtern, wenn zwischen dem Getöteten und dem beleidigten Ehemann u. s. w. irgend eine auf sonstigen Gründen beruhende Feindschaft bestanden hatte[102]). Nicht die Rede von einem Tötungsrechte des Ehemanns u. s. w. konnte sein, wenn die Person, mit welcher der Ehebruch begangen sein sollte, ein unzüchtiges Gewerbe betrieben hatte[103]). Auffallend kann es erscheinen, dafs das Tötungsrecht nur für den Fall der Verführung, nicht aber für den der Notzucht gegeben wurde[104]). Dafs übrigens das Gesetz trotz aller Kautelen vielfach die Handhabe zu den schändlichsten Mifsbräuchen darbot, zeigt namentlich die Rede gegen die Neaera: in dieser wird berichtet, wie ein gewisser Stephanus in Verbindung mit seiner Gattin Neaera ein förmliches Gewerbe daraus machte, junge, reiche Leute in sein Haus zu locken, um dann von denselben unter Androhung, an ihnen als *μοιχοί* die Todesstrafe zu vollziehen, grofse Geldsummen zu erpressen[105]).

Für alle im vorstehenden besprochenen Fälle der nicht rechtswidrigen Tötung war nicht nur keine Strafe festgesetzt, sondern das Gesetz braucht von ihnen geradezu den Ausdruck, dafs es **erlaubt** sei, in diesen Fällen zu töten[106]). Dafs aber der Thäter sich einer religiösen Reinigungsceremonie, wie Philippi[107]) annimmt, unterziehen mufste, läfst sich aus den Quellen wenigstens nicht nachweisen; als wahrscheinlich erscheint diese Annahme auch deshalb nicht, weil Plato a. a. O., der sonst in Bezug auf die religiösen Reinigungen sehr genaue Bestimmungen giebt, ausdrücklich sagt, der Thäter solle in diesem Falle rein (*καθαρός*) sein.

---

[99]) cf. Lys. or. I, § 4. — *ἔπραξα ταῦτα — οὔτε ἄλλου κέρδους οὐδενὸς (ἕνεκα) πλὴν τῆς κατὰ νόμους τιμωρίας·* § 26 — *οὐκ ἐγώ σε ἀποκτενῶ ἀλλ' ὁ τῆς πόλεως νόμος,* § 27 *ἐκεῖνος ἔτυχεν ὧνπερ οἱ νόμοι κελεύουσι* etc. § 29.

[100]) ibid. § 21, 37, 36 und die eigentliche Erzählung der Tötung § 24—29.

[101]) Ibid. § 27, § 37 ff. u. bes. § 42.

[102]) Ibid. § 43 *ζητοῦντες εἴ τις ἐμοὶ καὶ Ἐρατοσθένει ἔχθρα γεγένηται πώποτε πλὴν ταύτης, οὐδεμίαν γὰρ εὑρήσετε.*

[103]) (Demosth.) or. 59 § 67 (*ὁ νόμος*) *οὐκ ἐᾷ ἐπὶ ταύταις μοιχὸν λαβεῖν, ὁπόσαι ἂν ἐπ' ἐργαστηρίου καθῶνται ἢ ἐν τῇ ἀγορᾷ πωλῶσί τι.* cf. Harpokr. p. 267 s. v. *πωλῶσι· Δίδυμός φησιν ἀντὶ τοῦ πορνεύωσι φανερῶς.*

[104]) Lys. or. I § 32. — *τοὺς βιαζομένους ἐλάττονος ζημίας ἀξίους ἡγήσατο ἢ τοὺς πείθοντας· τῶν μὲν γὰρ θάνατον κατέγνω, τοῖς δὲ διπλῆν ἐποίησεν τὴν βλάβην·* Im folgenden giebt Lys. auch eine Erklärung dafür.

[105]) (Dem.) or. 59 § 41, 65 ff.

[106]) Dem. or. 20 § 158 *ἀλλ'* (*ὁ Δράκων*) *ἔθηκεν ἐφ' οἷς* **ἐξεῖναι** *ἀποκτιννύναι κἂν οὕτω τις δράσῃ καθαρὸν διώρισεν εἶναι.*

[107]) l. l. p. 61 ff. cf. auch Plato legg. IX, p. 874 b, c *πάντως* **καθαρὸς** *ἔστω.*

3. Die Fälle der unvorsätzlichen Tötung.

Zu dieser dritten und letzten Kategorie gehört aufser dem eigentlichen unvorsätzlichen Totschlag (φόνος ἀκούσιος) noch die Anstiftung zu einer Handlung, die eine derartige Tötung herbeiführt, d. h. die βούλευσις φόνου ἀκουσίου. Ich glaube mich hier umsomehr kurz fassen zu können, als zum grofsen Teil auf das bei der ersten Klasse von Tötungsverbrechen über das Wesen der πρόνοια Gesagte verwiesen werden kann. Aus dem dem dort Ausgeführten ergiebt sich, dafs wenn die πρόνοια nicht vorhanden ist, d. h. wenn der als thatsächlicher Erfolg einer Handlung eingetretene Tod eines Menschen von dem Thäter nicht gewollt, beabsichtigt oder böswillig veranlafst worden war, das Verbrechen des eigentlichen Mordes (resp. der Anstiftung und des Versuches eines solchen) nicht angenommen werden kann, sondern nur unvorsätzliche Tötung (resp. Anstiftung zu derselben). Dies hat denn auch das attische Recht zu allen Zeiten anerkannt. Die Bestimmungen des uns inschriftlich erhaltenen, auf Drakon zurückgehenden νόμος φονικός beziehen sich gerade auf den Fall, dafs jemand nicht vorsätzlich (μὴ ἐκ προνοίας) den Tod eines Menschen herbeiführt, und die in der Aristokratea enthaltenen Vorschriften stimmen mit denselben überein[108]); und die attische Sage führte die Einsetzung des besonderen Gerichtshofes ἐπὶ Παλλαδίῳ, der über φόνος ἀκούσιος Recht sprach, bereits auf die Zeit des troischen Krieges zurück[109]). Allein wenn in dem Falle, dafs die Absichtlichkeit, die πρόνοια, fehlt, auch niemals die Strafe des eigentlichen Mordes eintreten kann, so ist doch das Leben eines Menschen ein zu kostbares und unersetzliches Gut, als dafs es gerechtfertigt sein könnte, in allen Fällen der nicht vorsätzlichen Tötung vollständige Straflosigkeit eintreten zu lassen. Das moderne Strafrecht unterscheidet nun im Anschlusse an die römisch-rechtlichen Begriffe der culpa und des casus solche Fälle, in denen der Tod eines Menschen durch irgend eine schuldbare Nachlässigkeit, und solche, in denen er ohne alle nachweisbare Verschuldung des Thäters, blofs durch einen unglücklichen Zufall herbeigefürt worden ist; nur im letzteren Falle tritt völlige Straflosigkeit, im ersteren dagegen eine je nach dem Grad der Fahrlässigkeit zu bemessende Strafe ein. Die attischen Gesetze unterscheiden nun auch Fälle, in denen völlige Straflosigkeit und solche, in denen eine Bestrafung eintrat; aber der Grund zu dieser Unterscheidung scheint keineswegs in einer verschiedenartigen, der heutigen Rechtsanschauung entsprechenden Beurteilung von culpa und casus gelegen zu haben, sondern derselbe war anscheinend ein rein äufserlicher. Straflos sollten nämlich folgende drei Fälle des φόνος ἀκούσιος bleiben: 1) Tötung in Kampfspielen[110]); 2) Tötung eines Mitbürgers im Kriege, wenn man diesen irrtümlicher Weise für einen Feind gehalten hat[111]); 3) der Fall, dafs ein Arzt durch seine un-

[108]) cf. den Eingang des drakontischen Gesetzes (Zeile 10 d. Inschr.) καὶ ἐὰμ μὴ ἐκ προνοίας κτείνῃ τίς τινα, φεύγειν u. Dem. 23 § 41—50 u. 54; 71 ff. or. 21 § 43 or. 37 § 58. or. 38 § 21. In Betracht kommen namentlich auch die Reden der 2. Tetralogie Antiphons, in denen es sich um φόνος ἀκούσιος, sowie dessen Rede für den Choreuten (6), in der es sich um βούλευσις φόνου ἀκουσίου handelt. Sollte sich übrigens im Amnestiegesetz des Solon (Plut. Solon 19) nicht vielleicht der Ausdruck ἐπὶ σφαγαῖσιν auf φόνος ἀκούσιος beziehen, während φόνος ἑκούσιος wie sonst öfter einfach durch ἐπὶ φόνῳ bezeichnet ist?

[109]) Pausan. I, 20, 5 u. Harpokr. p. 127, Z. 13 ff. über das Gericht über Demophon.

[110]) Dem. or. 23 § 54 ἄν τις ἐν ἄθλοις ἀποκτείνῃ τινά, τοῦτον ὥρισεν οὐκ ἀδικεῖν· διὰ τί; οὐ τὸ συμβὰν ἐσκέψατο ἀλλὰ τὴν τοῦ δεδρακότος διάνοιαν.

[111]) ibid. § 55. πάλιν ἄν ἐν πολέμῳ, φησίν, ἀγνοήσας, καὶ τοῦτον εἶναι καθαρόν· εἰ γάρ ἐγώ τινα τῶν ἐναντίων οἰηθεὶς εἶναι διέφθειρα, οὐ δίκην ὑπέχειν, ἀλλὰ συγγνώμης τυχεῖν δίκαιός εἰμι· den in der Formel § 53

richtige Behandlung den Tod eines Patienten herbeiführt[112]). Voraussetzung für die Straflosigkeit war in diesen drei Fällen das Fehlen der *πρόνοια*, d. h. der auf Tötung gerichteten Absicht. Dies geht aus den angeführten Worten des Demosthenes, der ausdrücklich sagt, dafs man nicht den Erfolg, sondern die Absicht des Thäters berücksichtigt habe, klar hervor. Plato, der die drei Fälle fast ganz in derselben Weise aufführt, zählt sie daher auch ausdrücklich zu den Fällen des *φόνος ἀκούσιος*[113]). Ich kann mich daher auch der Ansicht Philippis (p. 56 N. 81) nicht anschliefsen, der, weil die beiden in der Aristokratea angeführten Fälle zusammen in einem Gesetz mit dem Fall der straffreien Tötung des *μοιχός* genannt werden, diese drei Fälle zum *φόνος δίκαιος* rechnet. Denn bei dem Mangel jeder systematischen Anordnung in den *νόμοι φονικοί* hat dieser Umstand sehr wenig Beweiskraft, auch kann ich nicht zugeben, dafs Straflosigkeit nur ein Kriterium für den *δίκαιος φόνος* sei (p. 58). Vielmehr ist nach dem eben Ausgeführten das charakteristische Merkmal des *φόνος δίκαιος* keineswegs der Mangel der *πρόνοια*, sondern diese ist vorhanden, es fehlt aber die Rechtswidrigkeit; umgekehrt aber ist in den Fällen des *φόνος ἀκούσιος* die Tötung an sich rechtswidrig, es fehlt aber das Kriterium des *φόνος ἑκούσιος*, die *πρόνοια*[114]), und da dies auch in den drei vorliegenden Fällen stattfindet, so sind sie als straffreie Fälle des *φόνος ἀκούσιος*, nicht des *φόνος δίκαιος* anzusehen. Übrigens beweist wenigstens für den Fall der irrtümlichen Tötung im Kriege die Erzählung von Demophon, dem Sohne des Theseus, der wegen einer solchen von dem Gericht *ἐπὶ Παλλαδίῳ* gerichtet sein soll[115]), dafs die Alten hier *φόνος ἀκούσιος* annahmen, denn über solchen wurde *ἐπὶ Παλλαδίῳ* Recht gesprochen, während *φόνος δίκαιος* vor das Gericht *ἐπὶ Δελφινίῳ* gehörte.

Dafür übrigens, dafs die Anschauung, nach welcher die Strafe des *φόνος ἀκούσιος* von dem Vorhandensein einer Fahrlässigkeit auf Seiten des Thäters abhängig gemacht wurde, auch den Athenern nicht ganz fremd war, liefern die Übungsreden in der zweiten Tetralogie Antiphons einen nicht uninteressanten Beweis. Es handelt sich in denselben um die, wie auch vom Ankläger nicht bestritten wird[116]), unvorsätzlich herbeigeführte Tötung eines Knaben beim Wurfspiefswerfen; der seinen wegen *φόνος ἀκούσιος* angeklagten Sohn verteidigende Vater sucht nun nachzuweisen, dafs seinem Sohne keinerlei Fahrlässigkeit vorgeworfen werden könne, sondern dafs der Getötete seinen Tod durch eigene Unvorsichtigkeit veranlafst habe, deshalb sei sein Sohn von aller Schuld frei zu sprechen und straflos zu lassen[117]). Die attischen Gesetze selbst jedoch nahmen auf jene Unterscheidung von culpa und casus keine Rücksicht, sondern sie haben für alle nicht zu den oben genannten drei Fällen gehörigen Fälle des *φόνος ἀκούσιος* einjährige Verbannung, die jedoch mit keinerlei Nachteilen für die bürgerliche Stellung und das Vermögen

---

nicht aber im Texte enthaltenen Fall *ἢ ἐν ὁδῷ καθελών* (cf. dazu Weber l. l. p. 223 f.) lasse ich hier unberücksichtigt, da man da, wo die Formeln von den Worten des Redners abweichen, willkürliche Interpolation annehmen mufs. cf. Philippi a. a. O. p. 350 ff.

112) Antiph. Tetr. 3 γ, § 5 *εἰ δέ τοι καὶ ὑπὸ τοῦ ἰατροῦ ἀπέθανεν, — ὁ μὲν ἰατρὸς οὐ φονεύς αὐτοῦ ἐστιν (ὁ γὰρ νόμος ἀπολύει αὐτόν)*.

113) legg. p. 865 a, b. *πρῶτον μὲν τὰ βίαια καὶ ἀκούσια λέγωμεν* (folgen die drei angeführten Fälle des straflosen *φόνος ἀκούσιος*). Als Grund der Straflosigkeit in den beiden ersten Fällen führt Plato Bestimmungen des delphischen Orakels an.

114) cf. die bereits mehrfach angeführten Stellen Dem. or. 20. § 158 u. or. 21 § 43.

115) Pausan. 1, 20, 9; Harpokr. p. 127 s. v. *ἐπὶ Παλλαδίῳ*; schol. ad. Aesch. d. falsa legat. § 87.

116) β § 6. *Ἀκουσίου δὲ τοῦ φόνου ἐξ ἀμφοῖν ὑμῖν ὁμολογουμένου γενέσθαι.*

117) cf. bes. β § 3—11; γ § 4—11; δ § 3—9.

des Verbannten verbunden war, als Strafe festgesetzt[118]). Der Grund hierfür liegt, wie bereits im ersten Teil dieser Arbeit angedeutet wurde, in dem Einflufs der religiösen Anschauung, nach welcher es den Zorn des Getöteten erregt haben würde, wenn der Thäter straflos in der Heimat geblieben wäre[119]).

Ganz ebenso endlich wie der wirkliche *φόνος ἀκούσιος* wurde die Anstiftung zu einer Handlung beurteilt, die, ohne dafs eine auf Tötung gerichtete Absicht vorlag, den Tod eines Menschen herbeigeführt hatte. Es ist dies der bereits im Eingange dieses Abschnitts mit aufgeführte Fall der *βούλευσις φόνου ἀκουσίου*. Gerade auf diese bezieht sich, wie bereits oben (Note 44) dargethan wurde, die in dem inschriftlich erhaltenen drakontischen Gesetz gegebene Bestimmung über *βούλευσις*. Dafs aber der Fall, dafs jemand, ohne *πρόνοια* d. h. ohne auf Tötung gerichtete Absicht, einen anderen zu einer Handlung veranlafst, die dann durch irgend einen Zufall oder durch irgend eine Fahrlässigkeit den Tod eines Menschen herbeiführt, wirklich vorkam, beweist die Rede Antiphons über den Choreuten. Denn in dieser handelt es sich, wie Philippi (a. a. O. p. 31 ff.) nachgewiesen hat, um *βούλευσις φόνου ἀκουσίου*. Dem Sprecher wird nämlich vorgeworfen, er habe als Chorege einem seiner Untergebenen befohlen, dem umgekommenen Choreuten einen Trank zu reichen, der dessen Tod herbeigeführt habe[120]); aber auch die Anklage hatte eingeräumt, dafs die That nicht *ἐκ προνοίας* geschehen sei[121]). Als Strafe drohte dem Angeklagten Verbannung, also die Strafe des *φόνος ἀκούσιος*[122]).

Anhangsweise sei hier schliefslich noch erwähnt, dafs auch für den Fall des Selbstmordes, obwohl bei demselben, da er keine Rechtsverletzung involviert, ein eigentliches Verbrechen nicht vorliegen konnte, das attische Recht, um von dieser als unsittlich und irreligiös betrachteten Handlungsweise abzuschrecken, eine Art Strafe festgesetzt hatte: der Leiche sollte die Hand abgehauen und diese getrennt von dem übrigen Körper verscharrt werden[123]). Plato bestimmt, dafs das Grab des Selbstmörders einsam und ohne Denkmal und Grabschrift bleiben solle[124]).

---

118) Dem. or. 23. § 45, wo von diesen Verbannten der Ausdruck *ἐξέρχεσθαι* nicht *φεύγειν* gebraucht wird, und es dann heifst *ὧν τὰ χρήματα ἐπίτιμα*. or. 21 § 43. or. 37 § 58 f. 38 § 22. cf. auch die Inschrift (Corp. I. A. I, 61.) Z. 10 *καὶ ἐὰμ μὴ 'κ προνοίας κτείνῃ τίς τινα, φεύγειν.*

119) Antiph. Tetr. 2γ § 7 f. *ὅ τε γὰρ ἄκων ἀποκτείνας ἀκουσίοις κακοῖς περιπεσεῖν δίκαιός ἐστιν ὅ τε διαφθαρεὶς οὐδὲν ἧσσον ἀκουσίως ἢ ἑκουσίως βλαφθεὶς ἀδικοῖτ' ἂν ἀτιμώρητος γενόμενος.* cf. auch Plato legg. IX p 865 d. e. *λέγεται δὲ ὡς ὁ θανατωθεὶς ἄρα βιαίως — θυμοῦταί τε τῷ δράσαντι κ. τ. λ.*

120) or. 6. § 11 ff. cf. auch die *ὑπόθεσις* der Rede und Blafs Att. Bereds. I p. 184 ff.

121) § 19 *αὐτοὶ οἱ κατήγοροι ὁμολογοῦσι μὴ ἐκ προνοίας μηδ' ἐκ παρασκευῆς γενέσθαι τὸν θάνατον τῷ παιδί.*

122) § 4 *ἀνάγκη γὰρ ἐὰν ὑμεῖς καταψηφίσησθε — εἴργεσθαι πόλεως ἱερῶν θυσιῶν ἀγώνων.*

123) Aesch. or. c. Ktes. § 244 *καὶ ἐάν τις ἑαυτὸν διαχρήσηται τὴν χεῖρα τὴν τοῦτο πράξασαν χωρὶς τοῦ σώματος θάπτομεν.* cf. auch Antiph. Tetral. 2γ § 4, wo eine Andeutung auf die Bestrafung des Selbstmordes enthalten zu sein scheint, u. Herrmann Grch. Priv. Altert. p. 484 u. Note 27 u. 28.

124) Plato legg. IX p. 873 c. d., wo der Selbstmörder als Mörder seines treusten und besten Freundes, nämlich seiner selbst, bezeichnet wird. cf. auch Aristot. Eth. Nicom. V, 11.

Wissenschaftliche Beilage zum Programm des Humboldts-Gymnasiums.

Ostern 1885.

Über die Spagna istoriata.

Von

Georg Osterhage.

BERLIN 1885.

R. Gaertners Verlagsbuchhandlung

Hermann Heyfelder.

1885. Programm No. 60.

Der Verfasser der Spagna in rima stellt die Ereignisse des sagenhaften Kampfes Karls des Grofsen in Spanien in aufserordentlich übersichtlicher Reihenfolge dar. Schon seine Vorgänger in Italien hatten das Bestreben, die grofse Verworrenheit der französischen Dichtungen, besonders in dem weitläufigen Teile, der der Katastrophe von Roncevaux vorangeht, zu vermeiden; aber weder der Verfasser der Entrée noch der der Prise de Pampelune kann sich in der Klarheit der Disposition mit ihm vergleichen. — Gleich nach dem Bekanntwerden der Gefahr beschliefsen die Sarazenen, drei Festungen, Lazzara, Pampalona und la Stella, zu halten, die also von den Christen nacheinander erobert werden müssen. Nach der Einnahme von la Stella beginnt Ganos Verrat. Während der langen Belagerung von Pampalona werden dem Leser die Episoden vorgeführt, welche die Sage zum Teil schon in älterer Zeit mit dem Zuge gegen Spanien verknüpfte: die Meuterei und der Abzug der Deutschen, die Eroberung von Nobile, Rolands Fahrt nach dem Orient, der Aufstand in Paris und die Ankunft zweier Hülfsheere unter Gione und Desiderio. Die gern gehörten Erzählungen von Gesandtschaften christlicher Ritter am Hofe Marsilios hat die Sp., abweichend von allen anderen italienischen Darstellungen, mit grofsem Geschick getrennt. Nach der Einnahme jedes einzelnen der oben genannten Bollwerke des Islam wird in ganz natürlich erscheinender Weise der Versuch gemacht, den Feind zum Frieden zu bewegen. In der Wahl der Persönlichkeiten, die eine solche Botschaft überbringen, hat die Sp., die Erzählung der Prise de P. leicht, aber glücklich modifizierend, eine sehr hervortretende Steigerung des Interesses erzielt. Die ersten übernehmen zwei stattliche, aber ganz unbekannte Ritter, Anselmo und Allorino, die erst durch ihr Auftreten in Saragossa des Lesers Teilnahme gewinnen. Der Held der zweiten Friedensbotschaft, dessen tragisches Ende vom Dichter mit besonders rührenden Zügen geschildert wird[1]), ist eine der liebenswürdigsten Erscheinungen des Gedichts, Gione di Bertagna. Die dritte endlich, von Gano ausgeführt, ist eigentlich der Ausgangs- und Angelpunkt der ganzen epischen Volksdichtung des romanischen Mittelalters geworden. — Nur zwei, übrigens kurze Einschiebungen fügen sich nicht recht in den Rahmen des Ganzen. Die erste behandelt die Einnahme von Lucerna (XXVI p. 300)[2]) und scheint nur dem 3. Teil der intrata eine gröfsere Ausdehnung geben zu sollen, da der Kampf vor la Stella eigentlich nur eine schwächere Nachbildung des Zweikampfes vor Lazzara ist. Die zweite, welche die Besetzung von Narbona erzählt (XXXVIII p. 436), zeigt, dafs der Dichter in sonst richtiger Einsicht seiner altehrwürdigen Quelle fast mit zu grofser Pietät folgte[3]).

[1]) Schmidt, Über die italiänischen Heldengedichte 91.
[2]) Die Citate geben den Gesang und die Seitenzahl nach der Ausg. Venedig 1783.
[3]) Rajna, Propugnatore IV, 1, 375.

Wie die Übersichtlichkeit ist auch die Kürze zu loben, der sich der Dichter im Gegensatze zu seinen franco-italienischen Vorbildern befleifsigt. Er reiht die Thatsachen in ihren Hauptmomenten schnell und schlagend aneinander, ohne die Nebenumstände der Handlung ungebührlich hervortreten zu lassen. So erreicht er einen dramatisch bewegten Gang der Ereignisse, frei von langathmigen, schleppenden Weiterungen. Vielleicht läfst er sich zu sehr von dem Bestreben leiten, das unmittelbar auf die Menge Wirkende, Drastische, Sensationelle vorwalten zu lassen, da die Charakteristik seiner Helden zum Teil darunter leidet. Ihm gilt der Grundsatz l'art pour l'art, wie er ihn verstand; es kommt ihm nur darauf an Effecte zu erzielen. — Die Sprache trägt noch den formelhaften Charakter der französischen chansons de geste, wenn auch schon ein Bemühen den Ausdruck zu individualisieren bemerkbar ist. Irgend welche Untersuchungen über Sprache und Versbau auf Grund des mir vorliegenden Druckes anzustellen wäre übrigens ein ganz fruchtloses Beginnen, da der Text derartig verunstaltet ist, dafs man den Sinn häufig nur erraten kann[1]). Eine lesbare Ausgabe würde auf Grund der Handschrift der Laurenziana mit Hülfe der gedruckten Ausgaben herzustellen sein. In dieser Weise citiert auch Rajna in seiner Rotta di Roncisvalle. Die folgende Abhandlung enthält Bemerkungen über einige der Hauptpersonen, sodann eine Übersicht der Quellen, wobei auch Gui de Bourgogne herangezogen wird, endlich einiges über das Verhältnis der Sp. zu den Prosadarstellungen und zum Innamorato. Bei der Angabe der Quellen werden die directen und die ursprünglichen besprochen werden.

I.

Den Kampf der Christenheit gegen den Islam leitet das Haus Chiaramonte. Man wird sich unter dieser Bezeichnung im Allgemeinen den Romanismus zu denken haben, wenn auch einzelne, unwesentliche Angaben einen Widerspruch gegen diese Identifizierung begründen könnten. An der Spitze des Hauses steht eine Trias: Kaiser Karl, Roland, der Papst. In dieser Reihenfolge erscheinen sie nach ihrer äufseren Stellung im Gedichte, bei einer genaueren Prüfung der Machtverhältnisse dürfte dem Kaiser nicht die erste Stelle zukommen. Auch der Islam scheint sich einer ähnlichen Organisation zu erfreuen. Das Haupt desselben ist der Archaliffo (II p. 15), der auch die Sünden vergiebt und Ablafs erteilt (Che perdonato da colpa e pena sia). Die zweite Stelle würde Marsilio einnehmen. Der Bedeutung Rolands entsprechen ungefähr die drei Helden Ferraù, Isolieri und Serpentino (II p. 14 f.)

Ein eigentümliches Verhältnis zwang die italienischen Volksdichter, ihre Helden grade aus dem Volke zu wählen, das ihnen keineswegs immer freundlich gesinnt war. Mufste schon die Erinnerung an die alte Feindschaft zwischen Karl und den Longobarden in ihrer Nachwirkung Gereiztheit gegen die Franzosen erzeugen, so dienten die Angriffe und Schmähungen, in denen sich einzelne französische Dichter gefielen, auch wohl nicht dazu, die Mifsstimmung zu beseitigen. Im Aiol werden den Lombarden demütigende Strafen auferlegt (Hist. poétique p. 335), im Auberi besingt der Dichter triumphierend den Untergang ihrer Herrschaft. Auch der Dichter des Ogier

---

[1]) Einzelnes über Sprache und Stil findet sich in Rajna, Propugnatore zerstreut, über die wenig zahlreichen Bilder und Vergleiche in Halfmann, Bilder und Vergleiche im Morgante. Marburg 1884.

kann seine feindselige Gesinnung nicht verbergen; s. 916, 4093 ff., 4506, 4980 (Vesci Lunbars poi i a loialtage, — Traitor sont et plain de cuvertage.) 5359; Desier bricht bei ihm die heiligsten Versprechungen, ist feige und heuchlerisch. 4953, 4959, 5280, 5371, 5860, 5870 (A malvais home m'en ving chà hebergier.) 9749 (Puis le boisa comme coars laniers.) — Die unfreundliche Gesinnung der Italiener gegen die Franzosen kommt direct nur ängstlich und in etwas kleinlicher Weise zum Ausdruck. Der Dichter der Sp. ist darüber erhaben, man mufs sie im Viaggio (II 78 f., 82, 87, 89 etc.) und in den Reali (VI 53) suchen. Aber der Leser nimmt bald wahr, dafs die Italiener sich rächten, indem sie systematisch die Gewalt des Kaisers als einen leeren Schatten hinstellten. Ihr steht das Papsttum, vertreten durch Orlando, den campione della chiesa, gegenüber und greift fördernd und hemmend in den Gang der Ereignisse ein. Als Karl Orlando wegen der vor Nobile erlittenen Verluste Vorwürfe macht, antwortet dieser sogar trotzig: Ich bin nicht dein Feldherr, sondern der der Kirche: La chiesa di Roma per ogni virtù — Ne assolverà l'Appostolico santo (XIII p. 148.) — In der Sp. und den verwandten Gedichten leistet Karl mit seinen Leuten eigentlich nichts, sondern von den 3 Bollwerken der Feinde fällt das furchtbarste durch Desiderio, die beiden anderen durch Rolands persönliche Kraft. Die Truppen des Königs von Pavia sind den Franzosen und Deutschen an Tüchtigkeit im Kampfe und besonders an Intelligenz weit überlegen. Es mufs hier allerdings abgesehen werden von der Baligantepisode, die fast unverändert aus den französischen Vorbildern herübergenommen ist. In ihr erringt ja Karl auch persönliche Siege.

Sehr verdacht wird es dem Kaiser und ebenso dem Papste, wenn sie auch das Haus Maganza schützen. Die Romanen beanspruchen beide Würden für sich. Die Sage ist eben in einem eminenten Sinne historisch.

Ulivieri heifst in Sp. Borgognone, jedenfalls weil Vienne zum arelatischen Königreich Burgund gehörte. Auch Floovant 47 wird diese Stadt als zu Burgund gehörig betrachtet. Auf den ersten Blick scheint es, dafs dieser Held in Sp. nichts von seiner Bedeutung als Freund Orlandos und zweiter Paladin verloren hat, aber bei näherer Betrachtung zeigt es sich, dafs er dessen Liebe mit Astolfo und Salomone teilen mufs und also doch etwas in den Hintergrund tritt[1]). Es herrschte eben bei den Italienern eine besonders unfreundliche Stimmung gegen die Burgunder. Das Viaggio di Carlo Magno verknüpft Karls Zug gegen Spanien mit einem Versprechen, das der Kaiser Roland vor Viana gegeben hatte. Als der Krieg gegen Girardo della Fratta durch das Freundschaftsbündnis zwischen Ulivieri und Orlando[2]) und durch des letzteren Verlobung mit Alda beendigt war, gab Karl sein Wort, Alda als Königin von Spanien zu krönen. In diesem Kampfe hatte Girardo die Sarazenen zu Hülfe gerufen per destrurre li Cristiani (Vi. I 4, 7). Nach Vi. I 87 hatte Malzarise einen Arm verloren, quando Girardo d. F. rinegò Cristo, che condussi Malzarise in Bregogna. — In der Entrée wird dieses Factum ebenfalls mehrfach erwähnt (Thomas, Nouv. Recherches sur l'Entrée de Spagne 41 ff.). Offenbar kennt auch die Sp. diese Vorgänge (I p. 5: Quando tolse Alda io gli promisi — D'incoronarla di tutta la Spagna.)[3]). Am wenigsten sympathisch müssen die Burgunder dem Verfasser der Reali gewesen sein, die ja

[1]) Er tritt mehr hervor in dem Teile des Werkes, den der Dichter der ch. do Rol. nachgebildet hat.

[2]) Hist. poétique p. 325.

[3]) Nach Bojardo (Inn. XXVIII 10) fiel auch Oliviers Vater in diesem Kampfe. Paulzzi citirt dazu in seiner Ausgabe II p. 395 aus Dolce die Verse: Rinieri allora corse prestamente; — Per uccider il figlio di Pipino;

allerdings etwas jünger sind als die Sp. Borgogna und die Borgognoni werden dort kaum einmal genannt, ohne dafs sie mit einer leichten Makel belegt werden. Sie sind nicht ganz so schlimm wie „die von Maganza“, aber auch nicht viel besser. In Borgogna bei la Magna entsteht und erbebt sich das Geschlecht der Mainzer (Reali I c. 22). Fioravante, der als französischer Prinz nicht erkannt werden will und bei den Heiden Vertrauen zu erwecken sucht, giebt sich für einen Burgunder aus (II 31, 3 3)[1]. Reali III 2 wird unter Kämpfern aus allen französischen Provinzen auch ein Antonio di B. aufgeführt, ohne einen tadelnden Zusatz. In der grofsen Genealogie (V. 9) wird Guerino di B. als Stammvater jener Familie der Don Chiaro etc., die sich mit Marsilio verband, genannt. — Im 6. Buche der Reali endlich, ist B. der Sitz der Feinde Karls, namentlich des Girardo da F., der mit den Mainzern eng verbündet ist. Der aus Spanien flüchtende Karl kann dort keine Zufluchtsstätte finden (c. 40), wohl aber erhalten die Mainzer, Girardo und der ihnen freundlich gesinnte Papst zahlreiche Hülfstruppen aus diesem Lande (42). Milone und Bernardo di B. führen ein Corps gegen Karl (43). Nach langem Kampfe fliehen die Borgognoni, nachdem ihr Herzog Guerino durch Karls Hand gefallen ist (44 und 45). Der unversöhnliche Girardo, der sogar seinen reuigen Bruder Bernardo bekriegt, findet bei ihnen noch immer Hülfe (46). Endlich dringt Karl in Burgund ein und zwingt Girardo zum Frieden (50).

Wenn diese Mifsstimmung nicht in den Streitigkeiten der Lombarden mit dem arelatischen Königreiche Burgund begründet ist, so ist sie vielleicht die Frucht einer litterarischen Fehde. Die ch. de g. Auberi le Bourguignon, in der der Held seinen Neffen in die Lombardei einfallen läfst, wobei Desiderio, der Nationalheld der Italiener, fiel, Pavia zerstört wurde und das Lombardenreich unterging, konnte nicht wohl freundliche Gesinnungen hervorrufen (Tobler, Mittheilungen p. 254[10]). — Ulivieri hat sich von dieser Familie der Burgunder Apostaten zum legitimen Herrscher der Christenheit bekehrt und unterliegt daher der allgemeinen Verfehmung nicht. Die Dichter erinnern wohl darum so oft an den Kampf um Viana und die bekannte Versöhnung, um ihren Zuhörern einzuprägen, dafs der Burgunder Ulivieri nichts mehr mit diesem Geschlechte zu schaffen hat, sowenig wie Uggieri mit den Heiden, zu denen er einst gehörte. Jeder andere den Dichtern der Spagnaromane sympathische Held aber mufste den Zunamen di Borgogna ablegen, wenn er in den Kreis ihrer Personen aufgenommen wurde. So heifst der aus Gui de Bourgogne so bekannte Sanson in der Sp. Sansone di Picardia; nach der Entrée war er aus der Gascogne. (Thomas, N. R. p. 13: Sanson le buen vasal de Gascogne nel[2]). Terigi, Rolands Schildträger, der im Roland V4 3272, wenn die Lesart sicher ist, Teris dux de Bergogna heifst, führt diesen Titel in der Sp. nicht mehr. Der hohe Würdenträger, den Floovant im Garten beleidigt, ist in den Reali (II 1—4) nicht mehr Herzog von Borgoigne und Vianne (Floovant 47), sondern Herzog der Bretagne.

Der Name Guido di Borgogna, den man am meisten vermifst, kehrt allerdings zweimal

— Ma Carlo, da ragione e da ira spinto, — Lo fendé dalla testa insino al cinto. Aber Inn. LIII 14 fällt er durch Feragutos Hand im Kampfe an der Riviera!

[1]) In der von Rajna (Reali I) veröffentlichten Version der Fioravantesage finden sich diese Stellen nicht, ein Beweis, dafs sie nicht eigentlich zur Sache gehören, sondern absichtlich hinzugefügt sind.

[2]) Die von Thomas (p. 47) vorgeschlagene Verbesserung in de Borgogne ist hiernach natürlich zurückzuweisen.

in Sp. wieder, aber beide Stellen sind im höchsten Grade verdächtig. Sp. VI p. 59, klagt Karl über die von Ferraù gefangenen Helden, die er für verloren hält, und nennt 18 mit Namen, unter denen auch Guido di B. sich befindet. Bei einer ähnlichen Aufzählung VI p. 63 fehlt sein Name, ebenso VII p. 74. VII p. 74 werden auch die 4 Haimonskinder genannt, obschon sie im ganzen Gedichte nicht auftreten und XVIII p. 207 angedeutet wird, dafs sie, wenigstens Rinaldo, nicht mehr im Leben sind! VI p. 63 ist auch Namo plötzlich gefangen, der VI p. 60, nach Ferraùs Tode, sich noch beim Kaiser befand. Man sieht, dafs diesen Aufzählungen keinerlei Bedeutung beizulegen ist. Wahrscheinlich ist der Name Guido di B., vielleicht nachdem die Fierabrassage bekannter geworden war, von einem Bearbeiter hinzugefügt worden. — Nicht viel anders verhält es sich mit der Stelle XXXVI p. 414. Es sind 12 neue Pairs statt der alten gewählt worden. Die Verse sind so entstellt, dafs man 13 herauszählen mufs. Dann hat hier Namo, dessen 4 so bekannte Söhne gefallen sind, plötzlich noch einen fünften, Beltramo (vielleicht der Bertrant der französ. ch. de geste), von dem bisher nie die Rede war. Auf Beltramo wird wenigstens später noch Bezug genommen, während Guido di B. gar nicht wieder genannt wird. Man darf sich auch hier mit der gegebenen Erklärung beruhigen.

Kann man das Zurücktreten der Burgunder in der italienischen Karlssage noch bezweifeln, so ist dagegen das Emporkommen des Geschlechtes der bretonischen Fürsten augenscheinlich. In Frankreich waren die Bretonen zum Teil wohl weniger beliebt, und dies mag grade das Bindemittel zwischen diesem inoffensivsten aller französischen Stämme und den Italienern gewesen sein. Der Verfasser des Ogier, der gegen die Lombarden so scharfe Ausfälle hat, widmet auch den Bretonen wenig schmeichelhafte Verse. „Je ne suis pas Bretons por escarnir Og. 2401. Trovai le roi et od lui maint baron, — En sa compaigne avait douze Bretons — Qu'il adoba de ses viés peliçons; — Li rois les paist de lait et de flaons, — C'est li mengiers qui mult plaist as Bretons. — Og. 4450 ff. In diesem Tone geht es weiter bis v. 4460. Dann wird auch die Artussage dazu beigetragen haben, den Namen der Bretonen mit höherem Glanze zu umgeben. Das Geschlecht ihrer Fürsten wird in den Reali V 9 (in der Genealogie) von Artus hergeleitet. — Schon in der Entrée ist Salomon ein besonderer Freund Rolands (Thomas N. R. p. 59 Roland l'acolle disant: „Stez sus amis") und sehr treuer Diener des Kaisers (ib. p. 52). In der Prise de P. hat er eine nicht weniger wichtige Stellung (v. 3844 ff.). Im Vi. ist der Erzbischof Turpino di Bertagna sein Bruder (I 43, II 206), aufserdem scheinen ihm noch zwei Brüder gegeben zu werden. Von dem einen, Gimongello (II 68), wird noch die Rede sein; der andere wird nicht genannt (I 45); die Stelle ist überhaupt unklar. In Sp. figuriert er bei der grofsen Musterung (II) wie fast überall an erster Stelle unter den Helden; er führt auch im Kampfe immer die Avantgarde und spricht im Rate meist gleich nach dem Kaiser (I p. 5, VI p. 63, VII p. 71, X p. 114, u. s. w.). Der Dichter hat sich offenbar bemüht, ihn in die Handlung eingreifen zu lassen. Ihm vertraut Karl den heiklen Auftrag an, die Meuterei der Deutschen zu unterdrücken (VIII p. 98 ff.). Orlando empfiehlt ihn seinem neuen Freunde Sansonetto (XX p. 231). Er ist der entschiedene Gegner Ganos (XXXIX p. 444, 446). Auch seinen Leuten spendet der Dichter das höchste Lob (IX p. 110 Fieri, ed arditi come Leon selvaggio). In den Reali wird fast jeder Fürst des ganzen Geschlechts, von Artus bis auf Salomone, als treuer und tapferer Diener des Hauses Frankreich geschildert. In der Genealogie (V. 9) werden sie als valenti principi e signori vor den anderen ausgezeichnet. Der Ruhm ihres Hauses zieht sich durch alle Bücher, abgesehen von IV, Buovo, das keine Gelegenheit bot sie zu loben. (I 18, 22, 23, 24, 28, 35, 39, 40 etc., II 1, 2, 4, 24 etc., III 7—10, V. 5, 9). Namentlich im 6. Buche (besonders 65, 66, 67) gehört Salomone zu den ersten Vertrauten Karls im Kampfe gegen die Mainzer und Burgunder und bei der Versöhnung mit Berta und Orlandino. Er steht in gleichem Range mit Namo und Ugieri.

Ganos Character zeigt 3 Entwickelungsperioden. Im Rolandsliede läfst der Dichter uns in seiner knappen Ausdrucksweise silhouettenhaft aber deutlich erkennbar, nach Shakespearescher Art, eine Familientragödie in dem Rahmen der grofsen Staatsaction wahrnehmen. Die Mifsstimmung zwischen Stiefvater und Stiefsohn ist der Boden, auf dem der Verrat erwuchs. Der Schwager des Kaisers fand nicht den nötigen Spielraum für die Entfaltung seiner Kraft. Zwischen zwei solchen Sternen wie Roland und Karl erblafste der alte Ruhm seines Hauses und seiner Persönlichkeit. Vergrämt, trübsinnig, hoffnungslos, vertritt Gano im Rate des Kaisers die Partei der Mäfsigung. Durch den Chauvinismus der Gegner, besonders Rolands, weiter gedrängt als er zu gehen beabsichtigte wird er schliefslich in ohnmächtiger Wut bis zum Verrate getrieben. — Das Hauptmotiv in Ganos Character ist echt germanisch. Das besonders auf einer ursprünglicheren Stufe der Gesellschaft häufigere Zerwürfnis zwischen Stiefkind und Stiefvater, ist ein Gegenstück zugleich und eine Folge der Innigkeit des germanischen Familienlebens. In keinem Lande hat sich das Familienleben höher und edler entfaltet als in England, und gerade englische Dichter haben Familienzwist und speziell die bezeichnete Art desselben zum Ausgangspunkt ihrer gröfsten Schöpfungen gemacht. So ist die Figur Ganelons, vermutlich eine Erfindung verletzter Nationaleitelkeit, von dem nüchternen, calculierenden Elemente des französischen Wesens mit allen Attributen poetischer Wahrheit umgeben worden[1]).

Ganelon durfte eigentlich nur in den Gedichten auftreten, die den grofsen Kampf zwischen Romanismus und Islam zum Hintergrunde haben. In den Epen, die das Verhältnis Karls zu seinen Vasallen behandeln, mufste seine Gestalt zum hohlen Schema werden. Sein Name ist daher in denselben zum Appellativ geworden für diejenigen Räte Karls, die der Dichter seiner besonderen Feindschaft würdigt. Wenn der Fürst, oder, da es sich immer nur um den einen idealen handelt, wenn Karl den guten Räten folgt, so läfst er die Vasallenstaaten ungestört in dem einmal liebgewordenen Verhältnis; gewinnt der Einflufs der Freunde Ganelons, die seine persönlichen Schwächen sowie unglückliche Zufälle geschickt auszubeuten wissen, die Oberhand, so werden allerlei Neuerungen geplant, die Treue der alten Vasallen wird verdächtigt, es erheben sich geschmeidigere Mitbewerber, und lange verheerende Kämpfe sind die Folge.

Zum zweiten Male erhielt seine Gestalt einen anderen Inhalt, als die Sage nach Italien vordrang. Der Kampf gegen den Islam wird mehr und mehr alleiniger Gegenstand der Legende; die Kämpfe Karls mit seinen Vasallen verlieren, wie es natürlich war, an sich an Interesse und gewinnen nur ein neues, wenn sie den äufseren Unternehmungen als Folie dienen. In den gewaltigen Gang der Ereignisse konnte jetzt der einzelne persönliche Verräter nicht mehr eingreifen,

---

[1]) Man beachte die vielfache Wiederholung des Wortes parastre (ch. de R. 277, 297, 753, 762, 1027). Dafs Roland es einmal in einem freundlicheren Sinne gebraucht (1027), ist kein Widerspruch, da der moralisch vernichtete Mann kein Gegenstand seiner Angriffe mehr sein konnte. — In dem Gesagten liegt durchaus nicht ausgesprochen, dafs das Wort p. schon einen schlimmen Sinn hatte. — Der Streit zwischen R. und G. scheint auf die Anwesenden wenig Eindruck zu machen, er war ihnen wohl nicht neu!

er wurde mit den Genossen, die schon die französischen Dichter der 2. Periode ihm gegeben hatten, als Vertreter einer ganzen feindlichen Dynastie gedacht, die systematisch Verrat trieb, wenn sie ihre eigennützigen Zwecke dadurch zu fördern hoffte, sonst aber an dem Kampfe des Romanismus gegen den Islam wackeren Anteil nahm. Diese Dynastie hat jedenfalls nicht ohne Grund die Bezeichnung casa di Maganza erhalten. Dafs dieses „Haus" eine historische Bedeutung hat, kann man schon daraus schliefsen, dafs die italienischen Dichter auch sonst aus der Sage in ihrem Sinne Geschichte machen, indem sie den Papst und Desiderio eingreifen lassen. Wen man sich unter der casa di M. zu denken hat, sagt mit musterhafter Klarheit der Begründung Döllinger in seinen Papstfabeln S. 39. „Die Entstehung der Sage (es handelt sich um die Verschmelzung einer Papstfabel mit der Sage vom „Hause Mainz") fällt in die Zeit der grofsen Kämpfe zwischen Papsttum und Kaisertum, als die Deutschen oft mit Heeresmacht vor Rom und in Rom erschienen, die Mauern der Stadt brachen, Päpste gefangen nahmen oder zur Flucht nöthigten. Omne malum ab aquilone, dachte man damals in Rom. Deutschland hatte keine eigentliche Hauptstadt, keine stehende Königs- oder Kaiserresidenz; als die bedeutendste Stadt des Reiches konnte nur Mainz genannt werden, der Sitz des ersten Reichsfürten, die Kanzlei des Reiches. Moguntia, ubi maxima vis regni esse noscitur, sagt Otto v. Freysingen (De gestis Frieder. I c. 12). Im Ligurinus des Pseudo-Günther heifst es von Mainz: Pene fuit toto sedes notissima regno (p. 40). In dem Karlssagenkreise, den sich auch Italien angeeignet hat, in den Reali etc., tritt die Romanische Abneigung gegen Mainz, die deutsche Metropole, grell hervor. Mainz ist da der Sitz des Verrats. . . . Die Mainzer repräsentieren die deutsche verräterische Usurpation des Kaisertums, das von Rechtswegen den Romanen gehöre. . . . Eine deutsche Entgegnung ist gewissermafsen das Gedicht „Doolin v. Mainz". — Auch die Sp. hat von Anfang an die Formel „Gan da Pontieri, il traditor feroce". Aber sie bereitet Gano eine doppelte Ehrenrettung: durch das edle Auftreten seines Sohnes, und dadurch dafs sie ihn anfangs aufrichtig an dem Kreuzzuge teilnehmen läfst. Dafs Gano als Deutscher gedacht wurde, sehen wir aus einem Zeugnis gerade unmittelbar nach dem Bekanntwerden der Sp., welches Rajna im Propugatore IV, 1, p. 336 mitteilt. Die Stelle ist aus den Erklärungen des Francesco da Buti zu Dante (Inferno XXXII 122) entnommen: Questi (Gano) fu tedesco della casa di Maganza, e tradì la santa gesta de' Paladini". Es kann nicht überraschen, dafs die Gewaltherrschaft der Hohenstaufen, wie die der Habsburger, auch in Dichtern von gemäfsigter Gesinnung Abneigung, wenn nicht gar Hafs, erregte. Der Dichter der Sp., der sonst selbst den Sarazenen seine Teilnahme nicht ganz versagt (XXXVIII p. 430), konnte hier gar keine wesentliche Änderung eintreten lassen. Dafs die Franzosen besser wegkommen als die Deutschen, ist erklärlich, da der nationale Sinn der Italiener dauernd und systematisch in allen Jahrhunderten nur von den „Barbaren des Nordens" bedroht wurde, von den Anfängen des deutschen Kaisertums an bis auf unsere Tage, bis im Juli 1866, nach einem letzten Siege, der letzte deutsche Feldherr in Italien aus den Thoren Veronas zog.

Namo di Baviera behauptet seinen gewöhnlichen Platz im Rate des Kaisers, wenn er nicht zu Gunsten Salomons auf das erste Wort verzichten mufs. Deutlicher als in der französischen Sage tritt er als Deutscher auf. Es zeigt sich dies besonders bei der Revolte (cf. VIII u. IX). Karl scheint ihn für dieselbe verantwortlich machen zu wollen, weil er Rechenschaft über das Vorgehen der Bretonen fordert. Klarer wird der Sinn dieser Stelle durch die Entrée und Prise de P. In der Entrée heifst der Führer der abziehenden Deutschen Herbert, und ein Herbert, gleichfalls ein Anführer der gegen Desiderio meuternden Deutschen, wird in der Prise de P. 4 als Vetter Namos bezeichnet. Läfst man die von Döllinger über das Haus Maganza gemachten Bemerkungen gelten, so würden die unter Namos Patronat stehenden Deutschen das den Ansprüchen des Romanismus gegenüber gefügigere Element des Volkes vertreten. — Im c. 45 der Rubriken der Reali gerät Namo ebenfalls in Zorn gegen Karl und Salomone, wie aus dem Zusammenhange erhellt, auch als Fürbitter der bedrohten Deutschen. Wenn der Name des abziehenden Volkes nicht genannt wird, so kann dies bei dem verderbten Texte kaum auffallen.

Dafs der Astolfo der italienischen Dichter schon als Estout in der Entrée und Prise de P. erscheint, ist wiederholt hervorgehoben worden[1]). Sein Character tritt aber auch im Gui de Bourgogne deutlich hervor. Aus diesem Werke citiert Gautier die Verse G. de B. 892 „Tu as mult verai non: Tu es fel et estous; Estous t'apele l'on". Es sei hier aufserdem auf folgendes hingewiesen. Als Grundlage seines Wesens mufs angenommen werden, dafs er zu den jüngeren Rittern gehört, er ist eben ein Genosse Guis, dessen Vater Oedes de Lengres schon in Karls Lager ist[2]). Er nutzt am meisten die Situation aus, als er unerkannt seinem Vater gegenübersteht, um mit demselben seinen, übrigens harmlosen Scherz zu treiben v. 883 ff. Der Dichter, dessen Lieblingsfigur er ist, legt ihm die tollsten Reden und originellsten Vergleiche in den Mund. So droht er Huidelon v. 1925: „Fai dont une grant boursse entor ton col noer, — Et, par non de servage, li venras aporter, — Et fai. IIII. deniers en la boursse poser; — Et se tu ci nel fais com tu m'os deviser, — Et Karles puet ton cors ne tenir ne combrer, — Il te fera ou col une grant hart noer, — A la queue d'une yve te fera traîner. — Mais cele blanche barbe qui tant fait a loer, — Où je voi cel or pendre et ces botons posez, — Véistes onques chien que tant soit deschirés, — Qu'il ne se puet[3]) des mousches garantir ne tenser? — En icele maniere les te fera oster, — Puis fera les grenons et ardoir et bruller, — Après, fera ton cors laidement traîner".

Er ist leicht zu verletzen: v. 2177 ff. „Qu'il n'i a nus de vos de si haut paranté, — S'uimais l'en oi. I. mot ne tantir ne soner, — Je le ferrai, je quit, qui qu'en doie peser". In der Gefahr gewinnt er am ersten seine Fassung wieder v. 2695 ff. Unbesonnen, wie er sonst ist, greift er Escorfaut an und vereitelt dadurch beinahe den klug angelegten Plan der Anderen. 3357 ff. Aber auch wenn er zum ruhigen Abwarten ermahnt, verhallt seine Stimme nicht ungehört. 3306. — Im ms. b., das nach Ansicht der Herausgeber auch noch dem 13. Jahrhundert angehört[4]), tritt er noch bestimmter und plastischer hervor, so dafs den Italienern wenig hinzuzufügen blieb. Er tritt am entschiedensten gegen Ganos Sohn Maucion[5]) auf, der die Krone beansprucht, wie er später in der Sp., bei Pulci und Bojardo, der heftigste Gegner der Mainzer ist: „Estout de Langres menace Maucion d'un bâton qu'il trouve à sa portée: Ja éust à Maucion parmi le chef donez — Quant son lignage l'at et sustret et ostez". (S. 138). Die folgende Stelle wird leider nur in der Übersetzung mitgeteilt: Estout . . continue: „Bertrand a bien parlé, dit-il, cherchons un prudhomme parmi nous pour en faire un roi. Je ne parle pas de moi; si je

[1]) Hist. litt. XXVI 363 — Gautier, Ép. III² 177 — Thomas N. R. 44. —

[2]) Über die Änderung des Namens s. Thomas N. R. 44.

[3]) Guessard-Michelant: muet.

[4]) Gui de B. S. XIV, 135 ff.

[5]) Viaggio II 64, 65 heifst dieser Sohn Ganos Melchion.

voulais la couronne, je l'aurais et serais roi de France, quoi qu'on en pût dire, mais je ne veux pas l'être, j'ai le coeur trop felon. Il y faut un homme sage et plein de grand amour, qui garde et conduise le pays par la douceur." — Der Vorschlag Berards — „le roi une fois nommé, s'il refuse, on lui coupera la tête" — findet natürlich seinen vollen Beifall (137). Bei jedem Angriff ist er der erste, scheint aber schon hier das Unglück zu haben, das ihn später so oft verfolgte, ohne ihm seinen Humor zu rauben (139).

II.

In der Übersicht über die Quellen des Dichters sind zu nennen: die Sagen, auf welche der Verfasser selbst anspielt, die Entrée mit den französischen Quellen derselben, ein supponiertes Gedicht Guion, welches einen Feldzug der jüngeren Helden zur Unterstützung ihrer Väter und Oheime in Spanien zum Gegenstande gehabt haben mufs, die Prise de Pampelune, die chanson de Roland. Der letzte Punkt ist durch die Untersuchungen Rajnas im Propugnatore IV 1. erledigt: die Hauptquelle der Sp. (XXVII—XXXIX) ist eine dem ms. V[4] möglichst nahestehende Version der ch. de Roland (S. 378).

1.

Die Sp. kennt die Rinaldosage. III p. 26 fragt Ferraù; „Son così fatti i figliuoli d'Amone?" VII p. 74, in einer offenbar verderbten Stelle, werden sie sogar als befreite Gefangene bezeichnet. XVIII p. 205 ff., in der Aufzählung der Helden des Hauses Chiaramonte, werden Amone, Rinaldo und seine Brüder, Ulian und Malagigi genannt. Die Stelle XVIII p. 208 (Ricordati li famosi fratelli — Griffone, ed Aquilante di valore, — Di Ricciardetto furon figli quelli, — Che a corte venenò l'Imperatore —) findet ihre Erklärung in dem von Rajna (Rom. VI 402) aus einer toskanischen Version der Uggerisage mitgeteilten Factum: „Gano procaccia con tradimenti la morte dei due fratelli".

Auch frühere Versionen der Reali sind ihr nicht fremd. I p. 1 wird das Haus Chiaramonte auf Constantin zurückgeführt; XVIII 205 ff. werden etwa 50 Namen von Helden dieses Hauses genannt, indem Ugone seinen Bruder auffordert ihrem Beispiele zu folgen. Namentlich scheint der Dichter Buovo d'Antona gekannt und geschätzt zu haben (XVIII p. 206). Es läfst sich auch eine Stelle nachweisen, die er ohne Zweifel dem Buovo entlehnt hat. Als Karl (XXI p. 241 f.) plötzlich in Paris erscheint, gerät er in der Küche des Palastes mit den Köchen in ein Handgemenge und wird etwas später nicht zuerst von seiner Gemahlin, sondern von einem treuen Hündchen erkannt. Diese Scenen finden sich ganz unverkennbar Reali IV 23 und 24 und auch in der älteren, venetianischen Form des Buovo (Rajna, Reali I S. 528) wieder, nur dafs statt des Hündchens Buovos treues Schlachtrofs Rondello auftritt. — Noch sei erwähnt, dafs Reale geradezu für König steht (VI p. 66).

Über Uggieri in der Sp. berichtet Rajna Reali I 249 ff. Die Verse Sp. III p. 28, (Tu sei in Navarra troppo (Rajna: lungo) tempo stato — Contra a Marsilione a Guerreggiare) lassen sich wohl aus Reali VI 39 erklären, wenn man nicht zu sehr das unsichere troppo oder lungo betont. Die Bezeichnung il Danese della Marca dürfte aus dem Dainesmarche der Entrée entstanden sein.

Am häufigsten erinnert der Dichter an den Zug nach Aspramonte, speziell an den Tod Almontes und die Eroberung des Schwertes Durlindana (Sp. I, III, VI, XXVI, XXX). Selbst Namos treues Rofs Morello (che migliore — E'di niun altro XXV p. 288) hat seinen Ruhm bewahrt.

2.

Als Quelle des ersten Teiles der Sp., bis zur Rückkehr Rolands aus dem Orient (Mitte von C. XX), gilt die Entrée. Eine Vergleichung im Einzelnen kann natürlich erst nach Veröffentlichung des Gedichtes stattfinden; die Analyse Gautiers erlaubt aber schon jetzt folgende Punkte festzustellen. Die Sp. ist wesentlich kürzer, sie erzählt in knapp 8000 Versen den wesentlichen Inhalt der ca. 16 000 Verse der Entrée. Sie scheint sogar vollständiger zu sein als ihre Vorlage, denn in der Entrée fehlen die Taufe Ferraùs und die Gesandtschaft Anselmos und Allorinus. Auch die Mutter Ferraùs kann nicht gut im französisch-italienischen Gedicht Platz gefunden haben, da ja ihr Tod durch Roland mit der Taufe ihres Sohnes zusammenhängt. Die Bekehrung Ferraùs konnte der Dichter aus Fierabras (v. 1512) oder Ogier (v. 11 792) entnehmen. Die Riesin Amiote im Fierabras (5034 ff.) bot wenigstens einige Züge, die er zur Schilderung der dämonischen Mutter verwenden konnte; sie mochte ihm durch eine andere als die uns erhaltene Version der Entrée bekannt geworden sein. Die Gesandtschaft der beiden oben genannten Ritter ist offenbar identisch mit der Basinepisode in der Prise de P. (2500 ff.). Warum der Dichter sie hier einfügt, ist früher erörtert worden. — Im übrigen ist der Unterschied der beiden Darstellungen sehr grofs und ist bedeutungsvoll für die fernere Entwickelung der chevaleresken Poesie in Italien geworden. Mit grofser Sicherheit hat der Dichter zwei eingedrungene Elemente, die der Karlssage ursprünglich fremd waren, wieder ausgeschieden, das clericale Element und den mystischen Teil der Artussage. Die Frömmigkeit des Dichters ist auf das Niveau der aus den späteren ch. de geste bekannten gesunken. Sie besteht in Äufserlichkeiten, Anrufungen Gottes, Wünschen für das Heil der Zuhörer, trägt also deutlich die Züge des Jongleurtums an sich. Aus der Artussage hat der Dichter nur ganz äufserliche Elemente in sehr bescheidenem Mafse aufgenommen, wie Zauberbrunnen, Wunderbäume und Zauberbücher. Alles, was er hierin bietet, ist auch von den gröfseren Nachfolgern verwandt worden. Der Dichter hat also den Weg gezeigt, auf dem eine Verbindung der beiden grofsen Sagenkreise vor sich gehen konnte: nicht das geistliche Rittertum Percevals, sondern das weltliche Gauvains konnte sich mit der Karlssage verschmelzen. Abweichend von dem ernsten Charakter der Entrée, liebt es der Dichter bei burlesken Auftritten zu verweilen. So schildert er mit Wohlgefallen wie der ausgehungerte Roland im Orient durch wüstes und unmanierliches Essen die Verwunderung und selbst den Spott der Heiden erregt, wie Karl in Pilgertracht sich mit den Köchen in seinem Palaste in Paris herumschlägt. Ein feinerer Scherz ist es, wenn Marsilio dem so oft ratlosen Karl unter anderen Geschenken auch ein Parlament sendet, das selbst für Karls Reich genügt haben würde (E mille vecchi per lui consigliare XXVII p. 316). Man gelangt bei der Lectüre der Sp. eben nicht recht zur Klarheit darüber, ob der Dichter uns die Geschichte einer Kreuzfahrt oder einen kolossalen Maskenzug mit historischen Kostümen vorführen will. Ein Hauch vom Geiste des Pulci weht in diesem Werke. Im Grunde sagt das auch Ranke in den Abhandl. der Berl. Akad. 1835 p. 420: „Ich weifs nicht ob es dem Bearbeiter der Sp. selbst oder einer schlechteren Quelle der er folgte zuzuschreiben ist, dafs er Anfangs die Vision die der

Grund der Unternehmung ist weglässt, und von weiter nichts wissen will als dafs Karl Spanien zu besitzen gewünscht habe; aber es ist deutlich, wie sehr sein Gegenstand hierdurch an höherem Interesse verliert". Ich glaube daher nicht, dafs man die Sp. als ernst gemeint dem Innamorato gegenüberstellen kann, wie es Rajna (Fonti dell' Orl. F. 28) zu thun scheint.

Die Elemente der Entrée waren schon in der französischen Sage gegeben. Der Zweikampf zwischen R. und F. ist wahrscheinlich dem zwischen R. und Fernagu nachgebildet (Hist. p. 266). Aufser in den von G. Paris angeführten Stellen wird Fernagu auch noch Ogier 11 349 genannt: Nès la bataille au paien Fiernagu, — Ke Rollans fist ki tant ot de vertu, — Envers cesti ne valut un festu. Über Lazzara spricht Paris II. p. 183 Anm. und glaubt, dafs es das Navara Turpins ist. Dazu ist zu bemerken, dafs beide Namen in V⁴ getrennt vorkommen (2484 f. Si li conquis Pallune e Navare, — Pois li conquis la gran çite de Laçare). Auch der Name Malceris findet sich V⁴ 1386 f. (De cento M. non poit ma un aler, — ço est Malçaris, cusi li oldu nomer). Rolands Eroberungen im Orient werden schon im Oxforder Text der ch. de R. angedeutet (2329: Costentinnoble, dunt il out la fiance); sehr ausführlich in V⁴ 2488 ff. wo die Namen Bulgraçe, Babilonie, Alexandre, Tire, Sidonie, Indes, Damiaçe, der roi de Meche genannt werden. Die Nobileepisode ist, allerdings in etwas anderer Form, sehr alt, ebenso die Gesandtschaft Anselmo-Allorinos (Ch. de R. 1775, 207. s. H. p. 263). Die Idee des Orientzuges, den Roland unternimmt, findet sich ausgedrückt, in dem jüngeren Teile von V⁴, in der Ausrede die Karl gegen Alda gebraucht; ja der Kaiser geht schon über das, was uns Sp. zu bieten wagt, hinaus: 5010 ff. I sont da moi parti par fellonie — . . . Li cont Rolland a femene retollie, — Fille Florent, un roi de Val Sorie, — Pur sa belte a la vestra gerpie. — E Oliver est in sa conpagnie, — Ch'ell'a pris una dame de Paganie, — Filla l'amiray de Persia la garnie, — Dis che no i fallira en trestute sa vie. Diese ganze orientalische Episode ist eine Nach- und Weiterbildung von Karls Reisen nach Constantinopel und dem Orient, an denen ja auch Roland Teil nimmt (Gautier, Ép. III² 270—352). Namentlich aus Simon de Pouille, von dem ein Manuscript dem XIII Jahrhundert angehört, (Gautier Ép. III² 346 Anm.) können manche Züge zu den Kämpfen und Abenteuern Rolands im Oriente entnommen sein (S. 351 und 352). Die Teilnehmer sind gezwungen sich für Heiden auszugeben; sie finden Schutz bei dem Seneschall Sinados, der sich bekehrt wie Sansoneto; Licorinde gleicht einigermafsen der Dionés der Entrée; ein nachgesandtes Heer aus Frankreich beschleunigt die glückliche Lösung, wie es die Ankunft Ugones in der Sp. thut.

Aus dem Pseudo-Turpin können in die Entrée und deren Weiterbildungen übergangen sein (s. Hist. p. 183, 266): der Traum Karls und die Erscheinung des h. Jacobus, dessen Grab zu befreien als Hauptzweck des Krieges angegeben wird C. I.; die Namen wichtiger Orte, vor denen die Entscheidungskämpfe stattfinden, wie Nageras (Lazzara II. p. 183 Anm.) Pampilonia, Sanagotia (Caesaraugusta); die Erzählung von dem Untergange der Stadt Lucena, an deren Stelle ein See erschien (c. 2); die Namen der Hauptthelden auf christlicher wie auf heidnischer Seite (c. 12 und zerstreut). Besonders möge erwähnt werden die Form des Namens Estulfus, die der italienischen Form näher steht als die frz., sowie der Umstand dafs hier auch Albericus Burgundionus als Mitkämpfer genannt wird, der in den italienischen Darstellungen fehlt. Der Zweikampf Rolands mit Ferracutus (c. 18) ist fast ganz in der Entrée verwertet, besonders die Riesennatur des sarazenischen Kämpfers, die langen theologischen Erörterungen, die Wichtigkeit die dem gegebenen Wort bezüglich des Waffenstillstandes beigelegt wird; die Eigenarten der Kampfesweise, indem F. die christlichen Helden teils wegträgt, teils mit Felsblöcken bekämpft, endlich der Tod des Riesen ohne Taufe und ohne Anspielung auf seine Mutter. Die Dauer des Kampfes beschränkt sich hier auf 2 Tage, während bei den Italienern bis hinauf zu Bojardo überall 3 Tage angegeben werden.

Im Fierabras finden wir eine Reihe von Stellen die die Italiener cisalpinischen Dichtern entnommen haben (s. Hist. poét. 266, Thomas, N. R. 41). Da es sich um entferntere Quellen handelt, so ist nicht nur die Sp. zu vergleichen, sondern die italienische Sage in allen Versionen und in ihrem ganzen Umfange heranzuziehen. Der französischen und italienischen Sage gemeinsam sind: die trotzige Herausforderung des Fierabras, F. 79, das Schmollen Rolands, 143, der Streit zwischen Karl und Roland, 166 ff, die vielen gegenseitigen Bekehrungsversuche zwischen R. und F. 399 ff. 723 ff, besonders der Gedanke, dafs sie, wenn sie einig wären, die Welt beherrschen würden; 972 ff, 1406, 1319. Sp. IV p. 40, Vi. I 72; die Riesennatur des Sarazenen 575, die von dem einem Kämpfer ausgesprochene Befürchtung, dafs er, falls er sich bekehre, für besiegt gelten würde und die Antwort des anderen, dafs er sich gerne scheinbar ergeben wolle, um des Gegners Ehre zu retten, 690 ff, Vi. I 75; Karls Gebete während des Kampfes, die Angabe, dafs er beim ersten Zusammenstofs sich die Augen mit dem Mantel verhüllt, um seines Kämpfers Fall nicht sehen zu müssen, 766, Vi. I 54; das Anerbieten des Heiden, dem christlichen Gegner, wenn er sich bekehren wolle, seine Schwester zur Frau zu geben, 1317, Vi. I 72; die Taufe des verwundeten Riesen, die Vorsichtsmafsregeln der Heerführer, um die Störung des Zweikampfes zu verhindern, die Angabe, dafs die Helden schwarze und blaue Male hatten an den Stellen, die von den Schwertern getroffen waren, 1828, 1927, Sp. IV p. 37, V p. 52; die Betonung der Liebe der Eltern zu ihren Kindern, 1868, 1895, 1902, Sp. III, IV, XI p. 130, (während Bramimunde bei ihren Klagen über das Los ihres Gemahls und ihres Landes nicht einmal des Sohnes gedenkt, ch. de R. 2575 ff. 2595 ff, 2714 ff.); die Bedrohung der Gefangenen durch den feindlichen Fürsten und das Eintreten feindlicher Ritter für dieselben 1942, 1949 ff., Sp. X p. 142, XI p. 125; die Gefahren einer Gesandtschaft bei den Heiden, 2264, 2270, die groben Reden der Botschafter 2571, die Beschaffenheit der Tribute, 2522, der Zug, dafs Roland eine sarazenische Prinzessin gegen den ihr aufgedrungenen Freier schützt, 2871 ff., Rolands Unverwundbarkeit, 3715, die Bedeutung der Belagerungswerke, 3735, Karls Verzweiflung, wenn er von seinen Baronen verlassen wird, 4409; die Meuterei der „Mainzer", 4488, das Eindringen der Ritter in eine feindliche Stellung als verkleidete Kaufleute 4664 ff., Vi. I 111, die schroffe Weigerung eines gefangenen Heiden Christ zu werden, 5908, Sp. XI p. 124. — Wenn die Entrée vollständig vorliegt, wird man jedenfalls noch andere, besonders auch sprachliche Berührungspunkte nachweisen können.

Aus der Ch. de geste Ogier können etwa folgende Züge entnommen sein (s. Hist. p. 266): die Riesengröfse des heidnischen Kämpfers 11063, 11235, die Herausforderung 11065, der Umstand, dafs Ogier gleich zum Kämpen ausersehen ist, Sp. II 23, Vi. I 41; die fromme Vorbereitung zum Kampfe, speziell durch Turpins Segen 11129 ff. Vi. I 43 ff.; Braihers Übermut 11150 ff., Ogiers Versuche ihn zu bekehren 11311 ff.; die Anerkennung der Macht des Gegners, 11368, das Wohlgefallen, mit welchem schreckliche Verwundungen geschildert werden 5111, 5143, 11455, 11491, der Umstand dafs Braiher um Waffenruhe zum Schlafen bittet, 11569, und Ogier ihm einen Stein unter den Kopf legt, 11600, die (nicht ernst gemeinte) Bitte des Heiden getauft zu werden, 11792, das Werfen mit Steinen, 11856, Vi. I 69; das Versprechen, dem bekehrten

Gegner eine Frau zu geben, 1769 ff., 1876, 1930, 2860, das tragische Schicksal des jungen Guielin, der in einem Hinterhalte wie Gione verwundet wird und vor Ogiers Augen stirbt, 6984, 7644, 7730, 7735, 7799; der Name Malquïdier 12404 (Infinitiv, während die Formen Malquidant, Marchidante etc. Participien sind), die scharfe Zurückweisung einer versuchten Bekehrung 1370 ff.; die Rolle des geschickten engigneor 6694 ff. Sp. VIII p. 96, der Zug, dafs Karabeu den gefangenen Ogier gegen seinen Fürsten, Corsuble, schützen mufs, 2010 ff.; die rücksichtslose Vertreibung der Bundesgenossen aus ihren Zelten 2401.

Im Gui de Bourgogne, der sonst als Quelle nicht angesehen wurde, findet sich das Urbild zu dem bekannten Verse Avino, Avolio, Ottone e Berlinghiere, wenn die 4 Helden auch noch nicht als Brüder und Söhne Namos gelten. Für Hoton (Thomas, N. R. 37) hat unser Gedicht Haton z. B. 417 Ne Yvon ne Yvoire, Haton ne Berangier, ebenso 1084. V. 348, 720, 4114 fehlt der Name Beranger. — Aquilant, aus der Entrée und den Rubriken der Reali als bekehrter Sohn des Herrschers von Jerusalem bekannt, ist hier Herr von Luiserne. Sinagon, der im Vi. I 47 Ferragùs Waffengenosse und Erzieher ist, findet sich v. 2221 ff. genannt als Seneschall Huidelons. — Wie in der Entrée, Prise de P. und Vi. fordert ein Engel Karl im Traume auf nach St. Jago zu gehen (v. 4094, 4099, vgl. 4173, 4264.), allerdings nur als Pilger, denn die Eroberung von Spanien ist ja nahezu vollendet. — Die trotzigen Reden der kampfesmüden Barone geben den Italienern Stoff zu Scenen, die einer gewissen Grofsartigkeit nicht entbehren, wie am Ende der Entrée (Thomas N. R. 53), wo Karl in herrlichen Versen die Ehre des Reiches gewahrt wissen will. Ähnliches findet sich im Gui de B. v. 178 f., 787 f. Die Barone unterwerfen sich dann gewöhnlich oder es tritt sonstige unerwartete Hülfe ein, worauf Karl in eine sehr rührselige Stimmung zu geraten pflegt (Thomas N. R. 63, Gui de B. 3746, 3753, 3922).

An die Einnahme von Nobile erinnern die Verse Gui de B. 7 f. und 1046. Auch v. 1705 wird auf Karls Heftigkeit gegen Roland angespielt, indem Gui den Maucabré durch eine angebliche Verfeindung des Oheims und des Neffen zu überlisten sucht. — Wiederholt wird dem Gedanken Ausdruck gegeben, dafs Karl und Gui sehr unrecht handeln, wenn sie die Frauen so lange von ihren Männern getrennt halten (26 f., 857, 867, 935, 3251). Vielleicht ist es eine Reminiscenz an diese Stellen, wenn im Vi. (I 27) Karl von seiner Gemahlin aufgefordert wird, die Frauen der Ritter nach Spanien mitgehen zu lassen. — In der Entrée und Sp. meutern die Deutschen und wollen in der Nacht heimlich abziehen. Im Gui sind es Gascoins und Angevins (v. 182) die ihren Fürsten im Stich lassen, und der Dichter knüpft daran die culturhistorische Bemerkung, dafs dafür zuerst die Leibeigenschaft als Strafe eingeführt sei, wie umgekehrt bei den Italienern die Lombarden für ihre treuen Dienste allerlei sociale und politische Freiheiten erhalten. Sonst ist der Dichter des Gui den Deutschen auch nicht hold: bei der Ankunft der jungen Schar in Karls Lager müssen sie ohne weiteres ihre Zelte räumen 1192. In dieser Bivouacfrage tritt ja auch in der Prise de P. 219 die Abneigung gegen die Deutschen scharf hervor. — Dafs die sarazenischen Herrscher von ihren Töchtern verraten werden, ist etwas so gewöhnliches, dafs Sp. und Gui de B. dieses Motiv verschmähen. Dagegen ist die Bekehrung von Fürsten und Fürstensöhnen, die nachher in den Rang von Paladinen eintreten oder eintreten wollen, eine Specialität der italienischen Gedichte. Ähnlich verläfst und verrät auch im Gui ein Verwandter den anderen und zwar ohne jeden inneren Kampf, methodisch. Escorfaut spricht das aus, als er eben seinen Neffen verraten will: „Vées ci Huidelon: par lui sui ge trais, — Ausi ert il par moi ...“ 3484 vgl. 3512.

Anderseits finden die Verfasser offenbar auch Gefallen an charakterfesteren Gegnern, die aus ihrer Abneigung gegen das Christentum kein Hehl machen (Gui de B. 3641. Sp. XI p. 124). — Wie nach der durch einen Handstreich erfolgten Einnahme von Lazzara Orlandos quartieri auf dem Turme aufgepflanzt wird und dem draufsen barrenden Heere das Signal zum Vorrücken giebt (Sp. VI p. 62), so wird die durch List erzielte Besetzung von Augorie durch ein rotes Banner Gui und seinem Heere kundgethan (3405). — Streitigkeiten in Betreff des Anrechts auf eine eroberte Stadt finden sich Gui de B. 4235 ff., Prise de P. 225. 406, 5080. Sp. XXIV p. 282. — Die Darstellungen des Untergangs von Lucerna im Gui de B. und Vi. sind insofern verwandt als eine schon eingenommene Stadt zu Grunde geht, und die Katastrophe von Roncevaux dem Vorgange fast unmittelbar folgt (Gui de B. 4293, 4301. und Vi. II 108).

Die Heiden bewundern den in Montorgueil als Botschafter einziehenden Gui und seine vier Genossen und sagen, gegen solche Männer wird Baidelon seine Stadt nicht lange halten (v. 1767 s. auch 2281). Ebenso reden die Bürger von Saragossa, als Anselmo und Allorino durch die Strafsen reiten um mit Marsilio zu verhandeln (Sp. VIII p. 81). Wie Guis Haltung hoch zu Rofs, flöfst auch sein Appetit den Heiden Respekt ein (2245 ff.). Die Stelle erinnert lebhaft an Sp. XIV p. 159 und XV p. 169, wo aber das Burleske noch schärfer accentuirt ist. —

Die Angabe der Dauer des Krieges stimmt mit den italienischen Gedichten nicht, denen allgemein die Zahl von 17 Jahren vorzuschweben scheint (Ch. de R. V⁴ 3991, Vi. II 44, 79)[1]). Die Lesart XXVII im Gui steht handschriftlich wenigstens nicht absolut fest, da sich auch XXXVII und XXVI findet (Guessard-Michelant 134). Innere Gründe fordern, dafs man in der ursprünglichen Fassung eine andere, geringere Zahl voraussetzt. Die Herausgeber bemerken schon (p. 134) dafs der Zeitraum von 27 Jh. „suffit et au delà à la fable imaginée par le trouvère". Wohl kein Leser hat den Eindruck, dafs er junge Männer von 26–27 Jahren vor sich hat, wenn man auch annimmt, dafs sie alle, wie Bertrant (v. 859) nach Abzug der Väter geboren sind. Im Allgemeinen wird man doch annehmen, dafs sie als unmündige Kinder zurückgelassen wurden, etwa wie Aimeri de Narbonne, der 8 Jahre alt war (Ch. de R. V⁴ 3991). Auch von Algirone wird im Vi. II 59 ausdrücklich gesagt, dafs er ein Jüngling von 20 Jahren war. Sicher können die Genossen Guis, die stets jone enfant, li jone bacheler heifsen, keine Männer im Anfange der Dreifsiger sein! Alle Widersprüche schwinden, wenn man die Zahl 17 gelten läfst. Bertrant konnte, früh entwickelt, bei der Eigentümlichkeit der Lage, sehr wohl schon mit 16 Jahren Ritter werden, wie Hugues Capet (v. 17). Die Jongleure werden in übermütiger Stunde die Zahl der Jahre erhöht haben, um ihre Zuhörer durch den offenbaren Widerspruch auf das Gebiet der Operette zu locken, wie es der Sänger des ersten Teiles des Hugues Capet thut[2]). — Wir hätten somit in der Angabe der Dauer des Krieges einen neuen Anklang an die Spagnaromane der Italiener.

3.

Sp. XX p. 235 schliefst die Entrée als Quelle ab. Von hier ab nimmt vor allem das Auftreten Giones unsere Aufmerksamkeit in Anspruch. Seine Rolle ist eine dreifache. Er rettet in Paris die Krone für Karl gegen einen Mainzer, führt den alten Rittern ein aus jugendlichen

---

[1]) Vi. II 109 sind es 16.

[2]) Über die handgreifliche Ironie im Gui de B. s. Hist. litt. XXVI 297.

Kämpfern bestehendes Hülfsheer zu und endet tragisch als Karls Gesandter auf dem Rückwege von Saragossa.

Der erste Punkt, Karls plötzliches Erscheinen in seiner Hauptstadt um seine Krone zu retten, ist schon von G. Paris (Hist. poét. p. 396) besprochen worden[1]. Der Zauberritt ist vielleicht der Malagigisage entnommen, die der Dichter ziemlich genau zu kennen scheint (XVIII p. 207 Del savio Malagigi il libro pone).

Gione gehört zu den dunkelsten Gestalten des Gedichtes. Die Namen (Gione, Guron Chirone etc.) erklärt G. Paris (H. p. 188) für identisch und bezeichnet sie als variantes de manuscrit. Es scheint jedoch, dafs Gione allein für sich steht, und die anderen zusammen eine Familie bilden. Lione (Reali V. 9) ist wohl nur verschrieben für Gione. Diese Form führt Mussafia (Prise de P. p. 171) auf Guion, Gui zurück; so ist aus Guiron Girone geworden. Dieser Guion dürfte kein Anderer sein als Gui de Bourgogne. Alle Dunkelheiten, namentlich auch in Betreff seiner Verwandtschaftsverhältnisse rühren daher, dafs man, wie ich früher glaube wahrscheinlich gemacht zu haben, ihn aus der Dynastie der Burgunder in die der Bretonen versetzen mufste. Ein sympathischer Held wie Gione durfte nur dem von den Italienern so begünstigten Stamme der Bretonen angehören.

Kein Leser von Sp. XVIII—XXIII und von Gui de B. wird eine gewisse Ähnlichkeit der Fabel leugnen. Die Situation ist folgende. Karl hat bereits 17 Jahre Krieg geführt und liegt jetzt vor einer lange vergebens belagerten Stadt. Die Verbindung mit Frankreich ist abgeschitten, nach Gui de B., weil eine feindliche Festung den Weg beherrscht, nach Sp., weil in Paris ein Mainzer gegen Karl intriguiert. Die Rolle der „Mainzer" hat hier eine Änderung der Fabel bedingt. Nach Vi. ist übrigens die Zufuhr aus Frankreich auch durch eine unerorberte Festung gehemmt, die der Mainzer Ansuise besetzt hält. Die Situation ist also dieselbe wie im Gui de B., nur droht im Rücken des Heeres nicht der äufsere, sondern der innere Feind. Der Versuch Macarios, sich in Paris der Herrschaft zu bemächtigen, findet ein Gegenstück im Gui de B. Im ms. b., das auch noch dem 13. Jahrhundert angehört (Einl. p. XIV), sucht ein „Mainzer", Ganos Sohn Maucion, die Krone für sich zu gewinnen. Durch des treuen Gui Eintreten, der nur ein Vicekönig wird, wie es auch der Dichter andeutet, werden die Anschläge Maucions vereitelt. Sowohl Gui wie Gione retten also vor ihrem Aufbruch nach Spanien dem Kaiser seine Krone.

Das Wesentlichste im Gui und in der Gioneepisode ist das plötzliche Erscheinen eines neuen Heerbannes aus Frankreich. Es sind die Söhne der alt und grau gewordenen Kämpfer, die vor 17 Jahren als unmündige Kinder zurückgelassen wurden. Nach Vi. waren sie alle junge Leute von 20 Jahren und wollten im Lager ihre Väter, Brüder und Verwandten sehen (II 59, 64). Das „tutti gioveni e infanti" klingt geradezu wie eine Übersetzung der so oft in Gui vorkommenden Bezeichnungen les enfans, ce jone enfant. Nach Vi., das die Ereignisse weniger concentriert als Sp., erobert Algirone wie Gui de B. unterwegs noch mehrere Festungen durch Gewalt oder List und erscheint dann vor Karls Lager. Natürlich erkennt Niemand die Ankömmlinge, man hält sie für Sarazenen und bereitet den Kampf gegen sie vor (Gui de B. 765 ff., Vi. II 67, Sp. XXIII p. 268 ff.). Der Dichter der Sp., der eine grofse Neigung zur Heraldik hat, ähnlich wie Bojardo, nennt noch fünfzehn seltsame Wappen, die sie angenommen haben um die Überraschung zu sichern. Roland, der in seinem Zelte alle Wappen abgezeichnet hatte (XXIII 264),

[1] Die Scene in der Küche ist aus Buovo entlehnt. S. 11.

kennt diese phantastischen nicht. Dieser Zug findet sich nur in der Sp., auch die Prise de P., die sonst Gurons Vorgeschichte andeutet, hat ihn nicht. — Die belagerten Sarazenen sind ebenso bestürzt, und Gione stellt sich ihnen als Glaubensgenossen in absichtlich dunkel gehaltener Antwort vor. Er sucht eben wie Gui de B. durch List ihr Vertrauen zu gewinnen, um sich so durch einen Handstreich in Besitz der von Karl so lange vergebens belagerten Stadt zu setzen[1]). Gione erreicht nicht sein Ziel wie Gui, weil der italienische Dichter hier den Nationalhelden Desiderio als Karls Retter eingreifen läfst. Die Aufklärung erfolgt in der Sp. schneller als im Gui de B., wo die Väter erst spät erfahren, dafs sie ihre eigenen Söhne vor sich haben, weil der dramatisch bewegte Gang des Gedichtes die epische Breite des Gui ausschlofs. — Der Grundgedanke ist jedenfalls derselbe. In beiden Fällen kommen die Söhne oder Neffen der alten, bedrängten Krieger ganz unerwartet den Vätern zu Hülfe, veranlassen durch ihre übermütige Laune eine ganze Komödie der Irrungen und wollen den Alten imponieren, indem sie in wenigen Tagen lange belagerte Festungen einzunehmen suchen. Die Verkürzungen sind dadurch zu erklären, dafs das Ganze in der Sp. nur als Episode behandelt wird. —

Auch im Einzelnen finden sich Anklänge. Im Gui de B. und im Vi. reitet Namo den Ankommenden entgegen und erkennt sie zuerst als Christen. In der Sp. mufste es Orlando sein, weil ihn die Wappenfrage zu sehr interessierte. In der Sp. bewundern die Heiden das prächtige Aussehen der frischen Kämpfer (la gente bella, . . di lor bellezza ciascuno favella Sp. XXIII 266) im Gegensatze zu dem verwahrlosten Zustande der alten Ritter. Ganz ähnliche Ausdrücke finden sich im Gui, wo sie selbst mit Engeln verglichen werden (v. 754 f., 3835, 4725). — Dafs Salomone bei der Begrüfsung seines Sohnes in Sp. gleich eine Brutusrolle spielen will, weil jener leichtsinnig 500 Ritter geopfert hat, ist wohl der Effekthascherei des Dichters zuzuschreiben.

Die Charaktere der Hauptpersonen sind in allen wesentlichen Zügen gleich. Neben der jugendlichen Unbesonnenheit und dem heiteren Übermut wohnt beiden eine grofse Neigung zur Anwendung von List und ein merkwürdiges Talent inne, ihre Umgebung über ihre wirklichen Gesinnungen und Eigenschaften zu täuschen. So weifs sich Gione bei den Mainzern als Hofnarr beliebt zu machen, und Gui, den die jungen Barone für ein gefügiges Werkzeug halten, entpuppt sich nach der Wahl als einen Mann von eisernem Willen und macht seine Gewalt den Genossen aufs schwerste fühlbar. Zu Giones Wahnsinn mögen die Beispiele von Liebesraserei aus der Artussage Veranlassung gegeben haben; aber auch Guis Charakter enthält manche Züge, die es nahe legten, ihm das Prädicat matto zu geben. Das ganze Epos ist ja eigentlich ein tolles Fastnachtsspiel. — Beide Helden sind ihrem Fürsten unbedingt treu, nicht nur Gione, sondern auch der scheinbare Gegenkönig Gui (Gui de B. 994, 1025). Daher sind sie Ganelon ein Dorn im Auge, obschon im Gui de B. die Andeutung fehlt, dafs Ganelons Hafs (v. 3791 ff., 3819 ff.) von Guis Auftreten gegen Maucion herrührt, wenigstens haben die Herausgeber in den Notes et Variantes keine darauf bezügliche Stelle mitgeteilt. —

Es darf nicht überraschen, dafs aus dem umfangreichen Gui de B. die kleine Gioneepisode geworden ist. Sehr vieles von dem Material des französischen Epos besafs der Dichter schon, mochte es nun diesem Werke oder anderen entnommen sein. Wir haben gesehen, dafs der Estout des Gui de B. sich so ziemlich mit dem der Entrée deckt. Eine Reihe von Übereinstimmungen im Einzelnen, von denen wenigstens einige beachtenswert sein dürften, sind schon angeführt worden.

[1]) Die Prise de P. spielt hierauf an: v. 2824 f., 3043 f., 3578 f.

Einzelne Spuren, dafs unser Held ursprünglich Burgunder war, haben sich erhalten. Im Vi. (II 49) heifst es nach seinem Tode: e forte piangevano tutti li baroni di Bertagna e di Brogogna e tutti li altri baroni. Dafs unter allen Leidtragenden die Bretonen besonders hervorgehoben werden, ist klar, aber die Burgunder können hier nur aus dem angedeuteten Grunde durch Flüchtigkeit des Verfassers genannt sein. Die sonstigen, scheinbar willkürlichen Verbindungen von Ländernamen im Vi. sind bei einigem Nachdenken leicht erklärbar, und dürfen uns nicht abhalten, dieser Stelle eine gewisse Bedeutung beizulegen. — Dunkler sind die Angaben des Vi. über die Eltern des Helden. Es scheint denselben eine Häufung von Confusionen zu Grunde zu liegen. Beim Eindringen des 2. Teiles der Fierabrassage müssen die beiden Gui de B. in ein verwandtschaftliches Verhältnis gebracht und speziell unser Held als der Sohn des Gemahls der Floripas betrachtet worden sein. Auch den älteren Gui werden einige Dichter oder Jongleure zum Bretonen gemacht haben, und, da in der Karlssage der Sohn nicht den Namen des Vaters führt, mufsten sie auch seinen Vornamen verändern. Nur so kann ich die folgende Stelle erklären (Vi. II 59): Carlo guardò, e vide lo senescalco della corte, che s'appellava Algirone, e era stato figliolo di Gimongello, fratello dello re Salomone di Bertagna, e Florapace sorella di Florabrazza fo sua madre, ed erano dui fratelli, e l'altro s'appellava Balduino . . e sapiati che quilli dui infanti nascenno in Africa, e sapeveno parlare Soriano al modo Saracino. Nach Vi. II 68 starb Gimongello mit Fiorabrazza di Africa „in servigio di Cristo al Santo Sepolcro a Jerusalem". Der hier genannte Balduin scheint vom Verfasser des Vi. der gesta di Maganza entnommen und der beliebten Dynastie der Bertagna zuerteilt zu sein[1]). Dafür hat Gano einen anderen Sohn, der nicht aus der Art geschlagen ist, Melchion (II 64), übereinstimmend mit Gui de B. ms. b., wo er Maucion heifst (Notes et V. 136 ff.). — Auch der Name Andrea, der an derselben Stelle des Vi. dem Bruder Ganos beigelegt wird, scheint der italienischen Fierabrassage entlehnt zu sein (Zeitschr. für rom. Philologie V 442).

Bevor eine Widerlegung der Einwürfe versucht wird, die man gegen die Identität beider Helden erheben kann, sei hier noch einmal auf die innere Unwahrscheinlichkeit hingewiesen, dafs ein so liebliches Werk wie Gui de B., keck wie ein Carnevalsscherz, der Wirklichkeit entrückt wie ein Shakespearsches Lustspiel, nicht in Italien verwertet sein sollte, wo man doch sonst solche Eigenschaften zu schätzen wufste. Alle Romanisten, die sich mit diesem Gedichte beschäftigt haben, preisen seine Vorzüge und wissen nur einen Grund für sein Fehlen bei den Italienern anzugeben, die Unmöglichkeit sich mit den 27 Jahren abzufinden, auf denen die Fabel beruhen soll. Dafs dieses Hindernis durch einen Federstrich zu beseitigen war, glaube ich oben gezeigt zu haben[2]).

Der nächstliegende Einwurf beträfe die Veränderung des Namens Bourgogne in Bertagna. Ich denke dieselbe durch das S. 7 ff. Gesagte nicht allein erklärlich, sondern sogar wahrscheinlich gemacht zu haben[3]). Aber selbst davon abgesehen wäre die Änderung vielleicht nicht besonders überraschend. Kein innerer Grund verbindet den Helden des französischen Gedichts

---

[1]) G. Paris nennt ihn Rom. XI 490 einfach Bruder Rolands, wohl weil die Angliederung an Salomons Geschlecht zu deutlich zu Tage tritt. Oder ist selbst Paris ein Opfer dieser Confusion des Vi. geworden?

[2]) s. Guessard-Michelant, Gui de B. XI—XII. — Hist. poét. 268—270. Hist. litt. XXVI 297 ff. Gautier, Épopées fr. III² 452 ff. Gautier hält es indessen für möglich, wenn auch nicht für wahrscheinlich, dafs der Rom. II 51, unter den von Rajna mitgeteilten Büchertiteln, genannte Guion eine Bearbeitung des Gui de B. ist.

[3]) Besondere Beachtung dürfte der aus der Flooventsage angeführte Fall verdienen.

gerade mit Burgund; der Jongleur konnte, ohne den Sinn irgendwie zu berühren, einen beliebigen Namen dafür einsetzen. — Bei der Ähnlichkeit des Klanges beider Namen könnte man selbst an ein Mifsverständnis irgend welcher Art denken. Offenbar liegt ein solches oder ein Druckfehler Reali VI 42 vor, wo Salomon di Borgogna, wie es scheint, als Karls Feind genannt wird. Ferner figuriert in der Liste der 12 Pairs nach der Bibliothèque bleue (Gautier, Ép. III² 186 Anm.) ein Salomon duc de Bourgogne, und die Bretagne wird gar nicht genannt. Wichtiger ist der folgende Umstand. Die Pointe der Gioneepisode liegt natürlich darin, dafs Gione seinen Vater im feindlichen Lande auch wirklich trifft. Nun war aber Sanson in der Sp. schon vor Nobile gefallen, er war überhaupt in den italienischen Gedichten durch die Einführung des Sansoneto zu einem frühen Tode prädestistiniert. Man mufste Gione also mit einem anderen Geschlechte verbinden. Herzog von Burgund ist Ulivieri, dessen aus den gabs bekannter Sohn Galien einen zweiten ausschlofs. Es blieb also nichts übrig als für Gione ein anderes Vaterland zu suchen, und da lag am Ende rein buchstäblich die Wahl der Bretagne am nächsten, zudem Salomon in der älteren Sage keine Söhne hatte.

Man könnte ferner einwerfen, dafs die Haupthandlung des Gui, das rettende Eintreffen der jüngeren Schar, nicht vor Pampelona, sondern vor Luiserne stattfindet. Darauf ist zu erwidern, dafs sich dieser Vorgang nach anderen französischen Darstellungen vielleicht auch vor Pampelona abspielte; wenigstens scheint eine Kapitelüberschrift aus David Aubert, Conquestes de Charlemaine (G. P., Hist. poét. 204), darauf hinzudeuten: c. 43 „Comment le puissant Charlemaine reconquist Pampelune par la haulte prouesse et entreprise du duc Rolant et des jeunes chevalliers". Dann haben die Italiener im Interesse der Ökonomie des Ganzen fast alle grofsen Episoden an die Belagerung von Pampelona angeschlossen. Sie konnten, wenn sie ein cyclisches Werk schaffen wollten, nicht wie die französischen Epiker die Handlung zerbröckeln lassen.

Die carnevalistische Königswürde Guis fehlt bei den Italienern. In Sp. wird er von Karl zum Statthalter ernannt und im Vi. ist er schon bei Karls Eintreffen in Paris Seneschall. Die Herübernahme des Königstitels war wegen der Bedeutung des Hauses Maganza unbedingt ausgeschlossen. Schon an und für sich durfte die politische Farce auf dem Schauplatze der Hohenstaufischen Wirren nicht den genialen Übermut entfalten, den die Franzosen ihr in der Geschichte und in der Poesie gestatteten. Selbst in Frankreich mag man den kühnen Scherz nicht immer goutiert haben, und daher rührt vielleicht die nur kurze Berühmtheit des Werkes[1]). Am wenigsten konnte diese Version der Sage in einem Lande gefallen, wo wenigstens teilweise die Anschauung Cours hatte, dafs Gano die Paladine opferte, um selbst die Krone von Frankreich zu erlangen (Vi. II 119, 127). Es ist ein sehr glücklicher Zug bei den Italienern, dafs sie Gione gerade da rettend eingreifen lassen, wo es gilt, den hochverräterischen Plan eines Thronräubers aus dem Hause Maganza zu vereiteln. — Dafs Giones Zug erfolglos bleibt, erklärt sich daraus, dafs die Italiener den Ruhm der Eroberung von Pampelona ihrem Nationalhelden Desiderio aufbewahren wollen. Natürlich konnte auch Gione nicht wie Gui König von Spanien werden, weil der ganze Zug unternommen wird, um Roland die ihm vor Vienne verheifsene Krone von Spanien zu geben.

---

[1]) Im Gui de B. ist auch Karl nicht immer überzeugt, dafs die Komödie harmlos ist. 2787 ff. dafs Ganelon sie als Hochverrat auffafst, kann nicht überraschen. Auch Rol. findet es eigentümlich, dafs Karl sich so leicht mit dem Gegenkönige abfindet 1043.

Ich glaube es ziemlich wahrscheinlich gemacht zu haben, dafs die Gioneepisode bis hierher der chanson de geste Gui de B. nachgebildet ist.

Für den tragischen Ausgang des Helden hat Paulin Paris (Hist. litt. XXVI 367) ein lai Guron als Quelle angeführt, weil es abgesehen vom Anklang des Namens auch tragischen Inhalts ist. Falls dasselbe nicht zur Karlssage gehörte, würde der Todesritt des Gui oder Guielin (Ogier 6968—7799) die meisten Züge geboten haben. Die reizende Scene, in welcher die alten Ritter dem Gione ihre Lieblingswaffen mitgeben, und Namo sein Lieblingsrofs Morello, findet sich im Og. nicht und scheint auch nicht vom Dichter der Sp. hinzugefügt zu sein, da dessen Gröfse mehr im Ordnen als im Erfinden liegt. Man darf wohl viele einzelne Darstellungen von derartigen Botschaften annehmen, da der Verfasser des Vi. (II 117) sagt, mehr als 50 Ritter seien dabei umgekommen[1]). Sie mögen etwa den Umfang des Otinel gehabt haben. Wir müssen uns damit begnügen anzunehmen, dafs der Dichter aus einer derselben für diesen Teil seines Werkes geschöpft hat.

Dafs Gui de B. als französisch-italienisches Gedicht unter dem Titel Guion existiert hat, ist keine notwendige Voraussetzung für meine Annahme, da der Gegenstand gleich episodisch in einer anderen Version der Entrée oder Prise de P. verwandt sein konnte.

4.

Der Inhalt der Prise de Pampelune schliefst sich nur annähernd an die Sp. an, so dafs sie als Quelle derselben nicht angesehen werden kann (Gautier Ép. III² 460). Den ca. sechstausend Versen der Prise de P. stehen nur etwa tausend der Sp. gegenüber. Auch die Form Guron statt Gione läfst vermuten, dafs der Dichter der Sp. ein anderes Werk benutzt hat, welches ihm den Namen des Haupthelden dieser Episode in der Form Guion bot. — Sonst kann man aus den Andeutungen der Prise de P. fast den ganzen Inhalt der vorhergehenden Gesänge der Sp. und der Entrée reconstruieren. Aufser den von Gautier (Ép. III² 415) citierten Versen kommen hier noch folgende in Betracht. V. 1411 wird als Zweck des ganzen Krieges nach der Entrée die Eroberung des Weges nach St. Jago angegeben (ebenso 1418, 1818 etc.) Auf die Heimlichkeit, mit welcher die Rüstungen in Frankreich betrieben wurden, beziehen sich v. 2635 f. und 3099 f. Mehrfach wird Roland als Kämpe der Kirche und Anführer der 20 000 Mann des Papstes bezeichnet (5213, 5699, 5743, 5828). An den unfreundlichen Empfang, den Karl den Longobarden gewährte, erinnert v. 203 ff., an die Meuterei der Deutschen v. 220 ff., an die Eroberung von Nobile 2993. In den Versen 3844 ff. (Dapues che Guron fu hors d'enfance iscu, — Il se parti da moy e guerpi suen treü — E vint en vetre cort, e meis ne fu pentu — De vetre honour xamplir, — ond il fu mal voilu — Da tiel che par venture li en a merit rendu) vermifst man die Andeutung, dafs Guron nur durch vorgespiegelte Narrheit sich den Verfolgungen der Freunde Ganelons entziehen konnte. Ebenso fällt es auf, dafs Guron, der von Salemon so sehr geliebt wird, hier nicht als Sohn, sondern als Neffe des Bretonenherzogs erscheint. Der ganze Zusammenhang spricht dafür, dafs dem Dichter ursprünglich die andere Vorstellung vorgeschwebt hat, wie es in der Sp. der Fall ist. —

---

[1]) Fierabras 2263 ff. müssen selbst die ersten Ritter, Roland nicht ausgenommen, zur Strafe solche Fahrten antreten.

III.

Bei der grofsen Verbreitung der Sp. in rima ist es einigermafsen auffällig, dafs die Prosabearbeitungen nur spärlich aus ihr geschöpft haben.

Das Viaggio kennzeichnet sich auf den ersten Blick als eine Bearbeitung der Entrée, die anfänglich eine fast wörtliche Übersetzung ist, später einen freieren Gang annimmt (Gautier, Ép. III² 426 f.). Im allgemeinen gilt also das über das Verhältnis der Entrée zur Sp. Gesagte auch vom Vi. Im einzelnen ist noch nachzutragen, dafs die Gesandtschaft Anselmos nach der Einnahme von Lazzara in beiden fehlt, dafs dagegen Vi. die Bekehrung Ferraùs aufgenommen hat, abweichend von der Entrée. In ganz abgeschwächter Form ist auch die aversiera eingeschoben worden, es warnt nämlich der sterbende F. Roland vor seiner ähnlich beschaffenen Schwester (Vi. I 80: quasi mezza indemoniata). In der Erzählung von der Belagerung von Pampelona fehlt im Vi. die Meuterei der Deutschen, die sich sonst überall findet. Die Fahrt nach dem Orient ist klarer und vollständiger als in dem entstellten Texte der Sp. Bei Rolands Rückkehr betont Vi. sehr stark das religiös-mystische Element der Artussage: Die Erzählungen von den Löwen und dem Zauberwalde (II 32 ff.) könnten direct aus einem Artusromane übersetzt sein. Auch in der Episode, deren Hauptheld Algirone ist, vom Ende der Entrée bis zum Verrate Ganos, finden sich wesentliche Abweichungen von der Sp. In der ganzen Ausführung fehlt der frische, bald pathetische, bald burleske Ton der letzteren. Algirone spielt nicht den Wahnsinnigen, übernimmt auch keine Botschaft nach Saragossa, sondern endet auf einem tollkühnen Ritt mit elf Genossen durch das feindliche Lager vor Lucerna. Dagegen hat er hier einen Bruder, Balduino, der sich der gefährlichen Botschaft unterzieht und in der bekannten Weise durch Verrat fällt. Der Name Serpentin wird im Vi. gar nicht genannt. Vom Beginn des Roncevauxromans an ist die Verschiedenheit zwischen Vi. und Sp. noch gröfser (Rom. XI 460 ff.). Erst ganz zuletzt findet wieder eine Annäherung statt, da beide Texte sich des letzten Teiles von V⁴ direkt oder indirekt bedient haben. Eigentümlich ist, dafs Vi. Sansonetto ganz vergifst und ihn erst II 225, bei der Verfolgung Ganos, wieder auftreten läfst. Im ganzen stehen sich Vi. und Sp. relativ recht fremd gegenüber, wenn ersteres auch nirgends zu einer Kritik der Sp. sich versteigt, wie die von Rajna besprochene Prosaversion der Spagnasage. Eine Nachahmung der Sp. läfst sich im Vi. wohl kaum mit irgendwelcher Sicherheit nachweisen; die einzigen Stellen, die daraufhin betrachtet werden könnten, die Taufe Ferragutos und die Erwähnung seiner dämonischen Schwester, sind zu allgemein um einen bestimmten Anhalt zu bieten. Was über den ganzen Charakter der Entrée im Gegensatz zu dem der Sp. gesagt ist, bezieht sich auch auf Vi.

Die Prosaversion des Manuscripts der Villa Albani folgte, soweit die Rubriken (Jahrbuch XII) ein Urteil erlauben, der Darstellung der Entrée, scheint aber auch die Sp. verwertet zu haben. An die Entrée erinnert die Erscheinung des Heiligen, der Aufbruch von Asia la Chappela, die in c. 30 angedeuteten Einzelheiten aus dem Kampfe Ferraùs gegen Orlando. Von der dämonischen Mutter des Heiden und von der Bekehrung des Sterbenden wird c. 32 nichts gesagt, ebenso fehlt die Gesandtschaft des Anselmo und Allorino. Die Einnahme von Nobile scheint sehr ausführlich geschildert zu sein, während sich die Sp. hier wie überall der möglichst gröfsten Kürze befleifsigt. Auch die orientalische Episode zeigt gröfsere Verwandtschaft mit der Erzählung des francoitalienischen Gedichtes. Pelias heifst Pilagi, der Sohn des Königs von Jerusalem, der sich bekehrt und mit Orl. nach Europa ziehen will, führt wie in der Entrée den Namen Aquilante, während er in Sp. Pilagi und im Vi. Liadrax genannt wird. Recht deutlich tritt die Nachahmung der Entrée in der Erzählung von Rolands Zusammentreffen mit dem Eremiten (c. 126) und von der grofsen Meuterei der Barone in Karls Lager unmittelbar vor Rolands Rückkehr hervor (c. 128). Der c. 129 genannte Name Bricieri ist wohl aus Rainer entstellt, der in der Entrée Roland zuerst antrifft und Karl die erfreuliche Botschaft seiner Ankunft mitteilt. In dem Berichte über die Niederlage von Roncevaux deckt sich die Darstellung der Rubriken fast ganz mit der von Rajna aufgefundenen Prosa. — Anklänge an die Sp. finde ich darin, dafs c. 5 sagt, die Barone stimmten freudig dem Plane des Kaisers zu, und eine Gegenrede Ganos gar nicht erwähnt wird, ferner in der Hindeutung auf ein Zauberbuch (c. 131), welches Orl. Karl schenkt, und von dem in der Entrée nicht die Rede zu sein scheint. Ganz unverkennbar ist die Nachahmung in den Kapiteln, die von la Stella und dem Kampfe Orlandos gegen Serpentin berichten, von dem im Vi. nichts gesagt wird. Fast alle Umstände stimmen mit der Schilderung der Sp. Selbst der Ausdruck hat sich im einzelnen erhalten. C. 149 der Rubriken sagt: Al terzo assalto a Sserp. si ruppe la fibbra del chosciale. In Sp. XXVII p. 312 heifst es: Il gran cosciale della coscia dritta, — Per lo piegar delle fibbie spezzossi. C. 150 lautet: Chome Serpentino s'avide del cosciale e chiese di racconciarlo rispose e Orl. nollo volle fare e tagliogli una choscia. Dieselbe Bitte spricht Serp. in der Sp. aus, aber Orl. berücksichtigt sie nicht: Orlando ferì la coscia disarmata — Per la gran forza del colpo, o del brando — Tagliò la coscia, e parte dell' arcione. —

Dafs Bojardo die Sp. rimata gekannt und benutzt hat, kann bei der grofsen Beliebtheit des Werkes als sehr wahrscheinlich vorausgesetzt werden. Der direkte Nachweis ist schwer zu führen, weil man in den meisten Fällen keine Sicherheit darüber gewinnen kann, ob er das sogenannte 6. Buch der Reali oder die Rima vor Augen hatte. Nachforschungen anzustellen über Sprache und Versmafs der beiden Dichtungen ist bei dem traurigen Zustand des Textes der Sp. ein keineswegs lockendes Unternehmen. Die hier folgenden Bemerkungen machen daher durchaus keinen Anspruch auf irgend welche Vollständigkeit.

Ziemlich im Anfange beider Gedichte findet sich eine grofse Heerschau, in welcher das Wappen eines jeden Fürsten genau beschrieben wird. Solche Angaben finden sich in diesem Mafse in keinem der Gedichte des Spagnakreises und ebensowenig im Morgante. In den 6 Büchern der Reali werden nur wenige Wappen detailliert mitgeteilt (I 22, 24, II 5, 22, IV 17, 31 VI 32). Es treten im Innamorato nur zum kleinsten Teile dieselben Helden auf wie in der Sp., daher wird man natürlich nicht erwarten, dafs die Wappen gleich sind. Die Ähnlichkeit liegt in der Genauigkeit mit der sie aufgeführt werden. Um so mehr mufs es auffallen, dafs die Wappen zweier Ritter zweiten und dritten Ranges fast wörtlich übereinstimmen. Nach Sp. II p. 18 trägt Astolfo D'oro nel rosso due bei Liompardi; nach J. II 41: Tre pardi d'oro ha nel campo vermiglio. Von Angiolin heifst es Sp. II p. 17: L'arme sue era d'argento una Stella, und J. II 37: Porta nel blavo la luna d'argento. — Dafs Karl, Roland, Olivier, die Mainzer (Sp. II, J. II 50), auch Salamone (Sp. II, J. II 40) dieselben Wappen oder Banner tragen, braucht kaum erwähnt zu werden. —

Roland und Ferragù können sich, weil beide gefeit sind, nicht verwunden, aber die schwarzen und blutunterlaufenen Stellen am Körper beweisen die Heftigkeit ihrer Schläge: Sp. IV p. 37 Più nero era ciascun che il camuto — Là dove che la spada avea toccato (ähnlich Sp. V p. 52). J. IV 3: Ambe le bracce s'avean disarmate. — Non pon tagliarsi per la fatagione, — Ma di color l'han fatte di carbone. — Schilderungen grausiger Wunden und Todesbilder lieben beide Dichter. Sp. VIII p. 87: Lor brandi eran coperti di cervella — Di sangue de' pagani e di budella (fast ebenso Sp. XII p. 140, 143 und öfter). J. XVI 45: Col scudo in braccio, e col martel in mano, — Carco a cervelle e rosso a sangue umano (XV 34, 39). — Astolfo sagt zu dem durch Ferraùs Waffenrüstung unkenntlich gemachten Roland (Sp. VI p. 63, 66): „Che ben hai fatto che hai morto Sterpone". Denselben Ausdruck braucht Karl von Roland nach der Rückkehr von Nobile (XIII p. 147). Dieses seltene Wort, das sich z. B. im Morgante gar nicht findet, wird auch im J. (XX 26 „vil sterpone") gegen Orl. angewandt von dem Riesen Ranchera, der es durch „stropiato, bociarello, e tristo nano" zu erklären scheint. Vielleicht gehört zu diesem Stamme auch strepolin (J. XLV 3 von Brunello gebraucht). Panizzi bemerkt dazu in seiner Ausgabe des J. (III 369): Sterpone, according to the dictionary, was used by M. Villani in the sense of bastard. In Bojardo's province sterpone, or stirpone (or strepone) means a bad character, a despicable fellow [1]).

Sehr häufig werden veneno, invelenito, venenosamente, mit oder ohne Hinzufügung von come drago, für Wut im Kampfe gebraucht. Sp. V. XIII, XV, XVII, XVIII, XXVI, XXXI, XXXII; J. XXVII 13, 30, XXXVI 59, LIII 51, LXVI 20.

Fast ebenso häufig ist aitante (baron aitante) Sp. IV, X, XI, XVI, XVII, XXXVII; J. II 5, 38, LXV 22. Beachtenswert dürften auch noch folgende Anklänge sein: Sp. XXXVII p. 419 Re di Tunisi la persona dotta — Addosso Arnaldo ha la sua lancia rotta. Ähnlich Sp. XXV p. 290, XXVI p. 301, XXVIII p. 318, XXXIX p. 439. — J. I 63. L'Argalia levosse, . . . la persona franca. Ähnlich: J. II 40, XLV 26, 45, LV 24, LVI 62, LIX 53, LX 32, LXII 27.

Diverso, gewaltig, wunderbar. Sp. XV p. 177: colpi aspri e diversi, s. XXX p. 342, XXXII p. 370, 371. J. XLVI 31: colpo diverso, s. XXXV 65, XLVIII 34, XLIX 31, XXXVI 1, 30, LII 33. In den Reali findet es sich nur einmal so: diversa voce II 53.

Sp. XVII p. 199 . . . dato aveva nella guancia — Al conte Orlando con rabbia, e rovina. XVIII p. 210 con gran ruina, XVIII p. 210 con tanta rovina; ähnlich XXXVII p. 420. Im J. sehr häufig: XXII 3, XXIII 39, 43, 52, XXIV 4, 34, XXV 60, XXVI 3, etc.

Sp. XXXII p. 364: come fa il cinghialo. J. XIX 45: Come un cinghial tra can mastini.

Sp. III p. 30: colpi da cianze. J. VII 62: gente di ciancia, s. IX 24.

Conveniente, Lage, Sachverhalt, Sp. VII p. 78: E contaragli tutto il conveniente — Si come Lazzara è in mia balia, s. IX p. 108, XX p. 235, XXXIV p. 392 und öfter. J. LXIII 25.

Die Christen sind im ganzen besser bewaffnet als die Heiden. Sp. VIII p. 92, XXVI p. 305; J. LI 5, 8, 12.

Sp. XXVII p. 312: Se un faceva segni l'altro ben dava. J. LIII 25: Chè lui non cenna, ma del brando mena. Ähnlich LXIII 20, LIX 29.

Sp. XXIII p. 268: colui, che è di ciascuno cima — Cioè Orlando. J. XVI 47: che di bontade è cima.

Über die Nachahmung der Sp. durch Pulci im Morgante hat Rajna im Prop. IV 2, 91—133 berichtet. Merkwürdig ist, dafs die Sprache im 1. Teile des Morgante mehr mit der Sp. übereinstimmt als in der Rotta. Über Sp. und Orl. furioso findet sich einiges zerstreut in Rajnas Fonti dell' Orl.

[1]) sterpone findet sich auch Rom. III 39 im Uggeri.

Druck von W. Pormetter in Berlin C.

Wissenschaftliche Beilage zum Programm des Humboldts-Gymnasiums
zu Berlin. Ostern 1887.

Elementare Darstellung
der
mechanischen Wärmetheorie für Gase.

Von

Albert Voss.

Mit Figuren.

BERLIN 1887.
R. Gaertners Verlagsbuchhandlung
Hermann Heyfelder.

1887. Programm Nr. 61.

Elementare Darstellung der mechanischen Wärmetheorie für Gase.

In § 1 wird das Mariotte-Gay-Lussacsche Gesetz besprochen und eine Schätzung des Fehlers gewonnen, der in der Anwendung desselben auf Zustände liegt, die sich von Gleichgewichtszuständen wenig unterscheiden.

In § 2 wird als drittes Erfahrungsergebnis die Konstanz des Quotienten der specifischen Wärmen angenommen und daraus die Poissonsche Gleichung hergeleitet. Das Irrtümliche der Poissonschen Anschauung vom Wesen der Wärme zeigt sich an einem einfachen Beispiel.

In § 3 wird die von R. Mayer begründete neue Vorstellung vom Wesen der Wärme und das von demselben berechnete mechanische Wärmeäquivalent behandelt.

In § 4 wird gezeigt, dafs dieser Berechnung entweder die Erfahrung, dafs bei der Ausdehnung eines Gases ohne Arbeitsleistung keine Wärme verbraucht wird, oder die Konstanz der Differenz der specifischen Wärmen zu Grunde gelegt werden kann. Daraus wird der Begriff des vollkommenen Gases festgestellt.

In § 5 wird nach Analogie der Erscheinungen bei den Gasen das allgemeine Prinzip der Energie aufgestellt und die Energiefunktion für die Gase ermittelt.

In § 6 werden die Wärme- und Arbeitsaufwendungen bei den Temperaturkurven und den adiabatischen Kurven berechnet, sodann wird der Carnotsche Kreisprozefs behandelt.

---

§ 1.

Das Mariottesche und das Gay-Lussacsche Gesetz.

Wir denken uns in einem cylinderförmigen Gefäfs die Gewichtseinheit eines Gases durch einen im Cylinder beweglichen Stempel abgeschlossen. Die Spannung des Gases wird dann gemessen durch den Druck, welcher von aufsen auf die Quadrateinheit der Oberfläche des gewichtslos gedachten Stempels ausgeübt werden mufs, um bei gleichbleibender Temperatur das System im Gleichgewicht zu halten. Die Erfahrung lehrt dann für gewisse Gase:

1) Wird der Druck geändert, so ändert sich auch das Volumen des Gases, und zwar ist bei derselben Temperatur das Volumen stets umgekehrt proportional dem Drucke (Mariottesches Gesetz).

2) Wird bei gleich bleibendem Drucke das Gas erwärmt (abgekühlt), so wird das Volumen vergröfsert (vermindert), und zwar entspricht der Veränderung der Temperatur um einen Grad der Skala des Quecksilberthermometers stets dieselbe Zunahme oder Abnahme des Volumens (Gay-Lussacsches Gesetz).

Beide Gesetze lassen sich in eine Formel zusammenfassen.

Es bezeichne p, v, t Druck, Volumen und Temperatur, letztere ausgedrückt in Graden der hundertteiligen Skala; ferner sei p_0 der Druck einer Quecksilbersäule von 76 cm und v_0 das Volumen des Gases unter diesem Drucke bei der Temperatur Null. Wird nun die Temperatur des Gases unter konstant bleibendem Drucke p_0 von Null auf einen Grad erhöht, so dehnt sich dasselbe um eine gewisse Gröfse aus, diese Gröfse sei das α fache des Volumens bei Null Grad; das Volumen bei t Grad ist dann

$$v = v_0 + v_0 \alpha t = v_0 (1 + \alpha t).$$

Geht man nicht von dem Volumen bei Null Grad, sondern von einem andern (v_1) bei der Temperatur t_1 Grad aus, so ist die Zunahme das β fache des ursprünglichen Volumens, es mufs dann nach dem zweiten Gesetz sein

$$v_0 \alpha = v_1 \beta, \text{ also}$$

$$\beta = \frac{v_0}{v_1} \alpha \text{ oder da}$$

$$v_1 = v_0 (1 + \alpha t_1) \text{ ist,}$$

$$\beta = \frac{\alpha}{1 + \alpha t_1} \text{ also}$$

$$v = v_1 \left(1 + \frac{\alpha}{1 + \alpha t_1} (t - t_1)\right).$$

Findet die Erwärmung unter einem andern Druck p statt, so ist nach dem ersten Gesetz das Volumen bei Null Grad nicht v_0 sondern $\frac{v_0 p_0}{p}$, ebenso das Volumen (v) bei t Grad statt $v_0 (1 + \alpha t)$

$$v = \frac{v_0 p_0}{p} (1 + \alpha t) \text{ also}$$

I. $$v \cdot p = v_0 p_0 (1 + \alpha t).$$

In dieser Formel sind die beiden Gesetze enthalten.

Die Richtigkeit derselben kann durch folgende, leicht anzustellende Versuche, durch welche zugleich die Gröfse von α ermittelt wird, nachgewiesen werden*).

In einer Glasröhre, deren Durchmesser ca. 1,5 mm ist, befindet sich unten ein Tropfen Schwefelsäure, darüber ist eine Luftsäule von ca. 10 cm Länge durch einen Quecksilbertropfen abgeschlossen; der etwaige Wasserdampf der Luft wird von der Schwefelsäure absorbiert werden. Befindet sich diese Röhre in einem Gefäfs mit Wasser, so wird die kleine Luftmasse sehr bald die Temperatur desselben annehmen. Man kann nun von verschiedenen Anfangstemperaturen aus die Luft bis zur Temperatur des kochenden Wassers erwärmen, man kann auch durch Aufgiefsen von Quecksilber den Druck vermehren und dann die Erwärmungen vornehmen.

---

*) Vgl. Weinhold „physikalische Demonstrationen" § 380—383.

Berechnet man nach Formel 1 aus den beobachteten Anfangs- und Endzuständen die Grösse α, so findet man mit grofser Genauigkeit stets denselben Wert, 0,00366.., und kann so die Richtigkeit der beiden Gesetze nachweisen.

Die Formel I gilt zunächst nur für den Gleichgewichtszustand, weil nur dann die Spannung des Gases gleich dem äufseren Druck ist. Während der Bewegung ist die innere Spannung gröfser oder kleiner als der äufsere Druck. Die Gröfse des Überdrucks hängt von der Geschwindigkeit der Bewegung ab; um sich von derselben eine Vorstellung zu verschaffen, kann man folgendes Beispiel ausführen: Von einem gewissen Gleichgewichtszustand dehne sich die Gassäule um die Länge (l) aus, die Geschwindigkeit im letzten Moment der Ausdehnung sei w, die Spannung des Gases P, der äufsere Druck p, es hat dann die Spannung des Gases den Druck p eine Strecke l gehoben und aufserdem dem System eine Geschwindigkeit w gegeben, es mufs also die Arbeit der Spannung gleich der Summe der geleisteten äufseren Arbeit und der erzeugten lebendigen Kraft sein. Ist nun die Spannung konstant, oder bezeichnet P den mittleren Wert derselben und m die in Bewegung gesetzte Masse, so ist

$$P\,l = p\,l + \frac{1}{2}\,m\,w^2.$$

m setzt sich zusammen aus der Masse der bewegten Luft und derjenigen der Anzahl Kilogramme, welche den äufseren Druck bestimmen, in den meisten Fällen ist die erste verschwindend klein gegen die zweite, so dafs man setzen kann

$$m = \frac{p}{g},$$

durch Einsetzen dieses Wertes erhält man

$$P\,l = p\,l + \frac{1}{2}\,\frac{p\,w^2}{g} \text{ oder}$$

$$\frac{P-p}{p} = \frac{1}{2}\,\frac{w^2}{g \cdot l}.$$

Nimmt man für l 1 cm, für w den bei solchen Bewegungen sehr grofsen Wert von ½ cm und setzt g = 9,81, so ergiebt sich

$$\frac{P-p}{p} = \frac{0{,}0000125}{9{,}81 \cdot 0{,}01},$$

also ist selbst bei dieser verhältnismäfsig schnellen Bewegung der Überdruck nur ungefähr ein Tausendstel des äufseren Druckes. Man läfst deshalb die Formel I auch in jedem Moment der Bewegung, sofern dieselbe nur klein ist, gelten.

Bis jetzt war der Druck während der Erwärmung konstant gedacht, ändert sich derselbe auch nach irgend einem Gesetz, so wird auch für diese Zustandsänderungen unter Voraussetzung kleiner Geschwindigkeit die Formel I gültig sein, da man sich denken kann, dafs dieselben zustande kommen aus unendlich kleinen Veränderungen, während welcher der Druck konstant bleibt.

Zustandsänderungen, bei denen die erzeugte lebendige Kraft verschwindend klein ist gegen die geleistete Arbeit, nennt man umkehrbare.

Man schreibt die Formel I für viele Rechnungen bequemer in der Form

$$p\,v = p_0\,v_0\,\alpha\left(\frac{1}{\alpha} + t\right) \text{ oder}$$

$$pv = R(a + t),$$

in welcher Gleichung $a = \frac{1}{0,00366}$ und R eine für jede Gasart experimentell zu bestimmende Konstante ist.

§ 2.

Die Poissonsche Gleichung.

Ändert man den Druck, unter dem das Gas steht, so nimmt das Volumen nicht sofort den aus dem Mariotteschen Gesetz folgenden Wert an, sondern es findet bei der Zusammendrückung eine Temperaturerhöhung, bei der Ausdehnung eine Temperaturerniedrigung statt, und erst wenn durch den Einfluſs der Umgebung die Temperatur sich ausgeglichen hat, erreicht das Volumen die entsprechenden Werte. Denkt man sich nun das Gas von einer für die Wärme undurchdringlichen Hülle umgeben und dann die Druckveränderung vorgenommen, so entsteht die Frage, welches Volumen und welche Temperatur wird jetzt das Gas haben. Die Lösung dieser Aufgabe kann deduktiv gegeben werden auf Grund folgender Ergebnisse der Erfahrung:

1) Erwärmt man das Gas unter konstantem Druck um einen Grad, so gehört dazu eine bestimmte Anzahl Wärmeeinheiten c_p.

2) Erwärmt man das Gas bei konstantem Volumen um einen Grad, so gehört dazu auch eine bestimmte Anzahl Wärmeeinheiten c_v.

Das Verhältnis dieser Wärmemenge sei experimentell bestimmt.

$$\frac{c_p}{c_v} = k.$$

Das Gas befinde sich nun in einem beliebigen Zustande p_0, v_0, t_0, so daſs ist

$$p_0 v_0 = R(a + t_0).$$

Wird jetzt dem Gase unter konstantem Druck eine Wärmemenge Q hinzugeführt, so wird die Temperatur und das Volumen sich verändern, bezeichnen t' und v_1 die neuen Werte, so muſs die Gleichung stattfinden

$$p_0 v_1 = R(a + t')$$

und die zugeführte Wärmemenge ist

$$Q = c_p(t' - t_0) \text{ oder da}$$
$$p_1 v_1 - p_0 v_0 = R(t' - t_0) \text{ also}$$
$$t' - t_0 = \frac{p_0(v_1 - v_0)}{R}, \text{ ist}$$
$$Q = \frac{c_p p_0}{R}(v_1 - v_0).$$

Wird jetzt dem Gase dieselbe Wärmemenge entzogen, während das Volumen konstant bleibt, so ändern sich Druck und Temperatur, und zwar nehmen beide ab; bezeichnen p_1 und t_1 die entsprechenden Werte, so ist dann

$$p_1 v_1 = R(a + t_1) \text{ und}$$
$$Q = c_v(t' - t_1) \text{ oder, da}$$
$$p_0 v_1 - p_1 v_1 = R(t' - t_1) \text{ also}$$
$$t' - t_1 = \frac{v_0}{R}(p_0 - p_1) \text{ ist}$$

$$Q = \frac{c_v v_1}{R} (p_0 - p_1),$$

man hat also die Gleichung

$$\frac{c_p p_0}{R} (v_1 - v_0) = \frac{c_v v_1}{R} (p_0 - p_1)$$

oder anders geschrieben und für $\frac{c_p}{c_v}$ k eingeführt

$$\frac{p_1 - p_0}{p_0} = -k \frac{v_1 - v_0}{v_1},$$

aus welcher sich eine der Gröfsen p_1 v_1 bestimmt, wenn die andere gegeben ist. Man gelangt hierdurch von einem Zustande aus zu einem beliebig gegebenen in der Weise, dafs die Summe der zugeführten Wärme Null ist. Eine solche Zustandsänderung entspricht aber noch nicht der gesuchten, bei welcher das Gas sich in einer für Wärme undurchläfslichen Hülle befindet, denn bei dieser sollen nicht nur die in endlichen Zeiten zugeführten und entzogenen Wärmemengen sich aufheben, sondern es soll überhaupt keine Wärmezufuhr stattfinden. Man kann sich aber diese Zustandsänderung in der Weise zustande gekommen denken, dafs in einem Moment eine unendlich kleine Wärmemenge hinzugeführt und dieselbe sofort wieder entzogen wird, es tritt dann eine unendlich kleine Veränderung des Drucks und des Volumens ein; wird dann von neuem eine unendlich kleine Wärmemenge zugeführt und sofort wieder entzogen, so findet eine neue unendlich kleine Veränderung des Drucks und Volumens statt; denkt man sich diese Operation unendlich oft wiederholt, so kann man zu einem beliebigen neuen Zustand in der Weise gelangen, dafs die in jeder noch so kleinen endlichen Zeit hinzugeführte oder entzogene Wärme Null ist. Er erübrigt jetzt, diesen Gedanken mathematisch auszuführen.

Der Anfangszustand sei p_0 v_0, nachdem zum ersten Mal eine unendlich kleine Wärmemenge hinzugeführt und sofort wieder entzogen ist, sei der Druck p_1, das Volumen v_1, es mufs dann nach der oben ausgeführten Rechnung sein

$$\frac{p_1 - p_0}{p_0} = -k \frac{v_1 - v_0}{v_1},$$

nachdem sodann eine ähnliche Operation ausgeführt und der Druck p_2, des Volumen v_2 entstanden ist, hat man

$$\frac{p_2 - p_1}{p_1} = -k \frac{v_2 - v_1}{v_2}$$

und so weiter

$$\frac{p_3 - p_2}{p_2} = -k \frac{v_3 - v_2}{v_3}$$

$$\vdots \qquad\qquad \vdots$$

$$\frac{p_n - p_{n-1}}{p_{n-1}} = -k \frac{v_n - v_{n-1}}{v_n}.$$

Man kann nun die Wärmezufuhren so eingerichtet denken, dafs das Verhältnis der Druckzunahme zum jedesmaligen Druck stets dasselbe ist, d. h. dafs

$$\frac{p_1 - p_0}{p_0} = \frac{p_2 - p_1}{p_1} = \ldots \frac{p_n - p_{n-1}}{p_{n-1}} = \frac{q}{n},$$

wo $\frac{q}{n}$ eine Gröfse ist, die wenn n wächst, immer kleiner und schliefslich für ein unendlich grofses n unendlich klein wird. Man hat dann

$$p_1 = p_0\left(1 + \frac{q}{n}\right)$$

$$p_2 = p_1\left(1 + \frac{q}{n}\right)$$

$$\vdots \qquad \vdots$$

$$p_{n-1} = p_{n-2}\left(1 + \frac{q}{n}\right)$$

$$p_n = p_{n-1}\left(1 + \frac{q}{n}\right)$$

und hieraus, indem man in der letzten Gleichung p_{n-1} durch p_{n-2}, letzteres durch p_{n-3} und so fort bis p_0 ausdrückt

$$p_n = p_0\left(1 + \frac{q}{n}\right)^n.$$

Nimmt man jetzt n unendlich grofs, so werden die Druckzunahmen und die entsprechenden Wärmezufuhren unendlich klein, man hat dann die gesuchte Zustandsänderung und erhält mit Benutzung der Formel

$$\lim_{n=\infty}\left(1 + \frac{x}{n}\right)^n = e^x$$

$$p_n = p_0\, e^q.$$

Weiter mufs aber auch $-k\frac{v_1 - v_0}{v_1}$, $-k\frac{v_2 - v_1}{v_2}$ u. s. w. gleich $\frac{q}{n}$ sein, also

$$v_1\left(1 + \frac{q}{k \cdot n}\right) = v_0$$

$$v_2\left(1 + \frac{q}{k \cdot n}\right) = v_1$$

$$\vdots \qquad \vdots$$

$$v_{n-1}\left(1 + \frac{q}{k \cdot n}\right) = v_{n-2}$$

$$v_n\left(1 + \frac{q}{k \cdot n}\right) = v_{n-1}$$

man erhält also nacheinander

$$v_n = \frac{v_{n-1}}{1 + \frac{q}{k \cdot n}} = \frac{v_{n-2}}{\left(1 + \frac{q}{k \,.\, n}\right)^2} = \frac{v_0}{\left(1 + \frac{q}{k \cdot n}\right)^n}$$

und, wenn man in dem letzten Ausdruck n unendlich grofs nimmt

$$v_n = \frac{v_0}{e^{\frac{q}{k}}} = v_0\, e^{-\frac{q}{k}}.$$

Aus den beiden Formeln $p_n = p_0\, e^q$

$v_n = v_0\, e^{-\frac{q}{k}}$ folgt, wenn man die letzte zur kten Potenz erhebt und die linken und rechten Glieder mit einander multipliziert.

II $$p_n v_n^k = p_0 v_0^k.$$

Dies ist die gesuchte Beziehung zwischen Druck und Volumen der Gase, wenn kein Wärmeausgleich stattfindet. Man nennt diese Gleichung, welche zuerst von Poisson aufgestellt wurde, die adiabatische Gleichung. —

Die Gleichung II lehrt die Druckveränderung bestimmen, welche einer gegebenen Volumenveränderung entspricht, oder umgekehrt; es entsteht nun die Frage, welches ist die Temperaturveränderung, wenn die Volumen- oder Druckveränderung gegeben ist. Die Beantwortung erfolgt durch Verbindung der Formel I und II.

Bezeichnet t_0 die zum Anfangszustand $p_0\,v_0$, t_n die zum Zustand $p_n\,v_n$ gehörige Temperatur, so ist nach Formel I

$$p_0 v_0 = R(a + t_0)$$
$$p_n v_n = R(a + t_n), \text{ also}$$
$$\frac{a + t_n}{a + t_0} = \frac{p_n v_n}{p_0 v_0};$$

nach Formel II ist aber

$$\frac{p_n}{p_0} = \left(\frac{v_0}{v_n}\right)^k, \text{ also}$$
$$\frac{a + t_n}{a + t_0} = \left(\frac{v_n}{v_0}\right)^{1-k}.$$

Diese Gleichung bestimmt die Temperatur, wenn das Volumen gegeben ist; ist der Druck gegeben, so hat man aus Formel II

$$\frac{v_n}{v_0} = \left(\frac{p_0}{p_n}\right)^{\frac{1}{k}}$$

und gewinnt durch Einsetzen dieses Wertes die Gleichung

$$\frac{a + t_n}{a + t_0} = \left(\frac{p_n}{p_0}\right)^{\frac{k-1}{k}}.$$

Diese Formeln finden Anwendung bei zwei Versuchen, welche in der Schule gemacht zu werden pflegen.

1) In einer dickwandigen Glasröhre, wie sie bei dem sogenannten pneumatischen Feuerzeug gebräuchlich ist, werde eine 15 cm lange Luftsäule auf 1 cm Länge zusammengepreſst, welches ist die entstehende Temperatur?

Man hat

$$\frac{v_n}{v_0} = \frac{1}{15}, \text{ also}$$
$$\frac{a + t_n}{a + t_0} = \left(\frac{1}{15}\right)^{1-k},$$

nimmt man nun für t_0 18° an und setzt $a = 273$, $k = 1{,}4$, so ergiebt sich

$$273 + t_n = 291 \cdot 15^{0,4};$$

man findet hieraus die Endtemperatur (t_n) von ca. 586°.

2) Im kurzen Schenkel einer kommunicierenden Röhre, wie sie zur Demonstration des Mariotteschen Gesetzes angewendet wird, sei eine Luftmasse unter dem Atmosphärendruck abgeschlossen, durch Aufgieſsen von Quecksiber wird der Druck verdreifacht,

welches ist das Volumen und die Temperatur der Luft unter der Annahme, daſs kein Wärmeausgleich stattfindet, es ist hier

$$\frac{p_n}{p_0} = 3, \text{ also}$$

$$\frac{v_n}{v_0} = \left(\frac{1}{3}\right)^{\frac{1}{k}}$$

$$\frac{a + t_n}{a + t_0} = 3^{\frac{k-1}{k}}$$

oder, wenn t_0 wieder gleich 18° genommen wird,

$$v_n = v_0 \cdot 0{,}436$$

$$t_n = 125^\circ \text{ (ca.).}$$

Da die Wärmekapacität der Luft sehr gering und die Luftmenge verhältnismäſsig klein ist, so wird die Temperaturerhöhung sehr bald ausgeglichen, beim langsamen Zugieſsen von Quecksilber schon während des Versuchs, und v_n wird gleich $\frac{1}{3}$ v_0. —

Poisson fand die adiabatische Gleichung als Integral einer gewissen partiellen Differentialgleichung, die Vorstellung jedoch über das Wesen der Wärme, welche seiner Rechnung zu Grunde liegt, ist unrichtig. Poisson nebst den andern Physikern seiner Zeit hielt die Wärme für einen Stoff und nahm an, daſs die Wärmemenge, welche sich in einem Körper befindet, durch den Zustand desselben bestimmt ist, daſs also beim Gase die Wärmemenge eine Funktion zweier der Veränderlichen p, v, t ist, welche den Zustand bestimmen. Das Irrtümliche dieser Anschauung zeigt folgendes einfache Beispiel. Hat die Wärmemenge, welche das Gas im Zustande p_0 v_0 und im Zustande p_1 v_1 hat, stets eine bestimmte Gröſse, so wird stets dieselbe Wärmemenge nötig sein, um das Gas durch Hinzuführen von Wärme aus dem Zustande p_0 v_0 in den Zustand p_1 v_1 zu bringen. Man kann nun erstens den Druck p_0 konstant lassen und das Volumen durch Erwärmung von v_0 auf v_1 bringen, die dazu nötige Wärme ist

$$Q_1 = c_p\ (t' - t_0),$$

wenn t_0 t' die Temperaturen in den entsprechenden Zuständen bezeichnen. Es ist aber

$$p_0 v_0 = R\ (a + t_0)$$

$$p_0 v_1 = R\ (a + t'), \text{ also}$$

$$t' - t^0 = \frac{p_0 (v_1 - v_0)}{R} \text{ und}$$

$$Q_1 = \frac{c_p\, p_0}{R}\ (v_1 - v_0);$$

hält man jetzt das Volumen konstant und erhöht durch Erwärmung den Druck von p_0 auf p_1, so ist die dazu nötige Wärme

$$Q_2 = c_v\ (t_1 - t') \text{ oder da}$$

$$p_0 v_1 = R\ (a + t')$$

$$p_1 v_1 = R\ (a + t_1) \text{ ist,}$$

$$Q_2 = \frac{c_v\, v_1}{R}\ (p_1 - p_0),$$

also die ganze gebrauchte Wärmemenge

$$Q_1 + Q_2 = \frac{c_p\, p_0 (v_1 - v_0) + c_v\, v_1 (p_1 - p_0)}{R}.$$

Zweitens kann man in umgekehrter Reihenfolge erst das Volumen festhalten und den Druck auf p_1 bringen und dann den Druck festhalten und das Volumen auf v_1 erhöhen, die dazu nötigen Wärmemengen ergeben sich ähnlich wie vorhin

$$Q_1' = \frac{c_v\, v_1 (p_1 - p_0)}{R}$$

$$Q_2' = \frac{c_p\, p_1 (v_1 - v_0)}{R}.$$

Die Differenz der beiden Wärmemengen $(Q_1' + Q_2') - (Q_1 + Q_2)$ ist gleich $\left(\frac{c_p - c_v}{R}\right)(v_1 - v_0)(p_1 - p_0)$, also nur gleich Null, wenn $c_p = c_v$ ist, für k war aber schon von Laplace der Wert 1,4 ermittelt. Die Durchführung eines solchen Beispiels hätte also das Irrtümliche der Vorstellung vom Wesen der Wärme gezeigt.

Von den neueren Schriftstellern wird die adiabatische Gleichung gewöhnlich aus der ersten Hauptgleichung, welche im folgenden Paragraphen besprochen werden wird, abgeleitet, aber diese Ableitung verführt leicht zu der Ansicht, dafs die Anwendung des Prinzips der Energie dazu nötig ist; es scheint wichtig zu bemerken, dafs die Formel I und der Wert k die einzigen aus der Erfahrung entnommenen Grundlagen für die adiabatische Gleichung sind.

§ 3.

Das mechanische Wärmeäquivalent.

Am Ende des vorigen Paragraphen wurden die Wärmemengen berechnet, die erforderlich waren, um auf zwei verschiedenen Wegen das Gas aus einem Zustande in einen beliebigen andern überzuführen. Es ist auch einzusehen, dafs, wenn die Überführung auf einem andern Wege geschehen soll, auf welchem der Druck nacheinander die Werte $p_1\, p_2 \ldots p_n$, das Volumen die Werte $v_1\, v_2 \ldots v_n$ annimmt, die Berechnung der Wärmemenge in ähnlicher Weise geschehen kann. Ja auch wenn der Druck und das Volumen nach irgend einem Gesetze sich stetig ändern, ist die Wärmemenge bestimmt, da bei einer solchen stetigen Änderung während einer unendlich kleinen Druckzunahme das Volumen konstant und während einer unendlich kleinen Zunahme des Volumens der Druck konstant gedacht werden kann. Die Berechnung kann mathematische Schwierigkeiten bieten, gedanklich ist die Wärme für jede Art der Überführung bestimmt. Eine Hypothese über das Wesen der Wärme ist bis jetzt nicht zu Grunde gelegt. Darum sind auch die Resultate der älteren Bearbeiter der Wärmetheorie, welche, wie wir sahen, von einer falschen Ansicht ausgingen, dennoch richtig. Aber eine Einsicht in den Grund, weshalb die Wärmemenge auf den verschiedenen Wegen verschieden ist, ist auch nicht gewonnen. Diese wurde erst eröffnet im Jahre 1842 von Robert Mayer. Derselbe ging von der Thatsache aus, dafs bei dem Zusammenstofs und der Reibung der Körper Wärme entsteht und sprach nun folgendes aus. „Ist es nun ausgemacht, dafs für die verschwindende Bewegung keine andere Wirkung gefunden werden kann als die Wärme, für die entstandene Wärme keine andere Ursache als die Bewegung, so ziehen wir die Annahme, Wärme entsteht aus Bewegung, der Annahme einer Ursache ohne Wirkung und einer Wirkung ohne Ursache vor." Diese Auffassung der Wärme als einer Art der Bewegung vereinigt sich leicht mit der Ansicht, welche man sich über das Wesen des Lichts, welches die Wärmeerscheinungen häufig begleitet, schon früher gebildet hat. R. Mayer macht weiter den wichtigsten Fortschritt, indem er fortfährt: „Es ist die Frage zu beantworten, wie grofs das einer bestimmten Menge Fallkraft oder Bewegung entsprechende Wärmequantum sei, z. B. wir müssen ausfindig machen, wie hoch ein bestimmtes Gewicht über den Erdboden gehoben werden mufs, dafs seine Fallkraft äquivalent der Erwärmung eines gleichen Gewichts Wasser von 0° auf 1° sei." —

Zur Berechnung dieser Gröfse boten sich ihm die Erscheinungen bei den Gasen dar. Wird die Gewichtseinheit eines Gases, welches bei der Temperatur von Null Grad den Druck p_0 und das Volumen v_0 hat, bei konstantem Volumen auf einen Grad erwärmt, so gehört dazu die Wärmemenge c_v, wird dieselbe Erwärmung bei konstantem Druck vorgenommen, so dehnt sich die Gassäule um $v_0 \alpha$ aus und es wird die gröfsere Wärmemenge c_p gebraucht; bei dem letzten Vorgang hat aber das Gas p_0 Kilogramm $v_0 \alpha$ Meter hoch gehoben, hat also eine Arbeit von $p_0 v_0 \alpha$ Kilogrammmetern geleistet; diese Arbeit setzt Mayer äquivalent der Wärmemenge, welche beim letzten Vorgang mehr gebraucht wird. Entsprechen $c_p - c_v$ Wärmeeinheiten einer Arbeit von $p_0 v_0 \alpha$ Kilogrammmetern, so entspricht einer Wärmeeinheit eine Arbeit von

$$\frac{p_0 v_0 \alpha}{c_p - c_v} \text{ kgm}$$

Bezeichnet man

$$\frac{p_0 v_0 \alpha}{c_p - c_v} = \frac{R}{c_p - c_v}$$

mit $\mathfrak{A}$ und setzt für R, c_p und c_v ihre experimentell ermittelten Werte, so findet man

$$\mathfrak{A} = 424 \text{ kgm}.$$

Durch andere Versuche, welche allerdings nur mit sehr beschränkten Hilfsmitteln schon von Mayer selbst, besonders aber von Joule angestellt wurden, ergab sich dann, dafs überall, wo eine Arbeit von 424 kgm verschwindet wie bei der Reibung, dem Zusammenstofs von Körpern, eine Wärmemenge entsteht, welche ein kg Wasser von 0° auf 1° zu bringen vermag.

Auf Grund dieses Gesetzes kann man nun die Erscheinungen, welche beim Überführen des Gases von einem Zustande in einen andern sich zeigen, einheitlich auffassen. Betrachtet man z. B. den am Ende des zweiten Paragraphen behandelten Vorgang, so wird dort erstens unter dem Drucke p_0 das Volumen um $v_1 - v_0$ vergröfsert und dann unter konstantem Volumen der Druck auf p_1 gebracht, das Resultat ist eine Erwärmung um $(t_1 - t_0)°$ und eine Arbeitsleistung von $p_0 (v_1 - v_0)$ kgm; zweitens wird bei konstantem Volumen der Druck auf p_1 erhöht und dann unter dem Druck p_1 das Volumen um $v_1 - v_0$ vergröfsert, es wird also dieselbe Erwärmung von $(t_1 - t_0)°$, aber eine gröfsere Arbeit von $p_1 (v_1 - v_0)$ kgm geleistet, der Unterschied der beiden Arbeitsleistungen

$$(p_1 - p_0)(v_1 - v_0) \text{ kgm}$$

entspricht einer Wärmemenge von

$$\frac{(p_1 - p_0)(v_1 - v_0)}{\mathfrak{A}} = (p_1 - p_0)(v_1 - v_0)\frac{(c_p - c_v)}{R},$$

das ist der oben gefundene Unterschied der gebrauchten Wärmemengen. Es äufsert sich also nach dieser Anschauung die dem Gase zugeführte Wärme nach zwei Seiten hin, erstens wird die Temperatur erhöht, zweitens wird eine Arbeit geleistet. — Die auf einem Wege mehr geleistete äufsere Arbeit bedingt auch den Verbrauch einer gröfseren Wärmemenge.

§ 4.

Das vollkommene Gas.

Bei der Berechnung des mechanischen Wärmeäquivalents ist stillschweigend angenommen worden, dafs die bei der Erwärmung unter konstantem Druck mehr erforderliche Wärmemenge ganz durch Leistung der äufseren Arbeit verbraucht wird, d. h. dafs keine Arbeit oder Wärme dazu nötig ist, die Moleküle des Gases von einander zu entfernen, oder dafs die Kohäsionskraft, mit der die Teile eines Gases einer Ausdehnung widerstreben, Null ist.

Die Richtigkeit dieser Annahme hatte schon, wie R. Mayer bekannt war, Gay-Lussac experimentell nachgewiesen, genauere Versuche wurden dann von Regnault angestellt. Derselbe brachte zwei durch einen Kanal verbundene Gefäfse, von denen das eine mit komprimierter Luft gefüllt, das andere luftleer war, in einen Behälter voll Wasser (Kalorimeter); wurden nun durch Öffnung eines Hahnes die Gefäfse mit einander in Verbindung gesetzt, so sank zunächst in dem ersten Gefäfs die Temperatur, während sie in dem zweiten stieg; nach Verlauf einiger Zeit zeigte aber sowohl das Gas als auch das Wasser die Anfangstemperatur. Es war also zu der unter dem Druck Null, d. h. ohne Leistung von äufserer Arbeit stattfindenden Ausdehnung keine Wärme verbraucht worden. Es ist aber wichtig zu bemerken, dafs dieses Ergebnis sich deduktiv ableiten läfst, sobald man die ja auch aus andern Versuchen folgende Existenz des mechanischen Wärmeäquivalents und für ein Gas die Gültigkeit des Gay-Lussacschen Gesetzes und die Differenz der specifischen Wärmen c_p und c_v konstant annimmt. —

Denken wir uns nämlich ein Gas in dem beliebigen Zustand p, v, t und nehmen an, es würde bei der durch Erwärmung um einen Grad unter konstantem Druck erfolgenden Ausdehnung aufser der äufseren Arbeit noch die innere Arbeit J geleistet, so müfste die Differenz der specifischen Wärmen c_p und c_v gleich der Wärmemenge sein, welche der bei der Ausdehnung geleisteten inneren und äufseren Arbeit äquivalent ist; setzt man also $\frac{1}{\mathfrak{A}} = A$, so hat man

$$c_p - c_v = A\,J + A\,p\,(v_1 - v)$$

wenn v_1 das neue Volumen bezeichnet.

Nimmt man dieselbe Erwärmung in einem Zustande vor, in welchem der Druck und das Volumen verschieden, die Temperatur aber dieselbe ist, so erhält man ähnlich

$$c_p - c_v = A\,J' + A\,p'\,(v_1' - v')$$

aus beiden Gleichungen ergiebt sich

$$J + p\,(v_1 - v) = J' + p'\,(v_1' - v').$$

Nun ist aber

$$p\,v = R\,(a + t)$$

$$p\,v_1 = R\,(a + t + 1),\text{ also}$$

$$p(v_1 - v) = R;\ \text{ebenso erhält man}$$
$$p'(v_1' - v') = R,\ \text{also}$$
$$p(v_1 - v) = p'(v_1' - v');$$

daraus folgt, dafs $J = J'$ sein mufs. Denkt man sich nun das erste Mal den Druck sehr grofs und das zweite Mal sehr klein, so mufs umgekehrt die Ausdehnung im ersten Falle sehr klein, im zweiten sehr grofs, aber die innere Arbeit in beiden Fällen gleich sein. Die zu der Ausdehnung erforderliche innere Arbeit wäre also ganz unabhängig von der Gröfse der Ausdehnung, was offenbar sinnlos ist; hieraus folgt, dafs J und J' nur Null sein kann. Legt man andererseits das Ergebnis des Regnaultschen Versuches zu Grunde, so folgt aus der Existenz des mechanischen Wärmeäquivalents und der Gay-Lussacschen Gleichung

$$c_p - c_v = A\,p\,(v_1 - v),\ \text{oder da}$$
$$p(v_1 - v) = R\ \text{ist},$$
$$c_p - c_v = A\,R;$$

die Differenz der specifischen Wärme ist dann also konstant. —

Bei der Ableitung der Poissonschen Gleichung war $k \left(\frac{c_p}{c_v}\right)$ konstant genommen worden, wie es sich bei einer Reihe von Gasen durch mannigfaltige Versuche herausgestellt hat. Man kann also die experimentell festgestellten Eigenschaften des Gases, für welches diese Entwickelungen gelten, in zweifacher Weise gruppieren, die Existenz des mechanischen Wärmeäquivalents wird dabei stets angenommen.

Erstens:

1) die Gültigkeit der Formel I,
2) die Konstanz der specifischen Wärmen bei konstantem Druck,
3) die Konstanz der specifischen Wärme bei konstantem Volumen.

Zweitens:

1) die Gültigkeit der Formel I,
2) das Ergebnis des Regnaultschen Versuches, dafs die bei der Ausdehnung mehr zugeführte Wärme ganz zur Leistung der äufseren Arbeit verbraucht wird,
3) die Konstanz von k oder einer der Gröfsen c_p oder c_v.

Ein Gas, welchem diese Eigenschaften zukommen, nennt man ein vollkommenes Gas. —

§ 5.

Das Princip der Energie.

Man kann sich nun auch nach Analogie der Erscheinungen bei den Gasen von der Wirkung der Wärme auf andere Körper eine Vorstellung bilden. Es wird diese Wirkung eine dreifache sein.

1) die Temperatur des Körpers wird erhöht,
2) der Körper dehnt sich aus, d. h. es wird eine innere Arbeit gegen die Kohäsion der Moleküle untereinander geleistet,
3) durch Überwindung eines auf dem Körper lastenden Druckes wird eine äufsere Arbeit geleistet.

Betrachtet man die Temperatur eines Körpers als hervorgebracht durch die Schwingungen der Moleküle desselben, so kann man die Erhöhung der Temperatur als Vermehrung der lebendigen Kraft der sich bewegenden Moleküle auffassen, so dafs die Erhöhung der Temperatur mit einer Arbeitsleistung verglichen werden kann.

Bezeichnet T die lebendige Kraft, J die innere, S die äufsere Arbeit und Q die zugeführte Wärme, so hat man

$$Q = A(T - T_0) + A\,J + A\,S.$$

Nimmt man ferner nach Analogie der Gase an, dafs für jeden Körper eine Gleichung zwischen dem äufseren Druck, dem Volumen und der Temperatur besteht, dafs also der Zustand des Körpers durch zwei der Veränderlichen p, v, t bestimmt ist, und dafs auch die verschiedene Gröfse der Wärmemengen, welche bei der Überführung aus einem Zustand in einen andern auf verschiedenen Wegen gebraucht werden, nur in der Verschiedenheit der dabei geleisteten äufseren Arbeit beruht, so ist die Gröfse $A(T - T_0) + A\,J$ durch den Anfangs- und Endzustand bestimmt und kann als Zuwachs einer Funktion angesehen werden, welche von 2 der Variabeln p v t abhängt. Diese Funktion (E) nennt man die Energie des Körpers und das in der Gleichung

$$Q = E_1 - E_0 + A\,S$$

ausgesprochene Gesetz das Prinzip der Energie.

Für die vollkommenen Gase läfst sich die Funktion E bestimmen.

Soll das Gas aus dem Zustande $p_0\ v_0\ t_0$ in den andern $p_n\ v_n\ t_n$ geführt werden, so läfst sich die Überführung so denken, dafs zuerst bei konstantem Volumen die Temperatur unendlich wenig erhöht, sodann, nachdem der Druck auch den entsprechenden etwas höheren Wert angenommen hat, das Volumen um ein unendlich kleines Stück vermehrt, und diese Operation unendlich oft wiederholt wird. Bezeichnen $q_1\ q_2 \ldots q_n$ die bei den einzelnen Operationen verbrauchten Wärmemengen und $t_1\ t_2 \ldots t_n,\ p_1\ p_2 \ldots p_n,\ v_1\ v_2 \ldots v_n$ die aufeinander folgenden Werte der Temperatur, des Drucks und des Volumens, so ist

$$q_1 = c_v\,(t_1 - t_0) + A\,p_1\,(v_1 - v_0)$$
$$q_2 = c_v\,(t_2 - t_1) + A\,p_2\,(v_2 - v_1)$$
$$\vdots$$
$$q_n = c_v\,(t_n - t_{n-1}) + A\,p_n\,(v_n - v_{n-1})$$

also die ganze hinzugeführte Wärme

$$Q = c_v\,(t_n - t_0) + A\,[p_1\,(v_1 - v_0) + \ldots p_n\,(v_n - v_{n-1})]$$

Der Ausdruck in der Klammer des zweiten Summanden auf der rechten Seite drückt die geleistete äufsere Arbeit aus, der Wert der Summe ist erst angebbar, wenn das Verhältnis der Zunahme des Volumens zu dem Wachsen des Drucks gegeben, d. h. wenn die Art der Überführung aus dem ersten in den zweiten Zustand festgesetzt ist. Der Wert des ersten Summanden hängt nur von der Anfangs- und Endtemperatur ab, ist also für jede Art der Überführung dieselbe. Dieser Summand $c_v\,(t_n - t_0)$ ist der Zuwachs der Energie. Ist dieselbe also bei der Temperatur Null gleich C, so ist sie bei einer beliebigen anderen Temperatur t

$$E = c_v\,t + C.$$

Die Energie bei den vollkommenen Gasen ist also eine lineare Funktion der Temperatur.

§ 6.

Graphische Darstellung der Zustandsänderungen. Kreisprozesse.

Auf dem Schenkel eines rechten Winkels, Fig. 1, ist eine Strecke AB vom Scheitel aus abgetragen, stellt dieselbe die Einheit dar, mit welcher das Volumen gemessen wird, so wird jedes beliebige Volumen v durch eine bestimmte Entfernung AC repräsentiert werden können. Ebenso kann auf dem andern Schenkel durch eine beliebig gewählte Strecke die Einheit des Drucks und dann jeder Druck durch eine bestimmte Entfernung vom Scheitelpunkte dargestellt werden. Ein Punkt (P) innerhalb der Schenkel ist durch seine Entfernungen von denselben bestimmt, umgekehrt bestimmt auch jeder Punkt die Entfernungen, also die Werte von v und p, d. h. den Zustand des Gases.

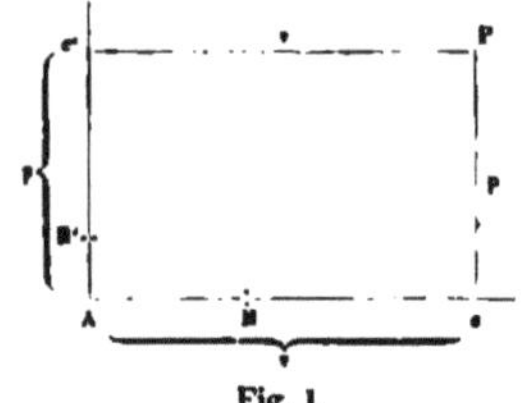

Fig. 1.

Die Punkte einer Kurve bezeichnen eine Reihe von Zuständen, welche stetig ineinander übergehen. Die Art der Überführung aus einem Zustand $p_0 v_0$ in einen andern $p_1 v_1$ wird durch eine zwischen beiden Punkten gezogene Kurve festgelegt. In Fig. 2 z. B. bezeichnen die ausgezogenen und die punktierten Linien die Zustandsänderungen,

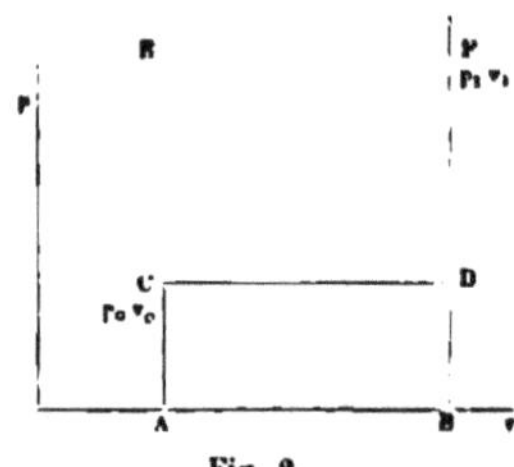

Fig. 2.

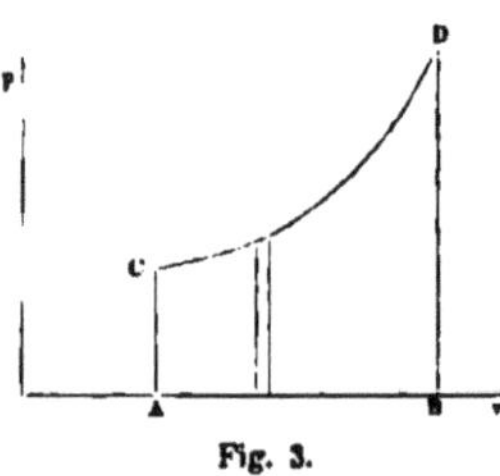

Fig. 3.

welche am Ende des zweiten Paragraphen S. 10 besprochen wurden. Die bei der ersten geleistete Arbeit $p_0 (v_1 - v_0)$ wird durch das Rechteck ABCD dargestellt, der Flächeninhalt des Rechtecks ABEF bezeichnet die gröfsere im zweiten Falle geleistete Arbeit $p_1 (v_1 - v_0)$. Ähnlich wird die bei jeder beliebigen Zustandsänderung CD geleistete äufsere Arbeit durch die Fläche ABCD veranschaulicht, denn dieselbe kann aufgefafst werden als die Summe unendlich vieler Rechtecke, deren eine Seite der jedesmalige Druck und deren andere Seite die bei diesem Druck stattfindende unendlich kleine Vergröfserung des Volumens ist.

Geht man von einem bestimmten Punkte $(p_0 v_0)$ aus und fragt, wo liegen alle die Punkte, welche die Zustände repräsentieren, bei denen die Temperatur dieselbe ist wie im ersten, so findet man zunächst die zu $p_0 v_0$ gehörige Temperatur aus

$$p_0 v_0 = R(a + t_0)$$

für die übrigen Punkte mufs dann sein

$$p\,v = R(a + t_0) = p_0 v_0.$$

Die Punkte liegen also auf dem einen Zweig einer Hyperbel; man nennt diese Kurve die „Temperaturkurve“.

Die Überführung längs einer Temperaturkurve kann man praktisch dadurch ausführen, dafs man den Druck des Gases in einer Umgebung, deren Temperatur konstant bleibt, langsam verändert, dann wird auch das Volumen sich langsam verändern. Die infolge einer kleinen Vergröfserung oder Verkleinerung des Volumens eintretende Erniedrigung oder Erhöhung der Temperatur wird dann durch Zufuhr oder Abgabe von Wärme an die Umgebung sofort ausgeglichen.

Es entsteht nun die Frage, welches ist die zugeführte Wärmemenge und welches ist die geleistete Arbeit, wenn das Gas sich längs einer Temperaturkurve von v_0 bis v_n ausdehnt.

Nach der Gleichung der Energie (S. 15) ist immer

$$Q = c_v (t_n - t_0) + AS,$$

da hier die Temperatur konstant bleibt, ist $t_n - t_0 = 0$, die ganze Wärme wird also zur Leistung der Arbeit verbraucht.

Man kann sich nun die Überführungen in der Weise ausgeführt denken, dafs erst der Druck p_0 auf p_1 erniedrigt wird, dann findet die Ausdehnung $v_1 - v_0$ statt, damit nun die Temperatur konstant bleibt, mufs eine Wärmemenge $\frac{Q}{n}$ von aufsen hinzugeführt werden, welche der geleisteten Arbeit $p_1 (v_1 - v_0)$ äquivalent ist. Wird diese Operation unendlich oft wiederholt, so hat man

$$\frac{Q}{n} = A p_1 (v_1 - v_0)$$

$$\frac{Q}{n} = A p_2 (v_2 - v_1)$$

$$\vdots \qquad\qquad \vdots$$

$$\frac{Q}{n} = A p_n (v_n - v_{n-1}).$$

Nun ist aber

$$p_0 v_0 = p_1 v_1 = p_2 v_2 = \ldots p_n v_n$$

setzt man für $p_1 p_2 \ldots$ die hieraus folgenden Werte ein und löst die Gleichungen nach $v_0 v_1 \ldots$ auf, so findet man

$$v_0 = v_1 \left(1 - \frac{Q}{n A p_0 v_0}\right).$$

$$v_1 = v_2 \left(1 - \frac{Q}{n A p_0 v_0}\right)$$

$$\vdots$$

$$v_{n-1} = v_n \left(1 - \frac{Q}{n A p_0 v_0}\right), \text{ also}$$

$$v_0 = v_1 \left(1 - \frac{Q}{n A p_0 v_0}\right)^1 = \ldots v_n \left(1 - \frac{Q}{n A p_0 v_0}\right)^n$$

Wird n unendlich grofs, so ist

$$v_0 = v^n e^{-\frac{Q}{A p_0 v_0}} \text{ oder}$$

$$\frac{v_n}{v_0} = e^{\frac{Q}{A p_0 v_0}}.$$

Nimmt man auf beiden Seiten die natürlichen Logarithmen, so ergiebt sich

$$Q = A p_0 v_0 \ln \frac{v_n}{v_0}, \text{ oder da}$$

$$p_0 v_0 = R (a + t_0) \text{ ist,}$$

$$Q = A R (a + t_0) \ln \frac{v_n}{v_0},$$

also die geleistete Arbeit

$$S = R (a + t_0) \ln \frac{v_n}{v_0}.$$

Für $\frac{v_n}{v_0}$ kann man auch in diesen Formeln $\frac{p_0}{p_n}$ setzen, da $p_n v_n = p_0 v_0$ ist. —

Geht man von einem Punkt $(p_0 v_0)$ aus und sucht die Punkte, welche diejenigen Zustände des Gases darstellen, in welche dasselbe ohne Wärmezufuhr von $p_0 v_0$ aus gebracht werden kann, so hat man für dieselben die Gleichung II

$$p v^k = p_0 v_0^k.$$

Die Punkte bilden eine Kurve, welche mit gröfser werdendem v steiler abfällt als die Temperaturkurve, da $k > 1$ ist. Die Kurve nennt man die „adiabatische Kurve".

Die durch eine gegebene Ausdehnung $(v_n - v_0)$ geleistete Arbeit findet sich hier leicht; da $Q = 0$ ist, hat man nach der Energiegleichung

$$0 = c_v (t_1 - t_0) + A S, \text{ also}$$

$$S = \frac{c_v (t_0 - t_n)}{A},$$

oder wenn man nach der auf Seite 9 gegebenen Formel die Endtemperatur durch das Endvolumen ausdrückt

$$S = \frac{c_v (a + t_0)(v_n^{k-1} - v_0^{k-1})}{A v_n^{k-1}}.$$

Die Arbeit wird hier ganz auf Kosten der Energie des Gases geleistet, während bei der Temperaturkurve die Energie dieselbe bleibt und die zugeführte Wärme in Arbeit verwandelt wird. Geht man umgekehrt zu Werke und führt durch Zusammendrückung dem Gase eine Arbeitsmenge zu, so wird dieselbe auf der adiabatischen Kurve ganz zur Erhöhung der Energie verwendet, während sie bei der Temperaturkurve ganz als Wärme abgegeben wird.

Man kann durch Zufuhr oder Fortnahme von Wärme und Arbeit das Gas eine Reihe von Zuständen so durchlaufen lassen, dafs es wieder in den Anfangszustand zurückkehrt, es wird dabei immer entweder Wärme in Arbeit oder Arbeit in Wärme verwandelt. Man nennt einen solchen Vorgang einen Kreisprozefs.

Führt man z. B. nach Fig. 1 das Gas auf dem punktierten Wege von $p_0 v_0$ nach $p_1 v_1$ und dann zurück auf der ausgezogenen Linie, so mufs dem Gase eine bestimmte Wärmemenge auf dem ersten Wege hinzugeführt, auf dem zweiten Wege entzogen werden; die Differenz derselben ist nach S. 11

$$\frac{c_p - c_v}{R} \cdot (v_1 - v_0)(p_1 - p_0).$$

Auf dem ersten Wege leistet aber das Gas die gröfsere Arbeit $p_1 (v_1 - v_0)$, während auf dem Rückwege die kleinere Arbeit $p_0 (v_1 - v_0)$ verbraucht wird; es ist also durch diesen Kreisprozefs eine bestimmte Wärmemenge in Arbeit verwandelt; dieser Prozefs könnte nun wiederholt werden. —

Ein anderer Kreisprozefs ist der zuerst von Carnot bearbeitete sogenannte „Carnotsche Kreisprozefs".

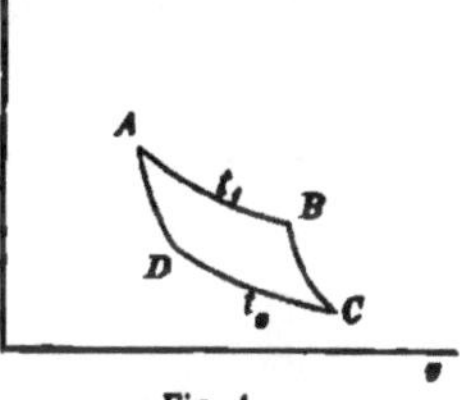

Fig. 4.

Fig. 4 veranschaulicht denselben. Vom Zustand A aus dehnt sich das Gas durch allmähliche Verminderung des Druckes bei konstanter Temperatur (t_1) bis B aus, es nimmt dabei von einer zur Verfügung stehenden Wärmequelle, die immer auf der Temperatur t_1 erhalten wird, eine gewisse Wärmemenge auf und leistet eine bestimmte Arbeit. Von B aus wird das Gas mit einer undurchläfslichen Hülle umschlossen und ebenso durch langsame Verringerung des Druckes bis c ausgedehnt, es leistet dabei auf Kosten seiner Energie eine gewisse Arbeit. Von C aus wird das Gas zusammengedrückt und die entstehende Temperaturerhöhung durch Wärmeabgabe ausgeglichen, so dafs stets die in C vorhandene Temperatur t_0 bleibt, es wird also Arbeit verbraucht und eine gewisse Wärmemenge gewonnen. Diese Zusammendrückung wird fortgesetzt bis zum Punkte D, in welchem die durch A gelegte adiabatische Kurve die durch C gehende Temperaturkurve schneidet, so dafs es möglich ist von D aus durch Zusammendrückung ohne Wärmeabgabe das Gas in den Anfangszustand A zurückzuführen.

Nach den oben gegebenen Formeln können wir die Wärme- und Arbeitsmengen berechnen. Die Indices 0 1 2 3 mögen die Zustände bei A B C D bezeichnen.

1) Die auf dem Wege AB hinzugeführte Wärme ist

$$Q_1 = AR(a + t_1) \ln \frac{v_1}{v_0},$$

die geleistete Arbeit ist

$$S_1 = R(a + t_1) \ln \frac{v_1}{v_0}.$$

2) Auf dem Wege BC ist die Wärme Null, die geleistete Arbeit

$$S_2 = c_v (t_1 - t_0).$$

3) Auf dem Wege CD ist die abgegebene Wärme

$$Q_2 + AR(a + t_0) \ln \frac{v_2}{v_3},$$

die verbrauchte Arbeit

$$S_3 = R(a + t_0) \ln \frac{v_2}{v_3}.$$

4) Auf dem Wege DA ist die Wärme Null, die verbrauchte Arbeit

$$S_4 = c_v (t_1 - t_0.$$

Man sieht zunächst, dafs die geleistete Arbeit S_2 gleich der verbrauchten S_4 ist.

Die durch Ausdehnung des Gases geleistete Arbeit kann man sich auf eine Maschine übertragen denken, es ist dann aber nötig, wieder die Arbeit $S_3 + S_4$ zu verbrauchen, um das Gas auf den ursprünglichen Zustand zurückzuführen und den Prozefs von neuem beginnen zu können, so dafs nur

$$(S_1 + S_2) - (S_3 + S_4) = S_1 - S_3$$

als nutzbare Arbeit verbleibt. Die zur Leistung dieser Arbeit verbrauchte Wärme ist $Q_1 - Q_2$. Es ist also sowohl bei diesem als auch bei jedem andern Kreisprozefs immer nur möglich einen Teil der zugeführten Wärme in Arbeit zu verwandeln.

Das Charakteristische des Carnotschen Kreisprozesses besteht darin, dafs bei demselben das Verhältnis der in Arbeit verwandelten Wärmemenge zur hinzugeführten, also $\frac{Q_1 - Q_2}{Q_1}$, nur von den Temperaturen t_1 und t_0 abhängt.

Aus den Gleichungen

$$p_0 v_0 = p_1 v_1$$
$$p_1 v_1^k = p_2 v_2^k$$
$$p_2 v_2 = p_3 v_3$$
$$p_3 v_3^k = p_0 v_0^k$$

folgt nämlich, dafs $\frac{v_1}{v_0} = \frac{v_2}{v_3}$ ist, also

$$Q_1 - Q_2 = A\,R\,l\,n\,\frac{v_1}{v_0}\,(t_1 - t_0) \text{ und}$$

$$\frac{Q_1 - Q_2}{Q_1} = \xi = \frac{t_1 - t_0}{a + t_1}.$$

Man nennt die Gröfse ξ den „ökonomischen Koefficienten" und eine Maschine, welche durch Ausdehnung eines Gases vermittels zweier Wärmequellen von konstanter Temperatur Arbeit leistet, eine „kalorische Maschine". Nimmt man den Prozefs in umgekehrter Reihenfolge vor, indem man das Gas vom Zustand A in die Zustände D, C, A führt, so wird bei der Zusammendrückung mehr Arbeit verbraucht als bei der Ausdehnung geleistet, dafür aber eine äquivalente Wärmemenge der oberen Wärmequelle zugeführt. Die Differenz der Arbeiten ist natürlich dieselbe wie beim ersten Prozefs, hintereinander ausgeführt, heben sich die Wirkungen beider Prozesse also auf. Alle diese Entwickelungen gelten aber nur unter der Voraussetzung, dafs die Zustandsänderung so langsam erfolgen, dafs die in irgend einer Zeit erzeugte lebendige Kraft der sich bewegenden Massen verschwindend klein gegen die in derselben Zeit geleistete Arbeit ist.

Wissenschaftliche Beilage zum Programm des Humboldts-Gymnasiums.
Ostern 1888.

Über einige
chansons de geste des Lohengrinkreises.

Von

Georg Osterhage.

BERLIN 1888.
R. Gaertners Verlagsbuchhandlung
Hermann Heyfelder.

1888. Programm Nr. 61.

Auf den folgenden Seiten werden Lesern der altfranzösischen Epen zu zwei *chansons de geste* des *cycle des croisades* Bemerkungen und Erläuterungen ähnlicher Art geboten wie sie zu einer Reihe von Epen der Karlssage im 10. und 11. Bande der Zeitschrift für romanische Philologie von mir zusammengestellt worden sind. Nach dem Erscheinen des Rajnaschen Werkes über den Ursprung des altfranzösischen Volksepos mufsten Untersuchungen dieser Art leichte Ergebnisse versprechen. Das wurde damals von verschiedenen Seiten hervorgehoben. Früher war dieses Gebiet von deutschen Romanisten weniger beachtet worden. Den kürzesten Aufschlufs über den Stand der Frage scheint mir die folgende Stelle aus der Rom. XIII 599 (G. P.) zu geben: „*On peut trouver surprenant, au premier abord, qu'un tel sujet ait attiré les patientes recherches et les longues réflexions d'un Italien plutôt que d'un Allemand. Les Français, à vrai dire, ne l'ont pas négligé: c'est à notre pays qu'appartiennent surtout les prédécesseurs que M. Rajna rencontre sur son chemin, tantôt pour les accompagner, tantôt pour les combattre. Les Allemands, au contraire, chose assez étrange, ont fait très peu dans ce domaine, bien qu'ils aient, comme on sait, étudié et publié beaucoup de nos chansons de geste. Ils ont bien vu qu'il y avait dans notre poésie épique quelque chose de germanique („Je sens dans ces épopées le souffle des forêts germaniques" a dit Grimm. Simrock a vu le germanisme de plusieurs de nos poèmes, mais il ne l'a pas toujours bien compris), mais ils se sont contentés de remarques assez vagues et générales, et n'ont pas cherché à établir entre notre épopée et la leur des rapprochements dont M. Rajna a trouvé quelques-uns à fleur de terre et qui certainement, comme il le dit, s'offriraient en grand nombre à qui ferait des fouilles plus profondes.*" Einen erheblichen Beitrag zum richtigen Verständnis der Karlssage hat nach meiner Ansicht Feist geliefert in seiner Marburger Habilitationsschrift Zur Kritik der Bertasage 1885, in dem Exkurse über die mythologischen Motive welche man auf die Königin Berta und auf die Geburt Karls des Grofsen übertragen hat. Der Verfasser würdigt sowohl den Anklang des Namens, dessen Wert er indessen nicht überschätzt, als auch die mythischen Symbole nach den Resultaten von Grimm, Mannhardt u. a. In der Kritik (Litt. Centralblatt 1887 S. 1236) ist zwar geltend gemacht worden, dafs die von Feist verglichene Huldasage ein Produkt der gelehrten Thätigkeit des 16. Jahrhunderts sei, aber sie würde dann jedenfalls nach früheren mündlichen oder schriftlichen Versionen umgebildet sein. Wir können jedoch den Vergleich mit der Huldasage ganz entbehren und nach dem was schon jetzt über die mythischen Elemente im altfranzösischen Epos als feststehend angesehen werden darf, die Bertasage als die eventuell älteste vorliegende Form dieses Mythos betrachten, der dem Hause der Karolinger ungefähr denselben Ursprung giebt wie die Dichtung von der im Walde am Bache gefundenen Gemahlin des Königs Oriant dem Hause Bouillon, wie die Sage von dem Zusammentreffen im idäischen Hain dem Geschlechte des Äneas. Wenn nämlich durch die neuesten Forschungen dem germanischen Mythos durch die Inanspruchnahme des romanischen Volksepos ein weiterer Umfang gewonnen worden ist, so wird dagegen der Inhalt seines Begriffes durch die Resultate der reifsten Arbeit Mannhardts (Wald- und Feldkulte, Berlin 1877) mehr und mehr verringert, indem der Verfasser zeigt, dafs ganz abgesehen von aller Urgemeinschaft die niederen wie die höheren mythischen Gebilde unter allen Völkern gleichartige Formen annehmen.

Der bei weitem gröfsere Teil dieses Aufsatzes mufste natürlich dem Baudouin de Sebourc gewidmet werden. Es sind zunächst die Charaktere der Hauptpersonen dann mehrere Einzelheiten zu besprechen. Um nicht wieder in einen mit Recht gerügten Fehler einer früheren Arbeit (*Si capisce che questo lavoro condensato deve avergli costato una fatica non piccola; ma lo studioso, per raccappezzarcisi, dovrà forse farne una non minore,* Boll. bibliografico 1885 S. 260) zu verfallen, habe ich hier reichliche Citate gegeben, die aufserdem bei der geringen Verbreitung der Boccaschen Ausgabe willkommen sein dürften. In Brunet (Manuel du libraire IV 1362) ist zwar die Zahl der Exemplare nicht angegeben, ich glaube zu wissen, dafs sie gering war und schliefse es auch aus der Bemerkung: *Il a été tiré 13 exemplaires de ces deux volumes en papier vél. fort dit de Bristol.*

I.

Die Einheit des umfangreichen Werkes ist gewahrt durch die Gegenüberstellung des Baudouin und seines Stiefvaters Gaufroi. Da das ganze Epos nur eine Reproduktion des Schemas der karolingischen Sagen ist, so versteht es sich von selbst, dafs der Dualismus der das Ganze beherrscht nur ein Widerschein des Verhältnisses von Roland zu Ganelon ist, wobei zu bemerken dafs für Roland schon in anderen *chansons* Helden wie Gaydon, Doon u. a. eintreten und ebenso für Ganelon andere Verräter. Es ist von Wichtigkeit, die Bedeutung dieses Gegenstandes für die Ökonomie des Baudouin hervorzuheben, weil wir hier die relativ vollständigste Systematisierung der Gegensätze und der Uneinigkeiten der Götterwelt in der Edda vor uns haben, welche allerdings bei der peinlich genauen Anknüpfung an christliche Vorstellungen verwandter Natur nur durch Betrachtung des gesamten altfranzösischen Volksepos wahrgenommen werden kann. Die Umwandlung dieses Zwiespalts der Edda auf Grund christlicher Anschauungen mufste sich selbstverständlich in der Weise vollziehen, dafs eine Täuschung auch eines etwa theologisch gebildeten Zuhörers oder Lesers möglich wurde, anderseits bewirkte die unbewufste Rücksichtnahme auf die eigentliche Quelle, ein den Dingen immanentes Assimilationsvermögen und wohl auch die religiöse Gesamtanschauung des Publikums, dafs der Verfasser sich alle Freiheiten in der Auffassung des Dogmas genommen hat die der Monotheismus irgendwie concedieren konnte. — In der Auffassung des Gaufroi scheint es mir nötig nicht blofs den Charakter der Verräter der Karlssage überhaupt zur Grundlage zu nehmen, sondern besonders auch solche mittelalterliche Sagen germanischer Herkunft von denen wir einen hervorragenden Typus im *Robert le diable* haben (Littré Hist. l. XXII 879 weist mit richtigem Gefühl die Beziehung des mythischen Helden auf Robert Court-heuse zurück). Das dürften Stellen wie die folgenden beweisen. B. de Sebourc I 237: *Gaufroi, qui tant fu postéis . . ., Car en son coer régnoit si fort li anemis, Qu'il les cuidoit sorvaintre, et vivre trestoutdis.* 238: *Et quant il fu montés en se plus haute branche; Li anemis d'enfer, où il avoit fianche, Le ravela si bas qu'il perdi sa poissanche, Et morut povrement, en souffrant grief pénauche.* Hier erscheint er als Gegenstück zu Sigmund, Doon, Huon, auch zu Saul und David. S. 245: „*Toudis ne sera mie Gaufrois si haut montez! Quant anemis ara faites ses volentés, Diex le ravalera, si que vous le verrés.* 251: *Sen âme va rendant au déable d'enfer.* 268: *Puis c'uns hons à mal faire a pris son nourresson, Che sera grans merveilles se puis fait se mal non; Car adès anemis encante le larron, Tant qu'à fourches li fait avoir son gerredon.* II 168: *Li anemis li aide qui tant est angoiseus, En le fin sentira d'infer le brulans feus.* 326: *A l'issir de Nimaie maisement se saina, As anemis d'enfer âme et corps commanda. Or, aproche le tamps ses maistres li faura.* 350: *Or, me rens au déable Lucifer et Kayn, Ebron et Belgébus et au fel Noradin; Tot adès m'ont aidiet à faire mon couvin, Encor m'aideront-il, car che sont mi cousin.* Als Baudoin ihn lange vergebens verfolgt klagt er „*Li anemi l'enportent, à sa devision* 373. Gaufroi selbst schreibt ihnen auch seinen Fall zu: *Le déable te fisent à Sebourc amaser* 388: *Or, m'ont si atrapet le déable* . . . 384. Der erste Vers bezieht sich auf die Rettung des jungen Baudouin, welcher ihn später stürzt. Auch die guten Götter lassen ihre Lieblinge fallen für immer oder zeitweilig (Ztschr. XI 17). Diesem Verhältnisse entsprechend handelt nun auch Gaufroi. Von allen Verrätern des altfranzösischen Epos zeigt er sich am meisten als der ideal Böse. Das ist schon früher (Ztschr. X 257 f.) kurz ausgeführt worden und es mögen hier nur einige besonders bezeichnende Stellen citiert werden. Die vorhin aus II 326 angeführten Zeilen beweisen, dafs er der Hölle förmlich mit den inneren und äufseren Zeichen der Gottesverehrung huldigt. Durch das ganze Gedicht zieht sich die Vorstellung, dafs er alles Unheil besonders durch den „Hort" anstiftet, welchen er für den Verrat seines Fürsten von den Sarazenen erhalten hat. In geradezu cynischer Weise preist Gaufroi selbst die Macht des Geldes, welcher allerdings nur Baudoin widersteht. Im letzten Zweikampfe sagt Gaufroi, dafs seine Freunde bald die Schranken durchbrechen und ihm helfen würden. *J'ai promis tant d'avoir à cheus que vées là, Sé vous aviés bien droit, n'i garririés-vous jà; Car argens fait le jeu, Chuis qui point d'argent n'a Treuve moult poy d'amis, on le scet de pièche a. Li avoirs que je donne, voir, morir vous fera* II 356. *Car il n'est riens qu'avoirs si ne face aveuler Et j'ai fait, par argent, mainte âme condampner* II 388. Man sieht, der Verfasser benutzt reichlich die Gedanken seiner Vorgänger aber er weifs allem und jedem eine besondere Schärfe, den höchsten „idealisirenden" Ausdruck zu geben. Ein Beleg für die hausbackene Moral die ihn, bei allen Ausfällen gegen den Klerus und überhaupt gegen die bestehenden Verhältnisse, leitet sind, abgesehen von den zahlreichen Sprichwörtern, welche er anführt, besonders auch die Stellen, wo von der Beichte und anderen einschlägigen Punkten die Rede ist. Ich werde bei der Betrachtung des Charakters seines edlen Helden noch Gelegenheit haben auf diesen Punkt zu verweisen (s. S. 10 ff.). Als Baudouin seinen Blick zu Yvorine erhebt (II 143) sagt der Dichter „wer in Baudouins Lage solches thut *Il oblige sen âme, et quanques il i a, Au déable d'enfer; sé repentance n'a Prise en confession: chuis poins le sauvera. Mais qui sus tel fianche vilain péchiet fera, Il double son mesfait. .I. autre point i a: S'il mort subitement, droit en enfer s'en va, Et chascuns ne scet mie s'il se confessera* II 144. Die Stelle läfst an dogmatischer Korrektheit nichts zu wünschen übrig. Für die Charakteristik des Gaufroi ist natürlich nicht dieser Passus sondern ein zweiter wichtig. Ein Neffe rät ihm vor dem entscheidenden Kampf mit seinem Stiefsohn: „*Sé croire me voiliés, ains demain la journée Averriés à. I. prestre vo vie recordée, Et l'absolution et prise et demandée; En serés plus hardis demain en le journée*". „*Tais-toi, che dist Gaufer,* . . . *Ne me confesserai des mois né de l'anée, Onques prestres ne sot de mes péchiés denrée*" . . . , *sé confessés m'estoie, par le mien sérement, N'aroie pas fianche de vivre longement. Quant li hons doyt morir, le confession prent*" II 319.

Dem entspricht auch seine Anschauung vom Jenseits. Als bei der Belagerung von Nimaye die Opfer seiner Grausamkeit, Frauen und Kinder, welche er von den Wällen stürzen läfst, ihm zurufen: *„Gaufrois nous t'appellons, par devant Jhésu-Cris, Au jour qu'il avera son jugement assis"*, antwortet er ihnen *„Jà n'i serai ois! Pensés de l'appeller; n'en donne. l. parésis: Car je n'ai nient plus d'âme comme a. l. soris"* I 107. Besondere Beachtung verdient der Umstand, dafs er nicht nur wie die Verräter der Karlssage es versucht, den Kaiser bezw. König von Frankreich durch Gift zu beseitigen sondern den Mord auch wirklich ausführt. *Dont va avoec le roy, li traître disner Et a quis. l. venin pour le roy enherber, Qu'il avoit pourveu, si vint d'outre la mer; En le coupe du roy li va, li glous, geter Et li rois but du vin qui ne s'en pot garder. Si tost qu'il ot bént, commencha à trembler Et a dit à Gaufroi: „je ne puis plus durer, Je ne sai qu'il me faut?" lors se prist à lever, En une chambre fuit: si comme ens dut entrer, Chéi enmi le chambre; puis ne pot relever.* II 324. Von dieser Eigenschaft der Verräter war die Rede in meinen Bemerkungen zu den betreffenden Stellen des Gaydon (Ztschr. XI 16), ebenso von dem Hort derselben. In bezug auf den letzten Punkt möchte ich noch einmal an die Anschauungen der Edda über das Unheil, welches das Gold in die Asenwelt bringt und an die Simrockschen Erläuterungen dazu erinnern. Die religiösen Ansichten erklären sich bei dem Schützling der Hölle von selbst. — Wie gesagt, ist das vorstehende zum Teile nur eine Ausführung dessen was ich über die Verräter in der Karlssage (Ztschr. X 256) gesagt habe. Ich habe damals einen Fehler gemacht, indem ich gewissermafsen eine Beziehung zwischen dem Wesen der Wanen und dem Namen Ganelon voraussetzte oder suchte. Die Ableitung des Namens bei welcher mir ja weiter kein Verdienst gebührt als dafs ich die offen liegenden Fäden, welche hier zur Edda, dort zu den Italienern führten verknüpfte scheint mir auch jetzt noch von aufserordentlicher Bedeutung für das Wesen der Verräter zu sein, so gut wie die Namen der Wochentage für das Dasein einer deutschen Götterwelt. Aber der Name Wenilo mufste erst wieder „historisch" werden und ohne Erinnerung an das Heidentum getragen werden können bevor er sich zur Verwendung im Epos eignete. Sonst müfste man doch zu irgend einer Zeit in der Entwickelung der Karlssage bewufste Umformung des Mythos voraussetzen, und das scheint mir eine nicht zu beweisende Annahme. Darin liegt auch wohl der mehrfach wiederholte Hauptfehler, welcher der Arbeit von H. E. Meyer über Roland eine so herbe Kritik zugezogen hat. Man wird im übrigen nach den Forschungen Rajnas nicht mehr fehlgehen, wenn man behauptet, dafs in der genannten Abhandlung viel mehr Wahrheit lag, als ihr vordem zugesprochen wurde (vgl. Nyrop Heltedigtning 360).

Baudouin de Sebourc gehört dem *linage du Chisne* an, dem Geschlechte dessen Ursprung nach dem Volksglauben unzweifelhaft im Mythos wurzelt (Germania I 418 ff.), welches gewissermafsen als eine Offenbarung Gottes auf Erden dessen Ziele fördern sollte. Daneben geht Baudouin als Gegenpart des von der Hölle gesendeten Gaufroi, als Herakles, als Alexikakos in ewigen Wanderungen durch die Welt. „Aus eitel Kampf und Mühsal webtest du Mein irdisch Los, und wie des Ringers Stunde Am Tag der Spiele ging mein Leben hin." Das läfst sich mit christlichen Anschauungen allerdings vereinigen wie die altgermanischen Feste mit dem Geburts- und Auferstehungsfeste Christi verschmolzen sind. Die Zauberworte *linage du Chisne* wirken für Baudouin Wunder, sie sind gewissermafsen der niello der seine göttliche Herkunft der Welt kundgiebt. Die Tochter des Grafen von Sebourc sagt ihm der wie Ödipus seine Herkunft nicht kennt: *„Car chertes vo corps est venus de si haut lin, C'on ne vous ose dire qui sont* *vostre cousin* I 161. Als der Graf von Flandern über die Heirat seiner Schwester ganz entrüstet ist sagt ihm der Herr von Sebourc: *Car c'est li plus gentis, qu'onques de pain mengua . . . Et si fu chius ses oncles c'uns chisnes amena; Cousins est Godefroi . . .* I 175. Der Graf ist ganz entzückt über diese Verbindung (*Or sui plus eureus, que mes corps ne cuida*) und tritt sogleich eine lange Fahrt an, um den Schwager zu versöhnen. Baudouins Sohn und sein Ebenbild möchte von seinen Verwandten anerkannt werden. „*Qui sont li plus gentil de tout che firmament, Dou linage le Chisne qui à chaiune d'argent Conduisi le batel par le mer longement* II 214, vgl. 391. Dem Glücke, einem solchen Stamme anzugehören, entspricht aber auch Baudouins persönliches Verdienst und seine persönliche Kraft. Zur Schilderung dieser Idealfigur verwendet der Dichter Erinnerungen an die Heroen der Karlssage und des Artuskreises, er konnte natürlich kaum darüber hinausgehen. Seine übermenschliche Kraft und Schönheit wird oft erwähnt und die letztere kommt ja auch in allen seinen Thaten zur Entfaltung I 29, 86, 88, 91, 194, 198, 212 u. s. w. Wie er als Herakles, Sigmund, Siegfried erscheint so nennt ihn sein Feind Gaufroi umgekehrt *che déable qui a ma chité conquestée. Il n'est pas homs morteus, ains est chose faée* I 279. Sein ewiges Wandern, wie es dem Sonnengotte zukommt, betont der Dichter mit größerem Nachdruck als es anderswo geschieht. Als Poliban-Brandon sagt er würde jetzt ein ruhiges Leben führen, weint Baudouin und antwortet: „*Ne vous voel destourner de vostre bon pensé. Je demourasse ou vous, sachiés en vérité, Mais i a, che savés, mon serrement juré D'aler en un voiaedse, dont j'ai trop arresté; Et quant je averai mon message conté, G'irai en Babilone, car ensi l'ai juré. Et quant j'arai tout fait che que vous ai conté, Si me convient aler en si lontain régné Que jou aie ma mère et mon père trouvé; Car onkes ne les vi en jour de mon aé! Ensi arai-je à faire tant que j'arai duré*" II 64. Auch seine Mutter beklagt das harte Schicksal ihres jüngsten Sohnes: „*Sainte Vierge loée, Onkes mes fiex n'i ot. I. soel jour arrestée Qu'adès ne fust en gerre et en grande mellée*" II 394. Wie Karl der Große wird er unmittelbar oder durch Hilfe der Engel von Gott beraten und unterstützt. Ein Engel ist der Löwe, welcher ihm die Stadt Abilant erobern hilft (I 151, II 136). Aber schon als Kind wurde er von einem Engel vor Gaufroi gerettet, als sein Leben davon abhing ob er Goldstücke oder Äpfel wählen würde (*Vers le bachin à l'or a les. IIII. dois mis . . . Quant Jhésu-Cris y a . I . sien angèle tramis, Que Diex i envoia de son saint paradis; Pour cel enfant sauver: car fait l'a Jhésu-Cris Pour estre souverains de tous les plus hardis C'onques fuist en ce siècle. De Diu fu establis, Pour maintenir le règne où il fu surrexis* I 32. Wie nur Sigmund das Schwert aus dem Stamme, der Weltesche, ziehen kann, so kann auch nur er als *fleur de chevalerie* gewisse Thaten vollbringen, z. B. das h. Blut befreien, welches der Löwe auf dem Berge im Gebüsch neben einem immergrünen Olivenbaum bewachen muß *Tant que par là venroit li mieudre chevalier Qui onques portast armes, né monta sour coursier, Li plus preus de che monde, sans faute et sans trichier, Et de condition loiaus, sans fourvoier* I 149. Leicht kann man unter Baudouins Thaten zwölf als die hervorragendsten herausschälen: 1. Er erkämpft sich Blanche durch Zweikampf mit ihrem Bruder, der zwar etwas spät erfolgt, aber zur mythisch-epischen Tradition gehörte; 2. er kämpft gegen den Frauenräuber Grafen von Clarves I 210 ff.; 3. er schafft die *mauvaise coutume* in Lusarches ab; 4. er besteht wunderbare Kämpfe im Orient und versetzt den Berg von Thir (nach M. Polo); 5. er erlöst die Yvorine; 6. er besucht wie Herakles, Orpheus u. a. die Unterwelt (vgl. Grimm M.[4] 674); 7. er besucht das Paradies *terrestre* und holt die Federn der Sonnenvögel zu einem Gewebe für das Schweißtuch der

h. Veronika II 55; 8. er kämpft mit dem Löwen; 9. er erwirbt das h. Blut für Boulogne, Brügge und Fécamp; 10. er allein erobert Abilant mit Hilfe des Löwen und befreit die Gefangenen, u. a. seinen Bruder Esmeret; 11. er überwindet den Verräter Gaufroi; 12. er ringt mit seinem Sohne, welcher Mifsverständnisse im Orient veranlafst hatte, und versöhnt alle Christen daselbst behufs neuer Unternehmungen gegen die Heiden. Diese Fülle von Handlungen ist ohne grofsen Zwang in die vier mythologischen Schemata eingefügt (Ztschr. XI 4). Während z. B. der Verräter seine Bekämpfung des verfolgten Stiefsohnes in Europa fortsetzt läfst der Dichter den letzteren nach dem Orient ziehen, wo er zugleich Gelegenheit findet, sich als Stammesheld auszuzeichnen I 298 ff. So gewähren diese Schemata hier in der Überfülle des Stoffes einen ganz vorzüglichen Überblick. An I und II (Verfolgung in der Jugend und Kampf gegen den Verräter) schliefsen sich alle Befehdungen zwischen Baudouin und Gaufroi, ferner alles was Gaufroi gegen die anderen Glieder der Familie, Rose, Gloriant und Alexandre, Esmeret, Ydain und Wistace Feindliches unternimmt. Hierher gehören also auch die wiederholten Belagerungen von Nimaie, die Vorgänge in und vor Lusarches, die Kämpfe der Familie des Schwanenritters mit dem Könige von Frankreich, die Leiden der einzelnen auf ihrer Flucht nach dem Orient u. s. w. Denn der Dichter „idealisiert“; alles wozu ihm seine Vorbilder irgendwie eine Handhabe bieten zieht er heran um den Stoff zu erweitern und interessant zu machen. Wie im Aiol ist hier der letzte Kampf zwischen den Helden des Lichts und der Finsternis bis gegen das Ende des Werkes verschoben, jedenfalls um die Zahl der Kämpfe und Abenteuer zu vermehren, vielleicht auch, was schliefslich auf eins hinauskommt um jenen S. 4 erwähnten Dualismus besser hervortreten zu lassen. Das dritte Schema — Gewinn einer Frau durch Kampf mit dem Bruder oder Vater, durch Belagerung einer Stadt oder eilige Flucht aus dem Lande, nach der Art wie Gerda und Brunhild gewonnen werden, — wiederholt sich nicht weniger als fünfmal in den Episoden Baudouin-Blanche, Baudouin-Yvorine, Esmeret-Elienor (I 135), Povres Pourvéus-Ludiane, Baudouins Sohn-Oriande (II 396 ff.). Alle Mittel mit welchen die Jongleure derartige Episoden zu beleben wissen sind dabei vom Dichter erschöpft. Ebenso oft erfolgen auch die echt mythischen Trennungen, nur bei dem Bastard de Sebourc ist der Verlauf etwas dunkel, weil der Verfasser gegen Ende seines Werkes die Entwickelungen ziemlich schnell sich folgen läfst und dadurch einige Unklarheit hervorbringt. Im älteren Texte II 444 heifst es: *Oriande, la belle, o son seignor ala,* und es ist dann nicht weiter von ihr die Rede. In dem jüngeren Texte scheint die Trennung dagegen ziemlich klar angedeutet: *Li Bastars de Sebourcq Oriande esposa; Moult fu grande li fieste que adont on mena; I. mois dura le court et puis se déserra. Li Bastars de Sebourcq le congiet demanda Et trestous ses amis..* (Lücke im Texte) *son père baisa; Trestous ses trente frères en Egipte mena* II 437. Da Yvorine von dem Löwen oder Engel verschlungen oder entführt wurde, so mufs sich Baudouin nicht der gewöhnlichen Trennung sondern einem Einsiedlerleben als Bufse unterziehen. Bekanntlich sind die Fahrten nach dem Orient, der Aufenthalt in Einsiedeleien, wie auch langes Kerkerleben Symbole für den Tod (Müller in der Germania I 418 ff. und in den niedersächsischen Sagen, Anhang). Dieses Einsiedlerleben des Baudouin dauert sieben Jahre (Hermites fu. VII ans II 254). Ebensolange war das Blut Christi verloren bezw. in der Gewalt des Löwen (I 2) und wurde die Stadt Abilant von dem Löwen belästigt. Schon früher war diese Stadt sieben Jahre belagert worden, bis Baudouins Vater die Feinde schlug (I 39). Dieser war sieben Jahre in der orientalischen Gefangenschaft (I 66 nach dem ganzen Zusammenhange), auch die Haft seines Sohnes Esmeret und seiner Frau dauert so lange (I. 118). Poliban-Brandon weifs französisch: *I. renoiés de Franche. VII. ans i demora, Qui li aprist Fransois, si que bel en parla* I. 309. Yvorine lachte nicht *II a. VII. ans et plus* I. 349. Später (I. 362) sagt sie allerdings, wohl des Reimes wegen: *Chuis qui j'ai atendut des ans a plus de dis.* St. Brandons Irrfahrten dauern in der ursprünglichen Sage ebenfalls sieben Jahre (Schröder 12: *Tu autem . . . habes unum in tuo itinere annum: adhuc restant sex;* 21 *septem anni peregrinacionis vestre, Post VII vero annos*); im Baudouin können sie als Episode nicht so lange dauern, übrigens ist keine Zeit angegeben. Nach dem Zusammenhange dauern die Fahrten des Grafen von Flandern und des Herrn von Sebourc sieben Jahre II 93. Wenn sieben Jahre offenbar nicht ausreichen, so nimmt der Dichter Vervielfältigungszahlen z. B. 14. Solange lebte Baudouin in Sebourc (I 76). Nach I 172, 176 dauern auch die Fahrten des Grafen von Flandern vierzehn Jahre. Jedenfalls heifst es II 107 mit Recht *Encore estoit la belle en Nymaie en prison, .XIIII. ans i fu Blanche,* während I 287 freilich gesagt wurde: *Car en prison sera. X. ans et quatre mois.* Baudouin de Beauvais sagt von sich *II a. XXVIII. ans n'ous le corps desvestu, Que adès tout je n'aie en mon hauberc gëu. En prison et en charcre m'ont li paien tenu* II 158. Es bedarf wohl keiner weiteren Belege um die Bedeutung der Siebenzahl festzustellen. Sie wird fast ausschliefslich gebraucht, wenn die Dauer einer Fahrt nach dem Osten, einer Einkerkerung oder des Einsiedlerlebens angegeben wird. Bekanntlich haben Mannhardt und andere früher angenommen, dafs schon die ursprünglich nördlicher wohnenden Indier einen Winter von sieben Monaten gekannt hätten und dafs diese Zahl noch in der Zeit der Vereinigung der Stämme ihre Bedeutung erhalten hätte. Von dieser Meinung, deren Richtigkeit ich nicht prüfen kann, ist man wohl vielfach abgegangen und jedenfalls läfst sich in der germanischen Mythologie das Vorkommen dieser Zahl erst ziemlich lange nach Einführung des Christentums nachweisen. Darum kann sie aber doch sehr wohl bei mythischen Symbolen verwandt werden, so gut wie christliche Heilige Züge von germanischen Gottheiten angenommen haben und geradezu für solche eingetreten sind. Und insofern kann ich das Resultat meiner Beobachtungen dahin zusammenfassen, dafs die Siebenzahl der Jahre den betreffenden Vorgang stets um mich so auszudrücken in argen Verdacht des Mythos bringt. Man wird nicht leugnen, dafs das für die aus dem Baudouin zusammengestellten Beispiele zutrifft (vgl. S. 10), ebenso für die aus den karolingischen Epen entnommenen. Sonst ist die heilige Zahl auch in mythischen Gebräuchen neben der Drei- und Neunzahl häufig genug. Von Jahren ist allerdings seltener die Rede. Es wird ein Notfeuer aus siebenerlei Holz angezündet; siebenmal läuft man am ersten Mai um Haus, Hof und Scheune; ein Kind unter sieben Jahren mufs Kornähren opfern; ein Baum dem die erste Frucht gestohlen wird, trägt erst wieder in sieben Jahren, der Genufs von siebenerlei Speisen bewirkt Gesundheit und verhindert Geldmangel, eine Rute mit sieben Zweigen vom Schäfer dem Eigentümer überreicht bringt dem Vieh Gedeihen (Zusammenstellung im Register der deutschen Opfergebräuche von Ulrich Jahn). Eine direktere Bezugnahme auf den Jahresmythos hat, was Grimm M.[4] 149f. mitteilt. „Nach dem Volksglauben fährt mit dem zündenden Blitz aus der Wolke zugleich ein schwarzer Keil tief wie der höchste Kirchturm in den Erdboden nieder. So oft es aber von neuem donnert, beginnt er der Oberfläche näher zu steigen, nach sieben (neun) Jahren ist er wieder oben auf der Erde zu finden.“ Nach der Edda wird Thors Hammer von einem Riesen entwendet und acht Meilen tief in die Erde verborgen. „Das hängt unverkennbar zusammen mit dem angeführten Volksglauben, der Donnerkeil fahre tief in die Erde und brauche sieben (neun) Jahre um wieder auf die Oberfläche zu rücken, er steigt gleichsam jedes Jahr eine Meile aufwärts." Merkwürdigerweise ist der später zu erwähnende unterirdische Gang, der sieben Jahre die Verbindung von Abilant mit der Aufsenwelt vermittelte auch sieben Wegstunden lang. Eine gleiche Entfernung wird auch noch II 157 angegeben im Feldzuge. — Es bedarf wohl kaum der Erwähnung, dafs die Bedeutung der Siebenzahl nicht aus dem Rolandsliede herrühren kann. Die Navigatio S. Brendani wo sie wiederholt vorkommt und zum Wesen des Ganzen gehört ist jedenfalls älter als der Oxforder Text. Sie entstand nach Thomas Wright in der zweiten Hälfte des 11. Jahrhunderts, ist aber ohne Zweifel noch älter, da drei Handschriften in das 11. Jahrhundert zurückgehen und eine nach Hardy, descriptive catalogue I 159 sogar in das 9. Jahrhundert (S. Rom. Stud. I 555). Auch die Sagen oder Berechnungen über die Flucht des Kindes Jesu und den siebenjährigen Aufenthalt in Ägypten sind älter. Vor allem aber ist denn doch der eigentümliche Gebrauch im Rig-Veda nicht zu gering anzuschlagen und die Hypothese von Mannhardt und Simrock behält noch immer ihren Wert, wenn man folgendes erwägt. Die Zahl sieben kommt im Rig-Veda vielleicht an achtzig Stellen vor. Sie ist, wie Zimmer (Altindisches Leben 5) sagt, einfach eine Bezeichnung der unbestimmten Vielheit. Die „sieben Ströme" werden oft genannt; aber auch u. a. die sieben Weltgegenden, die sieben in den Jahreszeiten opfernden Priester, die sieben Götter R. V. II S. 465 Grafsmann, das siebenköpfige Gebet S. 477, die sieben rauschenden Stimmen (des mit Milch übergossenen Somatrankes) I S. 525, der Erde sieben Stätten (I 22), die sieben von Indra zerstörten Burgen (I 63), wobei nicht zu vergessen ist, dafs Mannhardt mit grofser Energie früher die Identität von Indra und Thor behauptete. Beliebte Multiplikationszahlen sind drei und sieben (Zimmer 348). Sieben-Indien wird das durch die Flüsse des Penjab und den Indus in sieben Gebiete zerteilte Land genannt (21). Dafs von Monaten und Jahren diese Zahl im Rig-Veda so gut wie gar nicht gebraucht wird, dürfte vor allem seinen Grund darin haben, dafs derselbe Götterhymnen und keine Epen enthält. Darüber kann kein Zweifel sein, dafs in den ursprünglichen Sitzen des Volkes der Winter länger war als der Sommer, was zu der Simrockschen Annahme von den sieben Monaten des nordischen Winters stimmen würde. Von sechs kalten Monaten ist noch im Atharvaveda die Rede (Zimmer 42), auch von sieben Jahreszeiten. Nach dem Winter (himā) als der längsten war ursprünglich das Jahr benannt, wie im germanischen Norden (vgl. ib. Anmerk.). — In unserem Gedichte I 361 arbeitet eine Dame sieben Jahre an einem Mantel. Das pflegen sonst Feen zu thun auf einer mythischen Insel (Schröder, Glaube und Aberglaube 89). Die Zeit stimmt nicht genau zu der entsprechenden Arbeit der Penelope, wohl aber, nebenbei bemerkt, zu dem Aufenthalte des Odysseus bei Kalypso (Preller II 459).

Aus dem Charakterbilde des Baudouin scheint mir ein Zug ausgeschieden werden zu müssen, der ziemlich offenbar einem heterogenen Mythengebilde angehört. Er betrifft sein Jugendleben in Sebourc. Die Zeitangaben sind zu lächerlich, die Zahl dreifsig gegen zehn im Hugues Capet zu komisch übertrieben, um glauben zu lassen, dafs der Verfasser hier etwas Erlebtes erzählen wollte. Er konnte, er mufste ja betonen bei seinem faustischen Helden, dafs „zwei Seelen in seiner Brust wohnten", aber wozu dieser Unsinn, da er doch sonst in allen anderen Dingen, z. B. was Staatswesen und Religion anbetrifft, beinahe mit moderner Nüchternheit beobachtet und urteilt (vgl. u. a. I 202, 277)? Die I 75 gegebene Schilderung, die beinahe den Ausgangspunkt jener spanischen Sage zu bilden scheint welche getragen von dem Genius Molières und Mozarts die Runde um die Welt gemacht hat, hätte nun, sollte man meinen, dem im Spotte so beredten Verfasser eine treffliche Gelegenheit zu satirischen Bemerkungen über den sittlichen Standard in der Gegend von Valenciennes, dem Hennegau u. s. w. geboten. Merkwürdigerweise macht der Dichter aber davon so gut wie gar keinen Gebrauch. Ebensowenig thut es der Hugues Capet, an welchen die Stelle zunächst erinnert (v. 68—73, 176—186, 219—224, 235—243).

Man wird also davon absehen müssen, hier ein blofses Übersprudeln der satirischen Laune des Dichters zu suchen. Zum Charakter des Baudouin als eines Helden, dessen Vorbilder in Roland, Gottfried von Bouillon und ohne Zweifel auch in Perceval zu finden sind, pafst der angeführte Zug ganz und gar nicht. Man denke, dafs derselbe Held später immer ein Werkzeug in der Hand des Himmels ist, um das Gute auf Erden zu fördern und das Christentum zu verbreiten. Die Episode ist aber auch keine Satire auf den ganzen Geist des christlichen Mittelalters. Im einzelnen von spitzer Zunge und boshaft, denkt der Verfasser nicht daran ein allgemeines, sittliches Chaos, ein Zusammenbrechen der Grundlagen der mittelalterlichen Kultur zu schildern. Er hält fest am Dogma (P. Paris in d. Hist. lit. XXV 589 *on y voit une foi robuste dans les dogmes religieux, dans l'efficacité de la confession et de toutes les pratiques recommandées par l'Eglise romaine*) und ist von der hohen Bedeutung des Priesterstandes durchdrungen (I 262). Ein späteres Versehen des Helden ähnlicher Natur (II 143: *Si grant samblant d'amour là endroit li (Yvorine) monstra, Que Blanche, sa moullier, du tout en oblia. — Ordènes de mariage, chertes ch'est. I. biaus nons! Qui bien ne le maintient il vaut pis que larons*) büfst er durch einen siebenjährigen Aufenthalt in der Wüste, nicht ganz so hart wie der h. Brandon seinen geringeren Fehler (II 73). Nach dem ganzen Eindruck den die Lektüre der betreffenden Seiten macht scheint mir die Annahme, dafs der Dichter die christliche Moral und den kirchlichen Glauben verhöhnen wolle ausgeschlossen, wenn er auch manchmal seine Grundsätze mit einer gewissen Bouffonnerie vorträgt. Auf diese Weise läfst sich jenes disparate Element nicht erklären.

Wenig annehmbar erscheint auch die folgende Lösung dieses Rätsels. Sowohl im Hugues Capet als im Baudouin erscheinen die betreffenden Partieen später wo die junge Generation den älteren Rittern beisteht als Nachahmungen des Gui de Borgogne (Vgl. H. C. 2608—2632, 2648ff., 2656ff., 2776ff., B. de Sebourc II 422—424. Der Irrtum der älteren Ritter, welcher im Gui de Borgogne nur kurze Zeit dauert und keine Kämpfe unter den Christen herbeiführt, ist im Baudouin allerdings weiter ausgeführt und endigt in einer Weise die nicht gerade sehr geschmackvoll aber vielleicht alten Sagen (Hildebrandslied) entlehnt ist. Man könnte nun denken, dafs die Verfasser beider Gedichte oder, wenn sie beide von einem Dichter herrühren, dieser erfindungsreiche Kopf, da er auf legitimem Wege einen solchen Succurs schwer herbeischaffen konnte, zu diesem operettenhaften Auskunftsmittel gegriffen habe. Ich glaube nicht, dafs dem Leser des altfranzösischen Volksepos diese Hypothese besonders plausibel erscheinen wird. Ich bin der Ansicht, dafs wir hier abgesprengte Teile von einem gröfseren mythischen Cyklus vor uns haben, die ursprünglich der Lohengrinsage ganz fremd waren. Und zwar führt mich die geographische Lage der betreffenden Örtlichkeiten dahin, sie mit dem im Ardennerwalde lokalisierten Mythos von den Haimonskindern in Verbindung zu bringen. Dafs diese Eigenschaft ursprünglich zu dem Wesen der vier Brüder gehört hat, glaube ich in meinen Bemerkungen zum Renaut de Montauban (Ztschr. XI 202) wahrscheinlich gemacht zu haben. Dafs der an Reminiscenzen so reiche, jedenfalls sehr belesene Verfasser des Baudouin die Sage von den Haimonskindern gekannt hat, scheint an und für sich sehr nahe zu liegen und dürfte auch durch manche Stellen seines Werkes erwiesen werden. Die ganze Situation bei der Belagerung von Sebourc, welches Baudouins Sohn mit seinen Brüdern verteidigt, scheint der Belagerung von Montessor und Montauban nachgebildet zu sein (II 215 ff.), besonders von dem Eingreifen des Königs an. Die in Paris gefangenen Verwandten der Belagerten sollen offenbar ungefähr die Rolle des alten Haimon übernehmen. S. 289 wird Maugis erwähnt (*Car miex l'ai enchanté, si ait m'âme pardon, Que Maugis n'enchanta l'empéreour Charlon*). Die Reden und Drohungen des Königs (233) könnten auch Karl vor Montessor in den Mund gelegt werden. (Vgl. u. a. *Je croi qu'il a estet a Toulette, le grant. Ch'est par art de déable qu'il va gens enortant! Or, m'a miex deséut que personne vivant*). Durch die „bove von Bavai" (234) bereitet man den Belagerern auf natürlichem Wege Überraschungen wie sie etwa Maugis durch Zauberkünste herbeiführt. Der in Sebourc drohende Mangel an Lebensmitteln (235) erinnert an die so realistisch gehaltene Schilderung der Hungersnot in Montauban (Ausg. von Michelant 346 ff.). Bekannt ist, dafs die Haimonskinder sich zu Zeiten besonders in der uns erhaltenen Version grofser Sympathieen am Hofe Karls erfreuten. Auch der Bast. de Sebourc scheint am Hofe König Philipps nicht unbeliebt zu sein, das geht klar genug aus der Vermittelung des Erzbischofs von Rheims hervor (240). S. 238 sagt Gaufer zum Könige *Voleis vir le coistron*, und einige Zeilen weiter macht ein Ritter der Mutter und dem Belagerten selbst die ärgsten Vorwürfe, die hier nicht alle wiederzugeben sind, und fährt dann fort: *Nes scés quels fieux tu es, si te dois bien haïr! La proie te calens, si te ferrai jehir Que tu l'as déroubée, à bonnes gens mourdrir.* Nach diesen Stellen müssen dem Verfasser auch diejenigen Versionen der Renautsage bekannt gewesen sein, in welchen die Brüder beinahe selbst glauben, dafs sie die Bezeichnung *coitrart* oder *corcion* verdienen und an ihre Mutter darauf bezügliche Fragen richten (Bekker Fierabras, Einl. v. 532, 539). Die letzten Verse könnten einen Anklang an die Räubereien Renauts enthalten. Die Rede des Königs (239: *Et li roys des Fransois, qui le Bastard veioit, Pour tout le plus hardi du monde le prisoit; Si a dit coiëment que sé il le tenoit Que pour homme vivant, il ne le penderoit: Car trestout chil qu'il fait, il le fait sour sen droit*) enthält gewissermafsen eine Kritik des Verfahrens des Karl im Renaut. Man denke etwa an die grofse Scene, wo Karl den gefangenen Richard durchaus hängen lassen will. Anderseits will Philipp ihnen ebensowenig verzeihen als Karl jenen (*Miex ameroie a perdre. IIII. de mes chités, Que jamais devers euls je me fuisse acordés* 241). Ein recht auffälliger Zug im Renaut de M. ist das Unternehmen der Belagerten gegen Karls Zelt, welches sie niederreifsen, indem sie die Taue zerschneiden und die Pfosten zu Boden werfen (Michelant 292 ff.). Eine Nachahmung in folgenden Versen scheint mir unverkennbar: *Mais enchois que le rois fust du mengier levés, Issi hors du chastel li Bastars redoublés Et si s'en vint courant à loges et as trés: Il décope les cordes, s'a les brehans versés Et s'en a. XVIII. que mors que afolés* 241. Vor dem tragischen Verrat und Überfall in Vaucouleur wird von den Haimonskindern gesagt, dafs sie mit wunderbar schöner Stimme sangen (Michelant 175). Eine etwas erweiterte aber augenfällige Nachahmung der betreffenden Stelle enthalten folgende Verse: *Lors commenche à canter une canchon de pris, Qui fu faite d'amours, d'amies et d'amis: Tant gracieusement en a le chant empris, Que sé che fuist. I. angle, venus de paradis, Ne péust nuls vrais coers estre plus resjoïs Qu'à escouter le vois, et le chant, et les dis. . . . Ensi que Bauduins s'esbanie ensément, Li sali li agais en criant hautement* . . . I 162. Die Worte: *Pour nous à gouverner le piére porteroie . . . je sui grans et furnis, S'un autres a. V. sols, j'en gaingnerai bien.* *VI.* (1 204) müssen jedem Leser den Aufenthalt Renauts in Köln ins Gedächtnis zurückrufen. Endlich finde ich eine allerdings freie und selbständige — wie sie dem Verfasser sehr wohl zuzutrauen ist — Umformung des bekannten Passus in welchem Karl seine Jugendzeit erzählt und sagt dafs die zwölf Pairs ihn schon einmal hätten ermorden wollen in den Worten mit welchen Gaufroi des Königs Tod den Rittern ankündigt: *Seignour, che dist Gaufer, à moi entendés cha; Je tieng les. XII. pers, car on me recorda Que d'enherber le roy chascuns sa foi jura* 326. Hier liegt ja freilich auch die Möglichkeit nahe, dafs der Dichter diese Reminiscenz aus einer anderen Quelle festgehalten hat. Nach diesen Einzelheiten und besonders nach dem allgemeinen Eindrucke, den die Belagerung der Söhne Baudouins in Sebourc macht, glaube ich annehmen zu dürfen, dafs diese ganze Episode der Belagerung von Montessor-Montauban nachgebildet ist, dafs der Verfasser, keck wie er ist, das was die Haimonskinder in der Unterredung mit ihrer Mutter fürchten, als wirklich hingestellt und die Zahl der Söhne grotesk vermehrt hat, vielleicht nachdem die geringere Erweiterung der Zahl im II. Capet Glück gemacht hatte. Denn auch die ursprüngliche Form der Sage von dem Unhold der in diesem Gedichte in der bekannten Weise den Hennegau heimsucht, glaube ich als Teil der Renautsage betrachten zu müssen. Aufser den uns erhaltenen Versionen des Renaut waren den Verfassern jedenfalls auch die älteren in den Ardennen heimischen Traditionen bekannt. Ob nun die Unenthaltsamkeit des Baudouin mehr der ersten Schicht, dem ursprünglichen Mythos von den auf dem rheinischen Schiefergebirge hausenden Dämonen (Ztschr. XI 201) oder den späteren Entwickelungen der ins Ritterepos übertragenen Sage entnommen ist, kann ich allerdings nicht entscheiden, ist auch für den vorliegenden Zweck, wo es sich darum handelt aus dem Charakter des Baudouin ein fremdes durch die geographische Lage hineingetragenes Element zu entfernen von keiner oder geringer Bedeutung.

II.

Aufsergewöhnlich wichtige Einzelheiten finden sich in diesem Werke. Besonders hervorzuheben sind die Erzählungen von den beiden Raben und von den im Gewitter erscheinenden Dämonen. „*Frères, dist la pucelle, entendez à moi cha; Je vous prie merchi, pour Mahom qui tout a, Sé j'ai estet en Franche, .I. déablez m'i porta . . . L'autrier, hors d'Abilant m'en aloie jouer, Par dedens. I. vergier, qui moult fait à loer, Ensi com je cuidoie au palais retourner, Vinrent doy noir corbaut mon corps avironner; Tout en l'air me levèrent, et m'alérent porter Droitement en enfier, où ne fait mie cler. Là trouvai le mien père, c'on avoit fait bouter Dedens une caudière de plonc à couveter; Et si vi Brohadas, le jone bacheler. Mes pères vous salue; par moi vous fait mander, Sé vous volez jammais l'âme de lui sauver, Vengiés l'âme de lui sus la gent d'outre-mer, Que li déable ont fait de chà mer arriver. Et quant j'alai mon père le congiet demander, Li corbaut me levèrent: si m'alérent porter Droitement à Nimaye, me laissièrent ester; . . . Dit vous ai veritet, sans mensoingne conter, Je ne sui pas taillie de telz bourdez trouver* I. 537. Die letzten reizenden Verse deuten uns an, wofür der Dichter solche im Volksmunde cursierende Erzählungen hält. — Diese hochinteressante Mitteilung wird reichlich beleuchtet durch andere Wunder gleicher oder ähnlicher Natur. Dafs der Rabe als Vogel Wodans oder auch ohne Beziehung auf den Gott als Bote der Unterwelt galt, erhellt aus dem von Grimm (Myth.[4] 122, 559, 833) beigebrachten Material zur Genüge. „Zwei Raben fliegen mit einem Mann den ganzen

Tag Nialssaga 119.“ „Ebenso geleiten den heil. Gregor drei fliegende Raben Paul Diac. 1,26.“ (559). „Unter den Vögeln steht zunächst der Rabe, dessen Gestalt der Teufel gern annimmt“ 833. „Den schwarzen von Noah ausgesandten Raben nennt Caedm. 87, 11 den Feind (feond). Nicht blofs Schwärze, List und Behendigkeit des Vogels, auch sein alter Zusammenhang mit Wuotan, wie bei dem Wolf, konnten diese Vorstellung befestigen.“ „Im Puppenspiel von Dr. Faust wird der Rabe, welcher die Verschreibung mit dem Teufel getragen bringt, merkwürdig Mercurs Vogel genannt, was völlig auf Wuotan gerecht wäre.“ — Für den Besuch der Hölle ist ein hier nahe liegendes Analogon der Aufenthalt Brandons in den Vorhöfen der Hölle, eine Dichtung die bekanntlich auf keltischen Mythen beruht; für den Ritt nach Frankreich aber der in der Kaiserchronik und in der Spagna erzählte nächtliche Ritt Kaiser Karls nach Paris um die Vermählung der Kaiserin, die ihn gestorben glaubte, mit einem Verräter zu verhindern. Die Sp. rimata erzählt darüber dafs Roland durch ein Zauberbuch tausend Dämonen gerufen habe. Der mächtigste, Machabello, blieb. Er erzählt die Vorgänge in Paris, Roland fordert ihn auf den Plan zu stören. Dazu ist der Dämon nicht mächtig genug. Er will aber Roland oder Karl hintragen und verwandelt sich in ein grofses schwarzes Rofs, was an die Verwandlungen von Malabron im Gaufrey (5341 ff.) erinnert. Karl fürchtet dafs der Dämon ihn fallen lasse, doch unternimmt er auf Rolands Zureden die Fahrt. Wenn er nur einmal den Namen Gottes ausgesprochen hätte, so wäre er gefallen (XX und XXI). Sehr belehrend ist der Vergleich dieser Stelle mit der entsprechenden Version des Viaggio (éd. Ceruti II 57 ff.) Anstatt des Dämons oder schwarzen Rosses erscheint dort ein folletto, welches auf Rolands Befehl als rasender, alles niederwerfender Wind durchs Lager fliegt zum Zelte Karls, der im ersten Schlafe lag. Das erscheint als Reflex des Mythos von Wodans Ritt an der Spitze der wilden Jagd. Es bedarf wohl kaum der Bemerkung, dafs dieser Passus der Karlssage von den kompetentesten Beurteilern, Grimm und Schambach-Müller, auf die germanische Mythologie zurückgeführt wird. Offenbar im Zusammenhange mit diesem Passus stehen Stellen in welchen jemand der sich in schlimmer Lage besonders in Todesgefahr befindet sagt „Die oder der Teufel hat mich hierher geführt“. *A si très mal hostel vous venés herbergier, Qui chi vous aportèrent li déable d'enfier* II 298, 375. *Li déable me fisent chi endroit hebergier, Maurais ostel trouvai, jà n'en paierai denier* II 266. *Je le fis chevalier, le déables m'en aida* II 357. *Li brans chéi sour lui, li déables l'i porta* II 362. *Hé! déables d'enfer, par toi ai cheste atente* II 382. Auch sei hier noch an die Greife erinnert welche in der germanischen und romanischen Heldensage Kinder entführen, und an die auf Aspremonte hausenden, welche Richiers Rofs töten und zerreifsen. Nicht unerwähnt darf endlich bleiben, dafs der Verfasser in der von ihm benutzten Brandonsage etwas Ähnliches vorfand. In der von Schröder herausgegebenen lateinischen Fassung heisst es S. 25: *Et cum navigassent, aparuit illis avis que vocatur griffa. . . Illa extendit ungulas ad servos dei capiendos.* Aber ein anderer Vogel kommt dem Greif entgegen und tötet ihn nach längerem Kampfe. Ich kann Schröder durchaus nicht beistimmen, wenn er hier dem Verfafser die Kenntnis der Greifensage absprechen möchte. Dafs griffa von dem gryps der Vulgata (von dem in den Speiseverboten Levit. 11,13 und Deuteron. 14,12 die Rede ist) hergeleitet wird (Einl. XIV), dafs überhaupt der Greif orientalischer Herkunft ist, beeinträchtigt die Bedeutung der Stelle nicht erheblich, da die Ersetzung des heimischen Tieres durch ein fremdes schon sehr früh wohl durch die Waräger vermittelt wurde und ähnliche Vorgänge im griechischen Mythos vorhanden sind. — Aus der ziemlich umfangreichen und in wesentlichen Teilen mythischen Brandonlegende hat der Verfasser nur die Hauptmomente, den Besuch des Paradieses und des Vorhofes der Hölle seinem Werke einverleibt. Eine Begründung seines Verfahrens ist in diesem Punkte wohl kaum nötig, doch läfst sich annehmen dafs er seinen Helden auch mit höchster Erkenntnis „der Höhen und Tiefen" der Menschheit hat ausrüsten wollen. Bei ihm ist merkwürdigerweise St. Brandon ein bekehrter orientalischer Herrscher, ganz abweichend von der sonst bekannten Lebensbeschreibung des Heiligen (Karl Schröder, Sanct Brandan 1571). Ob der Verfasser andere Sagen darüber gekannt oder ob er die vita verändert hat um diese Fahrt an Baudouins orientalische Abenteuer anzuschliefsen, kann ich nicht entscheiden. Mit den Versen *Mile liewes de mer, en une randonnée, Nagierent sans lasquier; encore n'ert finée Le tempeste par coi le mer fu si tourblée. Il ne luisoit solaus, né lune à le vesprée, Ains faisoit aussi noir qu'en charcre machonnée; Onques mais nulle gent ne fu si effraée Que furent li baron dont je fai devisée* II 45 vergleiche man Schröder 35, Ch. de Rol. 980, Gaufrey 4823 ff. Es fehlt dann die Schilderung der irischen Felseninsel, der Diebstahl und der Tod des Mönches, der Zaum der nach Bruns im druidischen Cultus eine Rolle gespielt haben soll (Schröder 38), die Erscheinung des Teufels als Negerknabe (ib. 38, Grimm M.[4] 829), die Erscheinung des Jünglings mit dem Brot und Wasser, die Schafinsel, der Jasconius, die siebenjährige Dauer der Irrfahrten, das als Schlaftrunk wirkende Wasser, der trübe und der klare Quell, die Speisung der Mönche durch Himmelsbrot, die quadratische Kirche mit den feurigen Pfeilen, das Lebermeer, der feuerspeiende Fisch, die Meerschneckeninsel mit der Schar der Knaben, Jünglinge und Greise, die Traubeninsel, der Greif, die Säule mit dem Zelte, der ganz behaarte Einsiedler Paulus, seine Ausfahrt auf dem geheimnisvollen Schiffe (welche an Skeáf, St. Emmeran u. s. w. erinnert), der Flufs des Landes der Verheifsung. — Die äufsere Ansicht des Paradieses (*Qu' il ont véut. I. lieu moult noble et souffisant, Murei trestout autour de cristal reluisant* II 46) dürfte der Kristallsäule (Schröder 27) entsprechen. Die fruchttragenden Bäume sind beiden Texten gemeinsam. Statt des Jünglings geleiten den Baudouin Enoch und Elias. Ob die Verse II 49 *Né ja ne kerra fruis, s'escripture ne ment, Des-si jusques au jour du tres grant jugement* (vgl. 51) in Beziehung zu den Nachrichten der Edda über Yggdrasill am Weltende stehen? Das Fallen der Früchte könnte ja als Zerstörung des schönen Baumgebildes aufgefafst werden. Die singenden Vögel II 49 entsprechen wohl kaum den für ihren Indifferentismus bei Lucifers Falle bestraften Engeln (Schröder XI, 12), noch weniger die später erwähnten Sommervögel. Die Äpfel welche jung und alt machen haben kein Gegenstück im lateinischen Texte, ich vergleiche sie dem Zauberkraut welches Maugis zu gleichem Zwecke verwandte (Michelant 127, 250, 260). Die Furcht vor Vergiftung durch einen Apfel zeigt wohl dafs der Dichter *Parise la duchesse*, Gaydon, vielleicht auch Schneewittchen kannte. Die Erklärung des *arbre sec* (*chuis arbres là . . . Porta jadis le fruit qu'Adans, par ignoranche, Avala à son corps* II 53) findet sich nicht im lateinischen Texte. Die sich daran anschliefsenden Verse *Car li pepins du pum qu'Adans mort, celle fie, Rendi forche et rachine; et l'arbre par maistrie, En nasqui et issi, pour voir le vous affie, Dont le crois Jhésu Crist fu faite et establie* 54 geben ein christliches Gegenbild zu Yggdrasill s. Mannhardt W. F. K. I 281 ff. Ein echtes Produkt der mythologisch angehauchten Volkssage ist die Mitteilung, dafs die beiden Wanderer glauben, nur zwei Tage im Paradiese zugebracht zu haben, während sie doch zwei Monate dort gewesen sind. Dieser Zug findet sich wieder in all den zahlreichen Erzählungen von Hirten die in einem Zauberberge gewesen sind und in anderen das Totenland symbolisierenden Örtlichkeiten (Müller-Schambach, Fahrt nach dem Osten, an verschiedenen Stellen). In der Schilderung der Hölle und der Unterredung mit Judas finden sich die gröfsten Ähnlichkeiten, relativ genommen, zwischen der lateinischen Fassung und dem Baudouin. Die Abweichungen aber scheinen mir recht beweisend zu sein für meine These dafs die Verfasser der *chansons de geste* bei jeder sich bietenden Gelegenheit Mythisches aus dem Volksglauben verwandt haben. Nach dem Lateinischen sitzt Judas auf einem Felsen *et velum ante illum a longe quasi mensura unius sagi pendens inter duas forcellas ferreas, et sic agitabatur fluctibus sicut navicula solet quando periclitatur a turbine* (29). Dagegen dringen die Wanderer im Baudouin zuerst durch dichten Rauch, dann *.I. petit cont avant, s'ont clarté avisée Ensi qu'en. I. busson; et là ont escoutée une vois complaignant* . . . II 56. Das klingt doch deutlich an die zahlreichen von Grimm M.[4] 540 ff., 689 f. mitgeteilten Beispiele an wo Seelen in Bäume verwandelt sind, oder göttliche und elbische Wesen unter dem Schutze von Bäumen leben. Wenn ferner bei der zweiten guten That des Judas der Dichter sagen läfst: *Passoie en un chemin ou d'iauwe avoit grans flos; On n'i pooit passer, ni aler ens né hors, Dont la gent dou pais perdoient lor proupos, Or i mis une planque* . . . II 58 so eröffnet das einen Ausblick auf die ganze Reihe von Vorstellungen die wir nach Uhlands Untersuchungen über den Thormythus mit dem Wesen dieses Gottes verbinden, dann auf die zahlreichen Sagen und Legenden, in welchen der Teufel als Feind der Kultur erscheint (Ztschr. XI 195, 343). Im Lateinischen wird dagegen echt theologisch nur die Geringfügigkeit der guten Handlung betont *(Petram in qua sedeo, illam misi in fossam in publica via sub pedes transeuncium antequam fuissem discipulus Domini* (31). Die Insel der Schmiede *(insulam . . plenam officinis fabrorum)* rechnet unser Dichter entschieden zur Hölle, sie ist ihm der eigentliche Mittelpunkt derselben. Auf das Schmieden legt er gar kein Gewicht, nur auf das Werfen mit *tisons* und *brandons*. Aus den letzteren erklärt er nach Volksetymologie den Namen Brandan. Schröder polemisiert (40) mit Recht gegen die Meinung welche hier einfach Cyclopen sehen will (Cholevius), ob jede klassische Reminiscenz ausgeschlofsen ist, wäre indessen vielleicht zu bezweifeln. Im übrigen wird die Ansicht von Schröder wonach diese Schmiede aus einem keltischen Mythos von schmiedenden Feuerriesen hervorgegangen sind wohl allgemein angenommen (vgl. Romanische Studien I 555 ff.). Im Baudouin werden sie einfach Teufel genannt, ganz den sonstigen Übergängen von Gottheiten zu Teufeln entsprechend. Bei der Beschreibung der Wirkungen des höllischen Feuers scheint der Verfasser des griechischen Feuers gedacht zu haben: *mais j'ai oï conter En le droite matère de saint Brandon, le ber, Que li brandon faisoient l'iauwe en maint lieu flamber, Du felon feu d'enfer, qui tant fait à doubter* II 61. Doch mag auch der Ausdruck der lateinischen Version *cepit fervere mare quasi ruina montis ignei fuisset ibi* (28) dazu Veranlassung gegeben haben.

Die Änderungen welche der Verfasser in den aus Marco Polo (H. lit. XXV 589) entnommenen Teilen vorgenommen hat scheinen, abgesehen von der Einführung der Ivorine, nicht erheblich durch Mythisches herbeigeführt worden zu sein. Die Berichte des M. Polo dürften aber in manchen Punkten durch solche aus dem heimischen Volksglauben aufgenommene Elemente gefärbt sein. Sind doch schliefslich alle Reiseberichte auch von modernen Reisenden namentlich wenn sie die Religion eines Stammes betreffen, daraufhin zu prüfen, ob nicht die Fülle der mitgebrachten Vorstellungen das neu aufgenommene Bild beeinflufst hat. Indefsen bin ich nicht in der Lage eine solche Scheidung in den Berichten des Marco vorzunehmen.

Aus der folgenden Episode über die Herrschaft der Verräter in Lusarches glaube ich einige Aufklärung über den ursprünglichen Kultus der nordeuropäischen Völker schöpfen zu können. Unsere Stelle ist offenbar ziemlich identisch mit einem Passus aus der Macairesage. Gaufroi sagt seinen Leuten: *Une taille eslevez par le terre garnie: Quatre denier paier, d'un lot de vin sour lie; Qui ne vent que .II. sols, prendés ent le moitie; Faites taille paier à chascune partie; Le .X⁰ prendés, sour toute le clergie. Et s'il est aucuns homs, qui sa fille marie, Prendés le mariée, et vous, et vo maisnie;.. Sé le moitiet n'avés, que n'en faille demie, De tout chou qu'elle ara soit reute ou seignourrie. Et d'un huis, .IIII. denier, qui est sus le chaucie; Et des fenestres .II., et fuist bien véroullie; De la querque de blé, qui rasiére est nonchie, Prendes-ent .IIII. sols, à cascun le moitie; Et au molin otant, si ne le laissiez mie. D'une beste tuer, qu'on veult à Boucherie, .XII. viez parisis, puis qu'elle est escorchie*... I 186; vgl. 225. Die entsprechenden Verse aus Tristan de Nanteuil (XIV. Jh.), welche Guessard in seiner Ausgabe des Macaire (Einl. 18) mitteilt lauten: *Maquaire demoura en ceste seignorie (Nanteuil). Tel coustume alleva, ains l'année acomplie, De quoy en la cité fut la gent si honnye, Que d'un seul huis ouvrir qui stiet sur la chaussie Paioit on .VI. deniers la sepmaine acomplie; D'une fenestre ouvrir paioit on la moitie. Qui sur couste gisoit où plume feust mussie, Il paioit .VI. deniers, pour voir le vous affye, S'il n'estoit gentilz homs et de chevallerie. De .XX. sous marchander autant, quoy que nulz die; D'un chappon, .II. deniers; de my lot de boullie Paioit on une maille, c'estoit chose taillie.* Der Verfasser des Tristan läfst die betreffende Stelle, wie man sieht, weg, doch wohl weil ihm solches nicht bekannt war, oder, wenn er der Nachahmer sein sollte, weil er Zweifel über die Angabe hegte. Indessen geht auch aus der Darstellung im Baudouin klar hervor, dafs der Verfasser vom Hörensagen redet und nicht etwa Erlebtes erzählt. Der Dichter beansprucht, wie der Leser der Artusromane aus den folgenden Stellen unschwer ersehen wird, nicht mehr Glaubwürdigkeit für seine Angaben als man sie den Thaten der fahrenden Ritter die überall das Unrecht ausrotteten und den Unterdrückten beistanden zu schenken gewohnt ist. *Car che mauvais usaige mes corps abatera!* I 226. *Ouques si fait usage Jhésus ne commanda!* I 226. *Chest usaige . . ch'est encontre droiture* I 228. *Jà ne me puist aidier, li Pères qui ne ment, Sé je ne descoustume . . . che servaige vilain* I 228. *I homs sui d'aventure, d'estrainge pais nés;... Je, qui sui chevaliers aventureus clamés, M'avisai que ch'estoit et meschief et pités C'on vous avoit ensi et tailliés et robés* . . . I 235. *Ichiens aventureus celle ville troubla, Et par chevalerie les gloutous i tua; Pour une maletote que Gaufrois rechiut là, Onques mais ne fu telle, né jammais ne sera* I 263 f. Es wird dann noch einmal die Sache erzählt. Auf diesen letzten Vers, der bei unserem Dichter, dem niemand Intelligenz und Umsicht absprechen wird, eine nicht geringe Bedeutung hat, möchte ich besonders die Aufmerksamkeit des Lesers lenken. *En bon lieu arrivèrent, car Baudewins fu là Sires d'une cité là ou il trébuça Les mavaises costumes, les bonnes alleva* II 80. Zum Überflufs sei noch bemerkt, dafs der Dichter diese Unterdrückung eben den „Verrätern" zur Last legt, d. h. einem Geschlechte welches nach meiner Auffassung dem Mythos angehört, jedenfalls nicht der Geschichte. Anderseits scheint es mir beinahe unstreitig festzustehen, dafs wir es hier mit einem Reflex uralter Kultushandlungen auch der Germanen zu thun haben. Dafür hat auch das bei Schmidt (1881 Herder, Freiburg) aus der Edda (Rigsmál) angeführte Beispiel immer noch eine gewisse Beweiskraft, obschon ich nicht daran denke, dem Urteile Schmidts (194) zu widersprechen. Schliefslich läfst sich die grofse Zahl von Gerüchten aber auch von Belegen über eine derartige Sitte (Schmidt 36—41, wozu ich noch besonders auf die dahin gehörigen Kapitel aus Lubbock, Vorhistorische Zeit, s. Register, aufmerksam machen möchte) doch nicht aus der Welt schaffen und der Verfasser selbst sagt (41) dafs vieles dieser Art auf irregeleitete religiöse Vorstellungen zurückzuführen sei. Besonderes Gewicht lege ich auf die Erklärungen welche Mannhardt (W. u. Feldkulte II 284, 285) zu den von Herodot aus Babylon berichteten Gebräuchen gegeben hat. Sollten die Rechte auf Abgaben welche die verschiedenen von Schmidt 244—58 aufgezählten Herren und Korporationen besafsen nicht darauf begründet sein dafs sich an den Sitzen ihrer Herrschaft heidnische Kultusstätten befanden die ihrerseits wohl schon lange nicht mehr jenen Kultus kannten, aber dafür bestimmte Opfer in Anspruch nahmen?

Der vielgenannte Löwe welchen Baudouin und nur er bezwingen kann, vergleicht sich der Sphinx. „Diese ist das aus alter und weitverbreiteter Symbolik aufgenommene Sinnbild einer dämonischen Plage, deren bestimmtere physikalische Beziehung kaum noch nachzuweisen ist: eine Art von Würgengel, welcher bald durch rohe Gewaltthätigkeit, bald durch Schlauheit und verborgenes Wissen Verderben um sich verbreitet und vorzugsweise der jugendlichen Kraft und Schönheit nachstellt" (Preller, Griech. Myth. II 348). „Von ihrem Rätsel und der Strafe für den der es nicht zu lösen vermochte, eine Sage welche an die Rätselwettkämpfe auf Tod und Leben erinnert, wissen erst die attischen Tragiker" (ib.). Das Aufgeben des Rätsels, welches im Baudouin ganz wegfällt, ist also nur ein sekundäres Moment des Mythos. Gerade die Bezeichnung der Sphinx als Würgengel läfst die Ähnlichkeit der beiden mythischen Gebilde ganz besonders hervortreten. Was als sicher angenommen werden kann ist zunächst die Verwandtschaft mit den Greifen im Aspremont und mit dem Drachen im Aiol. Auf Aiol scheinen auch sprachliche Übereinstimmungen zu deuten. Wie jene Greife verteidigt der Löwe den Übergang über einen Berg. *Jusques au desrubant alèrent franchement, Où li lions estoit, au Dieu commandement: Mais quant le desrubant passèrent seulement, Li lions leur sali si esragiément, Qu'en che jour en a mort, qu'afolez, plus de cent* I 155. An Aiol erinnert ebenfalls die ganze Situation, dann aber auch die Wiederholung des Verbums *essillier* (*Les paiens de la terre avoit tous essiliés Aiol* 6153). *Pour le lyon qui tout le païs essilla* II 31. „*Vous venrai délivrer de che lion lanier Qui si faitement fait vo chité essillier.* II 39. *Que je devoie là aleir hastéement, Pour ochirre .I. lion qui trop hideusement Essille le païs avironnéement* II 85. Ich glaube nicht, dafs man die Ähnlichkeit dieser Episode mit der Drachensage im Aiol bestreiten wird und damit könnte eigentlich die Zurückführung auf den germanischen Mythos als vollzogen betrachtet werden. Indessen sind die Stellen in welchen betont wird dafs der Löwe gerade den Weg in die Stadt bedroht ohne ihr selbst eigentlich direkt zu schaden, doch zu eigentümlich, als dafs sie unerwähnt bleiben dürften. Die Ähnlichkeit mit der thebanischen Sphinx liegt eben hauptsächlich in dieser Belagerung des Weges in die Stadt, welcher in unserem Gedichte für die Sarazenen ganz unpassierbar gemacht wird, so dafs sie durch einen Tunnel den Verkehr mit der Aufsenwelt aufrecht erhalten müssen. Vielleicht darf man in dem Umstande dafs die Christen ungehindert passieren — konsequent ist der Verfasser übrigens nicht, sonst hätte ja dem Baudouin die Benutzung des Tunnels nicht anempfohlen zu werden brauchen — einen leisen Anklang an den antiken Zug von dem zu lösenden Rätsel finden. *Nuls hòms n'ozoit passer, environ ni entour, S'il ne créoit en Dieu, le père créatour* I 158. *Vassaus, dist la roïne, il i a un lyon, Assés près d'Abilant, qui grant confusion Fait à cheste chité dont je fai mention; Car il n'est nul vivans, tant ait coer de grifon, Qui ose issier de là le trait à .I. bougon. Car li lions dévoire le pais environ Et par jour et par nuit fremée le tient-on; Né chil de Babilone, né de la nation, N'osent en Abilant porter .I. soel bouton, Né conforter la ville, amit, né compaignon, Sé n'est par dessous terre. Mais par là i va-on; .VII. liewes dessous terre conter i poroit-on; Bêle i est la chiterne, ains tele ne vit-on* II 26. Die „bove" war nebenbei bemerkt sogar beleuchtet... *par le bove s'en va; En pluiseurs lieus ot feu qui le bove aluma* II 31. Die Stadt Abilant selbst scheint direkt während der siebenjährigen Dauer der Plage nicht belästigt zu werden, erst als Baudouin nach Zähmung des Löwen mit demselben eindringt zerreifst und tötet er alle Sarazenen. *Car n'encontre personne qu'il ne face morir; Hommes, femmes, enfans, a fait si esmarir Menbres et bras et piés leur fait du cors salir* II 135. Der König nennt ihn *déable* (*Car vé-chà le déable que tant devons haïr* II 135), wieder ein Anklang an Aiol (*Car diables le vaut tout enfin engingnier* 6148). Dafs der Teufel als Drache oder Schlange erscheint ist eine alte und weit verbreitete Anschauung (Grimm M. 833 f.). Dafs der Löwe hier ein Engel ist, kann darnach kaum auffallen. Als richtiger Würgengel verschont er auch in der Stadt die Christen (*Mais les bons crestiens ne vot mie honnir* II 136, *Enchois c'on fuist aleit de terre une louvée, Fu chi celle chiteit de palens esseulée C'on n'i trouvast personne, ne fuist morte ou navrée* II 137). Dem Zwecke entsprach es, dafs das Ungeheuer (*Onkes si grande beeste ne vit-on à nul jour! Plus haut fu c'un chevaus c'uns rois tient à séjour* II 126) hier von einer dämonischen Kraft höherer Natur beseelt ist. Hiermit ist übrigens schon ein Element eingedrungen welches dem ursprünglichen Drachenmythos ganz fremd war. Der Engel ist offenbar deshalb zur Hilfe genommen, weil der Löwe das heilige Blut Christi bewahren soll. Dem liegt wie ich glaube ein anderer Mythus zu Grunde, von welchem wir das beste Prototyp in dem von Indra bekämpften Drachen Vritra haben, was ich hier übrigens zunächst nur als Illustration anführe. Der Drache Vritra enthält den leidenden Menschen die kostbare Flüssigkeit, den erquickenden Regen vor (Rig-Veda übers. von Grafsmann I 251: Dir, wie dem Himmel, räumten alle Götter, o Indra, ein die ganze Gottheitsfülle, Als du den Vritra, der die Wasser einschlofs, die Schlang' erschlugst, o eilender, mit Vischnu). Aus dem Wolkenwasser ist dann in den Verjüngungen des Mythos bald ein kostbarer Heiltrunk, bald berauschender Wein oder, wie in der Sage vom getreuen Eckart, Bier geworden (vgl. Ztschr. XI 202), und hier scheint nun eben der Dichter oder seine Vorlage dafür die kostbarste Flüssigkeit die er sich denken konnte eingesetzt zu haben. Offener liegen drei andere Elemente zu Tage welche der Verfasser in diese Episode hineingetragen hat. Die Allegorie welche den Versen II 126 f. zu Grunde liegt geht augenscheinlich aus den *bestiaires* hervor (*Li lions sénéfie une beste gentis, Quant Dieus fist en samblanche d'un lyon seignouris Garder son digne sanc .VII. ans tous acomplis. Une bonne personne, amis à Jhésu-Cris, Qui bonne vie mainne, et en fais et en dis, Est appellés lions ès anchiens escris. Lions a bonne chière; et .I. hons signouris Qui est bons et preud'ons et à Dieu vrais amis, Plains est de bonne chière et si porte bon vis . . . Si comme lions fut et keurt par le bousquage, Devons fuïr péchiet, glouternie et outrage*). Man wolle dabei nicht vergessen dafs gerade die Beliebtheit der Allegorie in den gebildeteren Kreisen des Mittelalters ein Gegenstück ist zu dem mythosbildenden Triebe der unteren Klassen und der älteren, besonders auch der vorhistorischen Generationen. Ebenso klar ist die Nachahmung der Artusromane speziell wohl des Iwein. Es mufs jedoch bemerkt werden, dafs Crestien im Gebrauch seiner Mittel viel mafsvoller ist als der Verfasser des Baudouin. Man vergleiche um die Nachahmung zu konstatieren Chev. au Lyon 3386 ff. mit den folgenden Versen: *Et li lions... Contre lui s'agenoulle, s'el prist à festier* II 129. *Et là ch'est li lyons à genous getés jus, En lui priant merchi; dont forment fu confus . . . Voit li lyon si simple et fu si abatus Que ne li fesist mal pour le trésor Artus* II 131 . . . *forment s'esmerveilla Quant il vit le lion qui ensi le lassa; Et de che qu'il ot fait forment s'umélia* (*ib.*). *Venus est à lyon, douchement le baisa* II 132, ein Vers der an das Küssen des Drachen in den Märchen und bei den Italienern erinnert. *Or oiés dou lyon la vérités prouvée: Si tost qu'à Sarrasins oït faite sa journée, Revint à Baudewin et li fist enclinée* II 137. Die Mafslosigkeit des Epigonen liegt darin, dafs der Löwe seinen Helden nicht blofs begleitet wie im Iwein, sondern dafs Baudouin auf demselben reitet und mehr durch sein Würgen als durch eigene Tapferkeit die Stadt bezwingt. Weniger klar ist der Sinn und die Herkunft des dritten bezw. vierten vom Verfasser hinzugefügten Sagenelementes. Als Baudouin bei dem Anblick der Yvorine seine Pflicht zu vergessen scheint *En ichelle hoerre, signour, que la belle acoloit, Li lions vertueus, qui si digues estoit, Vint à le damoisèle: des pates l'aherdoit, Et volant tout le pople qui là endroit estoit, Dévoura le damsèle, le coer li esrachoit; Et puis s'en départi, et morte le laissoit. Onkes ne dist c'un mot quant il s'en départoit: Amende che mesfait car Diex voilt qu'ensi soit . . . Ensément s'en parti, volant c'uns oseillons; Et quant il fuit en l'air, sé sambla .I. coulons* II 144. Das Auffliegen in Gestalt einer Taube ist nichts Erhebliches und dürfte der Erscheinungsform des h. Geistes nachgebildet sein. Die Episode der Yvorine ist sonst in den meisten Teilen eine ziemlich schwache Nachahmung des dritten Schemas der chansons (S. Ztschr. XI 4). Wenn der Held aus irgend einem Grunde die Heldin nicht heiraten kann so fällt sie einem seiner Begleiter zu wie etwa im Floovant (2239 ff.). Man sieht gar nicht ein warum der Dichter die ganz unschuldige Yvorine so grausam bestrafen läfst, wenn er nicht durch Reste einer Volkssage sein Werk hat ausschmücken wollen. Ich brauche nicht an die Opfer von Knaben und Mädchen zu erinnern, welche dem Minotaurus dargebracht wurden (Preller II 123—125, 293—297), auch auf deutschem Boden ist die Erinnerung an Sühnopfer welche bei Landplagen gewidmet wurden noch nicht erloschen. Die folgenden Beispiele sind von Ulrich Jahn (Die deutschen Opfergebräuche, Berlin 1884, S. 63 ff.) zusammengestellt. Nach der Ynglinga Saga wurden in Upsala bei einer Hungersnot im ersten Jahre Ochsen, im zweiten Menschen, im dritten der König selbst Odin geopfert. Am Waenarsee wurde König Olaf geopfert weil er durch Mifsachtung der Götter den Fruchtmangel herbeigeführt haben sollte. Die Sagen vom Mäuseturm beruhen nach F. Liebrecht auf dem uralten Brauche, dafs bei einem öffentlichen Unglück die Götter durch Opferung der Landeshäupter vermittelst Hängens versöhnt wurden. Aus Hessen berichtet Lyncker Hessische Sagen S. 38, 56: Sieben Tage und sieben Nächte stand ein entsetzliches Gewitter über Trendelburg. Da beschlossen die bedrängten Einwohner die Trenda zu vertreiben, weil sie glaubten dadurch den Himmel zu versöhnen. Sie führten sie auf das Feld hinaus; dort war sie kaum allein, als eine Wolke sich herabsenkte und sie verschlang. — Dieses Beispiel kommt unserem Falle, der von einem sehr selbstthätigen Dichter umgemodelt sein mag, immerhin schon nahe. — „Fast bei allen derartigen Sagen ist die Person, welche vom Himmel als Opfer gefordert wird, dem höheren Stande angehörig (Yvorine ist Prinzessin); ich stehe nicht an, in ihnen dieselbe Grundidee zu erblicken, welche Liebrecht in der Sage vom Mäuseturm erkannte: die Opferung des Königs bei Landesplagen." Dafs hier Yvorine für die Sünde Baudouins büfsen mufs, ist eine Version welche schon durch die Bibel nahe gelegt wurde. Obschon das Mitgeteilte zur Erklärung des Vorganges hinreicht, möchte ich doch wenigstens erwähnen, dafs der Verfasser wohl auch das Märchen von Rotkäppchen, wenn ihm dasselbe, woran ich nicht zweifle, bekannt war, benutzt haben mag. Die dort fehlende Motivierung ist dann sein eigenes Werk.

Eine höchst merkwürdige Stelle, von aufserordentlicher Tragweite für meine These, ist die folgende. Gaufroi ist durch Verrat eines Bürgers der zwei entgegengesetzte Thore hat öffnen lassen in die Stadt Lusarches eingedrungen, welche Baudouin eine Zeitlang regiert hatte. Es ist Nacht und die Eingedrungenen treffen mitten in der Stadt zusammen. *Or oïés le miracle que Dex i demonstra: Une telle tempeste à chelle heure leva De tonnoile et d'eclistre, si pleut et si venta, Il sambloit à celle heure que li siècles fina. De l'effondre du chiel, que Diex i envoïa, Li gent en leur maisons, qui furent chà et là, S'esveillièrent adont, pour le tampz que fist là. Oent le chevauchie qui par le ville va; Cuident che soit déables, qui par nuit chevaucha. Chascuns au miex qu'il sot se bèni et sainna. Li gent sont esmari par celle chevauchie, Qui par le ville aloit courrant par le cauchie; Et cuidièrent adont che soit choze anemie. Il pleut, et si venta, et esclistre à le fie.* Bauduin de Sebourc und Blanche hören auch den Lärm: *Quant il oï le tampz, qui ensi s'esbanie, Vint à une fenestre si l'a desvèrouillie; Sus le merchiet estoit le fenestre taillie, Là prist à regarder, pour le tampz qui rougie, Onques si grant oraige ne vit nulz homs en vie. „E! Diex, dist Bauduins, dame sainte Marie, Finera dont li siècles ensi cheste nuitie!“ Lors escouta; s'oï grande tournoierie De chevaucheurs qui viènent, bannière desploie. Lors apella la belle, qui moult fu esbahie: „Dame, car vous sainniès, pour Dieu je vous en prie; Car .c. déablez voi venir à une fie, Qui tout sont à cheval, s'ont no ville saisie. Par si fait tampz qu'il fait vont déable à le fie. Dame, dist Bauduins, sè Diex me puist aidier, Li siècles finera, je croi ains l'esclarier! J'oi venir à cheval maint déable d'enfier, Et huent l'un à l'autre; font tel noise au criïer Qu'il samble proprement qu'il doivent esragier. Je croi qu'il viènent ci pour no ville essilier! Mais par celhui Signour qui tout a à jugier, Je m'irai maintenant armer et haubergier; Et sè je puis trouver Belgibus tout premier, Kayn, Ebron le fel, et le glout Lucifier, A euls me combatrai à l'espée d'achier. Pas ne me prenderont à guise de bregier!“ „Sire, dist la danselle, venès vous recouchier. Encontre telle gent chertes n'avès mestier, Car tost vous porteroient en enfier herbergier.“ „Par foy, dist Bauduins, je n'en donne .I. denier! Che que déables emporte raporte sans dangier.“ Bauduins de Sebourc s'arma isnèlement; Bien cuide que déable reviengnent là parent. Et Gaufrois et li sien furent en grant tourment, Pour le tourble du tampz qui dura longement. Le voie droite laissent, car li tampz lor deffent; Car grosses pières kaient, par le forche du vent. Si fu la nuit oscure, si c'on ne vit noient Nient plus qu'en une fosse, où noir fait quesrement* I 282 f. Jedenfalls benutzt der Verfasser hier einen auch zu seiner Zeit verbreiteten Volksglauben um seine Darstellung interessanter zu machen. Diese Auffassung des Sturmes und Gewitters hat zahlreiche Analoga aus allen Zeiten und Völkern und hat zu den höchsten Abstractionen des Mythos geführt. Ob die Dämonen als Begleiter oder als Urheber der Naturerscheinung auftreten ist ein unerheblicher Unterschied. Der russische Bauer erklärt sich die Verwüstungen der Orkane aus dem Kampfe der Waldgeister (Liesowiki) gegen einander, wobei die Kämpfer Baumstämme und schwere Felsstücke schleudern Mannhardt Wald- und Feldkulte II 97. „Um Altbunzlau sagt man, wenn ein starkes Gewitter ist und die Winde gegeneinander wehen, „die bösen Engel streiten wider einander“ und der gemeine Mann um Aussig erklärt sich den Hagel daraus, dafs böse Geister sich in der Luft bekämpfen. Sie schleudern Mühlsteine gegen einander, die aufeinanderstofsend in tausend kleine Stückchen zerspringen und als Hagelkörner herunterfallen" ib. Anm. 1. „Auf dem Gipfel des Parnasos liefern sich die verschiedenen Ortsgeister dieses Gebirges tobende Schlachten, und von diesen leiten die Arachobiten die Schneestürme ab" ib. Anm. 2. Der südtirolische Orco, ein Seitenstück der Kentauren (die Mannhardt als Winddämonen deutet), erscheint am liebsten als Pferd mit feuersprühenden Hufen ib. 99 Anm. 1. In Masuren sagt man, wenn der Wirbelwind so stark ist, dafs auch Erde aufgerührt und mitgeführt wird: „Ein Pferd fliegt durch die Wolken" 95. Der russische Waldgeist Ljeschi (Wirbelwind) wiehert wie ein Pferd; beim Umzug der wilden Jagd hört man, wie unten im Walde die Eichen krachen, oben in der Luft die Hunde bellen, die Wagen rollen, die Rosse wiehern 99. „Der deutsche Volksglaube behauptet, im Wirbelwind sitze der Teufel, ein Hexenmeister oder eine Hexe; sobald man ein Messer, Hut, oder Mütze hineinwerfe, höre er auf; der Hut sollte Oberherrschaft über den Dämon begründen, das Messer denselben verwunden" 85. „Dem Neugriechen schreitet oder tanzt im Wirbelwinde die Neraide oder der Teufel, der daher auch *ὁ ἄνεμος* heifst" 85. Die schwarzen Böcke und der schwarze Hund (der Teufel), den man anderswo vor starkem Gewitter gesehen haben will, führen auf Thors Böcke zurück, wieder ein Beweis dafs die germanischen Götter oder ihre Attribute in höllische Wesen verwandelt worden sind. — Bei Hesiod sind Blitz, Donner und Wetterstrahl drei Cyklopen, Brontes, Steropes und Arges, welche den Zeus mit den furchtbarsten Waffen versehen. Der Dämon des Wirbelwindes ist offenbar Ixion und sein Sohn Peirithoos, der Ringsumläufer 84, 85. Eine Erklärung für diese Mythen liefert die von Mannhardt mitgeteilte wissenschaftliche Schilderung der Windhose von Arago 86. Darnach treten Windhose und Gewitter häufig zugleich ein. Die Wolke, aus welcher sich die Windhose entwickelt, gleicht dem Rauche einer Feuersbrunst oder eines mit Steinkohlen gespeisten Ofens, das Dröhnen wird mit dem Rollen eines galoppierenden Wagens oder mit einem in Intervallen wiederholten Gewehrfeuer verglichen. Steine werden weggeschleudert, Gebäude zertrümmert. Ein stinkender, schwefelartiger Geruch begleitet die Erscheinung. An diese letztere Beobachtung mag sich der Zug knüpfen, dafs Blanche fürchtet die Teufel möchten Baudouin wegtragen. Es ist bekannt dafs der Volksglaube annimmt, die Erscheinung des Teufels bringe einen solchen Geruch hervor. — Dafs Gaufrois Reiter in Verwirrung geraten und sich gegenseitig bekämpfen, wird von dem Dichter allein dem Unwetter zugeschrieben (*Car li hons qui se double a paour bien souvent. Li hons, puis qu'il se double, est tantost déconfis* 283). In der eigentlichen Volkssage, die er nach seiner ganzen Anlage jedenfalls „rationalistisch" umgestaltet hat, dürfte in solchen Fällen die Schuld wohl den bösen Geistern selbst beigelegt sein. Gaufroi sagt auch: *Et li fel Bugibus Nous a tous encantés* I 286. So soll im Kampfe mit den Söhnen des Tarquinius die Stimme des Faunus die Feinde verwirrt und den Römern Rettung gebracht haben (Dionys. Halicarn. V 16, vgl. Mannhardt II 115). — Bekannt ist, dafs gerade die Gewittererscheinungen die Attribute der höchsten Gebilde des Mythos geliefert haben. Indra kämpft mit dem Blitze: „Mit Macht zerbrach den Fels er, Blitze schleudernd, der allgewalt'ge, seine Kraft erweisend; Den Vritra schlug er munter mit dem Blitze, befreit vom Stiere rannen schnell die Wasser," Rig-Veda übers. von Grafsmann I 124. Zeus wirkt besonders auch „als der stürmende, donnernde und blitzende Gott des Gewitters, welchen Homer in so vielen Beinamen und Bildern schildert und dessen Macht alle Naturreligionen in ihren Mythen und Anrufungen immer am meisten hervorheben: der Donar und Wuotan des griechischen Himmels . . ."

Die ganze Titanomachie, die Sage vom Typhon, die Gigantomachie sind eine fortgesetzte Verherrlichung dieses Zeus *κεραύνιος*, da er vorzugsweise dieser Macht seine Herrschaft im Himmel verdankte" Preller I 94, 95. Nach dem Volksglauben kämpft Thor mit dem Donnerkeil, welcher zugleich mit dem zündenden Blitz aus der Wolke fährt (Grimm M.[4] 149). Nach der Edda handhabt er vor allem den wunderbaren Hammer Miölnir, den er gegen die Riesen schleudert und der die Eigenschaft hat nach dem Wurfe von selbst in die Hand des Gottes zurückzukehren. Die Riesen kennen diesen Hammer, seinem Wurfe gehen Blitz und Donner voraus (a. a. O. 150). Die Wichtigkeit der Stelle schien eine längere Ausführung zu verlangen. Ich betone noch einmal dafs der Umstand dafs die Teufel hier nur als Begleiter nicht als Urheber des Unwetters erscheinen mir unerheblich scheint. Wer sich etwas mit den einschlägigen Volkssagen beschäftigt, wird finden, dafs die betreffenden Erzählungen mit einer gewissen Ängstlichkeit es vermeiden, den Kausalnexus zwischen der wunderbaren Begleitung und der Naturerscheinung auszudrücken, über dessen Vorhandensein nach dem ganzen Zusammenhange kein Zweifel sein kann.

In der Schilderung des Paradieses der Haut-Assis (I 349) dürften orientalische Vorstellungen mit germanischen verschmolzen sein. In bezug auf die letzteren verweise ich auf meine Bemerkungen zum Elie de S. Gille (Ztschr. XI 336 ff.). Ohne Zweifel ist die Ivorine selbst eine Nachbildung der zahlreichen „orientalischen" Heldinnen der Karlssage. Eigentümlich ist, dafs sie der Dichter hartnäckig *diuesse*, *dieuesse* nennen läfst, was beinahe mit Gewalt den Tanhäusermythus herbeizieht (*Et si en fait sa fille le dieusse appeller* 349, *Vers le diuesse vont, qui tant fu de hau pris* 362). Von dieser Ivorine heifst es nun nach einer überschwenglichen Schilderung ihrer Schönheit I 349: *Il a .VII. ans et plus, bien le puis affier, C'on ne vit la puchelle .I. tout seul ris geter; Né jamais ne doit rire, né joie démener Tant qu'elle verra en ichel lieu entrer Fleur de chevalerie à ruistes cos donner, Et chellui qui n'ara en che monde son per: Mais quant chuis i venra, joie vaura mener. Si que nuls chevaliers ne poet le mont monter Qu'au Viel de la Montaingne ne se voist poursenter: Adont le va le Viex à sa fille mener; Pour chou que volentiers verroit joie dobler, Et rire la puchelle qui s'en voeilt déporter. Et sè li ai ausi bien oi diviser Que chuis qui le fera en joie transmuer, Et de sa bouche rire, et en joie doubler; Ch'iert pour un chevalier qui venra d'outre-mer, Dou linage Elyaes, C'uns Chisnes volt mener; Et cosins Godesfroy qui s'est fais couronner . . . Car li puchelle scet très bien adeviser; Et de sors d'ingremanche scet-elle bien user, Et le cours des estoles scet-elle regarder. Elle resamble fée, à son corps remirer; Et si samble seraine à lui oïr chanter.* Sie prophezeit ihrem Vater, dafs er durch sie sterben werde. Eben als ihr Vater befiehlt sie zu töten weil sie heimlich Christin geworden war, wird er von dem ihm untreu gewordenen Kalifen erdolcht I 363. Dafs Yvorine eine Nachbildung des Gerda-Brunhildetypus ist, liegt klar auf der Hand. Sie hat ihr Paradies hoch oben auf der Rouge-Montaingne (*.II^c. degrés d'argent le Viex à mout monta* I 360). Sie ist von unvergleichlicher Schönheit, der Dichter vergleicht sie mit einer Fee und nennt sie Göttin. Wie Maugis besitzt sie Zauberkräuter, mit welchen sie alles in Schlaf versenkt (*Elle connissoit herbes; s'en a .IIII. paus pris, Lors fist un tel carmin, che nous dist li escris, N'ot persone en la ville qui n'en soit endormis* I 364, *tous nous enchantoit* 369, vgl. 376). Die Zukunft ist ihr aufgeschlossen wie dem Auberon. Der Vater will sie töten, wie im Märchen der Vater und im Epos der Stiefvater oder andere Verwandte die Kinder umbringen (Müller, Germania I 418 ff.). Sie endet endlich auf wunderbare Weise durch den Löwen der sie verschlingt und dann als Taube gen Himmel fährt.

Und nun sagt der Verfasser von dieser unverkennbaren Brunhilde, dafs sie sieben Jahre weder lacht noch Freude äufsert bis der edelste aller Ritter, der Lichtgott, erscheint. Ist das nicht ein ziemlich deutlicher Anklang an Dornröschen, an die durch Odins Schlafdorn verzauberte Walküre die auf dem Felsen die Ankunft des Göttersohnes erwarten mufs?

Hieran schliefse ich gleich einen Exkurs über die gefangenen oder sonst von ihren Männern getrennten Frauen im Bauduin. „Der uralte Mythos vom Fortgange eines Sommergottes in die Unterwelt für den Winter, seine Wiederkehr übers Meer her im Frühling und die Befreiung seiner verlassenen, inzwischen von winterlichen Mächten, zudringlichen Freiern umworbenen Gattin“ (Mannhardt W. F. K. II 106) hat auch in unserem Gedichte vielfache Reflexe oder Nachtriebe, die allerdings zum Teil etwas verkümmert erscheinen. Beinahe auf jede Frau die einigermafsen hervortritt sind mythologische Motive dieser Art übertragen. Zuerst kommt die Mutter Baudouins, Rose, in Betracht; über deren Bedeutung ich schon einiges ausgeführt habe (Ztschr. X 258). Nach der selbstverständlich kinderlosen kurzen Ehe mit dem Ersten der Winterriesen läfst sie der Dichter eine Fahrt nach dem Orient machen von wo sie nach Boulogne zurückkehrt I 69 ff., 181. Sie erregt von dort aus einen grofsen Feldzug gegen den mit dem Könige von Frankreich verbündeten Verräter (II 123, 125, 149 ff.), wird gefangen (169) aber bei dem Aufenthalt im Schlosse Sebourc von ihrem Enkel befreit (253). Später (312 ff.) wird sie dann merkwürdigerweise von dem Legaten gezwungen sich wieder mit Gaufroi zu versöhnen, der sie aber schon nach ganz kurzer Zeit (*Puis ne demoura gares, che nous dist le chanson, Que Gaufrois vers sa femme fist grande traïson* 313) verbannt und in ein Schlofs mitten im Walde in Friesland oder im Ardenner Walde schickt. Er behauptet sie sei tot und täuscht in der That alle Welt (314, 315, 352, 358, 370, 374, 382, 386, 390, 394) bis er schliefslich die Wahrheit gesteht, worauf sie befreit wird (vgl. dazu Müller, Germania I 422 ff.).

Viel realistischer ist Baudouins Frau, die Schwester des Grafen von Flandern, Blanche, gehalten. Indefs wird auch sie von den Verrätern gefangen und mufs vierzehn Jahre in der Burg von Nimaie zubringen. Der Verfasser scheint hier einigermafsen sich selbst zu kopieren, denn die folgenden Verse klingen empfindlich an die Yvorinepisode an. II 107: *Encore estoit la belle en Nimaie, en prison, .XIIII. ans i fu Blanche qui clère a le fachon: Onkes n'i ot déduit né consolation, En tristèce vesqui la dame longement; . . . Mais pour ce qu'elle estoit née de haute gent, Estoit en une sale mise moult noblement; O lui .IIII. puchelles i avoit proprement, . . . Mais dames et puchelles i aloient souvent Caroler et tréchier et canter douchement . . . Mais chose c'on li face ne li plaist pas granment: Pour l'amour Baudewin, qu'elle amoit loyaument, Li anoyot tant fort qu'elle en plouroit souvent.*

Elienor gehört zu den Sarazeninnen die sich in einen Heros verlieben den sie nur vom Hörensagen kennen oder kaum gesehen haben, wie Floripas im Fierabras 2242. Die Störung ihres Glückes und die gemeinschaftliche Einkerkerung mit Esmeret erinnert sehr an Aiol (*Tout trois en .I. dur lit estoit lor char couchie, .VII. ans entièrement, en grande maladie* I 153). Die Scheinhochzeit mit Julien erinnert an Skirnir und Gerda (I 146); ihr Wunsch (*Et voie Esmeret, le damoisel nouri* u. s. w. I 48) ist echt mythisch, denn nach so kurzer Dauer tritt ja zuweilen schon die Trennung ein. Der Heros ist für Zeus oder Wodan gesetzt.

Die Dame de Ponthieu, welche Renegatin wird und einen sarazenischen Fürsten heiratet (I 72) weil Esmeret sie verschmäht scheint mir wenn auch in ziemlich freier Bearbeitung doch

Züge von Aye d'Avignon (Ztschr. XI 204 f.) angenommen zu haben. Man vergleiche besonders II 21 ff., 25, 26, wo sie wiederholt den Wunsch ausspricht aus der Gewalt der Sarazenen befreit zu werden.

In der Tochter des Herrn von Sebourc wird man, abgesehen von dem Umstande, dafs die ganze Episode der Renautsage entlehnt erscheint, Mythisches kaum suchen; doch enthält die Art und Weise wie sich Baudouin als pilgernder Mönch verkleidet in Sebourc wieder einführt unzweifelhaft eine Parodie auf die Wiedererkennungsscenen durch Schwert und Ring, wenn ein Heros von einer „Fahrt nach dem Osten" zurückkehrt (Schambach-Müller, Niedersächsische Sagen 400, 402, vgl. 409, Aye d'Avignon in Ztschr. XI 204, Reali IV 24).

Dafs auf Yvorine mythische Motive übertragen sind, erhellt schon aus dem S. 23 f. gesagten zweifellos. Auch sie wird gleich nachdem Baudouin sie gewonnen hat gefangen und längerer Gefangenschaft überliefert (I 371, 376). Befreit (II 19) trifft sie wieder mit Baudouin zusammen (II 42), aber wieder nur auf kurze Zeit, da dieser wieder eine „Fahrt nach dem Westen" antreten mufs. Der Verfasser häuft die Motive und wiederholt sich (P. Paris in Hist. lit. XXV 589: *Il a fait un poème où les redites et les contradictions abondent.*

Die Königin Ludiane ist eine Nachbildung des Typus Guiborc-Helena. Sollten die Verse I 365—66 (*Sa moullier ot li rois, avenc li, che dist on; Car menée l'avoit en chelle région, Pour chou que li soudans li donna, en droit don, Une noble cité de trè bele fachon*) eine durch den Namen ihres Gatten Morgant d'Italie veranlafste Anspielung auf die Stadt der Fee Morgana enthalten, welche man bei Reggio im Meere zu sehen glaubte? Der emporgekommene König li Povres-Pourvéus entführt sie während der Schlacht ihrem Gemahl und bringt sie nach Baudas (379 ff.). Ihretwegen wird die Stadt lange belagert, ihre Auslieferung ist der Preis des Friedens II 1, 2. Zum zweiten Male wird ihretwegen eine lange Belagerung unternommen, als der Entführer ihr nachzieht. Die II 16 geschilderte Jagd könnte wohl die dem Volksmunde entnommene Jagd Odins sein, der in den Zwölfen seine Gemahlin jagt.

Endlich wäre noch von der türkischen Frau des Thiéri de Hasebaing, Oriande, zu reden (II 396 ff.). Auch hier scheint Orable-Guiborc das Vorbild gewesen zu sein, obgleich bei der Freiheit mit welcher der Dichter die geläufigen Romanmotive verwendet und neue einführt eine einigermafsen sichere Feststellung nicht zu gewinnen ist. Die ungerechten Anklagen, die Verurteilung zum Scheiterhaufen, sowie das Eintreten des Bastard de Sebourc und ihre Verbindung nach dem Tode des ersten Gemahls sind aus dem karolingischen Kreise bekannte Motive.

II 146 ff. kurz vor dem aus Barlaam und Josaphat entnommenen Bruchstück wird gesagt, dafs die Bewohner von Arges *ne creioent En Dieu ni en sa mere… Ains croient en soleil qui est au haut estage… Si tost que soleil voient ens ou chiel luisant, S'aloient en la ville trestout agenoulant; Et menoient grant feste au soleil apparant.* Monnier widmet den Spuren und Resten des Sonnenkultus in Frankreich mehrere Kapitel (Traditions pop. 1854, p. 175—218) und fügt in den Anmerkungen noch folgendes hinzu, was zum Teil beinahe unglaublich erscheint. *M. Cochard avait découvert dans les archives de l'église de Lyon, de l'an 1339 à 1381, une foule d'ordonnances relatives à la monnaie qui se fabriquait au château de Bechévelin, ordonnances dans lesquelles on lit qu'on frappait des blancs, des deniers forts et des deniers noirs, sur lesquels, outre l'ancienne légende, devaient figurer le soleil et la lune. 750.* „*Nous avons appris d'une personne de Lyon, qui a beaucoup fréquenté et qui connaît parfaitement les provinces situées à l'ouest du Rhône et de la Saône, qu'il existe là une coutume encore tout idolâtrique, attestant que le sabéisme n'y est pas encore absolument aboli. Au coucher du soleil, les gens de la campagne saluent cet astre par des cris. Il s'élève en ce moment des voix de toutes parts qui n'ont pas d'autre objet que de rendre un dernier hommage au dieu de la lumière et du feu* 750.

III.

Der B. de Bouillon charakterisiert sich wie im allgemeinen (Hist. L. XXV 593 ff.) so auch in den hier in Betracht kommenden Punkten als eine schwächere Fortsetzung des B. de Sebourc. Der ungeratene Aurri (Ourry) ist ein abgeblafstes Ebenbild der schlimmen Brüder Karls des Grofsen, Floovants (Flo. 2503 ff.), Odins (vgl. 28, 1901, 3750—3788, 4111, 4155, 4171 ff., 4302 ff.). Dafs er aufsergewöhnlich schön ist hat er mit vielen Verrätern gemein, auch mit Canelon. Auch der Teufel wird vereinzelt als sehr schön gedacht (vgl. Schröder, Glaube und Aberglaube 65, 69). Seine Verwaltung in Abwesenheit des Königs von Jerusalem ist der Herrschaft der Verräter in Lusarches (B. de Sebourc I 186 ff.) nachgebildet. Auch hier fehlt jener vorhin (17) besprochene Zug. Durchaus an Karls Ritt nach Paris (Spagna rimata XX) erinnert der Vers *Si dist que li deables son pere raportoit* 3779. Der geplante Giftmord ist ebenfalls eine schiefslich wertlose Reminiscenz. — Die angebliche Sarazenin Calabre ist eine echt germanische weissagende Frau, unter anderen der Mirabel zu vergleichen (Aiol 5900 ff., 6720 ff., 6775 ff.). Das Töten der Vögel kommt nach Schröder 117 einem Augurium ziemlich nahe. Nach 1116 ff. erscheint sie nicht blofs als Werkzeug eines Gottes zur Verkündigung der Zukunft, sondern sie scheint gewissermafsen als göttliches Wesen das Unglück ihres Stammes selbst veranlafst zu haben. Höchst interessant für die Bedeutung der Sommersonnenwende sind die Verse 2153: *La mere Corbarant ... Sorti a chelle feste Saint Jehan en esté, Elle geta ses sors et furent recordé, Et tout chou qu'elle dist, en voit on averé.* Wenn ich Ztschr. 205 gesagt habe dafs das Fest im Orient nur von den Johannitern gefeiert wurde so habe ich doch übersehen, was Mannhardt (W. F. K. II 293 ff.) über die Sonnenwendfeuer im Orient zusammengestellt hat. Indessen da der germanische Westen ebensoviel und mehr bot, so ist nicht anzunehmen, dafs die Redaktoren der *chansons de geste* die sich ja durch eine rührende Unwissenheit in Bezug auf den Orient und die Bewohner desselben auszeichnen die Bedeutung der Johannisnacht gerade dem Osten entnommen haben sollten. Auch findet sich bei Mannhardt von eigentlichen Weissagungen nichts, obgleich die vielfachen abergläubischen Deutungen die man an die Sonnwendfeuer knüpfte diese Vorstellung sehr nahe legen.

Den Sec Arbre (209) auch genannt l'Arbre qui fent versetzt Scheler sehr richtig in den äufsersten Norden und erinnert dabei (S. 238) an den trockenen Baum im Paradiese den B. de Sebourc auffand. Die Schilderung in Marco Polo I 20 ist wohl durch die Karlssage hervorgerufen und giebt einen rationalistischen Erklärungsversuch. Ich gehe (vgl. Ztschr. XI 344) einen Schritt weiter und identifiziere ihn geradezu nicht nur mit dem Baume auf der Walserheide (Grimm M.[4] 799) sondern auch mit der Weltesche (vgl. a. a. O. 97). — Die ganze Synamondeepisode ist in gewissem Sinne nur ein Zerrbild der aus der Karlssage bekannten „sarazenischen" Frauentypen. Der Einflufs der Artusromane mit ihrer eigentümlichen „Mystik" die aber eben auf dem Mythus beruht ist deutlich wahrnehmbar. Aber die Karlssage würde auch allein als Vorlage ausreichen, man erinnere sich an Belisent im Amis und Amiles. Dafs jenes eigentümlich fremdartige Verlangen aus dem Mythus hervorgegangen ist, scheint mir durch die Lektüre der betreffenden Kapitel bei Grässe (s. Register, z. B. über Lancelot IV 174 f. = II 3, 1) bestätigt zu werden. Ob das germanische oder keltische Element schliefslich die Oberhand bei der Mischung behalten hat dürfte kaum zu entscheiden sein. Erheblich wiegt das letztere vor in der Schilderung des Paradieses wo sich Artus und Morgue aufhalten, wenn man dazu die bezüglichen Stellen aus Elie de S. Gile und auch aus B. de Sebourc vergleicht. Über die Dunkelheit, welche das Land umgiebt s. Ztschr. XI 12. Zelte der Art wie 3406 ff. eins beschrieben wird, hat man seit langer Zeit als Symbole des Himmelsgewölbes angesehen. Die Bedeutung des Hornes steht wohl fest (vgl. Simrock M. Register). In Bezug auf Rolands Horn sagt auch Pakscher (Zur Kritik und Gesch. des altfr. Rolandsliedes 1885 S. 93): „Vielleicht beruht diese Episode wirklich, wie manche wollen, auf einer alten mythologischen Vorstellung und es ist was ursprünglich von einem Gotte erzählt wurde, schon ziemlich früh auf Roland übertragen worden.“ Die v. 3569 erwähnten 200 Jahre erinnern an Karls Alter im Roland und beruhen ohne Zweifel auf dem Mythos. Karl ist Odin, der nie alternde. Auch dem König Snaer (dem Gebirgsschnee) wird ein Alter von 300 Jahren beigelegt (Mannhardt, Götterwelt 95). Die beiden schlagenden Figuren, welche die Rose bewachen (3608 ff.) dürften aus Huon de B. entnommen sein (4562 ff.), wo sich der sehr merkwürdige Umstand findet, dafs *Une aloete, que bien tost set voler, Ne poroit mie ens el palais voler Que ne fust morte* 4568. Das erinnert lebhaft an die Symplegaden. Die kupfernen oder goldenen Schläger dürften Genien der beiden Jahreszeiten sein und das unaufhörliche Zuschlagen den ewigen Wechsel der lichten und der finsteren Hälfte des Jahres symbolisieren. Das Verschenken des Rosses und des Panzers an den Helden der Zukunft ist ein von Odin auf Artus übertragener Zug. Die fünf Jahre sind bei ihnen ganz schnell vergangen 3691 ff. wie bei Baudouin die zwei Monate (S. 15).

Zum Schlufs lasse ich noch einen Nachtrag zum Fierabras bezw. zur Destruction de Rome folgen. Ein Riese von besonders auffälliger Gestalt wird daselbst v. 1090 ff. geschildert. *Estragot le poursuit, uns geans diffaies: Bien avoit III M. homes mordris et devores; Teste avoit com senglers, si fu rois corones.* Recht ähnliche Vorstellungen scheinen noch jetzt in einigen Gegenden von Frankreich zu herrschen und schon zur Römerzeit kursiert zu haben (Monnier, Traditions populaires 1854). *M. Alexandre Lenoir dit avoir lu, au dessus de la porte de Langres, une inscription conçue en ces deux mots: Mercurio Mocho, qui signifient à Mercure-cochon; inscription qui concourt à prouver que le culte du porc a existé chez nos pères* (Mém. de la Soc. des ant. de France, t. 1, p. 122). Langres sei als sehr alte Stadt naturgemäfs einer der Hauptsitze des Druidentums gewesen und die Römer die eine solche Gottheit nicht kannten, hätten in bekannter Weise die Gottheiten vereinigt (498). Im Schlosse Maiche (*département du Doubs*) erscheint ein Geist einmal im Jahrhundert *sous la forme d'un cochon noir ou d'un homme à tête de porc; car il y a deux versions à cet égard. Nous préférons la seconde, parce qu'il s'agit ici d'un revenant qui parle et auquel on a parlé comme à un monsieur* (499). Im folgenden erläutert Monnier seine Ansicht, dafs es sich hier nicht um eine „arme Seele“ sondern um einen *dieu-cochon* handelt. *On s'aperçoit, à la contexture de ces récits populaires, qu'on tâche de lier, par quelque point, un mythe du paganisme à la foi chrétienne, mais que cela n'a pas trop le sens commun* (500). Der Verfasser glaubt dann dieser Vorstellung buddhistischen Ursprung zuschreiben zu müssen.

Druck von W. Pormetter in Berlin.

Wissenschaftliche Beilage zum Programm des Humboldts-Gymnasiums
zu Berlin. Ostern 1893.

Erläuterungen

zu den

sagenhaften Teilen in Tassos Befreitem Jerusalem.

Von

Georg Osterhage.

BERLIN 1893.
R. Gaertners Verlagsbuchhandlung
Hermann Heyfelder.

1893. Programm Nr. 57.

Zu den sagenhaften Teilen des Befreiten Jerusalem geben die Herausgeber aus den grofsen französischen Sagenkreisen, denen sie entnommen sind, nur wenig zahlreiche Erläuterungen. Die direkten Quellen überall mit Sicherheit anzugeben, dürfte bei einem so belesenen Dichter wie Tasso aufsergewöhnliche Schwierigkeiten bereiten. Auf den folgenden Seiten soll daher nur versucht werden im allgemeinen die Herkunft des Stoffes nachzuweisen, dann aber aufzuklären, warum gerade diese Teile aus dem scheinbar unerschöpflichen Material von Sagen herausgegriffen sind und gewählt werden mufsten. Denn das ist der Vorzug der italienischen Kunstepik, dafs sie ihre Stoffe nicht nach theoretischen Grundsätzen oder nach persönlichen Ansichten gewählt hat, sondern sich recht eigentlich hat treiben lassen von dem mächtigen Hauche des Volksepos, des französischen d. h. keltisch-germanischen Geistes, der von Frankreich her die Poebene und dann auch die übrige Halbinsel beherrschte. Wie der sagenhafte so ist auch der geschichtliche Teil in jener Zeit, wo der Islam auf dem Höhepunkte seiner Macht stand, von Osten her dem Tasso geradezu aufgedrungen worden. Darum wird auch die italienische Kunstepik, wie sie in der Vergangenheit ganz anderen Anklang gefunden hat als die englische und deutsche, auch für die Folge eine gröfsere Lebenskraft bewahren. Die Anrechte der nordwestlichen Sagenkreise an Tassos Gedicht werden begrenzt und bestimmt durch die Rollen der Frauen, von denen Erminia besonders den germanischen, karolingischen, Armida den keltischen Kreis bezeichnet. Clorinda ist eine vorzugsweise romanische, Sophronia allgemein christliche Schöpfung.

Tasso hat selbst in seinen Briefen und Abhandlungen Andeutungen gegeben, wo die Quellen zu diesen Episoden zu suchen sind, allerdings nur schwache, denn im Verkehr mit seinen römischen Revisoren durfte er jene volkstümlichen Namen kaum in den Mund nehmen. Er sagt ihnen in der Schrift Del giudizio I (Rosini Opere XII 277), dafs er sich von den favole inglesi e francesche abgewandt habe und Allegorisches aus dem Thomas von Aquin für das eroberte Jerusalem genommen habe. Die fahrenden Ritter, deren mythologisches Wesen er indirekt ganz richtig erkennt, wenn er Op. XII 97 den Odysseus einen cavaliero errando nennt, schreibt er in dem Dialoge dell' Imprese IX 330 speziell der englischen d. h. keltischen Dichtung zu. Die eigentliche Quelle für den keltischen Teil seines Gedichtes war der Lancelot, den er sehr gut kannte und von dem allein in Venedig drei Ausgaben in einem Menschenalter erschienen (1520, 1557, 1556; S. Tarbé, Chevalier de la charrette, Anhang). Er kannte zweitens die karolingische Sage aus den Reali, und diese führten ihn bei seiner Gründlichkeit von selbst auf die französischen Quellen, die er teils in italienischen Übersetzungen, teils in den venetianischen Versionen, teils auch besonders auf seiner Reise nach Frankreich aus Handschriften oder Drucken, Vorläufern der bibliothèque bleue kennen lernen konnte. Ähnliches sagt P. Paris, Hist. litt. XXII Register Le Tasse. Aber auch andere französische chansons mufs er gekannt haben. Man bedenke, dafs die Leitung der Kreuzzüge Werk der Franken war — gesta Dei per Francos —, dafs Tasso in Frankreich gerade deshalb so liebevolle Aufnahme fand, weil er die Verdienste der Franzosen anerkannt hatte (Serassi I 216 f.). Die französischen poetischen Darstellungen der Kreuzzüge enthalten unstreitig alle Schönheiten wahrer Volkspoesie. Noch jetzt liest man die Romangruppen des chevalier au cygne mit den Erweiterungen, die chanson d'Antioche und den Abenteuerroman Huon de Bordeaux mit Vergnügen. Der letztere wurde im 16. Jahrhundert wenigstens sechsmal abgedruckt (Guessard et Grandmaison XXVII). Nun hielt sich Tasso während des ganzen Jahres 1571 in Frankreich auf. Alle Kreise standen ihm offen. Am Hofe und bei den hervorragendsten adligen Familien war er gern gesehen. Ihre Bibliotheken, in denen sich die kostbaren Manuskripte befanden, standen ihm offen. Noch vom Hospital St. Anna aus erinnert er sich an seine französischen Freunde und Beschützer, z. B. die Herzöge von Nevers und Guise (Lettere II 50). Mit Ronsard befreundete er sich schnell (Serassi I 219); natürlich lobte er ihn, denn Tasso war ein höflicher Mann, aber seine Manier wird ihn auch in Frankreich nicht blind gemacht haben für die Vorzüge einer volkstümlichen Dichtung. Den relativ gröfsten Teil des Jahres verbrachte Tasso in der Abtei Chaalis bei Senlis, nicht zu verwechseln mit Chablis, wie das von Ménage geschehen ist (Valery, Curiosités italiennes 256). Wenn irgendwo so hatte der Dichter in dieser grofsen und reichen mit Kunstwerken und jedenfalls auch mit einer reichen Bibliothek ausgestatteten Abtei Gelegenheit, die chansons de geste kennen zu lernen. Denn gerade im Norden von Paris, an der Hauptstrafse, die einerseits nach der Picardie anderseits nach Belgien führte, war das eigentliche Vaterland der grofsen Masse der uns erhaltenen Gedichte. Darf man sich noch weiter in Vermutungen ergehen, so möchte ich glauben nach den Übereinstimmungen in seinem Epos, dafs er drei Gruppen aus der grofsen Zahl sich wenigstens oberflächlich angesehen hat. Er kannte den Turpin und wird daher wohl auch einzelne der Roncevauxgedichte gelesen haben. Die zweite Gruppe war wohl natürlich der cycle des croisades. Drittens möchte ich glauben, dafs er verhältnismäfsig jüngere Epen, die stark vom Artuskreise beeinflufst waren, wie Huon de B., Charles le Chauve, Tristan de Nanteuil kennen gelernt hat.

Ich nannte oben schon den Herzog von Nevers als Tassos Freund (Guasti, Lettere II 50 und Abhandlung über die Gründe des Aufstandes in Frankreich). Dieser war ein Italiener, ein Sohn Friedrichs II. von Mantua, aus dem Hause der Gonzaga. Er war früh nach Frankreich gekommen und zeichnete sich als Feldherr aber auch besonders durch Bildung aus. Tassos Vater lebte schon am Hofe zu Mantua und starb im Dienste der Gonzaga, der Dichter selbst stand in fortwährender Verbindung mit dieser Familie. In dem Hause des Herzogs von Nevers waren nun nachweislich die Erinnerungen an den chevalier au cygne, d. h. an den cycle des croisades, lebhaft geblieben. Die Herzogin von Nevers, welche am französischen Hofe neben der Italienerin Katharina von Medici eine grofse Rolle spielte (Valery a. a. O.), war eine geborene Prinzessin von Cleve. Die Herzöge von Cleve aber leiteten ihr Geschlecht von dem Schwanenritter ab. Sobald ihnen Franz I. Nevers verliehen hatte, begannen sie den Ausbau des herzoglichen Schlosses, jetzt palais de justice, in dessen mittlerem Turme sich eine Darstellung der Schwanensage befindet, die man Jean Goujon (?—† 1572), dem Reformator der französischen Skulptur, zuschreibt. Von dieser hat nun wohl Tasso blofs gehört, denn trotz seiner Bekanntschaft mit den Gonzaga und der Freundschaft der

Este und Gonzaga scheint sein Herr, der Cardinal von Este, von Lyon aus durch Burgund nach Paris gereist zu sein. Möglicherweise hat jedoch Tasso den Rückweg über Gien-Nevers eingeschlagen. Wie dem auch sei, es genügt für uns zu wissen, dafs die Sage vom Schwanenritter noch keineswegs erloschen war, und wenn irgend jemand so war Tasso in der Lage, davon Kunde zu erhalten, da sein Streben allgemein bekannt war. Aus diesen Gründen halte ich es mit Paulin Paris für wahrscheinlich, dafs Tasso das grofse französische Epos über die Kreuzzüge wenigstens zum Teil gekannt hat. Wenn er nun diese Stammessage der Bouillons nicht erwähnt, so wird man das wohl technischen Bedenken, die ihm materiell wie formell die Alten einflöfsten, zuschreiben müssen.

Schon vor seiner Reise nach Frankreich hatte Tasso reichlich Gelegenheit, die chansons de geste in Italien und in der italienischen Litteratur kennen zu lernen. Es ist bekannt genug, wie schnell diese Werke nach Italien vordrangen. Bestimmtes Zeugnis dafür legen ab die Kataloge der italienischen Bibliotheken und besonders der Marciana. Man wird also eine direkte Benutzung altfranzösischer Quellen durch Tasso nicht als unwahrscheinlich bezeichnen dürfen, wenn sich sonst Anklänge finden, die darauf hinweisen. — Es ist eben gesagt worden, dafs der Dichter die Reali kannte. Es geht dies aus seinem Briefe an Scipione Gonzaga vom 24. 5. 1575 hervor: saprà però chi non lo sa, che la numerazion de' colpi non così è propria di Bovo che non sia anco d'Omero. Hieraus folgt zwar direkt nicht, dafs er auch die anderen Teile der Reali kannte, da Buovo d'Antona wiederholt separat gedruckt vorlag, z. B. in ottave rime, in Lucca ohne Datum (vgl. Rinaldo ed. Minutoli p. XI, Bibliografie dei Reali, Milano 1838). Ich zweifle jedoch nicht, dafs dem Dichter der Buovo im Zusammenhange gründlich bekannt war, besser als dem Herausgeber seiner Briefe, welcher die Bemerkung macht: B. d'Antona, eroe della tavola rotonda (Guasti I 80). Neben der karolingischen Sage, und, was ich nebenbei bemerken möchte, dem Roman de la Rose (vgl. u. a. G. Lib. XV 66) war auch wohl die Romangruppe, die man als cycle des croisades bezeichnet in Italien bekannt. Jener Pulicane, der im Buovo eine verhältnismäfsig wichtige Rolle spielt, scheint mir einen Hinweis auf die Sage vom chevalier au cygne beziehungsweise auf dessen Mutter und die gegen sie erhobene Anklage zu enthalten und dieser Sage sein Dasein zu verdanken. C. XXVII voi tenete incatenato nella prigione Pulicane, il quale nacque d'una nobile donna e d'un cane mastino ... e quando nacque il re Erminione il volle far ardere, ma Drusiana lo chiese in grazia, e per maravigliosa cosa lo fece allevare. Zu vergleichen ist hiermit die Beschreibung des Pulicane in der ottova rima von Lucca, canto VII 2: Ello era grande e grosso oltra misura, Del mezo in suso vero huomo formato, Da indi in giù di cane avea statura, Con quattro piè d'un bel bianco frettato. Es überrascht dies durchaus nicht, da ja in der Estensischen Bibliothek (Rajna Romania II, Cappelli Giorn. st. XIV 1889 S. 24) unter manchen Romanen des cycle du roi auch zwei offenbar dem Kreise des chev. au cygne angehörige Werke erwähnt werden: Libro chiamado Gutifrè de Buione, das zweite mit dem Zusatz del viazo de Charlo, d. h. die voyage de Charlemagne war als inhaltlich verwandt mit der Geschichte des ersten Kreuzzuges zusammen gebunden worden. Es liegt die Vermutung nahe, dafs diese Bücher wie die der Bibliothek der Gonzaga zum Teil nach Venedig gekommen sind, wie auch Rajna annimmt. Sowohl von Mantua wie von Ferrara führt der Weg nach Venedig über Padua, und dort mag Tasso in seinen Studienjahren in Klöstern, bei Aristokraten oder Gelehrten die von den letzteren jedenfalls nicht hoch geschätzten Gedichte gesehen haben. — Man wird hier auch Quellennachweise finden, für solche

Stellen, die der Dichter den Alten entnommen zu haben scheint. Es mufs nämlich zum Verständnis des Dichters nachgewiesen werden, dafs diese oder jene Figur oder Vorstellung den Ideen des Mittelalters, soweit sie im Volksepos zum Ausdruck gelangen, nicht fremd sind, denn Tasso hat nur das benutzt, was lange und in mehreren Nationen Glauben fand. Dieser Quellennachweis ist also viel allgemeinerer Natur, viel unbestimmter, als für den Orlando Innamorato und Furioso, da weder Bojardo noch Ariost so systematisch und ängstlich abgewogen haben, was in ein Epos aufgenommen werden darf und was zu verwerfen ist. Niemals hätte Tasso ohne weiteres Episoden aus Homer, Vergil oder Heliodor aufgenommen ohne zu prüfen, ob sie mit den Sagen, Sitten und Anschauungen christlicher Jahrhunderte sich harmonisch vereinigen liefsen. Die christlichen Überlieferungen dienten ihm ebenso gut als Richtschnur für die Aufnahme antiker Elemente, wie die Lehren des Aristoteles und die Beispiele der Alten ihm mafsgebend waren für die Zulassung der christlichen, geschichtlichen oder sagenhaften Stoffe. Dafs er beiden Anschauungen gerecht werden wollte, geht aus seinen Briefen und aus den Abhandlungen über das heroische Gedicht, aus den Discorsi del giudizio und ähnlichen Schriften im allgemeinen mit Sicherheit hervor, so dafs diese Ansicht von niemandem bestritten werden wird, der Tassos dichterische Thätigkeit aus seinen eigenen Schriften kennen gelernt hat. Dafs ein Mann, der so wie Tasso im Stande war seine Auswahl Stück für Stück mit Gründen zu verteidigen, und sie verteidigen mufste, nicht antike Elemente blofs weil sie ihm interessant erschienen aufgenommen hat, darf man als Grundsatz im mathematischen Sinne der Untersuchung über seine Quellen zu Grunde legen. Natürlich gilt dies nur von gröfseren zusammenhängenden Teilen, besonders von der Clorindaepisode, nicht etwa von einzelnen Versen, Bildern oder Vergleichen. Am besten beweist die Probe dieses Verfahren Tassos, denn es findet sich nichts Antikes in seinem Werke, das nicht zugleich mit den Anschauungen des Mittelalters übereinstimmte, aber es lassen sich auch Stellen anführen, die man nur etwas allgemeiner zu nehmen braucht um das Behauptete zu beweisen. Dell' arte poetica discorso II, Rosini XII 227: Disconvenevole sarebbe nella maestà de' nostri tempi, che una figliuola di re insieme colle vergini sue compagne andasse a lavare i panni al fiume . . . , parimente che in cambio della giostra s'usasse il combatter su i carri . . . però poco giudizioso in questa parte si mostrò il Trissino, che imitò in Omero quelle cose ancora, che la mutazione de' costumi avea rendute men lodevoli . . . Vgl. auch XII 87 f.

Ich mufs, da wiederholt auf die germanische Mythologie eingegangen wird, einen Augenblick auf die Ansichten von Bugge über die Edda zurückkommen. Ich habe schon früher ausgesprochen, dafs man den Germanen doch wohl das zugestehen wird, was viele afrikanische und oceanische Völkerschaften haben: eine Mehrzahl von Göttern als Verkörperung von Naturkräften, darunter gute und böse, und mehr bedarf es zur Erklärung des fränkischen Epos nicht. Es ist ferner zu beachten, dafs die blendenden Etymologieen überall wertlos werden, wo auf die Volksetymologie zurückgegriffen werden mufs. Zu den Gegnern der Buggeschen Ideen gehört auch Ernst Krause, der z. B. zur Erklärung des Baldermythus auf Herodots Erzählung von den Söhnen des Krösus hinweist. Für einen zukünftigen Bugge möchte ich noch ein paar Gründe angeben, wie man „beweisen" kann, dafs die Portugiesen den Fetischismus nach Afrika getragen haben. Das Wort ist bekanntlich portugiesisch. Die Küstenvölker verehrten als Fetische namentlich auch solche Gegenstände, welche von Portugiesen an der Küste zurückgelassen wurden. Wie, wenn ich nicht irre, Max Müller irgendwo sagt, konnten die Fetischanbeter, wenn sie die Portugiesen feierliche Prozessionen veranstalten sahen, beobachteten, wie Sterbende das Kreuz an die Lippen drückten, wohl glauben, dafs ihr Kultus von dem der Einwanderer nicht sehr verschieden sei. Dann wird der zukünftige Forscher in polemischen Schriften häufig finden, dafs den Bekennern der Religion der Portugiesen der Vorwurf des Fetischismus gemacht wurde. Diese vier Punkte müssen für den Anfang genügen.

Sehr entschieden erklärt Tasso, dafs das mythologische oder wie er sagt das mirabile, was er anderswo durch sopraumano erläutert, der eigentliche Gegenstand des Epos sei: Avendo l'epico per proprio fine il mirabile, . . . cerca più il mirabile per tutte le strade (an Luca Scalabrino 16. 9. 1575). Jo stimo ch' in ciascun poema eroico sia necessarissimo quel mirabile ch' eccede l'uso de l'azioni e la possibilità de gli uomini: o sia egli effetto de gli dei, com' è ne' poemi de' gentili; o de gli angioli, o vero de' diavoli e de' maghi, com' è in tutte le moderne poesie (an Silvio Antoniano, 30. 3. 1576).

Es würde wenig verschlagen, wenn man noch mehr als es von den bisherigen Erklärern und vom Dichter geschehen ist nachwiese, dafs Andeutungen der Hauptepisoden sich in den Historikern der Kreuzzüge fänden. Diese Geschichtsschreiber haben eine Menge von Sagen aus dem Occident nach dem Orient getragen, genau wie die Sage es nachweisbar gethan hat, z. B. im Tannhäusermythus. So sind denn echt germanische oder keltische Züge später als orientalische Eigentümlichkeiten dem Publikum aufgetischt worden. Auch Chateaubriand hat sich in dieser Beziehung täuschen lassen. Die Araber waren ein viel greisenhafteres Volk als die europäischen Nationen, und die Lust am Fabulieren war bei ihnen viel weniger grofs als bei den Romanen und Germanen. Bei der Berührung der Rassen waren also, wenn überhaupt ein Austausch stattfand, sie gewifs die Nehmenden. Es würde sich bei näherem Studium selbst herausstellen, dafs ein nicht unerheblicher Teil der Erzählungen aus Tausend und eine Nacht keltische und germanische Elemente enthalten. Zwischen ihnen und den Europäern besteht ungefähr dieselbe Bilanz wie zwischen Italienern und Franzosen im 12.—14. Jahrhundert. Ursprünglich hatten die Bewohner der Halbinsel dieselben an Berg und Thal, an Flüsse und Wälder anknüpfenden mythischen Sagen, aber in Italien waren sie durch die Geschichte längst zurückgedrängt und in ihrer Entwickelung gehemmt worden, während die einfachere Geschichte der keltischen und germanischen Stämme ihnen mehr Anhalts- und Stützpunkte bot.

Die Episode der Sophronia geht den Romanisten eigentlich nichts an. Ich möchte sie aber doch kurz besprechen, um auch hier auf die Grundsätze aufmerksam zu machen, die man bei der Erklärung des Dichters nach meiner Ansicht nicht aus den Augen verlieren darf. Abzuweisen ist die persönliche Erklärung aus einer verborgenen Neigung des Dichters zur Prinzessin von Este. Man mag diese für wahr halten oder nicht, dem Dichter, der sein Epos als eine heilige Lebensaufgabe ansah, ist es gewifs nie eingefallen persönliche Erlebnisse solcher Natur hineinzulegen. Auch an eine Nachahmung des Boccaccio ist nicht zu denken. Alle Motive der Episode sind in der Geschichte der Christenverfolgungen — denn um eine solche handelt es sich ja auch in Jerusalem — zu suchen und reichlich zu finden, vielleicht mit kleinen Änderungen, die den Theorieen des Dichters aber nicht widersprechen. Wieder und wieder sind es Bilder, meist allerdings wohl heidnische Bilder, um derentwillen eine Verfolgung entbrennt, immer auch kehrt der Zug wieder, dafs ein Teil sich für den andern opfern will. Auch dafs der Tyrann sich nicht dadurch rühren läfst, findet sich häufig. Für jeden, der in den Akten der Märtyrer einigermafsen belesen ist, sind Belege überflüssig. Ich will nur wegen des zeitlichen Zusammentreffens, natürlich nicht als Quelle, auf ein Gedicht (Nr. 100) in des Knaben Wunderhorn hinweisen, welches einem Gesangbuche der Wiedertäufer von 1583 S. 53 entnommen ist. Die Christin heifst Pura, der Jüngling, der mit ihr verbrannt wird, ist seltsamerweise ein Engel, der Ort wird Antiocha genannt. Viel schöner ist natürlich das Eintreten eines Familiengliedes für das andere. Tasso selbst bezeichnet derartiges als etwas, das immer und bei allen Völkern wahr bleibt (Op. XII 85), unabhängig von dem decoro und den costumi. Er konnte also dieses Motiv auch verwenden, ohne es in den Legenden der Heiligen gefunden zu haben. Über Märtyrer im heroischen Epos vgl. den Dialog degl' Idoli Op. IX 259ff.

In der Erminia verschmilzt der Dichter zwei sehr bekannte Typen der altfranzösischen Sage, die den Christen zugeneigte Tochter des heidnischen Fürsten und die vom Hofe vertriebene Herrscherin, hier Prinzessin, die in den Wäldern umherirrt, beide, wie nachher ausgeführt werden wird, mythologischen Ursprungs und bekannt soweit wir überhaupt die Geschichte der germanischen Stämme etwas genauer verfolgen können, etwa seit der Völkerwanderung. Bei dem Namen Erminia ist es schwer nicht an das Land zu denken, in welchem Buovo seine Heldenlaufbahn beginnt. Das Land heifst dort Erminia, der König Erminione, die Hauptstadt Erminias. Ein Armenio re dell' Erminia wird genannt im Rinaldino ed. Minutoli p. XXIX. Ermins und Hermins sind Formen, die in der ch. d'Antioche I S. 187 und 191 vorkommen. Nach dem Lande ihrer Abstammung benennt auch der Verfasser des Doon de Maience die Tochter des Sultans: Flandrine a à nom la bele au cors pleisant, Que de Flandres sunt né si parent plus puissant 6362f. Auch das Adjektiv kommt vor: Bovo LIX dieci gioveni erminii. In dem gereimten Buovo (Lucca) heifst der König selbst Herminio: IV 9 E menerò il Rè Herminio prigione. Dem entspricht dann auch der Frauenname Erminia ohne allen Zwang. Bei der grofsen Sorgfalt und Gewissenhaftigkeit, mit welcher Tasso alle Teile seines Gedichtes ausgewählt hat, ist es nicht gut möglich anzunehmen, wie Antonio Malmignati Giornale storico XIII 417 (1889) glaubt, dafs der Name sein Dasein einer vorübergehenden Neigung des Dichters zu Erminia Piovene in Padua verdankt. Wenn das Sonnet wirklich aus der Zeit stammte, so würde nur eine Koinzidenz vorliegen, der Art, dafs schon früher ein Venezianer sein etwa auf einer Orientreise geborenes Kind so genannt hatte, wie man einer auf dem Ozean geborenen Tochter den Namen Oceana beigelegt haben soll. Wenn nun auch die Erminia des Epos nicht gerade eine armenische Prinzessin genannt werden kann, so lag der Name des Landes dem Dichter doch sonst sehr nahe wegen des romantischen Schimmers, der dasselbe von jeher umgab. Das Land bildete gewissermafsen den Übergang vom christlichen Westen zum sarazenischen Osten, wie auch Erminia als Engel des Friedens zwischen den streitenden Heeren auftritt, halb als Sarazenin halb als Christin gedacht. Ihre Liebe zu Tankred, dem Feinde ihres Vaters, findet in den chansons de geste zahllose Vorbilder. (Vgl. Gautier Ep. fr. I 387). Der geläuterte Kunstsinn des Dichters hat die harten Züge derselben erheblich gemildert. Sie giebt ihre Liebe zu Tankred nicht mehr in der rohen Form jener sarazenischen Heldinnen kund, sie verrät auch nicht geradezu ihren väterlichen Freund und Beschützer, ihren Glauben und ihr Vaterland. Diese invenzione poetica, wie sie Scartazzini in seiner Ausgabe von 1882 S. 50 nennt, hatte zur Zeit als Tasso schrieb, ein nachweisbares Alter von etwa tausend Jahren, mutmafslich ist sie aber viel älter. Gregor von Tours berichtet zuerst offenbar nach alten Sagen von der Frau eines Thüringerkönigs, Basina, welche dem verbannten Frankenfürsten Childerich wegen seiner kriegerischen Tüchtigkeit nacheilte und seine Gemahlin wurde. Nach meiner Meinung (Rom. Zeitschr. XIV 352 f.) ist diese Basina, deren Identität mit den eben erwähnten Heldinnen der chansons de geste von Rajna (Origini dell' epopea francese 145 ff.) überzeugend nachgewiesen ist, eine Figur, auf die mythologische Motive übertragen sind, um nicht zu sagen eine germanische Göttin, am besten vertreten durch die Gerda der Edda, welche als Göttin der Erde, die jedes Jahr zweimal ihren Herrn wechselt, treulos gewissermafsen alle Bande des Blutes mifsachtend, dem ihre Hand reicht, der soeben erst ihre Brüder, die sie schützten, getötet hat. Diese mythische Personification wurde als Romanfigur nach und nach gemildert, von den älteren französischen Dichtern in den Augen ihres Publikums nur dadurch, dafs sie ihre Sympathie christlichen Helden zuwandten und Christinnen wurden; in den Reali tritt die Milderung auch in ihren Thaten und Reden schon deutlich hervor. Tasso mufste in gewissen Punkten mehr auf die älteren Vorlagen zurückgehen, da in den Reali der Held, welcher die Geliebte gewinnt, kaum noch als Eroberer und Feind des Vaters oder Bruders erscheint, sondern gegen andere dritte Personen seine Kraft beweist. Aber auch diese Version der Sage ist sehr alt und findet sich schon bei Saxo Grammaticus, wo der verbannte Odin die Rolle des Buovo spielt. Da die Verkettung der Reali mit den altfranzösischen Gedichten einem Zweifel nicht unterliegt, so möge hier vorerst auf die Übereinstimmungen des Buovo mit der Erminiaepisode hingewiesen werden. Alles Abenteuerliche in ihrem Wesen und in ihrem Schicksale auf der Flucht durch fremde Länder, in fremden Heeren, Verkleidungen, Verheimlichung des Namens ist der Drusiana, Tochter des Königs Erminione, ebenso eigen wie der Erminia, was sie aber unterscheidet ist der ernste sentimentale, melancholische Charakter der letzteren. Drusiana ist viel munterer, frischer und übermütiger. Aber das moderne Empfinden, das eigentliche Leben, hat dieser seiner schönsten Figur der Dichter selbst gegeben. Besonders in der Schilderung der verborgenen Zuneigung zeigt sich eine zum Teil wörtliche Übereinstimmung zwischen den Reali und Tasso. G. L. VI 63: Quinci vide la pugna, e il cor nel petto Sentì tremarsi in quel punto sì forte, Che parea che dicesse: „Il tuo diletto È quegli là che in rischio è della morte.“ Così di angoscia piena e di sospetto Mirò i successi della dubbia sorte: E sempre che la spada il Pagan mosse, Sentì nell' alma il ferro e le percosse. Reali IV 17. Drusiana dal suo palazzo vedeva la battaglia e stava in ginocchione (Christin) e pregava Dio per lo suo caro Buovo. Quanti colpi riceveva Buovo in su le arme, tanti Drusiana riceveva nel suo cuore . . . Drusiana per questo cadde in terra come s'ella avesse ricevuto quel colpo nella sua persona, perchè se Buovo lo sostenne sopra le arme, Drusiana lo sostenne nel cuore. G. L. VI 85: Pur risanata . . . colpo di ferro avria piaga di Amore: Ed or la mente in pace e il corpo stanco Riposeriansi . . . 110: Così costei, che dell' amor la sete . . . Spegner . . . credeva e riposar la stanca mente. Reali IV 11: Continuamente pensava come, meglio potesse dare riposo all' ardente sua fiamma. Zu dem Streit zwischen Liebe und Zucht, VI 70 onore e amore, fand der Dichter Züge im Ovid und Vergil, aber auch sehr zahlreiche Beispiele in den mittelalterlichen Sagen, z. B. im Girone il cortese S. 140 ff., zwischen der Dame von Maloanco und Girone, in Flore (Hist. lit. XXII 820) zwischen amors und corage, im chevalier au lion, namentlich aber auch im Buovo. C. 14: Ella vinta più dall' ardente amore che dalla paura o dalla vergogna, si mosse ed andò con una dama e con un damigella insin' alla stalla, e benchè alcuna volta ella con più compagnia per veder li cavalli vi fusse venuta, questa volta non parve onestà di donzella. Ma chi è colui che dal fiero e cieco amore difendere e guardare si possa? — G. L. III 20: Oh prigioniero

Mio fosse un giorno . . . Immer wieder findet sich in den chansons de g. die Eigentümlichkeit, daſs die gefangenen Helden den Töchtern der heidnischen Fürsten zur Bewachung übergeben und von ihnen scheinbar in harter Gefangenschaft gehalten in Wirklichkeit aber geliebt werden. Diese aus der Beobachtung und aus der Geschichte nicht zu erklärenden Stellen dürften sich mit der Tannhäusersage und den Gefängnissen der Fee Morgana in dem Artuskreise auf mythologische Anschauungen zurückführen lassen (Vgl. Ztschr. f. rom. Ph. XI 337). Die Auffassungen sind zwar bei Grimm und Mannhardt etwas verschieden, im ganzen möchte ich diese Episoden etwas abweichend von meiner a. a. O. geäuſserten Ansicht für einfache Varianten der bekannten Ostfahrten des Gottes halten, ein Symbol des Winters, wo die Sonne anderswo auf dem Erdrunde gefesselt ist, wie es in den Sagen der Südseeinsulaner noch sehr deutlich hervortritt. Beispiele von solchen Gefangenschaften aus anderen chansons anzuführen erscheint unnötig, im Buovo, wo der Held wie Floovant zwischen zwei Liebenden wählen muſs, heiſst die Vertreterin dieser Rolle Margarita c. 19. Es wird ihr gesagt: Dies ist Buovo il quale nella città di Erminia con la spada in mano uccise Luccaferro vostro carnal fratello. Als sie sieht, wie schön er ist, spricht sie, worauf Tasso hinzudeuten scheint: io lo voglio a gran stento far morire, e voglio tenerlo in fondo della nostra torre. In Wirklichkeit aber sucht sie Buovo, den sie gut pflegt, zu bewegen, die Liebe zur Drusiana aufzugeben und sie zu heiraten. Genau so verläuft die Sache im Floovant. Gefangen wird er vor den amiraul Galiien geführt, der sofort das Urteil spricht: Faites moi unes forches desor ce pui drecier, Si pandrons ce François, quant nos arons mengié 833. Aber seine Tochter Maugalie tritt für ihn ein, erbittet ihn vom Vater und anz ou fonz de la chartre lai le fait trabuchier 844. Auch sie nasconde Sotto il manto dell' odio altro desio G. L. III 19. — Die Verse G. L. III 19: Ahi quanto è crudo nel ferire! a piaga ch'ei faccia, erba non giova od arte maga scheinen mir zu beweisen, daſs Tasso nicht bloſs in den Reali, sondern auch in den eigentlichen französischen Gedichten ziemlich belesen war. Es finden sich dort häufig Verse ähnlicher Bedeutung: Cui il ataint à coup ne l'estuet meciner Antioche II 218 und in ähnlicher Form oft. Das ist jedoch nicht alles, der Gedanke liegt nahe, daſs auch diese Verse doppelsinnig sind und daſs piaga bildlich gebraucht ist mit Bezug auf Erminia. Auch in diesem Sinne findet sich der Vers in den ch. de g. Hist. lit. XXII 831: Die Prinzessin Melior ist so krank wie Erminia und ihre Base Alixandrine prétend connaître une herbe qui guérira vite et sans faute sa cousine. Ähnlich ist der Zustand des Amadas (H. L. XXII 760): il ne lui aurait servi de rien Autre mire mander ne querre De Montpellier ne de Salerne. Hieran schlieſse sich gleich eine kurze Besprechung der anderen auf ihre Heilkunst bezüglichen Stellen. In den Versen VI 68: Pensa d'erba nocente e ria Succo sparger in lui, che l'avvelene scheint mir Tasso zu verraten, daſs er das sehr entschlossene Verfahren der heidnischen Fürstentöchter der chansons kennt, die ihre Väter, Brüder, Bewerber oder andere ihnen lästige Personen zuweilen mit eigener Hand aus dem Wege schaffen. Im Buovo ist schon eine Milderung: Drusiana giebt c. 26 dem ihr lästigen Macabruno einen Schlaftrunk und flieht dann, ihre älteren Vorbilder hätten das Wesen dem Scheine vorgezogen. Vorher G. L. VI 67 wird gesagt, daſs Erminia durch Kräuter und Zaubersprüche alle Wunden heile. Tasso scheint wie noch Chateaubriand zu glauben, daſs dies eine Eigentümlichkeit orientalischer Königstöchter ist. Es ist aber bekannt, daſs die oft genannten fränkischen Heldinnen alle diese Macht besitzen. Auch den altfranzösischen Dichtern muſs das schon aufgefallen sein, und der Verfasser des Fierabras läſst Floripas ein Blumenzimmer unterhalten: U ja ne faura fruis ne flors à nul tempoire; Là dedens naist et croist pour voir la mandegloire; De tous maus fors la mort i troev'on ajutoire 2165 ff. Richtiger dürften wohl diese Frauen, wie schon gesagt, ehemalige Göttinnen sein und als solche oder Töchter von solchen ist die Heilkunst bei ihnen gewissermaßen erblich (Rom. Ztschr. XI 196 ff.). Die Könige von Frankreich besaßen die Macht, Skropheln zu heilen, sei es wegen der wunderbaren Herkunft (Merowinger, Karolinger), sei es weil sie mit dem Wunderöle gesalbt waren. Nachkommen der Familie des h. Hubert behaupteten die Tollwut heilen zu können, Einwohner der Insel Malta machen Schlangenbisse unschädlich, weil der h. Paulus auf Malta eine Schlange von sich abschüttelte (Vgl. Gaidoz, St. Hubert 112 ff.). — VI 77: onorata andresti Fra le madre latine e fra le spose Là nella bella Italia, ov'è la sede Del valor vero e della vera Fede. Wenn man dem Urteile der romanischen Dichter glauben dürfte, so müßten überhaupt die Sarazeninnen sich gesehnt haben nach der höheren, milderen und besonders den Frauen günstigen Kultur des Christentums. So sagt Marsabille in Florent und Octavian 3737 ff.: No loi envers la leur ne vault deux parisis, Ung soudans ou ung roy a bien des femmes dis ... De femes ne font compte ne qu'on fait de brebis. Mais quant ung chrestien a une femme pris ... — la femme — Jamais ne vouldroit estre en autre paradis.

Ein sehr beliebtes Thema ist die Rundschau von der Mauer, besonders in den Gedichten des cycle des croisades. Antioche II S. 206 ff.: Corbarans ruft einen aus Antiochia entflohenen Türken Amedelis, der die Christen kennt und fragt nach den Namen verschiedener Ritter, die er ihm bezeichnet, z. B. Hues li maines, Robert de Flandre u. a. S. 211: Com a cil à non, Qui cele eschiele guie à cel vermel dragon? En la moie foi sire, orendroit le diron: Il a nom Godefrois ... ferner S. 215, 217: Sai-tu celui nomer? Moult sait ores ses armes joliement porter! Sire, Engberant l'apelent cele gent d'outremer. Andere Beispiele S. 218, 220, 223. Hist. lit. XXII 375, 770, 774, Antioche I 207. Gewöhnlich findet die Besichtigung „von den Mauern herab" statt, oder vom Turme: As estres de la tour estes-vous Garsion, Et Solimant de Nique ... Antioche I 207.

Der zweite Teil der Erminiaepisode erzählt ihre Flucht vom Hofe und ihr Umherirren im Walde. Auch dieser Teil ist sehr alt und wie der erste mythologischer Natur. Zunächst wird eine solche Flucht und ein solches Waldleben von fürstlichen Frauen erzählt, die von ihrem Gemahl verbannt werden, fliehen, weil sie bei ihm verleumdet wurden oder aus anderen meist schlecht erfundenen Gründen, denn der Naturvorgang — Trennung der Gatten bedeutet den Winter — wurde ja nicht mehr erkannt. Nachweisbar ist die Sage, abgesehen von den antiken Beispielen, seit dem 8. Jahrhundert. Der mythologische Charakter ist durchaus nicht unbestritten anerkannt aber durch indirekten Beweis immer noch am besten gewährleistet. Es ist ungereimt, anzunehmen, daß ein vereinzelter geschichtlicher Vorgang — die Verbannung der Lombardenfürstin Gundiperga — sich Jahrhunderte hindurch mit solcher Zähigkeit in den verschiedensten Litteraturen erhalten haben sollte, wie Rajna Origini c. VIII nachzuweisen sucht. Dazu wird dieser angeblich geschichtliche Vorgang von den Vertretern der anderen Ansicht selbst nur als eine Version der Sage angenommen. Es kann auch nicht angenommen werden, daß die Sage einen oft im Leben wiederkehrenden Vorgang darstellt, also Sittenschilderung enthält. Da sich diese zwei Hypothesen als unannehmbar erweisen, so bleibt kaum etwas anderes übrig, als die mythologische Erklärung. Dieselbe wurde aufgestellt von Grundwig und Zacher, und früher wenigstens auch von Gaston Paris, Histoire poétique de Charlemagne 432, anerkannt. Es spricht dafür, abgesehen von den Gründen, welche die genannten Forscher anführen, der Umstand, dafs sie ein Gegenstück findet in der gewöhnlich siebenjährigen Abwesenheit des Mannes — sogenannte „Ostfahrt" der Heroen — deren mythischer Charakter wohl allgemeiner angenommen wird, und dafs sie in Verbindung steht mit der ebenfalls mythologisch gedeuteten Jugend eines Heroen, der im Walde geboren wird, in der Einsamkeit seine Erziehung erhält und dann plötzlich als Heilbringer der Welt erscheint, wie in den fränkischen Sagen Karl, Aiol, Doon und andere. Es fällt kaum auf, dafs Erminia nicht als Frau erscheint; der Dichter ist nicht einmal der erste, der diese Änderung einführte, denn auch Berta flieht vor der Hochzeit. Es zwangen ihn zu der Umgestaltung die Verhältnisse seines Gedichtes. Dann ist aber vor allem nicht zu übersehen, dafs er nicht einen Heros aus der Einsamkeit hervorgehen lassen wollte — er hatte schon einen solchen Protagonisten, Rinaldo — sondern, dafs er in lyrisch angehauchter Weise das Landleben im Gegensatz zu dem Leben an den inique corti preisen wollte. Dieser Gedanke beherrschte die ganze Zeit, lange vor Rousseau und vor der Erscheinung der Robinsonnaden schwelgten die Verfasser der favole boscherecce in der rosigen Schilderung des Glückes der Landleute, Fischer (Aminta bagnato) u. s. w. Diese sentimentale Schwärmerei knüpfte sich besser an den Exodus einer Erminia als einer Königin Sibila, Genoveva u. a.

Im wesentlichen ist die Flucht der Drusiana vom Hofe und ihr Aufenthalt im Walde an einem Flusse im Buovo angedeutet, die begleitenden Umstände sind freilich verschieden, sie bildet eben eine Übergangsform zwischen Blancheflor im Macario und etwa Berta und Erminia. Es ist höchst wahrscheinlich schon auf Grund dieser Umarbeitung anzunehmen, dafs Tasso andere Romane gekannt hat. Die Verkleidung fällt im Buovo weg, sie findet sich aber in anderem Zusammenhange öfters. Si comme chevalier s'atorne la pucele, Floovant 1771, als Maugalie flieht. In Tristan de Nanteuil (Hist. lit. XXVI 253) legt Blanchandine Männerkleidung an, um unerkannt von ihrem Onkel mit Tristan zu fliehen. Die Sarazenin Clarinde hält sie für einen Ritter und sucht ihre Liebe zu gewinnen. Zu VI 108 (Erminia von den Wachen verfolgt) vergleiche man Antioche II 37 ff. Sansadoines verläfst nachts heimlich die Stadt, um Hilfe zu beschaffen. Die leuchtenden Helme seiner Begleiter ziehen die Aufmerksamkeit der christlichen Wachen auf sich. Die Sarazenen werden verfolgt und getötet bis auf Sansadoine, welcher entkommt. Der Aufenthalt im Walde selbst bietet wenig besonderes in den Vorlagen; das Zusammentreffen mit dem Fischer erinnert jedoch an Blancheflors Rettung durch Varocher, der freilich noch keine so reichen Lebenserfahrungen gesammelt wie der Alte in der G. L. und deshalb weniger philosophisch spricht. Eine Vergleichung im einzelnen würde wenig Positives ergeben, durch die Verse Macario 1281 ff.: Tant est alea por li bois en avent, A l'ensua del bois, en un pré verdoient, Ela vide un hom venir erament, De li gran bois un faso portant De legne por soi noirisiment, Por noir sa feme e ses petit enfent ist die Ähnlichkeit der Lage hinreichend gekennzeichnet. — Auch in Bauernkleidern erscheint Erminia als Fürstin VII 17. Dieser Gedanke findet sich öfter in Tassos Vorlagen. Als Berta im Försterhause Pipin ein frisches Brot mit weifser Serviette bringt und sich verbeugt, sagt der König sogleich: Questo non è atto di villana (Reali VI 13). Im Macario will der Dichter offenbar dasselbe andeuten, wenn er den Varocher gleich beim ersten Zusammentreffen sagen läfst: Semblai moi la raina, se eo no ment 1269. Auch bei den Helden leuchtet die Hoheit durch, trotz aller Verkleidung. Guillaume de Palerme ist als Kuhhüter aufgewachsen. Aber „wie ein edler Vogel sich selbst erzieht" so er: Ne fait riens qui doie desplaire. Moult par est frans et debonnaire, Servicables, cortois et prous, Et moult se fait amer a tous etc. (Hist. lit. XXII 830). Denselben Gedanken hatte auch schon Ariost aufgenommen XI 11.

Der letzte Teil der Erminiaepisode, wo sie im Lager der Egypter als donzella errante wie sie selber sagt, auftritt, ist in der älteren Sage ohne genau entsprechende Vorbilder. Annähernd spielt sie die Rolle der zahlreichen führenden demoiselles der keltischen Sage, einigermafsen auch der Walküren, aber sie ist eigentlich nur aus Verlegenheit wiedererschienen, weil der Dichter nicht recht wufste, was aus ihr werden sollte. Zurückkehren wie Blanchefleur konnte sie ja nicht, einmal hatte der Dichter den Plan sie in ein Kloster treten zu lassen, so verschwindet sie rätselhaft wie Thekla im Wallenstein. Auch in diesem Teile gleicht sie übrigens der Drusiana, denn auch bei dieser wiederholen sich die Motive.

Auch wer nie von dem Roman des Heliodorus oder von der Camilla der Aeneis gehört hatte fand sich in der Geschichte der Clorinda sofort zurecht. Natürlich kann man die Nachahmung nicht mit solchen Indizien nachweisen, wie man die Abhängigkeit der verschiedenen Versionen etwa des Buovo feststellen kann, aber die ganze Luft, in der die Heldin athmet, ist die des romantischen Abendlandes. Und der Dichter mufste hier um so vorsichtiger verfahren als keine Figur der Geschichte so ins Gesicht schlägt wie diese. Die indolente Natur der Orientalinnen sticht schon von dem vielbewegten Bilde der germanischen Erminia und der keltischen Armida scharf genug ab, wie viel mehr von dieser rein französischen Kriegerin. Es ist kein Zweifel, dafs Tasso mit der türkischen Kultur und Sitte hinreichend durch seine Verbindungen mit Gesandtenkreisen vertraut war, um sich dieses Gegensatzes bewufst zu werden. Selbstverständlich lieferte ihm auch die Geschichte der Kreuzzüge kein Beispiel einer kämpfenden Orientalin, das vor der Kritik bestehen könnte. Aber in der abendländischen Dichtung und Geschichte waren die Schicksale der Heldin von Anfang bis zu Ende zu verfolgen. — Zu dem Namen vergleiche man die Formen Mirinda, Florinda. Clorinde — von χλωρός — dürfte etwa die „Herbe" bedeuten. So heifst Marfisa im Innamorato II 16 donzella acerba, II 19 l'aspra donzella. Im Furioso XXXV 47 Bradamantes Lächeln riso acerbo, und ähnlich XXXV 71. Die Erzählungen von Clorindens Kindheit (XII 21 ff.) enthalten nach Inhalt und Sinn deutliche Anklänge an den Anfang des chevalier au cygne, besonders der Schreck der Mutter bei dem Anblick der candida figlia und die folgenden Schicksale derselben spiegeln durchaus die niederlothringische Sage wieder. Das Jugendleben im Walde mit den wechselnden Schicksalen ist ein Gegenstück zu der Jugend jener mythischen oder halbmythischen Heroen Mainetto, Aiol, Doon, Perceval, Lancelot, wie die Vertreibung der Blanchefleur (Königin Sibile) und anderer ein Gegenstück zur mythischen Ostfahrt der Helden ist. Die Sage lieferte hier dem Dichter allerdings nichts Erhebliches, dagegen die Geschichte in der Jungfrau von Orléans ein Bild, das wunderreicher erschien als jede Sage. Das Nähren des Kindes durch eine Tigerin und der Einflufs der ersten Nahrung auf den Charakter war im Mittelalter ein sehr beliebtes Thema. Nach der Edda nährt sich das neue schuldlose Menschengeschlecht vom Morgenthaue, der junge Doon ifst die zarten Sprossen von Meerkräutern (?), Tristan nährt sich von Honig. Höchst wunderbar wird der junge Tristan von Nanteuil ernährt (Hist. lit. XXVI 234). Eine Sirene und eine Hindin spielen dabei eine Rolle, die letztere bringt ihm Butter, Käse und Menschenfleisch; das Kind wird ganz wild, aufserordentlich stark, jedoch feige. Was das eigentliche Waffentragen und Kämpfen angeht, so ist durch Rajnas Bemerkungen zu Marfisa und Bradamante dieser Typus klar genug entwickelt. Nach Paulin Paris

(Hist. lit. XXVI 268) ist die erste Kriegerin der chansons de geste und das Prototyp der italienischen Heldinnen Aye d'Avignon in Tristan de Nanteuil. Auch ein ganzes Amazonenheer erscheint einmal in den Enfances Vivien (Hist. lit. XXII 502): Les Sarrasins attendaient une armée de trente mille guerrières recrutées au pays de Femenie. — Dafs der Anblick der Kriegerin auf Tankred einen grofsen Eindruck macht, wird nicht Wunder nehmen, dafs er aber so lähmend wirkt wie VI 27 geschildert wird, dürfte doch den Leser veranlassen Umschau zu halten nach anderen derartig träumenden Heroen. Und deren finden wir im Amadis, besonders aber im Lancelot, Amadis beim Anblick der Oriane, Lancelot wenn er Genièvre sieht, und andere (P. Paris Rom. de la table ronde III 208, 220, 234, 248). Ces rêveries sont fréquentes chez Lancelot, chez Hector et même chez Gauvain. Elles sont le type de celles de Guilan le pensif dans l'Orlando furioso 346. Es ist aufserordentlich unwahrscheinlich, dafs diese Schilderungen auf Beobachtung beruhen. Die Helden, die sich ihnen hingeben, sind Sonnenhelden oder Verjüngungen und Nachbildungen solcher. Bevor sie bei den Solstitien den Kampf um die Erdgöttin aufnehmen, um den Winterriesen zu weichen oder diese zu schlagen, tritt gewissermafsen ein Augenblick der Rückschau, der Sammlung ein, der schon in dem lateinischen Worte liegt, bevor der Gott seine Bahn weiter wandelt. Eine Spiegelung dieser Ruhepausen sind jene Träume.

Im Rahmen der Armidaepisode läfst sich füglich etwas über Rinaldo, den Mago und den Zauberer Ismen sagen.

In der Auffassung des Rinaldo hat der Dichter dasselbe Verfahren beobachtet, welches die italienischen Epiker mit Bezug auf das Ganze ihrer Dichtungen einschlugen: er ist halb ein Heros des germanischen, halb des keltischen Sagenkreises; der erstere hat das Gerüst, der letztere die Ausführung und Ausschmückung gegeben. Legt man darauf das Hauptgewicht, dafs er an einem Kreuzzuge teilnehmend für seine Genossen auf eine Zeitlang verloren geht, so haben wir einen der Helden der chansons de geste in ihm zu erkennen, den letzten, der eine Ostfahrt unternimmt, das letzte Spiegelbild des grofsen germanischen Gottes, gewissermafsen auch den letzten Tannhäuser. Betrachtet man mehr die einzelnen wunderbaren Eigenschaften, die ihm beigelegt werden, so gleicht er mehr dem Lancelot, also in letzter Form einem keltischen Gotte. Wie Lancelot besiegt er alle Zauber, als Frühlingsgott erweckt er unter seinen Schritten Kräuter und Blumen (XVIII 23). Die Stelle ist durch Claudian und Persius aus der Ilias XIV entlehnt. Tasso hat ein durchaus homogenes Bild geschaffen, indem er Züge vom Zeus auf seinen Lancelot-Rinaldo übertrug.

Eine Fülle von deutschen mythischen Sagen findet sich in der Episode des Mago, G. L. XIV 33 ff. Der Kranz von Buchenlaub charakterisiert den Magier als einen Waldgeist, Vegetationsdämon, wie er namentlich in Tiroler Sagen auftritt (Mannhardt, Feld- und Waldkulte an vielen Stellen, s. Register). Es mufs gleich bemerkt werden, dafs Tassos Figur mythologisch der Einheit entbehrt, noch jetzt sind ja die Auffassungen solcher Waldbewohner sehr geteilt. Mit deutschen, speziell tiroler und österreichischen Sagen dürfte Tasso vielfach Gelegenheit gehabt haben bekannt zu werden. In Bergamo, der schweizer und tiroler Grenze nicht fern, wohnte er im Alter von zwölf Jahren, vielleicht die empfänglichste Zeit für solche Sagen, ein halbes Jahr. Die Gemahlin des Herzogs in Ferrara, Barbara, eine österreichische Erzherzogin, konnte selbst oder durch ihre Begleiter österreichische Sagen übermitteln. Wieder andere Sagen botanischer Natur, z. B. von dem Zauberstab aus Eschenholz, mochte er von dem deutschen Professor der Botanik und Medizin in Padua, Guilandio (Wieland) erfahren haben (Serassi II 97). Im Gedichte heifst es jetzt aurea verga, aber ursprünglich sollte es anders sein. Lettere I 197: E la verga che gli fa fuggire sarà di frassino o d' alcun altro di quelli arbori che, se crediamo a coloro c' hanno scritto de' secreti della natura, impauriscono e fanno fuggire i serpenti. Was für istorie gotice das sein mögen (ib.), in denen er die Idee zu der unterirdischen Wohnung des mago gefunden haben will, weifs ich nicht. Vielleicht ist an Olaus Magnus zu denken, oder an andere Sammlungen von nordischen Sagen, deren Kenntnis ihm durch nordische Studiengenossen in Padua vermittelt werden mochte. Zu finden sind die Sagen in allen Gegenden, wo sich Berge finden, jedenfalls auch in Italien im Appennin. Das Materielle zu der Episode des mago ist durchaus den Sagen des Mittelalters, die zu Tassos Zeiten wie noch jetzt Gläubige fanden, entnommen. Jeder erkennt in der von kostbaren Schätzen und Gesteinen leuchtenden Höhle mit den hundert und aber hundert Dienern einen bergbewohnenden Zwerg oder Zwergkönig, der Irdische in sein Reich zu verlocken pflegt, aus dem sie erst nach sieben Jahren zurückkehren, welche Zeit ihnen wie eine Nacht oder ein Tag vergangen ist. Die grofse Zahl der Diener — cento e cento wird wohl als „unzählig“ erklärt, — weist vielleicht auf den Feenkönig Oberon in Huon de Bordeaux hin. Aber der Herr und Meister dieser Wesen trägt allerdings auch ganz moderne, d. h. der Zeit des Dichters entnommene Züge, er ist in kurzen Strichen scharf gezeichnet, einer der Halbgötter des heroischen Zeitalters der Renaissance, Faust, oder wenn nicht dieser, Theophrastus Paracelsus von Basel. Die Faustsage war damals so recht im Werden begriffen, gedruckt lag damals von den Faustbüchern wohl kaum eins vor, es ist aber möglich, dafs Tasso von dieser doch nicht mit einem Schlage entstandenen Schöpfung sonstige Kunde hatte, wegen der vielfachen Verbindungen seiner Familie und seiner Freunde mit Deutschland. Mit Faust hat der mago besonders gemein sein grofses Wissen, den Aufenthalt bald auf Bergen, bald in Höhlen, die Herrschaft über Zaubermittel — Buch und Stab — und dienende Geister, besonders über die Donzella, welche die Reisenden so schnell nach den Inseln der Glücklichen führt. Das bezauberte Boot ist der Lanzelotsage entnommen, vertritt aber, wie Tasso selbst andeutet, den Zaubermantel, in dem ursprünglich Odin seine Günstlinge, dann die Götter oder deren Stellvertreter, die Zauberer, ihre Lieblinge, die sich ihnen verschrieben hatten, entführten. Man vergleiche das Zauberrofs, welches Karl in der Spagna rimata in einer Nacht von Spanien nach Paris bringt, den Mantel — die Tarnkappe, — in welchem Malabron im Gaufrey seinen Sohn entführt (8253). Diesen Vorbildern folgte der Morgante, und eben diesen zieht Tasso zum Vergleich heran: Nel Morgante Rinaldo portato per incanto va in un giorno da Egitto in Roncisvalle, a cavallo; e cito il Morgante, perchè questa sua parte fu fatta da Marsilio Ficino ed è piena di molta dottrina teologica (Lettere I 131). Dann erinnert an Faust jenes Schwanken zwischen Glauben und Wissenschaft, bei Tasso allerdings in einem anderen Sinne gelöst, die Wissenschaft ordnet sich dem Glauben unter. Aber angedeutet ist der eigentliche Charakter des Mago, die Empörung des Wissens gegen den Glauben scharf genug durch die sonst unverständliche übereifrige Beteurung, dafs böse Künste ihm fremd seien und er durchaus auf dem Boden der Kirche stände, eine Versicherung, die auffällig anklingt an die Vorsicht, mit welcher Auberon im Huon wieder und wieder beteuert, dafs er Christ sei und kein heidnisches Wesen. Eine Nachahmung Tassos liegt wohl kaum vor, es müssen die Zeitverhältnisse bei der Abfassung des Huon eine gewisse Ähnlichkeit mit denen der Epoche Tassos gehabt haben. Während es trotz dieser wesentlichen Übereinstimmungen zweifelhaft bleibt, ob Tasso die Faustsage gekannt hat, unterliegt es wohl kaum einem Zweifel, dafs Tasso einen Vorläufer des „Faust", den Theophrastus Paracelsus von Basel (1493—1541) gekannt hat, der sich unzweifelhafte Verdienste um Arzneikunde und Naturwissenschaften, besonders Chemie erwarb, aber auch wie Faust als Schwarzkünstler galt und an dessen Namen sich, wie v. Alpenburg besonders nachweist, in Wien und Tirol eine Fülle von mythisch angehauchten Sagen knüpft. Sollte aber auch die Identität des Paracelsus mit dem Phrastl der Tiroler Sagen (v. A. Sagen 302 ff.) nicht erwiesen sein, so tritt daselbst eben ein dritter Typus auf, in dem auf einen gelehrten Arzt und Naturforscher mythische Elemente, die u. a. deutlich der Siegfriedsage entnommen sind, übertragen werden. So hört der Arzt Vögel und Blumen reden, zwingt den Teufel zu allerlei Diensten, kennt einen Wurm, dessen Genufs das Verständnis für die Sprache der Vögel auch anderen verleiht u. s. w. Solche Sagen werden sich nicht auf Tirol und Deutschland beschränkt haben, sie lagen eben in der Luft der Zeit; es drückt sich in ihnen die noch nicht bestimmt formulierte Hoffnung aus auf die Erfolge, welche die erwachenden Naturwissenschaften später erreichen sollten. Es spricht auch alles dafür, dafs sie nicht gar zu lange nach der Reformation entstanden sind. Schon das Konzil von Trient entzog ihnen im wesentlichen den Boden. Natürlich drangen die gereinigten Anschauungen erst nach und nach in weitere Kreise, aber die gebildeteren, die dem Aberglauben früher auch sehr huldigten, wandten sich doch wohl besonders durch die Wirksamkeit der Jesuiten ziemlich schnell von ihm ab, und das Volk allein konnte wohl andere Sagen, aber kaum diese Kombination aus sich schöpfen. Die Jesuiten traten, um den Reformatoren keinen Anlafs zu Angriffen zu bieten, gegen alles auf, was sich nicht aus der Bibel und den Kirchenvätern als christliche Lehre erweisen liefs: „gegen den Aberglauben, gegen Hexereien und dergl., sammelten die Zauberbücher und vernichteten sie" (v. Alpenburg 331 mit Bezug auf den 1681 erfolgten Ankauf des Schlosses Weiherburg bei Innsbruck durch den Orden). Was hier in einem Spezialfalle gesagt wird, gilt im allgemeinen. Dann dürfte auch der dreifsigjährige Krieg im Norden und die Inquisition im Süden der Alpen solcher Sagenbildung nicht förderlich gewesen sein. — Es hat also hier Tasso eine ursprünglich mythische Sage von einem „Bergmanndl" oder Schatzhüter zu einer fast modernen poetischen Figur von universalem Charakter idealisiert. Wenn diese Annahme richtig ist, so sind damit auch die Vorwürfe widerlegt, die man gegen Tasso erhoben hat, als wolle er an dieser Stelle nur seine Gelehrsamkeit zum Besten geben und verzögere unnötig die Handlung. Der epische Dichter kann nicht wie der Verfasser historischer Romane sich von seiner Zeit trennen und nur einen Zeitabschnitt objektiv vorführen. Das thun die Verfasser der chansons selbstverständlich nicht, aber auch von dem epischen Kunstdichter verlangt Schiller, dafs sein Werk „den feinsten Duft unserer Philosophie" aufweise, während es zugleich gesungen werden müfste, wie die Stanzen des Befreiten Jerusalems von den Gondolieren Venedigs gesungen würden. Dieser Anforderung ist Tasso gerecht geworden. In seinem Werke sammelt er alle Hauptmomente der Kultur, die Schönheit der antiken Dichtung, die politische und religiöse Bedeutung des Christentums und des Mittelalters, die schönsten Blüten der grofsen Sagenkreise, die mit ihren mythologischen Grundlagen die wesentlichsten Früchte vorchristlicher Kultur bieten, die Mitteleuropa gezeitigt hatte. Aus dem Anfange der modernen Zeit aber nimmt er mit Seheraugen das auf, was die Geschichte bis zur neuesten Zeit hin bewegen sollte: die Entdeckung Amerikas und die Anfänge der Reformation, — Handel und theosophisches Wissen — Kapital und Intelligenz. Gewichtige Gründe haben ihn also bestimmt, jener Episode diese Form zu geben, ob vom rein ästhetischen Standpunkte aus Galilei und auch

Guastavini mit ihrem Tadel Recht haben, darüber kann ich mir kein Urteil erlauben, ich will aber darauf hinweisen, daſs vielleicht Tasso seinem Stoffe doch schon etwas fern stand, wenn Schiller Recht hat mit seiner Ansicht, daſs ein Kunstepiker nicht zu weit in die Vergangenheit zurückgreifen dürfe und etwa das Zeitalter Friedrichs des Groſsen wählen müſste. — Noch eine Einzelheit hierüber. Die Art, wie der Einsiedler Peter die Wanderer, die vor einer mit natürlicher Kraft und Intelligenz nicht zu lösenden Aufgabe stehen, auf den Mago als Helfer hinweist, erinnert wohl ziemlich deutlich an den Einsiedler Jérôme im Huon de B., welcher diesen Helden in ganz ähnlicher Lage an Oberon weist.

Der Zauberer Ismen steht in einem scharfen Gegensatze zu dem Mago. Äuſserlich ist zu beachten, daſs Ismen vom Christentum zum Islam, der Mago vom Islam zum Christentum übergetreten ist. Sehen wir von den nicht ernst gemeinten Bemerkungen des Dichters in der Allegoria ab, so bleibt als Thatsache auf dem Boden des Gedichtes selbst bestehen, daſs beide viele Teile ihres magischen Wissens von der einen Religion in die Andere herübernehmen konnten, d. h. neben oder unter der dogmatisch fixierten Lehre gab es ein Residuum alter Vorstellungen aus polytheistischen Naturreligionen, die beiden Systemen gleich verwandt oder gleich fremd waren. Aus dem Katholicismus suchte man diese Teile eben damals auszuscheiden — daher die Schwierigkeiten, die sich dem Tasso in Rom wegen der volkstümlichen Teile entgegenstellten. — Ismen ist durchaus der Zauberer des Mittelalters. Sein Vorbild ist schon jener Siglorel (Ch. de Roland 1390): L'encantëur ki ja fut en enfer, G. L. XVIII 48: E fu, credo, in inferno. Mehr gleicht ihm noch die schon aus germanischen und keltischen Sagen erwachsene Calabre, Antioche II 59: Avoec eus est venue la mère Corbarant, Vielle et mousue et des ars bien sachant, Del soleil, de la lune et d'estoile tournant, Plus sot ele du ciel, de l'air et du tonant, Que onques ne fist Morge né ses frères Morgant. Vgl. XIII 9.

Für die Armidaepisode gilt zunächst wie für das ganze Epos als Grundsatz, daſs Tasso aus dem Morgante, dem Orlando Inn. und Furioso, wie aus dem Amadigi nichts Erhebliches entlehnt hat. Mit den Verfassern dieser Gedichte hat er gewetteifert, aber auſser allgemeinen Anregungen schuldet er ihnen wenig. Eher hat er schon Stellen aus Polidoris tavola ritonda und Polizians stanze entlehnt (Ebert, Gesch. der it. Litt. 181 ff.), sowie aus dessen Giostra und aus Girone il Cortese. Die wirkliche Quelle für die ganze Episode ist der keltische Sagenkreis, und zwar etwa in der Ausdehnung, wie er in P. Paris Romans de la table ronde repräsentiert ist, also vor allem der Lancelotroman. Bei der Auswahl ist er auch hier wie im karolingischen Kreise nach dem Grundsatze verfahren: Elegga (der epische Dichter) fra le cose belle le bellissime, fra le grandi le grandissime, fra le maravigliose le maravigliosissime, ed alle maravigliosissime ancora cerchi d'accrescere novità e grandezza (L. II del poema eroico). So ist denn die Hauptfigur der Sage Morgue la fée das Vorbild der Armida geworden, und so weit es anging, hat Rinaldo Züge von Lancelot entlehnt. Auch darin waren ihm französische Dichter vorangegangen. Es war ein Gemeinplatz der späteren chansons de g. geworden, den Helden ins Feenland zu führen. Namentlich Holger, der Däne, sollte zweihundert Jahre dort verweilt haben reso beato dalle delizie del luogo e dall' amore della fata Morgana (Giornale storico XVII (1891) 445). Mythologisch — denn daſs wenn nicht der Grundstock, so doch quantitativ die Hauptmasse der keltischen Sagen mythisch ist, unterliegt wohl keinem Zweifel, ist Morgue die zur bösen Göttin gewordene Spiegelung der Erdgöttin, Vorgängerin der Genièvre, verwandt mit der Hera in Bezug auf ihre Stellung im älteren Mythus. Sie scheint aber gleichzeitig, was ja nichts auffallendes hat, Todesgöttin gewesen zu sein und das Walhall der keltischen Helden, durch Zauberthäler in der Sage verjüngt, beherrscht zu haben. Eigentlich dieselbe Person, nur eine Verjüngung ihres Wesens, ist die Verräterin Camille la magicienne, welche im Lancelot (P. P. IV 57 ff.) eine Rolle spielt, die der der Armida vielfach entspricht. Das ist der höhere Mythus, der diesen Teil der keltischen Sage durchzieht, daneben erscheinen aber noch eine grofse Zahl niederer mythologischer Gebilde, welche vielleicht stark mit deutschen Elementen durchsetzt sind. Es sind die Sagen von den unheimlichen Wäldern und Burgen, mit ihren riesenhaften, teils grausamen, teils feigen und verräterischen Bewohnern. Diese Schilderungen lesen sich wie eine Übersetzung ins Ritterleben jener zahlreichen von Mannhardt F. W. K. zusammengestellten Sagen, in denen unheimliche Wesen, Walddämonen, Vegetationsdämonen, wie Mannhardt annimmt, die Wanderer oder die Umwohnenden schrecken. Solche überall verbreitete lokale Sagen sind aber, wie es scheint, hier und da mit höheren allgemeineren Mythen verflochten. Die Elemente des keltischen Epos sind hier also ungemein einfach ein Sonnenmythus, Artus — Genièvre (Morgain) — Laucelot gleich Menelaus — Helena — Paris ins Romantische übertragen, Verherrlichung der Helden nach dem Tode, verbunden mit der bekannten Herabsetzung früherer Gottheiten, dann lokale Sagen von Bannwäldern, heiligen Bäumen, Quellen und Bergen mit ihren meist riesenhaften dämonischen Bewohnern und Beschützern. Diese letzteren sonst vom Eismeere bis zu den oceanischen Inseln bekannten Sagen haben nun im Keltischen einen besonders traumhaften Charakter angenommen und bis nach Italien hin verbreitet. Der incanto — jene Eigentümlichkeit der italienischen Ritterdichtungen, plötzlich grofsartige Gebilde entstehen und ebenso plötzlich verschwinden zu lassen, ist einerseits eine Nachbildung der im Süden als Fata Morgana bekannten Erscheinung, anderseits namentlich nach der unheimlichen düsteren Seite hin ein echtes Produkt des Nordens, der nordischen langen Nacht mit den sie geleitenden Wolken und Nebeln, die dem ängstlich erregten Auge und Ohr immer neue Bilder erscheinen lassen. Tasso hat die eigentliche psychologische Quelle dieses Zaubers angedeutet XIII 20 (der Sinn ist dem Lucan nicht entnommen): Com' urla il lupo, e come l'orso freme, V'odi, e v'odi le trombe e v'odi il tuono, Tanti e sì fatti suoni esprime un suono und 18: Qual semplice bambin mirar non osa Dove insolite larve abbia presenti; O come pave nella notte ombrosa, Immaginando pur mostri e portenti . . . wobei man unwillkürlich an den phantasiereichen, zwölfjährigen Knaben erinnert wird, der in Bergamo mit solchen Geschichten, wie sie in den Hochalpen noch jetzt umlaufen, genährt wurde. Die besten Beweise für diese Auffassung des incanto liefert nach meiner schon früher ausgesprochenen Ansicht die Lancelotsage, wo die schrecklichsten Bilder plötzlich verschwinden sobald der Held selber den Ort betritt oder sein Ring, ein Symbol der Sonne, dorthin getragen wird, wenn man von Beweisen reden kann in Sachen, die stets Hypothesen bleiben werden, und wo es nur darauf ankommen kann, eine Hypothese zu finden, die die Erscheinungen genügend erklärt.

Gehen wir nun die einzelnen Punkte der Armidaepisode nacheinander durch. Der Rat der Dämonen (IV 1—12) endigt mit dem Entschlusse, Gewalt und List gegen das Christenheer zu gebrauchen, und zwar die List durch Vermittelung einer Frau Altri in cure d'amor lascive immerso Idol si faccia un dolce sguardo e un riso. Eine Beratung der Teufel, wie sie die verlorene Herrschaft wiedergewinnen könnten, findet auch im Merlin (P. P. II 1 ff.) statt, und auch dort kommt man zu dem Entschlusse, in anderer Weise freilich, durch eine Frau von neuem Einflufs auf das Menschengeschlecht zu gewinnen. Die Einzelheiten des Rates sind von Rosini und Scartazzini hinreichend besprochen, doch möchte ich noch hinzufügen, dafs mir der Vers IV 4 Stampano alcuni il suol di ferine orme anzudeuten scheint, dafs Tasso vielleicht das „nordische Phantom" gekannt hat. Eine genauere Ausführung des Planes, durch eine Armida die besten oder den besten der Kämpfer abzuziehen, findet sich nun in der Camillaepisode des Lancelot, P. Paris IV 49ff. Diese Camilla verstrickt keinen geringeren als den König Artus selbst in ihre Netze, während die Heere sich drohend gegenüberstehen. Sie handelt im Interesse ihres Bruders, des sächsischen Königs Hargodabran, dessen Burg Artus eben belagert. Als Artus gefangen ist, schickt sie noch eine Botin ab, die unter betrügerischen Versprechungen andere Ritter in einen Hinterhalt lockt, und zwar sind es die besten: Gauvain, Lancelot, Hector und Galehaut. Sie folgen der Verräterin in einen Hof, wo Lancelot zwei Ritter, die die Waffen des Artus und des Gaheriet tragen, von zwanzig anderen angegriffen sieht. Er will helfen, aber die beiden Verräter wenden sich auch jetzt gegen den Helfer und von zweiundzwanzig wird er niedergeworfen, gebunden und entwaffnet. Galehaut wird nun durch einen getäuscht, der Lancelots Rüstung trägt, und so geht es weiter, bis alle vier gefangen sind. Von diesen Einzelheiten scheint mir Tasso einige benutzt zu haben bei der Schilderung des Burgverliefses der Armida im Toten Meere und der Gefangennahme des Tankred. Es finden sich aber noch andere Stellen im Lancelot, die ihm vorgeschwebt haben dürften. Sie haben Bezug auf eine Burg eines Verräters, die voll von unheimlichen Zaubererscheinungen ist und den Namen Douloureuse garde trägt (P. P. III 171). Ein Teil dieser Burg liegt ebenfalls auf einer Insel. Gauvain und seine Genossen fahren auf einem Boote über. Sie werden durch List gefangen wie Tankred, freilich nicht durch das grofsartigere Mittel des plötzlichen Erlöschens aller Lichter, sondern durch verräterischen Bruch der Gastfreundschaft. Unten (au bas des degrés . . . dans un souterrain profond 172) finden sie längst verloren geglaubte Genossen wieder: dolents de se voir tous à la merci du plus félon des hommes. Das Ganze bietet viele Anklänge an die Erzählung von Tankreds Gefangennehmung XII 27ff. Recht bezeichnend ist dafür auch der Vers VII 33 . . . e difensor divenne Di quell' usanza rea ch' ivi si tenne. Darin klingt direkt der oft gebrauchte Ausdruck les mauvaises coutumes de ce château wieder; ebenso in VII 45 Fra l'ombre della notte e degl' incanti Il vincitor nol segue più. — Hier sei eie Bemerkung eingeschoben über VII 115. Das Christenheer hätte an dem Tage sein Ziel erreicht, wenn nicht la schiera infernal ein fürchterliches Unwetter erregt hätte. Ganz dieselbe Vorstellung findet sich im Baudouin de Sebourc I 282ff. Vgl. mein Programm Über einige chansons des Lohengrinkreises 21: J'oi venir à cheval maint déable d'enfier . . . Par si fait tampz qu'il fait vont déable à le lie u. s. w. — Ein weiteres Mittel, Uneinigkeit im christlichen Lager zu säen, ist die Erweckung des Glaubens, dafs Rinaldo von fränkischen Kriegern ermordet worden ist (VIII 45ff.). Solche Täuschungen finden sich im Lancelot und auch sonst. Artus wird auf einer Jagd durch List von einer grofsen Zahl von Feinden gefangen . . . son cheval étendu mort et percé de coups de lance läfst seine Freunde glauben, dafs auch er gefallen ist P. P. IV 151. In der Douloureuse garde findet Gauvain einen Stein mit der Inschrift: Ci-gît le meilleur des bons, celui qui conquit la douloureuse garde. Er mufs darnach annehmen, dafs Lancelot getötet ist. Ein besseres Beispiel findet sich bei Polidori Tav. Rit. 415ff. Die Dama del Lago läfst einen Leichnam, der dem Tristan ganz ähnlich sieht, auf einen Weg zaubern, und versammelt dadurch den ganzen Hof des Artus in ihrem Zauberschlosse. Isotta erhebt leidenschaftliche Klagen um den angeblich gestorbenen. Ich möchte glauben, dafs die Verfasser der einzelnen Teile des

Lancelot durch mythologische Bräuche auf diese Art von Täuschungen gekommen sind. Überall in Europa feierte man Frühlingsfeste, bei denen ein Dämon des Winters aus der Stadt getrieben, ins Wasser geworfen wurde, wenn er durch eine Art Puppe oder durch sonst einen anderen symbolischen Gegenstand dargestellt war, oder sonst getötet und auch wohl begraben wurde. Aus diesen mythischen Gräbern, die also wohl bis zur nächsten Feier irgendwie gekennzeichnet waren, mögen die Verfasser zunächst auf diese eigentümliche Idee von den leeren Gräbern gekommen sein. Die weiteren Entwickelungen dieses einfachen Elementes gehören dann wohl der Erfindung der Dichter an. — Es folgen in der Episode die Verwandlungen, welche Armida mittels des Zauberbuches bewirkt X 66 ff. Sie entsprechen Vorstellungen, wie sie im ganzen Mittelalter geläufig waren. Seelen werden in Tiere, Vögel, besonders Tauben, verwandelt, Malabron im Gaufrey wechselt nach Belieben seine Gestalt — Quant il veut est cheval, quant il veut est mouton — Oisel ou pomme ou poire ou arbre ou poisson 5339; bei der Sage vom Schwanenritter ist schon die Einwirkung äufserer Gewalt und der Wille eines dritten mafsgebend. Es scheint auch, dafs sich in Turpin ein Beispiel findet c. III: einige eroberte Städte werden besonders verflucht und blieben deshalb unbewohnt, z. B. Lucena, ceciderunt muri ejus, et est inhabitata usque in hodiernum diem. Quidam est gurges, qui a tribus annis in medio ejus surrexit in quo magni pisces et nigri habentur (die Einwohner?). Dann mufste auch Tasso den letzten Grund aller dieser Sagen kennen, die indische Lehre von der Seelenwanderung, denn er erwähnt Lettere I 286 Brahmanen, und man weifs, dafs jeder solchen kurzen Angabe bei seiner grofsen Belesenheit eine nicht oberflächliche Kenntnis zu Grunde liegt.

Bei der Schilderung des Bannwaldes sind eine Reihe von Einzelheiten aus Lucan und Vergil entnommen. Es versteht sich nach dem früher Gesagten von selbst, dafs Tasso es niemals gewagt hätte, seinen Lesern derartiges zu bieten, wenn diese Vorstellungen nicht auch im Mittelalter ganz geläufig gewesen wären. Von dem Walde Auberons heifst es Huon de B. 3151: I bos i a certes à trespaser Qui moult est grans et moult fait à douter; . . . Car il fera et plovoir et venter, Arbres brisier et fort esquarteler. Et après çou qu'il ara si ouvré, Vous fera il une riviere tel c'on i poroit grant navie mener, Et par sanblant I grant batel de mer. Mais je vous di, ce saciés par vreté, C'est tous fantosmes canque vous i verés: Tout à sec pié par l'aige paserés; N'i moillerés ne cauce ne soller. Eine Kombination dieser Vorstellung mit Danteschen Erinnerungen scheint mir XIII 35 f. bei dem Feuerzauber vorzuliegen. Unheimlicher Lärm war auch ein Element des Zaubers der Douloureuse garde Paris R. III 196. Etwas ähnliches findet sich auch schon im Parcival in Prosa (Potvin I 12) beschrieben. Man erzählt dem Artus: la forest auviron est si perilleuse que nus chevaliers n'an revient qui ne soit ou morz ou plaiez. Li rois . . . areingna son cheval au rein d'un arbre jouste la capele et cuide là dedanz antrer; mès, s'il déuse conquerre tous les réaumes du monde, il n'i péust antrer, et si ne l'an fesoit nus desfansse, car li huis estoient ouvert, ne il ne veoit nullui qui li desfandist. Mit Bezug auf die Nachahmung des Vergil XIII 41, ferner zu XVI 26 ff., — Quai mostra la scena o quai dipinte rimiriam Dee boscherecce deutet die Quelle hinreichend an — erinnere man sich an den Glauben des Mittelalters, dafs Seelen in Tiere, namentlich aber auch in Blumen und Pflanzen übergehen. Wie im homerischen Hymnus an Aphrodite Bäume mit Nymphen, so werden im Alexanderliede zwölfjährige Mädchen mit Blumen deutlich identifiziert (Vgl. Mannhardt, Feld- und Waldkulte II 1 ff., 5 ff.). Es durfte also der Dichter auch den Baum mit der blutenden Wurzel aus Vergil getrost herübernehmen. Auch die mittelalterlichen Gedichte des Lohengrinkreises reden schon von dem Walde, aus welchem die Christen Holz zu neuen Türmen holten (Hist. lit. XXII 380). Ich möchte hierzu noch bemerken, dafs Tasso, wie er überall strebt ein ganzes und volles Bild des Seienden zu liefern, so auch in mythologischer Beziehung nach dem Vorbilde der Alten und der christlich-mittelalterlichen Sagen alle Elemente mit guten oder bösen, anmutigen oder grauenhaften Wesen und Bildern bevölkert. Und dann bieten auf der Erde die hauptsächlichsten geologischen und vegetativen Formationen, Berg und Wald doppelte Erscheinungen, grauenhafte und reizende. Auf dem Berge, wo sich Armidens Zaubergärten finden, haust auch der so bekannte Drache, der den Rittern den Weg verlegt. Es ist wohl nicht zweifelhaft, dafs Tasso nach dem Vorgange der Alten das Wesen der Mythologie nach unseren Begriffen oft richtig erfafst hat. Schon die Betrachtungen über die Allegorie brachten ihn dieser Auffassung nahe (Vgl. u. a. Rosini Op. XII 153). Die ganze Grundlage der Mythologie wird ausgesprochen in dem Briefe Lettere II 49 diamo alla natura impassibile le passioni ... Wie er in seinen religiösen Zweifeln sich dem Jahrhundert der Deisten näherte, so scheint er auch die Art der menschlichen Erkenntnis der Gottheit, seiner Zeit weit vorauseilend, richtig geschichtlich erfafst zu haben.

In den Klagen der Armida XVI 47 ff. fallen besonders einige Wendungen auf, wie Solo ch'io segua te mi si conceda ... Sprezzata ancella, a chi fo più conserva Di questa chioma ... Raccorcerolla ... ho ben vigor che baste A condurti i cavalli, a portar l'aste u. s. w. Einen Teil dieser Klagen erhebt auch Fiordiligi Furioso XLIII 161. Der ganze Gedanke findet sich im Jourdain de Blaivie 2100 ff.: Je voldrai iestre li vostres despansiers Et, s'il voz plaist, g' iere vostre escuiers Por selles maitre, por roncins aplaingnier, Ne por ferrer de touz les quatre piés. Quant monterez, si tenrai vostre estrier, Voz esperons voz voldrai deschaucier. Aprez souper, quant voz aurez mengié E se autre aise en coraige voz vient Si voz porroiz a moi esbanoier ... Ähnliches findet sich im Lancelot. Es sind Nachklänge der Walkürensage, vgl. Simrock, Mythologie 1887. S. 359. „Sie wählen die Fallenden und walten des Siegs ... daneben sind sie Schenkmädchen Odins und der Einherier: sie sollen in Walhall dienen, das Trinken bringen, das Tischzeug und die Älschalen verwahren ... sie entzünden den Heldengeist und ziehen ihn empor auch durch die zärtlichen Verhältnisse, die sie mit den berühmtesten Helden eingehen ... Sie trachten und sehnen sich nach Kampf — dieser Zug mufste natürlich in den Romanen schwinden oder wenigstens sehr gemildert werden —, sie wollen Urlag treiben, in der Schlacht das Schicksal entscheiden (daran erinnert der Zug, dafs sie die Streiche der Feinde auffangen bezw. von den Helden abhalten wollen). Darum heifsen sie auch Walmädchen, Schildmädchen, Helmmädchen, weil sie unter Helm und Schild zur Walstatt ziehen.“ Alles das ist nur noch in der Form des Wunsches geblieben, um die Wahrscheinlichkeit zu bewahren.

Die eigentlichen Quellen zu der Schilderung der Zaubergärten der Armida sind natürlich weder in Bojardos Insel des Vergnügens noch im Furioso zu suchen. Die wesentlichen Grundzüge des Gartens der Armida, die Erfüllbarkeit jedes Wunsches und die plötzliche Zerstörung des Ganzen durch Zauber, gab schon die Parcivalsage. Ein Flufs aus dem Paradies bringt den Bewohnern der Gralsburg alles was sie wünschen, und als sie von Gottlosen erobert wird, verschwinden alle Wunder. Im einzelnen scheint Tasso vieles aus Poliziano genommen zu haben (Ebert 181 ff.), auch wohl manches aus dem val dei falsi piaceri und dem terresto paradiso im Girone il Cortese 610 ff. Die Kosten der Ausschmückung trug im Parcival hauptsächlich die

Kirche, bei Poliziano besonders die Kunst des Altertums und die neu erblühende Skulptur und Malerei, bei Ariost und besonders bei Tasso wohl auch die Bühne. Der eigentliche Ausgangspunkt dieses ganzen Teiles der Episode ist aber hiermit nicht gegeben, sowenig wie durch die Ausführungen Rajnas in den Fonti dell' O. furioso 141 ff. Dieser ist vielmehr in den Anschauungen der Germanen und Kelten über den Aufenthaltsort der Seelen nach dem Tode zu suchen. Diese Ansichten sind selbstverständlich nicht zu allen Zeiten gleich gewesen, die Idee der Walhalla, eines grofsen Hallenbaues, ist schon recht neu, so gut wie die der Gralsburg bei den Kelten, die aufserdem noch durch christliche Elemente einigermafsen unkenntlich gemacht wird. Die älteste Meinung der Völker scheint die zu sein, dafs die Verstorbenen in andere Wesen, Tiere und Pflanzen übergehen. Die Erzählung von den „dunklen Wäldern und Thälern, durch welche Balder zur Hel wanderte", ist daher relativ als eine ursprüngliche zu bezeichnen, ebenso die Dichtung von den Burgen der Étroite Marche (Rom. de la t. r. III 358 ff.), der île perdue (IV 45 ff.), dem val sans retour ou des faux amants (IV 213 ff.), weil sie durchblicken lassen, dafs eine Rückkehr unmöglich oder schwierig war aus dem Thale des Todes. Alles Ritterliche ist natürlich aus diesen Schilderungen auszuscheiden. Dafs Tasso derartige Sagen gekannt hat, geht unter anderem auch aus einer Bemerkung Op. XII 41 dell' arco de' leali amanti hervor, wo man wohl varco lesen mufs, wodurch die Schwierigkeit des Durchganges, der Rückkehr, wie in den französischen Beispielen betont wird.

Cyclen von Bildern (XVI 2 ff.) finden sich auch schon auf französischem Gebiete. Ch. d'Antioche II 247 wird ein Zelt geschildert: Par merveillouse estude le painsent Surian: De toutes les viés lois de l'ancien tans Adan, I estoit la devise ens el senestre pan. D'autre part ot ecrit de la geste Abrahan, Et trestoute la vie de ci a Moïsan, Com la bible devise d'Aaron et Josan. Zu XV 58 ff., mehr noch zu den Stanze rifiutate Op. XXVI S. 291 vergleiche man Hist. litt. XXVI S. 103 — aus Charles le chauve — wo sich in kurzem das Wesentliche dieses Teiles der Armidaepisode angedeutet findet.

———

Wissenschaftliche Beilage zum Jahresbericht des Humboldts-Gymnasiums zu Berlin. Ostern 1894.

I.

Das Schicksal des chemisch-mineralogischen Unterrichts der Gymnasien nach der Einführung der neuen Lehrpläne.

II.

Ein Plan zur Beschaffung von Mineralien.

Von

Otto Ohmann,
Oberlehrer.

BERLIN 1894.
R. Gaertners Verlagsbuchhandlung
Hermann Heyfelder.

1894. Programm Nr. 57.

Erster Teil.

Das Schicksal des chemisch-mineralogischen Unterrichts der Gymnasien nach der Einführung der neuen Lehrpläne.

Es sei daran erinnert, dafs einige Monate vor dem Erscheinen der neuen „Lehrpläne und Lehraufgaben für die höheren Schulen" (Berlin 1892, W. Hertz) den Direktoren der höheren Lehranstalten die sogenannten „vertraulichen Entwürfe" zugingen, auf Grund derer die Lehrerkollegien alsbald zur Abhaltung von Fachkonferenzen schritten, um die Pensen für die einzelnen Unterrichtsfächer genauer aufzustellen. Da diese Entwürfe den verschiedenen Lehrerkollegien zu ungleicher Zeit in die Hände kamen, so geschah es, dafs in den beteiligten Kreisen zuerst nur Gerüchte entstanden, z. B. dafs der Unterricht in der Mineralogie, den die Behörde vor 10 Jahren erst neu eingerichtet hatte, nunmehr abgeschafft werde, ferner dafs auch die Chemie, welcher bis dahin gewöhnlich ein Halbjahr in UII zugemessen war, jetzt fast ganz zurückgedrängt sei. Diese Einschränkungen schienen in geradem Widerspruch zu der von mancher Seite gehegten und durch die Verhandlungen der Schulkonferenz gerechtfertigten Erwartung zu stehen, dafs dem naturwissenschaftlichen Unterricht der Gymnasien irgend eine Erweiterung, eine Vermehrung der Stundenzahl zu teil werden würde. Indessen sollten sich die Gerüchte zum gröfsten Teil bewahrheiten. Die Entwürfe enthielten in den Lehraufgaben das Wort Mineralogie oder Mineralien überhaupt nicht, die Chemie trat im Pensum der UII nur als Abschnitt „die wichtigsten chemischen Erscheinungen" auf, dessen Umfang wohl allgemein als nicht beträchtlich angesehen wurde, da derselbe eingeschlossen war von den physikalischen Gebieten Magnetismus und Elektrizität einerseits, Akustik und Optik andererseits. Danach erschien also die Mineralogie ganz unterdrückt, die Chemie auf ein Minimum reduziert.

Nun erschienen im Beginn des Jahres 1892 die eigentlichen „Lehrpläne und Lehraufgaben", in welchen die Lage der genannten Unterrichtsfächer in etwas günstigerem Lichte erschien, denn jetzt war als „allgemeines Lehrziel" (S. 54) aufgestellt: „In der Mineralogie, welche nicht als besonderer Unterrichtsgegenstand, sondern in Verbindung mit der chemischen Lehraufgabe zu behandeln ist: Kenntnis der einfachsten Krystallformen und einzelner besonders wichtiger Mineralien", dazu „In der Chemie: Kenntnis der einfachsten Lehren". Auch in der Lehraufgabe für OII hiefs es nicht mehr wie in den Entwürfen, „Wiederholungen der chemischen Grundbegriffe", sondern „Wiederholungen der chemischen und mineralogischen Grundbegriffe". Hiermit war der Beweis geliefert, dafs es nicht in der Absicht der Behörde lag, die Mineralogie ganz auszuscheiden, sie sollte vielmehr stets — wie es auch ihrem inneren Wesen entspricht — mit der Chemie verknüpft werden. Die weitere Konsequenz freilich, dafs die erweiterte Lehraufgabe auch eine Erweiterung der Zeit erfordere, war nicht gezogen; die um die Mineralogie vermehrte Lehraufgabe der Chemie blieb eingeschlossen zwischen den vier erwähnten physikalischen Gebieten, so dafs es immer den Anschein behielt, als solle dieselbe in kurzer Zeit erledigt werden. Durch das Erscheinen der „Lehrpläne“ im Buchhandel wurde überhaupt die Lücke, welche in den „Entwürfen“ vorhanden war, nicht ausgefüllt, denn *die Entwürfe bildeten an den meisten Anstalten die Grundlage für die endgültige Feststellung der speziellen Lehrpläne*, wie sie der vorgesetzten Behörde zur Genehmigung eingereicht wurden. Die Entwürfe waren jedenfalls das Prius, und man konnte annehmen, dafs viele Anstalten ihre einmal durch Beratung festgestellten Pläne für gut hielten und nicht mehr nachträglich gemäfs den Lehrplänen umänderten.

Es erschien daher dem Verfasser als eine lohnende Aufgabe, nachzuforschen, wie sich denn der Unterricht in der Chemie und Mineralogie in Wirklichkeit gestaltet habe. Zu dem Zwecke sind die letzten Oster-Programme (1893) der preufsischen Gymnasien und Progymnasien hinsichtlich des Pensums des Unterkursus eingesehen worden. Feinere Unterschiede in der Fassung der Lehraufgaben wurden nicht berücksichtigt, sondern nur 2 Hauptgruppen aufgestellt: Die eine Gruppe von Anstalten berücksichtigt die Mineralogie (die Fassung der Lehraufgabe ist meist genau wie in den „Lehrplänen“), die andere erwähnt sie überhaupt nicht (die Fassung der Lehraufgabe ist meist genau wie in den „Entwürfen“).

Als Resultat der Durchsicht hat sich das nachfolgende Verhältnis ergeben:

Es gehören von 246 Anstalten (bei den übrigen ist nichts Genaueres zu erkennen, da sie meist nur die Lehraufgaben der Sprachen aufführen; mehrere fehlten überhaupt) zur

Gruppe A
enthaltend diejenigen, welche
die Mineralogie gemäfs den
„Lehrplänen“ berücksichtigen
98 Anstalten[1]),

Gruppe B
enthaltend diejenigen, welche
die Mineralogie bezw. die
Mineralien unerwähnt lassen
148 Anstalten,

Gruppe B₁
enthaltend diejenigen, welche
aufser der Mineralogie auch
die Chemie unerwähnt lassen
31 Anstalten.

Also der bei weitem gröfsere Teil der Anstalten führt die Mineralogie überhaupt nicht auf, und mehr als 10 Prozent lassen auch die Chemie unberücksichtigt. — An diese bemerkenswerten Ergebnisse knüpfen sich unmittelbar verschiedenerlei Fragen:

I. Wie ist es zu erklären, dafs mehr als die Hälfte aller Gymnasien und Progymnasien die Mineralogie unberücksichtigt lassen und dafs etliche Anstalten aufser der Mineralogie auch die Chemie auf der Unterstufe ganz vernachlässigen?

---

[1]) Die Namen der Anstalten sind nicht mitgeteilt, um auch den Schein zu vermeiden, als ob der einen oder anderen Gruppe irgendwie ein Unrecht vindiziert werden sollte.

II. Ist dieses starke Zurücktreten der Chemie und Mineralogie beabsichtigt oder ist es vielleicht teilweise ein Spiel des Zufalls? Und hierzu gleich: Ist der chemisch-mineralogische Unterricht so wenig fruchtbar, dafs er, der vorher etwa einen Jahreskursus einahm, bei der Einführung des physikalischen Unterkursus auf einen unbestimmt kleinen Abschnitt inmitten der Gebiete Magnetismus und Elektrizität einerseits, Akustik und Optik andererseits reduziert werden mufste?

III. Welches Verhältnis bezw. welche Verteilung des Lehrstoffes auf die gegebene Zeit würde den in den drei Unterrichtsfächern Physik, Chemie, Mineralogie liegenden bildenden Kräften mehr entsprechen als der gegenwärtige Zustand?

I.

Hinsichtlich der ersten Frage ist wohl offenbar, dafs die Anstalten der Gruppe B ihre Lehrpläne einfach nach den ihnen für diesen Zweck zugestellten „Entwürfen" pflichtgemäfs aufgestellt und dann nicht für gut befunden haben, die aufgestellten und später genehmigten Pläne nachträglich gemäfs den „Lehrplänen" wieder abzuändern. Der Grund hierzu wiederum ist vermutlich der, dafs diese Anstalten etwa folgerten: In UII kommen vier physikalische Gebiete zusammen, Magnetismus, Elektrizität, Akustik und Optik, von welchen „ein abgerundetes Bild der wichtigsten Lehren" (Lehrpläne und Lehraufgaben, S. 56) geboten werden soll, — da drängt sich allein schon die Chemie, die chemische Lehraufgabe, störend dazwischen; wenn nun noch an die Chemie die Besprechung von Mineralien und sogar noch von Krystallformen, also mathematische Betrachtungen angeschlossen werden sollen, so umfafst das Pensum soviel Heterogenes, dafs es wohl heilsamer ist, wenn die Mineralogie wegbleibt.

Dafs ferner 10 Prozent der Anstalten auch die Chemie ganz auslassen, kann wohl nur so erklärt werden, dafs diese Anstalten in den „Entwürfen" eine gewisse Tendenz erblickten, der chemische Unterricht müsse zurückweichen vor dem physikalischen (den mineralogischen sahen sie in den Entwürfen überhaupt schon geopfert); sie erkannten weiter, dafs, um die Forderung „ein abgerundetes Bild der wichtigsten Lehren" zu geben, gewissenhaft zu erfüllen, vor allem Zeit erforderlich sei. Daher wurde denn auch die Chemie geopfert.

So bedauerlich auch diese Thatsachen sind, so ist gegen die obigen Schlufsfolgerungen im Grunde genommen nicht viel einzuwenden. Denn sobald in Bezug auf die physikalische Lehraufgabe die Auffassung platzgriff, es solle die Physik, die sich sonst auf 7 Semester (4 in I, 2 in OII, 1 in UII) verteilte, auf der Unterstufe gewissermafsen im Excerpt dargeboten werden, — da war für eine gewissenhafte Behandlung der Lehraufgabe der **ganze** Zeitraum von 3 Semestern nicht zuviel, und es galt, denselben möglichst unverkürzt zu verwenden. Dies geschah nun auf Kosten des chemisch-mineralogischen Unterrichts.

Verfasser möchte hervorheben, dafs er den Unterschied zwischen den oben aufgestellten beiden Hauptgruppen nicht für sehr wesentlich hält, sofern der Chemie überhaupt nur eine kurze Zeit gegönnt wird. Wenn etwa derselben nur einige Wochen eingeräumt werden, dann ist es völlig gleichgültig, ob dabei noch ein paar Mineralien erwähnt werden oder nicht. Leider hat es allenthalben den Anschein, als ob die Chemie so stark zurückgedrängt sei. Es ist nämlich nur eine sehr kleine Anzahl von Anstalten, welche der Chemie einen gröfseren Zeitraum, ein Halbjahr, widmen. Dafs es immerhin einige giebt, mufs rühmend hervorgehoben werden. Da, wo aufserdem Sommer- und Winterhalbjahr gesondert mit Pensen versehen sind, treten zur chemischen Lehraufgabe immer noch ein oder zwei physikalische Gebiete, woraus hervorgeht, dafs der ersteren nur eine kurze Zeit, meist wohl weniger als ein Vierteljahr gegönnt wird. Sonst ist die chemische Lehraufgabe — sei es nun mit oder ohne Anschlufs der Mineralogie — immer zwischen den vier erwähnten physikalischen Gebieten eingeschlossen, und es ist bei dieser Anordnung wohl anzunehmen, dafs der Chemie nur ein kleiner Zeitraum eingeräumt werden wird. Hieran schliefsen sich endlich diejenigen Anstalten, welche die Chemie gar nicht erwähnen.

II.

Es handelt sich an dieser Stelle nicht nur darum, nachzuweisen, dafs an so und soviel Anstalten nichts von den Mineralien erwähnt wird, sondern den Rückgang der Mineralogie und Chemie überhaupt festzustellen und im Anschlufs hieran die Frage zur Diskussion zu stellen, ob die beteiligten Herren Kollegen den jetzigen Zustand für den richtigen halten und ferner, ob derselbe, so wie er vorliegt, beabsichtigt, oder ob er nicht teilweise ein Spiel des Zufalls sei.

Zunächst ist es ein wirklicher Zufall, dafs in den „Entwürfen" die Mineralogie in den Lehraufgaben unerwähnt blieb. Die Folge davon ist, dafs mehr als die Hälfte der obigen Gymnasien die Mineralogie dauernd bei Seite liefs. Aber ist es Absicht oder Zufall, dafs in den Lehrplänen die chemische Lehraufgabe zwischen den vier genannten physikalischen Gebieten steht (S. 55 der „Lehrpläne und Lehraufgaben")? Die „methodischen Bemerkungen" (S. 56, 57) sowie das unter A. a „Allgemeines Lehrziel" Gesagte (S. 54) geben keinen näheren Aufschlufs, es ist nur von einer „Verschiebung" des „Unterrichts in der Physik und Chemie nebst Mineralogie" gesprochen (S. 56), nicht von der Notwendigkeit einer bedeutenden Beschränkung des chemisch-mineralogischen Unterrichts. Soll also stets in U II mit Magnetismus und Elektrizität begonnen, dann die physikalische Lehraufgabe unterbrochen werden, durch die immerhin etwas anders geartete chemisch-mineralogische, und dann erst jene wieder neu aufgenommen werden? Oder soll der Sinn der ganzen für U II aufgestellten Lehraufgabe vielleicht sein: „Die Grundbegriffe der Chemie (mit Anschlufs der Mineralien); die einfachsten Lehren aus den übrigen Gebieten der Physik", oder umgekehrt, die Physik voran und die Chemie zuletzt? Wäre die Fassung diese gewesen, so hätte vermutlich die überwiegende Mehrzahl der Gymnasien der Chemie und Mineralogie ein Halbjahr eingeräumt; es wäre ja dann ohnehin schon eine bedeutende Verkürzung dieses Lehrgebietes eingetreten. So aber hat die überwiegende Mehrzahl der Anstalten die obige Reihenfolge als bindend erachtet — und die Folge ist der Rückgang des ganzen chemisch-mineralogischen Unterrichts, was vielleicht gar nicht in der Absicht der Behörde lag, welche nur eine Verschiebung im Sinne hatte.

Es wäre sehr wünschenswert, wenn über diese Dinge eine Klarheit verschaffende Bestimmung getroffen würde.

Eine gewisse Einschränkung des chemisch-mineralogischen Lehrgebietes war ja unzweifelhaft geboten, sobald der „vorbereitende physikalische Lehrgang", die Gliederung des physikalischen Unterrichtsstoffes nach zwei Stufen, eingeführt werden sollte. Diese Gliederung entsprach einem lange gehegten Wunsche der Methodiker, und ihre Durchführung bezeichnet für den physikalischen Unterricht einen wirklichen Fortschritt, nur müfste dem Unterkursus mehr Raum gegönnt sein. Vergegenwärtigen wir uns kurz die Verhältnisse vor und nach dieser Einführung.

Es waren gewöhnlich angesetzt:	Jetzt sind angesetzt:
für O III ½ Jahr Mineralogie	für O III ½ Jahr Physik
„ U II ½ „ Chemie ½ „ Physik	„ U II $^2/_2$ „ „ (einschliefslich der chemischen Grundbegriffe u. s. w.)
„ O II $^2/_2$ „ „	„ O II $^2/_2$ Jahr Physik (einschliefslich der „Wiederholungen u. s. w.")
„ U I $^2/_2$ „ „	„ U I $^2/_2$ Jahr Physik
„ O I $^2/_2$ „ „	„ O I $^2/_2$ „ „

Neun Semester sind nach wie vor auf den ganzen Unterricht im Anorganischen verwandt. Zuerst war das Verhältnis des chemisch-mineralogischen Unterrichts zum physikalischen meist wie 2 : 7, gewifs ein Verhältnis, bei dem die Physik genügend überwog. Für den Unterkursus, für die Klassen O III und U II, war das Verhältnis wie 2 : 1; dies konnte natürlich nicht bestehen bleiben. Aber würde nicht eine Einschränkung auf die Hälfte genügt haben, so dafs der physikalische zwei, der chemisch-mineralogische ein Semester einnähme?

Man könnte entgegnen, als ein Ersatz für die Schädigung sind die „Wiederholungen u. s. w." in O II angesetzt. Bei der Wiederholung einer Sache kommt jedoch alles darauf an, wie dieselbe ursprünglich durchgenommen wurde. Nimmt der chemisch-mineralogische Lehrgang im Unterkursus nicht einen breiteren Raum ein, so kann füglich nichts Nennenswertes wiederholt werden. Es ist zu erwarten, dafs die Wiederholungen in O II in Bezug auf ihren Umfang noch kärglicher ausfallen werden als der ursprüngliche Lehrgang, zumal für diese Klasse als physikalisches Pensum die tiefere Begründung der Wärmelehre, des Magnetismus und der Elektrizität vorliegt. Könnte eine „Wiederholung und Erweiterung der chemischen und mineralogischen Grundbegriffe" stattfinden, — wie ja auch die physikalischen Gebiete auf der Oberstufe vertieft und erweitert werden sollen — dann hätte die Sache einen anderen Wert; aber dazu gebricht es beim jetzigen Pensum von O II durchaus an Zeit. Als weiterer ungünstiger Umstand kommt hinzu, dafs der physikalische Unterricht auf der Oberstufe meist in einer anderen Hand liegt. Verfasser kann daher in dem Ansetzen der Wiederholungen für O II nicht ein Äquivalent erkennen für die grofse Einbufse, die der chemisch-mineralogische Unterricht auf der Unterstufe erlitten hat.

Es wurde oben (S. 6) offen gelassen, ob die Fassung der Lehraufgabe für U II nicht in einem anderen Sinne gedeutet werden könne; man mufs indessen mit der Auffassung rechnen, welche sich die meisten Anstalten angeeignet haben, dafs genau diese Fassung und damit die so erhebliche Einschränkung des chemisch-mineralogischen Lehrgebiets beabsichtigt sei. Dann hätten wir es allerdings mit einem dauernden Niedergange dieses Unterrichtszweiges zu thun, dessen Ende wahrscheinlich wäre, dafs wie früher nur die Physik auf dem Gymnasium einen Platz findet. (Verf. möchte hier einschalten, dafs ihn keinerlei Vorliebe für die Chemie oder Mineralogie zu diesen Urteilen treibt, sondern dafs er von gleichem Interesse für den physikalischen Unterricht wie für den chemisch-mineralogischen erfüllt ist und nur eine der Natur der Sache entsprechende Verteilung von Licht und Schatten anstrebt).

Bei dieser Annahme ist die Herabsetzung des chemisch-mineralogischen Unterrichts nur so zu erklären, daſs diesem Unterricht ein so viel geringerer Wert beigemessen wurde. Es soll deshalb im folgenden der Versuch gemacht werden, die drei Unterrichtsfächer Physik (a), Chemie (b), Mineralogie (c) gegeneinander abzuwägen, insbesondere nachzuforschen, ob wirklich der chemisch-mineralogische Unterricht proportional der festgesetzten Ungleichheit, sei es dem Inhalte, sei es der Ausbildung der Methode nach hinter dem physikalischen Unterricht zurücksteht. — Es kann dem Verfasser selbstverständlich nicht in den Sinn kommen, Bestimmungen der Behörde gegenüber belehren zu wollen. (Zunächst läſst die Bestimmung, die vielgenannte Fassung der Lehraufgabe, wohl noch die oben erörterte Deutung zu, und ist die Verurteilung unseres Lehrgegenstandes noch nicht endgültig.) Verfasser betrachtet aber den chemisch-mineralogischen Unterricht wie einen armen Verklagten, der einem anderen viel reicheren Manne sein halbes Vermögen abgetreten hat und aus unbestimmten Gründen noch viel mehr davon abtreten soll. Und wie in einem Rechtsverfahren, den hohen und höchsten Behörden, wie dem Staatsanwalt, dem Gerichtspräsidenten u. s. w. gegenüber, ein einfacher Rechtsanwalt als Verteidiger zum Wort zugelassen wird, so möge es auch dem Verfasser gestattet sein, diejenigen Momente hervorzuziehen, welche sich zu Gunsten des zu Verurteilenden vorbringen lassen.

Der physikalische Unterricht.

Die hohe Bedeutung, welche der physikalische Unterricht für die Erziehung besitzt, ist so oft gewürdigt worden, daſs es Eulen nach Athen tragen hieſse, hierüber noch viel Worte zu machen. Die Belehrungen der Physik greifen so vielfach ins alltägliche Leben ein, daſs sie schon früh dieses wertvollen Inhaltes wegen als Unterrichtsgegenstand gepflegt wurde. Aber die vielen kleinen instruktiven Erscheinungen (beispielsweise die des Luft- und Wasserdrucks), die der Schüler mit Verständnis in ihrer Gesetzmäſsigkeit soll durchdringen lernen, bilden nicht die wichtigste Seite ihres Bildungswertes; vielmehr muſs sich der darzubietende Inhalt der Physik zu einem Gemälde erweitern, in welchem die groſsartigen technischen Erfolge derselben, welche unserem Zeitalter zum Teil das Gepräge verleihen, in ihrer historischen Entwicklung hervortreten. Die die physikalischen Erscheinungen verknüpfenden Gesetze bilden den Grund in diesem Gemälde, die Errungenschaften der Technik — soweit sie aus der Physik resultieren — sind seine festen Umrisse, und die Lichtgebung ist das historische und biographische Moment.

Von manchen Methodikern wird der Hauptwert der Physik nicht so sehr in dem groſsen Inhalt gefunden, als vielmehr darin, daſs durch diesen Unterricht der Geist des Schülers in bestimmter Weise gewöhnt werde, die Erscheinungen denkend zu beobachten, geübt werde, der Kette der Ursachen nachzugehen. Wie sehr man vielfach bestrebt ist, alle einzelnen Kapitel der Physik nach den Prinzipien eines rationell-induktiven Verfahrens umzugestalten und auszubauen, lehrt ein Blick in die bezüglichen Fachzeitschriften. Hier sind bereits Schätze (in methodischer und experimenteller Hinsicht) aufgespeichert, die dann erst ganz werden ausgemünzt werden, wenn der physikalische Unterricht eine andere Geltung am Gymnasium genieſsen wird, als zur Zeit; und es darf die Hoffnung nicht ermatten, daſs die Unterrichtsverwaltung sich dieses Lehrgegenstandes in noch viel umfassenderer Weise (beispielsweise durch Einführung obligatorischer oder fakultativer Schülerübungen) bedienen werde, um den Inhalt der durch das Gymnasium zu gewährenden allgemeinen Bildung noch wesentlich zu bereichern.

Der chemische Unterricht.

Aber greifen nicht manche Erscheinungen der Chemie ebenso tief ins alltägliche Leben ein, wie die physikalischen? Ist beispielsweise die gründliche Kenntnis der Verbrennungsvorgänge nicht ebenso notwendig, wie etwa die des Luftdrucks? Die Kenntnis von der elementaren Zusammensetzung der Körper, die schon von den antiken Philosophen geahnt wurde, von der wunderbaren Gesetzmäfsigkeit der Verbindungsweisen der Elemente u. a. bietet eine notwendige Ergänzung derjenigen Kenntnisse, welche im physikalischen Unterricht von der Natur der Körper übermittelt werden. In die Vorgänge des menschlichen Lebens, die Atmung, Ernährung, ebenso in die Hygiene spielt die Chemie sogar mehr hinein, als die Physik.

Was müfste nun von dem reichen Inhalt der Chemie notgedrungen im Unterkursus gelehrt werden, um dem Schüler wirklich einen Begriff von dem Wesen der Chemie zu geben?

1. Der Begriff des chemischen Elementes, experimentell gewonnen aus mehreren wenn auch zuweilen nur partiellen Zerlegungen. 2. Das Wesen des chemischen Prozesses; ein Begriffskomplex, umfassend den Unterschied zwischen chemischen und physikalischen Erscheinungen, zwischen mechanischer Mischung und chemischer Verbindung, ferner die Begleiterscheinungen der chemischen Prozesse, die chemische Verwandtschaft u. a. 3. Die Ursache der chemischen Erscheinungen (Wärme, Elektrizität u. s. w.). 4. Die Gesetzmäfsigkeit der Gewichtsverhältnisse bei der chemischen Verbindung (das chemische Gewichtsgesetz). — Diese Begriffe müssen selbstverständlich auf induktivem Wege an einer Reihe von Einzelkörpern (am besten Naturkörpern — Mineralien), dazu beständig auf experimenteller Grundlage gewonnen werden. Als Ausgangspunkte würden sich vornehmlich eignen: die atmosphärische Luft, das Wasser, der Schwefel, der Kohlenstoff mit Anschlufs sowohl der ganzen Verbrennungserscheinungen, wie der menschlichen Atmung und des Wesens der Flamme, u. a.

Diese Bemerkungen wollen nur einige Andeutungen über den knappesten Umfang des chemischen Lehrstoffes geben; es soll durch dieselben nicht etwa ein Lehrgang skizziert werden.

Werden diese Begriffe und Erscheinungen, des Zeitgewinns halber, mehr blofs dogmatisch überliefert, auf Grund einiger ohne inneren Zusammenhang vorgenommener Versuche (und unter Vernachlässigung der Gedankenarbeit, die in der letzten Zeit auf die Methodik des chemischen Unterrichts aufgewendet worden ist), so läuft der Unterricht Gefahr, zu verflachen; werden sie überhaupt zu sehr konzentriert, ohne hinlänglich durchgearbeitet zu sein, so gehen sie entweder am Schüler ohne Wirkung vorüber, oder sie nehmen, wenn auf ein bestimmtes Wissen gedrungen wird, die häusliche Arbeitszeit in Anspruch. Dies wäre ja an sich nicht abzuweisen — indessen mufs leider der naturwissenschaftliche Unterricht unter den jetzigen Umständen, besonders im Hinblick auf die Abschlufsprüfung, auf die häusliche Beschäftigung des Schülers fast ganz verzichten.

Was nun die Methode des chemischen Unterrichts betrifft, so ist es für denjenigen, der die neueren bezüglichen Erscheinungen, besonders des letzten Dezenniums, verfolgt hat, nicht mehr zweifelhaft, dafs all die Vorwürfe, die man dem chemischen Unterricht früher gemacht hat — z. B. dafs es sich bei demselben nur um immer erneute Wiederholung derselben Gedankenoperationen handele, — vollständig überholt sind. Zur Zeit stehen sich noch zwei Richtungen gegenüber, deren eine von R. Arendt inauguriert ist und kurz die „methodische“ genannt wird, während die ältere, die „systematische“ noch ihre zahlreichen Anhänger hat. Die erstere hat sich bereits vielfach Bahn gebrochen, und die Vertreter der anderen sind nicht minder bemüht, ihren Lehrgang zweckentsprechend auszubauen, mehr oder weniger beeinflufst von jener methodischen Richtung.

Jedenfalls ist man zu dem Urteil berechtigt, dafs der chemische Unterricht hinsichtlich der Methode dem physikalischen nicht wesentlich nachsteht.

Der mineralogische Unterricht.

Und hat nun das Aschenbrödel Mineralogie einen so dürftigen Inhalt, dafs ihm eine solche Behandlung zu teil werden mufste? — Hält man in dem dritten der sogenannten drei Reiche der Natur Umschau, so bieten sich dem Blicke etliche Mineralien dar, deren blofse mineralogische Durchnahme die Schüler schon entschieden fesselt: hierher gehört der Diamant, der Schwefel, der Quarz mit einigen Varietäten, wie Achat, Feuerstein, Probierstein, das Steinsalz u. a.; sie reizen allein als eigenartige Erzeugnisse der Schöpfung. Ferner ist es für den späteren physikalischen Unterricht von gewissem Werte, wenn dem Schüler manche Dinge, wie Kalkspat, Glimmer, Antimon, Wismut, nicht mehr vollständig neu sind. Viel wichtiger sind jedoch die umfassenderen Begriffe, die sich an die Durchnahme der einzelnen Mineralien anschliefsen lassen. Nur die Mineralogie ist es, durch welche dem Schüler wiederholt ein Einblick in die Schichtung der Erdrinde geboten wird — beispielsweise bei der Durchnahme der Steinkohlenlager und des Vorkommens der Erze in Lagern und Gängen; hier kann ihm ferner — z. B. bei der Durchnahme des Vorkommens vom Golde (als Berg- und Waschgold) ebenso vom Diamanten — eine Vorstellung von der an der Erdoberfläche unaufhörlich wirkenden Verwitterung gegeben werden; im weiteren Anschlufs hieran kann die chemische Gesteinszersetzung (an einigen Beispielen, wie Feldspat) erläutert werden, so dafs der Schüler einen Begriff davon bekommt, was dieselbe für das Wachstum der ganzen Pflanzenwelt zu bedeuten hat, wie hierbei die leblose und die belebte Natur ineinandergreifen. Wenn wir ferner erinnern, wie bei der Durchnahme der „Steinkohle“ mit den sie begleitenden Versteinerungen ein Blick in entlegene Erdperioden geworfen, beim „Kalke“ die noch jetzt vor sich gehende Bildung grofser unterirdischer Höhlen erörtert werden kann, wie bei der mineralogischen Durchnahme des „Wassers“ die Quellbildung und der Kreislauf des Wassers anzuschliefsen sind — so ist wohl damit der reiche Inhalt der Mineralogie (mit welcher, für die Schule wenigstens, die Geologie Eins bildet) genugsam charakterisiert.

Dies alles sind wirkliche Bausteine für die Gewinnung einer späteren, reiferen Naturauffassung. Aber wer es kennt, welche Schwierigkeiten es macht, derartige Anschauungen in den Schülern wirklich lebendig werden zu lassen, der mufs zugeben, dafs hierzu — wie bei den chemischen Vorbegriffen — wiederum vor allem Zeit gehört. Es wäre verfehlt, diese Dinge nur geistreich zu streifen — denn damit ist nichts gethan. Schliefslich sei noch darauf hingewiesen, wie aufserordentlich lehrreich eine Exkursion mit den Schülern nach einem Bergwerk ist.

Soviel zum Inhalt der Mineralogie. Und wie steht es mit der Methode? Es ist nicht zu leugnen, dafs dies der schwache Punkt ist — oder war. Zunächst waren zur Zeit, als durch die Lehrpläne von 1882 der mineralogische Unterricht an den Gymnasien allgemein eingeführt wurde, die vorhandenen Lehrbücher der Mineralogie — vielfach nur Excerpte der wissenschaftlichen Handbücher — in denen gewöhnlich ein allgemeiner Teil mit der sog. „Kennzeichenlehre der Mineralien" der systematischen Aufzählung der Mineralien voraufging, für einen ersprießlichen Schulunterricht nicht zu gebrauchen. Jeder mußste — unter Zugrundelegung des an der Anstalt vorhandenen Materials — den Stoff selbständig mehr oder weniger umgestalten — eine Arbeit, die nicht jedem genehm war und dem Fache nicht gerade Freunde zuführte. Der entscheidende Punkt aber war, daß in den Lehrplänen von 1882 vorgesehen war, der Unterricht habe sich auf die physikalischen Merkmale zu beschränken. Dies war die Klippe, woran jeder Versuch, den mineralogischen Stoff unter Wahrung seiner inneren ganzen Natur methodisch zu gestalten, scheitern mußste.

Es wäre daher als ein Fortschritt zu begrüßsen, daß dieser Standpunkt verlassen ist, und nunmehr der mineralogische Unterricht mit dem chemischen Eins bilden soll, wenn nicht die oben erörterte Beschränkung dieses ganzen Unterrichts diesen Vorteil nahezu illusorisch machte.

Daß ein mit Liebe erteilter mineralogischer Unterricht, der sich nur auf die physikalischen Merkmale beschränkt, auch fruchtbringend sein könne und es in einzelnen Fällen sicher gewesen ist, soll hier nicht in Abrede gestellt werden. Ein Verfechter eines solchen Unterrichts ist z. B. Dr. Julius Wilbrand, der in einem sehr beachtenswerten, dem Jahresbericht des Gymnasiums und Realgymnasiums zu Bielefeld vorgedruckten, sechs Seiten umfassenden Aufsatz [1]) die Vorzüge des mineralogischen und geologischen Unterrichts treffend hervorhebt. Die Abhandlung beginnt mit den Sätzen: „Die neuen Lehrpläne von 1891 machen in den Realgymnasien die Mineralogie mitsamt der Krystallographie zu einem Anhängsel der Chemie. In den Gymnasien ist die Verquickung verschiedener Fächer noch weiter gediehen. Hier umfaßst der „vorbereitende physikalische Lehrgang der Untersekunda außser Physik auch noch die wichtigsten chemischen Erscheinungen nebst Besprechung einzelner besonders wichtiger Mineralien und der einfachsten Krystallformen. Damit ist also die Mineralogie als selbständiges Unterrichtsfach gestrichen. Für Gesteinslehre und Geologie ist überhaupt kein Platz mehr gelassen. Ich beklage diese Schädigung des mineralogisch-geologischen Unterrichts sehr."

Hieran schließst sich eine Verteidigung des chemielosen mineralogischen Unterrichts, deren Argumente mich nicht ganz zu überzeugen vermögen. Es kam auch dem Verfasser wohl nicht so sehr darauf an, für einen so gearteten Unterricht besonders einzutreten, als vielmehr darzulegen und zu beklagen, daß nunmehr eine der wichtigsten Seiten des mineralogischen Unterrichts, nämlich die Verknüpfung mit der Geologie, ganz vernachlässigt werden würde, sowohl am Gymnasium wie am Realgymnasium. Und wenn wirklich die Verbindung von Chemie und Mineralogie nicht in einem methodisch durchgearbeiteten Ineinandergreifen beider Disziplinen, sondern nur darin besteht, daß die Mineralien gelegentlich der Durchnahme der einzelnen chemischen Elemente nebenbei kurz angeschlossen werden, hauptsächlich aus dem Grunde, weil das betrachtete Element gerade in diesen Mineralien vorkommt, — so ist die Verbindung kein sehr großser Vorteil, und es überwiegt der Nachteil, daß ein eigentliches Hinüberleiten nach der Geologie fehlt. — Auf die treffenden Sätze, die am Schlusse jenes Aufsatzes der Geologie gewidmet sind, sei noch besonders hingewiesen.

Wahrscheinlich werden über den mineralogischen Unterricht und seine Abschaffung als selbständiges Lehrfach manche Amtsgenossen ebenso denken wie der genannte Verfasser. Andrer-

[1]) Über den Wert der Mineralogie und Geologie als Unterrichtsfach. Von Dr. Julius Wilbrand. Programm Nr. 348. Bielefeld 1893.

seits ist nicht zu verkennen, dafs ein auf die physikalischen Merkmale beschränkter, mehr blofs beschreibender mineralogischer Unterricht seine beträchtlichen Schwierigkeiten hat; eine derselben erkennt auch der genannte Verfasser in seiner Schrift an, da wo er von der „Kleinheit mancher Objekte" spricht (S. 4). Welcher Art diese Schwierigkeiten sind und wie dieselben teilweise gehoben werden könnten, darüber wird im zweiten Teile dieser Arbeit die Rede sein.

Von einigen Seiten wurde der Unterricht in der Mineralogie dadurch zu bereichern gesucht, dafs ein gröfseres Gewicht auf die krystallographische Seite gelegt wurde. Es sind in dieser Beziehung zwei Arbeiten zu verzeichnen: Dr. W. Waege, „der krystallographische Unterricht in Ober-Tertia"[1]) und W. Anders, „die Symmetrie der Krystalle"[2]). So anerkennenswert die darin zu Tage tretenden Bestrebungen an sich sind, so ist doch zu bemerken, dafs ein auf kürzere Zeit beschränkter mineralogischer Unterricht so viel wichtige andre Dinge zu übermitteln hat, dafs für eine umfangreichere Behandlung der Krystallographie nicht Raum bleibt. Verf. ist der letzte, der den Wert der Krystallographie nicht anerkennen möchte, er stimmt vielmehr den von andrer Seite gemachten Vorschlägen, dafs die Krystallographie mit grofsem Nutzen im mathematischen Unterricht der oberen Klassen Verwendung finden könnte, vollkommen bei; und hier würden die oben erwähnten Arbeiten zur vollen Geltung kommen können. Es mufs aber festgehalten werden, dafs die Beschäftigung mit der Krystallographie eine mathematische Übung darstellt — mit Recht bemerkt der erstgenannte Verfasser, dafs durch die Beschäftigung mit den Krystallen oder ihren Modellen „der spätere stereometrische Unterricht in wirksamster Weise vorbereitet" werde —, die Zeit hierzu müfste daher vom mathematischen, aber nicht von dem kärglich bedachten naturwissenschaftlichen Unterricht genommen werden.

Es fehlte schliefslich nicht an Bestrebungen, die Methode des mineralogischen Unterrichts, unter Umgehung der obengenannten Klippe, zu verbessern. Der „Leitfaden für den chemischen und mineralogischen Unterricht an Gymnasien" von Dr. P. Meutzner (Leipzig, Fues's Verlag), schliefst an die Besprechung der chemischen Elemente, hauptsächlich der metallischen, gleich die Beschreibung der zugehörigen Mineralien an. Desgleichen versuchte Verfasser in seinem „Mineralogisch-chemischen Kursus" (Berlin, Winckelmann und Söhne) ein vollständiges Ineinandergreifen der beiden Disziplinen Mineralogie und Chemie zu erzielen. —

Aus den bisherigen Betrachtungen geht wohl soviel hervor, dafs dem chemisch-mineralogischen Unterricht in ähnlichem Mafse wie dem physikalischen fruchtbringende Keime innewohnen, und dafs zur Entfaltung derselben vor allem genügende Zeit erforderlich sei. Bei zu grofsem Zusammendrängen würde Oberflächlichkeit oder Unklarheit die Folge sein — auf alle Fälle bleibt bei zu knapper Zeit das Beste ungethan.

III.

Bei der dritten Frage handelt es sich nicht um eine allgemeine theoretische Erörterung, wieviel Zeit jedem der beiden Unterrichtsgebiete Physik und Chemie-Mineralogie seinem inneren

[1]) Programm (Nr. 59) des Königstädtischen Gymnasiums zu Berlin. 1889.

[2]) Programm (Nr. 62) des Lessing-Gymnasiums zu Berlin. 1891. — Beide in R. Gärtner's Verlagsbuchhandlung.

Gehalte nach am besten zuzuteilen sei, sondern die Frage ist gleich mit praktischer Rücksichtnahme auf den Unter- und Oberkursus anzugreifen[1]).

Für den Unterkursus hält Verfasser auf Grund der vorangegangenen Betrachtungen die nachfolgende Verteilung für die beste:

1. OIII ein Semester Physik.
2. UII ein Semester Chemie und Mineralogie.
3. UII ein Semester Physik.

Es bedarf hierzu nur noch weniger Worte:

(1.) In OIII könnte das jetzige Pensum, Mechanik und Wärme, ruhig bestehen bleiben; nebenbei sind diese Gebiete eine sehr nützliche Vorbereitung für den darauf folgenden chemisch-mineralogischen Unterricht.

(2.) Ob der Unterricht in der Chemie und Mineralogie mehr einen chemisch-mineralogischen oder umgekehrt mineralogisch-chemischen Charakter haben solle, ist natürlich dem Ermessen jedes Einzelnen zu überlassen. Verfasser ist allerdings zu der Überzeugung gelangt, dafs die Einführung in die chemischen Grundbegriffe für die Schule am besten von den handgreiflichen Mineralien ausgehe. Hierdurch tritt die Mineralogie nicht etwa zu sehr in den Vordergrund, die chemischen Begriffe bekommen nur einen festeren Halt. Jedenfalls ist eine Einführung von der Wasserzersetzung aus — sei es durch Elektrolyse oder gar durch Natrium — nicht anzuraten, da hier zu früh die in ihrer Natur schwerer zu erfassenden gasförmigen Elemente herangezogen werden, überhaupt ein neuer Begriff (der des Elementes) auf etwas nicht greifbares basiert wird.

(3.) In dem letzten Halbjahr würden dann die einfachsten Erscheinungen aus den schwieriger zu behandelnden übrigen Gebieten der Physik auszuwählen sein. Sollte behauptet werden, dafs auf diese Weise zu stark konzentriert werden müfste, so ist dem zunächst entgegenzuhalten, dafs vor 1892 an verschiedenen Anstalten, so auch an der des Verfassers, für das zweite Halbjahr in UII ein physikalischer propädeutischer Kursus angesetzt war, in welchem einfache Erscheinungen aus allen Gebieten erörtert wurden. Es darf sich für den physikalischen Unterricht dieser Stufe nicht darum handeln, von dem wertvollen Lehrstoff der Physik dem Schüler möglichst viel zu

—

[1]) Obgleich die Betrachtungen der vorliegenden Arbeit ihren Schwerpunkt im Unterkursus haben, so mögen doch einige Bemerkungen bezüglich der Oberstufe eine Stelle finden. Es wäre sehr wünschenswert, wenn die für OII angesetzten „Wiederholungen der chemischen und mineralogischen Grundbegriffe" zu einem Halbjahrskursus ausgedehnt würden. Demselben müfste es obliegen, einerseits die früher gewonnenen Ergebnisse auf Grund einer Anzahl von Wiederholungsversuchen zusammenzufassen und einzelne Begriffe, besonders die geologischen, zweckmäfsig zu erweitern, andrerseits auf einige wichtige Anwendungen der Chemie auf die lebende Natur, insbesondere die Pflanzenwelt und das Leben des Menschen einzugehen. Gerade dieser letztere Abschnitt ist wichtig, da bisher das Obergymnasium in Bezug auf das Organische eine tabula rasa ist. — Freilich wird OII für einen solchen Kursus am wenigsten geeignet sein. Hier soll der physikalische Oberkursus mit seiner exakteren Begründung der einzelnen Abschnitte erst einmal fest einsetzen; demselben nach einem Halbjahr einen chemisch-organischen Kursus folgen zu lassen, würde eine Störung bedeuten. Ferner ist es an sich zweckmäfsig, wenn der gedachte Kursus später liegt. Gerade ein derartiger Unterricht wäre genötigt, sich an die reifere Auffassung, die reifere Phantasie des Schülers zu wenden. Deshalb dürfte das 2. oder 3. Halbjahr der I hierfür am geeignetsten sein. — Theoretisch notwendig erscheint solcher Unterricht in hohem Grade, doch sollen die Schwierigkeiten seiner praktischen Durchführung nicht verkannt werden. Dafs von den sechs der Oberstufe zu Gebote stehenden Semestern Physik eines diesem chemisch-organischen Kursus abgetreten werden könnte, wird wohl am wenigsten auf Widerspruch stofsen.

übermitteln, sondern vielmehr darum, eine sorgfältige Auswahl derjenigen Erscheinungen zu treffen, die der Schüler wirklich mit Verständnis durchdringen kann und welche am besten geeignet sind, ihn in die Methode des naturwissenschaftlichen Beobachtens und Denkens einzuführen. Hieran mufs man sich bei der jetzigen knapp bemessenen Zeit genügen lassen: mehr kann auch in dem chemisch-mineralogischen Halbjahrskursus nicht geschehen.

Dies Verhältnis von 2 : 1 ist wohl dasjenige, welches dem Unterrichtswerte der beiden Lehrgebiete am besten entspricht; und es ist hervorzuheben, dafs es in der Fachlitteratur nicht an Zeugnissen fehlt, worin für dieses Verhältnis eingetreten wird. So heifst es in der „Zeitschrift für den physikalischen und chemischen Unterricht“ [1]):

„Auch die dafür“ (für den Unterkursus) „verwendbare Zeit ist die gleiche wie vor 1882. Denn von den drei Semestern, die für diesen Unterricht bestimmt sind, wird eines (in Untersekunda) der Chemie und Mineralogie vorzubehalten sein, es bleibt also nur ein Jahr mit wöchentlich zwei Unterrichtsstunden für die eigentliche Physik übrig“.

An einer anderen Stelle (S. 172):

„Der chemische Unterricht erleidet durch die neuen Verfügungen ebenfalls eine beträchtliche Einbufse. Zwar steht ihm wie bisher ein Halbjahr der UII zur Verfügung. Während aber bisher der halbjährliche mineralogische Kursus in OIII zu einer Art von chemischem Vorkursus benutzt werden konnte, fällt jetzt nicht nur diese Vorbereitung fort, sondern es wird überdies dem chemischen Unterricht auch die bisherige Lehraufgabe aus der Mineralogie (Besprechung einzelner besonders wichtiger Mineralien und der einfachsten Krystallformen) übertragen, d. h. wörtlich dieselbe Aufgabe, für die allein die Lehrpläne von 1882 ein besonderes Halbjahr für nötig befunden haben. Auch hier also Zusammendrängung des Stoffes auf Kosten der Gründlichkeit, Vermehrung des Umfangs auf Kosten der Tiefe“.

Es ist ferner hervorzuheben, dafs das aufgestellte Verhältnis bereits an vereinzelten Anstalten als das richtige erkannt und verwirklicht ist; dies sind aber Ausnahmen. Es sollte indessen umgekehrt sein, dies sollte die Regel und jener Zustand, dafs dem chemisch-mineralogischen Unterricht nur eine geringe Spanne Zeit gegönnt ist — durch besondere Verhältnisse motiviert, etwa weil kein genügender Apparat zum Experimentieren vorhanden — sollte die Ausnahme sein.

Demnach wäre sehr zu wünschen, dafs die Herren Fachkollegen, denen das oben erörterte Verhältnis als das angemessene erscheint, ihre Lehrpläne alsbald nach der gedachten Richtung hin umändern möchten. Man warte nicht, bis eine besondere Verfügung erlassen wird, sondern ändere nach bestem Ermessen und sehe der Genehmigung der Behörde, welche es in dieser Hinsicht nie an Wohlwollen hat fehlen lassen, entgegen.

Es wäre ja möglich, dafs durch eine Bestimmung die Angelegenheit klargestellt und das obige, schon von einigen Anstalten realisierte Verhältnis als das normale hingestellt wird — doch sehe man in dem Nichterscheinen derselben nicht einen Hinderungsgrund für das selbständige Handeln.

---

[1]) Dr. F. Poske, im Jahrg. V, Heft IV, S. 169.

Weiterer Ausblick.

Im Vorangegangenen handelte es sich hauptsächlich darum, zwischen den im Unterkursus vorhandenen Lehrgebieten das richtige Verhältnis aufzusuchen. Eine Erörterung des ganzen Themas vom naturwissenschaftlichen Unterricht der Unterstufe darf indessen einen wichtigen Punkt nicht unberührt lassen, vielmehr erscheint es notwendig, noch nach einer anderen Richtung hin einen Schritt vorwärts zu thun.

Das in den neuen Lehrplänen für den Unterkursus aufgestellte Ziel

> „denjenigen Schülern, welche nach dem Abschlufs der UII die Schule verlassen, ein möglichst abgerundetes Bild der wichtigsten Lehren auf diesen Gebieten" (Physik, Chemie, Mineralogie) „mit in das Leben zu geben"

ist nach jeder Richtung hin betrachtet ein durchaus erstrebenswertes. Nichts ist mehr zu wünschen, als dafs der Schüler, der ins Leben tritt, einen wirklichen Einblick in den grofsen Inhalt dieser Lehrgebiete, besonders in diejenigen Entdeckungen gewinne, durch welche der Verkehr der Menschen, das Leben des Einzelnen wie das der ganzen Völker ein so ganz anderes geworden ist als im Mittelalter und Altertum. Dem Schüler diese grofse Kluft aufdecken, heifst nicht Unrecht üben am Altertum.

Es ist nun inzwischen verschiedentlich nachgewiesen, dafs dieses schöne Ziel bei der für diese Lehrgebiete unumgänglichen, strengeren Methode, der zumal alle Oberflächlichkeit zuwider ist, in der zur Verfügung stehenden Zeit nicht erreichbar ist. Hierüber äufsert sich z. B. das im vorigen Jahr herausgegebene Werk „Deutschlands höheres Schulwesen im 19. Jahrhundert" (im Auftrage des Ministeriums bearbeitet von C. Rethwisch) folgendermafsen:

„Bezüglich der Auswahl des Lehrstoffes lassen die Lehrpläne grofse Freiheit; sie empfehlen nur, bei der Fülle des Stoffes auf diesen Gebieten und der verhältnismäfsig geringen dafür verfügbaren Stundenzahl, auf eine angemessene Auswahl die gröfste Sorgfalt zu verwenden. Man hat sich darüber verständigt, dafs man darauf verzichten müsse, ein vollkommen abgerundetes Bild der wichtigsten physikalischen Lehren den von der Mittelstufe abgehenden Schülern in das praktische Leben mitzugeben; vielmehr ist man bestrebt, nur die einfachsten Lehren darzubieten, diese aber so durchzuarbeiten, dafs ein klares, auf Anschauung begründetes und durch eigenes Nachdenken befestigtes Verständnis der betrachteten Naturerscheinungen erzielt wird."

Aus der Prämisse: das von den Lehrplänen für den Unterkursus aufgestellte Ziel ist ein höchst erstrebenswertes, und der anderen: dieses Ziel ist in der zur Verfügung stehenden Zeit nicht erreichbar — folgt nun mit innerer Notwendigkeit, dafs für den Unterkursus in der Naturlehre die Unterrichtszeit vermehrt werden müsse.

Würden nicht andere, als wichtiger erachtete Interessen dadurch tangiert, so wäre, um alle wertvollen Momente der genannten Disziplinen in gröfserem Umfange zur Wirksamkeit kommen zu lassen, eine Vermehrung auf die doppelte Stundenzahl nicht zu viel. Dann könnte dieser Unterricht erst zeigen, was er überhaupt zu leisten im stande ist. Dies würde jedoch gegenüber dem bisherigen langsamen Vordringen der Naturwissenschaften auf dem Gymnasium einen solchen Sprung bedeuten, dafs gewifs keine Aussicht auf Gewährung vorhanden ist. Aber schon mit drei Stunden wöchentlicher Unterrichtszeit würden die Wünsche der meisten daran Beteiligten befriedigt sein. Für diese Vermehrung trat seiner Zeit auch der „Verein zur Förderung des Unterrichts in der Mathematik und den Naturwissenschaften" in einer besonderen Resolution ein [1]). Auch in den Fachzeitschriften ist die Forderung mehrfach ausgesprochen.

Wird diese Forderung gewährt, so ist es ermöglicht, die einzelnen Kapitel — auch schwierigere, auf welche der Unterricht jetzt verzichten mufs (beispielsweise die Dampfmaschine) — so zu beleuchten, dafs der Schüler sich selbständig genug in den Anschauungen bewegt, um seine Gedanken ohne zu grofse Mühe in einem gestellten Thema schriftlich wiedergeben zu können. Auch wäre es wohl einigermafsen möglich, eine Seite dieses Unterrichts, die noch besonders bildend ist, aber leider jetzt fast ganz vernachlässigt werden mufs, etwas zu pflegen: die historische Entwicklung der bezüglichen Wissenschaften und vereinzelt auch Biographieen der hervorragendsten Männer.

Durch diese für O III und U II durchzuführende Erweiterung würde gleichzeitig noch ein Unterrichtsgegenstand in O III mitgetroffen, der einer gröfseren Ausdehnung entschieden bedarf: die Lehre vom Bau des menschlichen Körpers.

Für diese Vermehrung spricht auch der Umstand, dafs in der Tertia — d. i. zu einer Zeit, wo in den Schülern der Trieb nach praktischer Bethätigung besonders lebhaft erscheint — die mathematisch-naturwissenschaftlichen Fächer den sprachlich-historischen gegenüber mit nur fünf wöchentlichen Lehrstunden vertreten sind. Diesen 5 Stunden stehen allein 16 Sprachstunden gegenüber. So wenig Verfasser den hohen Wert der Sprachen verkennen möchte, so kann er doch dieses Verhältnis nicht als ein angemessenes betrachten.

Eine Vermehrung der Unterrichtszeit des naturwissenschaftlichen Unterkursus drängt sich also mit grofser Notwendigkeit auf. Nichtsdestoweniger ist mit dieser Vermehrung allein der mögliche Erfolg des naturwissenschaftlichen Unterrichts noch nicht gesichert, vielmehr mufs noch etwas anderes damit Hand in Hand gehen.

Das subjektive Moment alles Unterrichtserfolges.

Der Erfolg eines Unterrichtsgegenstandes hängt nicht allein von der Materie, von dem zweckmäfsig ausgewählten Lehrstoff, sowie von der besten Art, diesen darzubieten, also von der Methode, und von dem sonstigen Geschick und Können des Lehrers ab — dies sind gewissermafsen, von dem Standpunkte des Schülers aus bemessen, die objektiven Bedingungen des Gelingens ; vielmehr tritt hierzu noch als ein wesentliches Gegenstück ein **subjektives Moment**: das ist die Anteilnahme, welche der Schüler aus sich dem Gegenstande entgegenbringt, und welche hauptsächlich von dem Bewufstsein abhängig ist: **wieviel gilt der Gegenstand**, wieviel kommt auf ihn für dein Fortkommen, für deine Versetzung an. Es ist bekannt, welche Rolle dieses subjektive Moment in der täglichen Praxis des Schullebens spielt; Schülerexemplare, welche die Leistungen in den „Nebenfächern" ganz umgehen, weil sie wissen, es kommt bei der Versetzung nicht darauf an, sind einem jeden Ordinarius wohlbekannt. Auf dem Gymnasium sind die alten Sprachen unzweifelhaft im Besitze des gröfsten Teiles dieser subjektiven Hingabe des Schülers, während die Naturwissenschaft bis zum heutigen Tage ohne diese Hülfe auskommen mufs. Nun wird immer darauf hingewiesen, dafs alle Schüler den Naturwissenschaften schon soviel natürliches Interesse entgegenbringen. Gewifs — aber bei so manchem Schüler hält dieses nicht Stand, sobald es sich einmal um ernstere Anstrengungen handelt. Und gerade in den Naturwissenschaften ist an einigen Punkten die umfassendste geistige Anspannung, deren der Schüler fähig ist, erforderlich. Denn es handelt sich hier um die Vollziehung von Denkoperationen, die der natur-

[1]) Bericht 1891 (Sonder-Abdruck aus dem Pädagogischen Archiv) S. 35.

wissenschaftliche Unterricht erst selbständig ausbilden mufs, für die durch den sprachlichen Unterricht so gut wie gar keine Vorbereitung geschaffen ist. Das wirkliche Erfassen eines gröfseren Komplexes von Erscheinungen in ihrer gegenseitigen Abhängigkeit (mir schweben augenblicklich die Gesetzmäfsigkeiten der Witterungserscheinungen an der Erdoberfläche vor, sowie die Gewinnung der Einsicht in das Wesen der atmosphärischen Luft auf Grund beobachteter Oxydationsvorgänge und der Kette daraus gezogener Schlüsse), ferner das Aufsteigen von mehreren durch eine ganze Versuchsreihe induktiv gewonnenen Einzelerkenntnissen zum umfassenden Naturgesetz, — das sind ein paar Beispiele der angedeuteten Geistesoperationen. Für eine derartig angestrengtere Thätigkeit ist das Gros der Schüler nicht ohne weiteres zu haben, — auf ihre Aufmerksamkeit für das augenblicklich Vorliegende, insbesondere auf ihre Spannung hinsichtlich der Antwort, welche die Natur auf eine an dieselbe gerichtete Frage durch das Experiment erteilen wird, darauf kann man immer rechnen, dazu übt eben der Gegenstand einen zu grofsen Reiz aus. Wenn es aber darauf ankommt, wichtige, klar erkannte Gedankengänge selbstthätig wiederzugeben, oder mit eigner Anstrengung sich einen bestimmten Stoff wirklich zu eigen zu machen, wozu mitunter auch häusliche Beschäftigung erforderlich ist — da versagen die meisten, und sie sind eigentlich in ihrem guten Rechte. Sie sind gewöhnt, den naturwissenschaftlichen Unterricht als eine Art Vergnügen oder interessanter Beigabe zu betrachten. Will jedoch ein Unterrichtsgegenstand Anforderungen an ihre Thätigkeit stellen, so erwarten sie auch, dafs ihre Leistungen irgendwie in die Wagschale fallen.

Es ist meine feste Überzeugung, dafs die geringen Leistungen, die dem naturwissenschaftlichen Unterricht am Gymnasium vielfach vorgeworfen werden, hauptsächlich darin ihren Grund haben, dafs von diesem subjektiven Moment des Schülers zu wenig in den Unterricht eingeht. Die Erfolge würden sich aufserordentlich steigern, sobald die Schüler sähen, dafs ihren Leistungen ein Einflufs auf die Versetzung eingeräumt wird.

Diese Steigerungsfähigkeit ist zwar für jede Stufe vorhanden, — so könnte der naturgeschichtliche Unterricht in den unteren Klassen, hauptsächlich die Tierkunde, in ganz eigenartiger Weise in den Dienst des deutschen Unterrichts gestellt werden — vor der Hand scheint aber aus praktischen Gründen die Mittelstufe am meisten geeignet zu sein, um nach der angegebenen Richtung hin vorzugehen.

Um also die ganzen Vorteile, die eine Vermehrung des naturwissenschaftlichen Unterrichts des Unterkursus um eine wöchentliche Stunde mit sich bringen könnte, wahrzunehmen, wäre gleichzeitig notwendig, diesen Unterricht aus dem Range eines Nebenfaches herauszuheben. Gute Leistungen in der Naturlehre müfsten nicht ganz ausreichende in einer Sprache kompensieren können; letzteres würde praktische Anwendung finden bei der Versetzung von OIII nach UII, sowie bei der von UII nach OII (bei der Abschlufsprüfung). Schriftliche Klassenarbeiten, von denen in jedem Semester mehrere anzufertigen wären, würden dazu dienen, die Beurteilung zu unterstützen, sie würden auch eine nicht unwesentliche Ergänzung des Urteils im Deutschen abgeben.

Wird man entgegnen, dafs durch diese stärkere Betonung der Naturwissenschaften die humanistischen Ziele des Gymnasiums gefährdet seien? — Nach dem, was oben ausgeführt wurde, in welcher Weise die gedachte Vermehrung für die Gewinnung kultureller Einsichten, für die Ausbildung bestimmter Richtungen des Denkens und Beobachtens verwertet werden könnten, ist man wohl nicht berechtigt, ein „Vordringen des Realismus“ oder dergl. zu befürchten. Dafs es sich bei dem so erweiterten naturwissenschaftlichen Unterricht des Unterkursus gerade um derartige allgemein bildende Zwecke handele, ist hoffentlich in der Darstellung zur Klarheit gelangt. Nichts wäre einseitiger als die Auffassung, dafs der Naturwissenschaft kein idealer Gehalt innewohne: um diese Auffassung zu widerlegen, braucht man nur auf die Reihe ihrer Vertreter hinzuweisen, unter denen sich oft die idealsten Naturen vorfinden — vom Altertum an bis in die neueste Zeit hinein. Mehr als bisher mufs sich die Erkenntnis Bahn brechen, dafs die Naturwissenschaften auch nach der ethischen Seite hin zu wirken im stande sind, dafs sie in Bezug auf die Gemütsbildung eine wichtige Ergänzung den übrigen Disziplinen gegenüber zu bieten haben. „Neben der Förderung des Verständnisses der jetzigen Kulturentwicklung und der Übermittelung einer gewissen Summe naturwissenschaftlicher Kenntnisse, sowie neben der Übung im sicheren Beobachten, klaren Denken und Beschreiben wird schon vielfach als eine ganz wesentliche Seite des naturwissenschaftlichen Unterrichts seine sittlich bildende Kraft anerkannt.“[1]) „Der gemütsbildende Einflufs der Naturwissenschaften . . . läfst sich dahin charakterisieren, dafs er namentlich für diejenigen Gefühle, welche ihre unmittelbare Wurzel in der Intelligenz haben, anregend, ordnend und disziplinierend wirkt und vor allem geeignet ist, Klarheit in das Gefühlsleben zu bringen, dasselbe mit der Intelligenz in Einklang zu setzen und abzugleichen.“[2])

Diese Wirkungen können aber erst in die Erscheinung treten, sobald dem Unterricht eine andere Wertschätzung, zum Teil auch ein anderer Raum auf dem Gymnasium zugebilligt wird, und die oben begründeten Vorschläge hatten den Zweck, nach dieser Richtung hin für den naturwissenschaftlichen Unterricht eine Lanze einzulegen.

Thesen.

1. Der Unterricht in der unorganischen Naturlehre der Unterstufe ist so zu gliedern, dafs von den drei zur Verfügung stehenden Semestern das erste der Physik (mechanische Erscheinungen, Wärmelehre), das zweite der Chemie und Mineralogie, das dritte wiederum der Physik (die einfachsten Erscheinungen aus den übrigen Gebieten) gewidmet werde.

2. Es erscheint als dringende Forderung, den naturwissenschaftlichen Unterricht in OIII und UII um eine wöchentliche Stunde zu erhöhen und denselben gleichzeitig aus dem Range eines einflufslosen Nebenfachs herauszuheben.

3. Da das Obergymnasium in Bezug auf die lebende Natur eine tabula rasa ist, so ist es wünschenswert, dafs in I ein Semester zu einem chemisch-organischen Kursus verwendet werde.

---

[1]) Deutschlands höheres Schulwesen u. s. w. bearbeitet von C. Rethwisch. S. 116.

[2]) R. Arendt in der Einleitung zur „Technik der Experimentalchemie“ S. LXXVII.

Zweiter Teil.

Ein Plan zur Beschaffung von Mineralien.

Ein am 29. November 1889 an die Provinzial-Schulkollegien ergangener Ministerialerlafs (U II 7955), welcher von einer Vermehrung der Anschauungsmittel des naturwissenschaftlichen Unterrichtes an den Gymnasien, vornehmlich des botanischen, handelte, war für Verfasser ein Anlafs, einen schon früher gefafsten Plan, welcher eine Vermehrung der Anschauungsmittel des mineralogischen Unterrichts bezweckt, von neuem wieder aufzunehmen. Da dieser Unterricht einer derartigen Unterstützung dringend bedarf, um gutes zu leisten, so schien eine Verwirklichung des Planes nicht ausgeschlossen, zumal in dem erwähnten Erlafs bemerkt war, dafs „jeder Versuch erwünscht sei, die Anschauungsmittel in zweckmäfsiger Weise zu vermehren und vor allem die Naturgegenstände selbst den Schülern nahe zu bringen".

Der jetzige Zeitpunkt ist allerdings für die Veröffentlichung des Planes besonders ungünstig, da es sich um einen Lehrgegenstand handelt, der für die Gymnasien als selbständiges Unterrichtsfach überhaupt gestrichen und, wie im Vorangangenen näher dargelegt, auch sonst aufserordentlich zurückgedrängt ist. Wenn Verfasser sich trotzdem dazu entschliefst, so geschieht dies einerseits in der Hoffnung, dafs der jetzige Zustand für die Gymnasien nur ein vorübergehender sein werde, andrerseits in der Überzeugung, dafs von der Durchführung des Planes der chemisch-mineralogische Unterricht der Realanstalten dieselben Vorteile ziehen kann, wie sie das Gymnasium ziehen könnte, wenn der Unterricht noch denselben Umfang hätte, wie früher.

Ehe die Einzelheiten des Planes dargelegt werden können, sind einige methodische Bemerkungen vorauszuschicken, insbesondere über die Frage, welche Anschauungsmittel erforderlich seien, um den mineralogischen Unterricht[1]) zu einem fruchtbringenden zu machen.

1. Der mineralogische Unterricht der Gymnasien wurde bisher im allgemeinen unter Zugrundelegung einer mehr oder weniger vollständigen Sammlung einzelner Mineralarten erteilt. Bei den Schwierigkeiten jedoch, die sich der Auffassung eines leblosen Mineralkörpers entgegenstellen, genügt es nicht, dafs der Lehrer an einem Mineralstück, welches eventuell nachher durch die Klasse kursiert, die Beschreibung vornimmt. Ein solcher Unterricht wird naturgemäfs wenig befriedigende Resultate liefern können. Soll vielmehr der Schüler einen nachhaltigen Eindruck einer auch nur ganz beschränkten Zahl von Mineralien gewinnen, dann müssen soviel Hand-

[1]) Trotzdem ein mineralogischer Unterricht augenblicklich nicht als solcher, sondern nur als Glied des chemischen existiert, ist es doch wohl erlaubt, die Summe dessen, was beim chemischen Unterricht aus der Mineralogie zu übermitteln ist, unter diesem Namen zu begreifen.

stücke von der einzelnen Mineralart vorhanden und verteilt sein, dafs eine gemeinsame Betrachtung und Beschreibung, ganz wie bei den Pflanzen, ermöglicht ist. Es wäre also erforderlich, dafs jede Anstalt in den Besitz einer gröfseren Sammlung gesetzt würde, in welcher alle zu eingehenderer Besprechung gelangenden Mineralarten in einer genügend grofsen Anzahl von Exemplaren (etwa 15 bis 30) vorhanden sind. Sie möge hier „Hauptsammlung" genannt werden.

2. Wenn auf diese Weise gleichsam der feste Boden für die sonst in der Luft schwebende Betrachtung der Mineralkörper gewonnen ist, so ist nun erforderlich, den spröden Stoff weiter zu beleben. Denn die blofse vergleichende Betrachtung der äufseren Eigenschaften der Mineralien ist nicht ausreichend, das Interesse der Schüler dauernd wach zu erhalten, zumal ein tieferes Eingehen auf Krystallgestalten bei der noch nicht ausreichenden mathematischen Vorbildung der Schüler ausgeschlossen ist. Diese Belebung ist dadurch zu erreichen, dafs die ausgewählten Mineralien einer experimentellen Behandlung unterworfen werden, sowohl nach der physikalischen wie nach der chemischen Seite hin. Zunächst lassen sich bei einer gröfseren Anzahl von Mineralien gewisse physikalische Eigenschaften, z. B. die Spaltbarkeit, die Härte, durch einige instruktive Versuche erläutern. Am wichtigsten ist aber das Hinzuziehen der chemischen Eigenschaften, weil erst hierdurch die Schüler einen vollen Einblick in das Wesen dieser Naturkörper gewinnen, und eine rationelle Gruppierung derselben ermöglicht wird. So wenig sich einige Mineralien für eine instruktive chemische Analyse eignen würden, so geeignet sind andrerseits eine ganze Anzahl derselben für partielle Zerlegungen. Wie die Mineralien sogar als Ausgangspunkte für die Gewinnung der chemischen Grundbegriffe dienen können, dies im einzelnen zu begründen, würde hier zu weit führen.

Für eine derartige experimentelle Behandlung des Lehrstoffes wäre an Anschauungsmitteln eine zweite, kleine und geringwertige Mineraliensammlung (Versuchssammlung) nötig, deren einzelne Stücke allmählich zum Opfer fallen und somit zeitweise ergänzt werden müfsten.

Es würde sich hierbei hauptsächlich um die nachfolgenden 20 Mineralarten, in derben und dichten oder spätigen Stücken, handeln:

1. Schwefel
2. Bleiglanz
3. Schwefelkies
4. Kupferkies
5. Zinnober
6. Zinkblende
7. Quarzvarietät: Probierstein
8. Roteisenerz (faserig)
9. Magneteisenerz (attraktorisch)
10. Brauneisenerz
11. Steinsalz
12. Sylvin (oder ein anderes Kalisalz)
13. Flufsspat
14. Gyps
15. Natronsalpeter
16. Phosphorit
17. Kalkspat
18. Galmei
19. Talk
20. Glimmer (tafelig).

Hiervon könnten 1. und 15. zu den Versuchen eventuell vom Droguisten bezogen werden; bei 7. und 9. ist nur eine einmalige Anschaffung nötig, da sie nicht verbraucht werden.

3. Ein mit solchen Hülfsmitteln verfahrender Unterricht kann schon auf ein wirkliches Interesse seitens der Schüler rechnen. Nichtsdestoweniger bleibt auch nach Erfüllung beider Bedingungen (Hauptsammlung, Versuchssammlung) der mineralogische Unterricht im Vergleich zum botanischen und zoologischen immer noch im Nachteil. Es beruht dies darauf, dafs das geistige Bild, welches im Schüler nach sorgfältigster Betrachtung der Eigenschaften des leblosen Mineralkörpers haften bleibt, doch ein viel unbestimmteres ist, als das Bild, welches er aus der Durch-

nahme eines Tieres oder einer Pflanze gewinnt. Ist z. B. ein Tier nach seiner äufseren Erscheinung und seinen Lebensäufserungen erkannt, so prägt sich sein Bild deshalb leichter ein, weil der Schüler jedesmal diese Lebensäufserungen mit seinen eigenen, mehr oder weniger bewufst, vergleicht, bezw. auf diese Vergleichung hingewiesen wird. Wenn es ferner in der Botanik schon viel schwieriger ist, das bei der Einzelbetrachtung gewonnene Bild der Pflanze festzuhalten, da die vergleichenden Beziehungen zum Menschen fast ganz fortfallen, so ist es hier ein erhebliches Förderungsmittel, dafs der Schüler die ihm in die Hand gegebene Pflanze behalten kann. Erst dadurch, dafs er die durchgenommenen Arten zu einem Herbarium selbstthätig vereinigt, bekommt er eine einigermafsen feste Kenntnis dieser Naturkörper, wie sie notwendig ist, um weiter in das einzudringen, was ihm durch den botanischen Unterricht übermittelt werden soll. Für die Mineralien fallen nun solche Erleichterungen gänzlich fort. Um den Nachteil, in welchem sich daher der mineralogische Unterricht den organischen Disziplinen gegenüber befindet, auszugleichen, müfste für diesen Lehrgegenstand etwas ähnliches, wie für den botanischen Unterricht das Herbarium, geschaffen werden: es müfste nämlich jeder Schüler in den Besitz einer kleinen, wenn auch noch so bescheidenen Mineraliensammlung gelangen. Da man jedoch den Eltern nicht zumuten kann, dafs sie ihren Kindern die Mineralien von dem Mineralienhändler des Ortes (falls überhaupt ein solcher vorhanden) käuflich erwerben, so müfste bei der Besprechung der wichtigsten Mineralien jedem Schüler von Seiten der Schule ein Stück — wäre es zuweilen auch nur von Kirsch- oder Wallnufsgröfse — als bleibendes Eigentum ausgeliefert werden. — Die Beschaffung dieser Sammlung (Verteilungssammlung) ist die dritte, freilich am schwersten durchzuführende Bedingung eines fruchtbringenden Unterrichts.

Würde aber der mineralogische Unterricht auf derartig vermehrte Anschauungsmittel basiert werden, so ist zu erwarten, dafs er die ihm eigentümliche, im ersten Teil näher gekennzeichnete Aufgabe mehr und mehr erfüllen wird — und es ist aufrichtig zu bedauern, dafs die Bedeutung, welche dieser Unterricht im Verein mit dem chemischen für die Schule gewinnen kann, so vielfach verkannt worden ist und noch verkannt wird.

Die Durchführung der aufgestellten Bedingungen.

Wie ist die Erfüllung dieser drei, bisher nur als Postulate aufgestellten Bedingungen zu erreichen? Es ist wohl klar, dafs die gewöhnlichen, für den naturwissenschaftlichen Unterricht verfügbaren Mittel dazu nicht ausreichen. Die Absicht des Verfassers geht nun darauf aus, zur Erreichung dieser Zwecke die Unterstützung der Behörden zu erbitten. Und zwar gilt es, aus der Quelle zu schöpfen: Unmittelbar aus den Bergwerken, in erster Linie den staatlichen, sollen diejenigen zu Tage geförderten Mineralien, welche sich für den Unterricht an den höheren Schulen eignen, entnommen, verfrachtet und den einzelnen Schulen zugeschickt werden.

Wohl wird dies Manchem unausführbar erscheinen, und es ist hier die Aufgabe zu lösen, die sich entgegenstellenden Schwierigkeiten aus dem Wege zu räumen oder auf das möglich kleinste Mafs zurückzuführen. Zunächst sei die Frage erörtert, welche Beschaffenheit des Materials zweckentsprechend wäre. Mit Recht suchen die Mineralienhändler nur gutes krystallisiertes

Material auf ihren Reisen aufzukaufen: entweder für wissenschaftliche Zwecke, wofür das Beste hervorzusuchen ist, oder für Liebhaber und Laien, die nur glänzende „seltene" Stücke begehren. Indessen für die oben dargelegten Zwecke genügen derbe und dichte oder spätige Stücke, bei den Erzen z. B. das unverarbeitete Rohmaterial, von dem allerdings Geeignetes erst auszusuchen wäre. Für die Hauptsammlungen müfste das beste, wenn möglich krystallisierte Material herausgesucht werden; für die Versuchs- und Verteilungssammlungen genügen die minderwertigen Stücke. An solchem Material kann der Schüler noch die Hauptmerkmale genügend beobachten, auch kann es ihm zur Grundlage zu eigenen häuslichen Vergleichungen und Versuchen dienen. Gerade solche Erzrohmassen waren es, wie sich Verfasser erlaubt anzuführen, welche in ihm vor einer Reihe von Jahren beim Besuch einiger Bergwerke des Oberharzes den lebhaften Wunsch rege machten, dies billige aber noch gut verwertbare Material für den Unterricht nutzbar zu machen. Der pekuniäre Wert solchen Materials ist meist nur ein geringer, er berechnet sich z. B. bei den gewöhnlichsten Erzen für das Kilogramm nur auf wenige Groschen, und mit ein bis zwei Kilogramm genügend zerstückelten Materials könnte man schon eine nicht zu grofse Klasse ausreichend versorgen. Ja, im Bergbaubetrieb wird zuweilen Material in Menge gefördert, das für die obigen Zwecke noch ausreichend wäre und das an Ort und Stelle entweder für einen Spottpreis verwertet wird (hier sind nicht Erze gemeint) oder als nicht verwertbar einfach auf die Halde wandert. Wie viele freudige Gemüter könnte man schaffen, wenn man solch Material an die richtige Stelle, nämlich in die Hände der Jugend, brächte!

Beispielsweise könnten der Schwefelkies und Kupferkies aus dem Bergwerke Clausthals i. H. bezogen werden, woselbst Verfasser diese Mineralien in ganz geeigneten Stücken im geförderten Material (welches im grofsen Pochwerke daselbst verarbeitet wird) beobachtet hat. Wenn diesen Mineralien häufig noch Reste des Gangmaterials anhaften, ja wenn zuweilen die Erzmasse nur als mehr oder weniger starke Ader in der Gangart erscheint, so ist dies kein Nachteil, — im Gegenteil, derartige Stücke gewinnen nur für den Unterricht, da derselbe darauf ausgehen mufs, die Mineralien in ihrer Eigenschaft als Glieder des Ganzen, in ihrer Bedeutung für den Bau der Erdrinde und, wo es angeht, in ihrer Entstehung zu betrachten. — Pflanzliche Versteinerungen aus der Steinkohle, im begleitenden Thonschiefer, die gewifs mit besonderem Nutzen im Unterricht Verwendung finden könnten, kommen in minderwertigen Stücken (Abdrücken) massenhaft in manchen Steinkohlengruben vor. — Steinsalz, und zwar wasserhelles Krystallsalz, beobachtete Verfasser jüngst auf einem Besuch des fiskalischen Bergwerks von Schöneberk (bei Stafsfurt), an der einen Stelle sogar in solchen Massen, dafs man sämtliche höheren Lehranstalten Preufsens auf Jahre damit versorgen könnte. Der pekuniäre Wert ist an Ort und Stelle aufserordentlich gering, verteuert wird das Material nur durch die Steuer, die natürlich in diesem Fall fortfallen müfste. Im benachbarten Stafsfurt (im Schacht Achenbach) wird jeder, der diese höchst sehenswerten Bergwerke besucht, rotes Steinsalz, das als Varietät des Steinsalzes gute Verwendung finden könnte, in überreichem Mafse vorfinden. Von ebendaher könnte man den wasserfreien Gyps (grauen Anhydrit) in beliebigen Mengen beziehen. Für die Realgymnasien und die Oberrealschulen, in welchen wohl auf die Entstehung dieser berühmten Steinsalzablagerung etwas näher eingegangen werden kann, müfsten aufserdem Steinsalzstücke geschlagen werden, welche möglichst deutlich von den Anhydritschnüren durchsetzt sind, den sogenannten Jahresringen, die eine so interessante Bedeutung hinsichtlich der Entstehung des Lagers besitzen [1]). Für die letztgenannten Anstalten könnte als Beispiel eines Abraumsalzes der Kainit — auch aus dem Achenbach — in beliebigen Mengen geliefert werden; die übrigen, besonders Carnallit, würden sich für die geplanten Zwecke wegen ihrer Zerfliefslichkeit leider nicht eignen. — In dem Muschelkalk der Rüdersdorfer Kalkberge liefsen sich nötigenfalls genügende Mengen von instruktiven Versteinerungen finden und herausschlagen (Myophora vulgaris, orbicularis, fallax: Ammonites Ottonis, dux u. a.). Da die Stadt Berlin einen gewissen Anteil am Ertrage des Rüdersdorfer Bergwerkes hat, so würde dieselbe möglichenfalls für die Kosten dieses einen Minerals eintreten.

Dies ein paar Beispiele, welche beweisen sollen, dafs die Beschaffung mancher Mineralien mit nicht zu grofsen Schwierigkeiten verbunden sein würde. Für den Unterricht würde es sich hauptsächlich um die folgenden 40 Mineralien handeln:

1. Bleiglanz
2. Schwefelkies
3. Kupferkies
4. Zinkblende
5. Antimonglanz
6. Schwefel
7. Steinkohle mit Petrefakten des begleitenden Thonschiefers
8. Steinkohle m. Schwefelkieseinlagerung
9. Braunkohle (Lignit)
10. Graphit
11. Bernstein
12. Quarz
13. Quarzvarietät: Achat oder Probierstein
14. Raseneisenerz
15. Brauneisenerz
16. Roteisenerz
17. Braunstein (Pyrolusit) oder Psilomelan
18. Steinsalz
19. Ein Abraumsalz (Sylvin oder Kainit)
20. Flufsspat
21. Gyps (und Anhydrit)
22. Schwerspat
23. Phosphorit (Apatit)
24. Kalkspat
25. Kalkstein mit Petrefakten
26. Spateisenstein
27. Galmei
28. Feldspat
29. Augit
30. Hornblende
31. Topas
32. Granat
33. Talk
34. Glimmer
35. Granit
36. Porphyr
37. Basalt
38. Gneifs
39. Glimmerschiefer
40. Sandstein mit Petrefakten.

In dieser Auswahl vermifst vielleicht Mancher noch das eine oder andere Mineral; es ist auch nicht ausgeschlossen, dafs die praktische Durchführung ergiebt, dafs das eine oder andere wegbleiben oder durch ein anderes ersetzt werden mufs.

Würden die aufgezählten Mineralien den höheren Lehranstalten und weiterhin den Schülern übermittelt, so würde die Unterstützung, welche der Unterricht dadurch erfährt, eine ganz bedeutende sein. Die Vorteile kommen keineswegs nur dem mineralogischen Unterricht, sondern dem chemischen in gleichem Mafse zu Gute. Es ist ersichtlich, dafs die Begriffe vom chemischen Element und chemischer Verbindung sich sehr bald klären werden, wenn der Schüler Specimina davon in eigenen Händen hat. Auch soll noch auf einen anderen Punkt hingewiesen werden. Es haben sich in der letzten Zeit die Stimmen gemehrt, welche für die Einrichtung praktischer Arbeitskurse zum physikalischen Unterricht eintreten. Würden derartige Übungen für den Unter-

[1]) Von der Litteratur seien angeführt: C. Ochsenius „Die Bildung der Steinsalzlager“, Halle, Pfeffer 1977. — Ferner: T. Bischof: Die Steinsalzwerke bei Stafsfurt, Halle, Pfeffer 1875; W. Rohde: Die Salzlager in Stafsfurt, Berlin, Wiegandt u. Hempel.

kursus am Gymnasium eingerichtet, so würden sich denselben als ein bescheidenes Glied auch gewisse Arbeiten mit dem Lötrohr nutzbringend einfügen[1]). Hierzu wären die gelieferten Mineralien gut zu verwenden.

Die Versendung der Mineralien an die einzelnen Anstalten könnte in folgender Weise geschehen. Auf Grund bestimmter Untersuchungen, von denen nachher die Rede sein soll, wird sich für jedes Mineral ein Fundort, ein Bergwerk als dasjenige herausstellen, wo das Mineral in der für Unterrichtszwecke am meisten geeigneten Form gefunden wird. An diesen Orten wird von jedem Mineral ein solches Quantum auf einmal entnommen, dafs sämtliche Schulen, die damit bedacht werden sollen, gleich auf eine Reihe von Jahren versorgt werden können. Angenommen, es würden von der Behörde zunächst, um den Anfang zu machen, eine beschränkte Zahl, etwa 100 Anstalten bedacht — und zwar diejenigen, deren Umgebungen am wenigsten Stoff bieten, um den mineralogischen Unterricht anschaulich zu unterstützen, also höhere Schulen des Flachlandes und der grofsen Städte — so würde, wenn für jede Anstalt 10 kg gerechnet werden, das Quantum für eine Mineralart 100 · 10 kg = 1000 kg betragen. Für einige wertvollere oder seltnere Mineralien, z. B. für Antimonglanz, Schwefel, Bernstein, müfsten diese Mengen ganz bedeutend verringert werden, für andere wohlfeile könnte man sie vergröfsern; die Zahl 1000 kg soll also nur eine Durchschnittszahl darstellen. Das Herrichten einer solchen Sendung würde für die einzelne Grube keine grofse Arbeitsleistung bedeuten, zumal sie nur alle paar Jahre zu geschehen hätte. Von diesen einzelnen Orten würden nun die Mineralmassen, gleichviel ob aus Staatsgruben oder anderswoher, sämtlich nach einer Zentralstation zu senden sein. An dieser Zentralstelle werden dann von jeder der 40 Mineralarten je 10 kg (durchschnittlich) in Einzelkisten verpackt — so dafs jede Kiste oder Einzelsendung 40 · 10 kg = 400 kg Material enthält, und diese letzteren gelangen zur unmittelbaren Versendung an die einzelnen Anstalten.

Von den obigen 40 Mineralien seien nun diejenigen aufgezählt, welche sich aus den fiskalischen Gruben beziehen liefsen — die nachfolgenden und weiterhin angeführten Fundorte und Angaben über die Oberbergämter verdanke ich der Güte des Direktors der Geologischen Landes-Anstalt und Bergakademie Berlin, Herrn Geheimen Oberbergrat Hauchecorne und des Bezirksgeologen und Dozenten der Mineralogie Herrn Dr. Scheibe:

1. Bleiglanz; Oberbergamt Breslau für Friedrichsgrube bei Tarnowitz.
2. Schwefelkies; Oberbergamt Clausthal für Clausthal und für den Rammelsberg b. Goslar.
3. Kupferkies; Oberbergamt Clausthal für Clausthal, Lautenthal und den Rammelsberg b. Goslar. Oberbergamt Bonn für Ems.
4. Zinkblende; Oberbergamt Clausthal für Lautenthal.

[1]) Verfasser hat zu wiederholten Malen Schüler der OIII und UII versammelt und mit ihnen derartige kleine praktische Übungen vorgenommen. Da wurden vorerst die wichtigsten Handgriffe der Glasbearbeitung eingeübt, das Glasschneiden, Biegen der Röhren über dem Flachbrenner, Ausziehen zur Spitze u. s. w., so dafs sich jeder Schüler bald sein eigenes Lötrohr aus Glas herstellen konnte. Mit diesem wurden einige Erze auf Kohle untersucht, z. B. wurde aus dem spröden Bleiglanz das Bleikügelchen gewonnen, das unter dem Hammer sich zur kleinen Bleiplatte dehnte u. s. w. Als Wärmequelle dienten gewöhnliche, dickere Stearinkerzen. Durch den Eifer und die Ausdauer der Schüler wurden die kleinen Schwierigkeiten und die zuerst vorhandene Ungeschicklichkeit in der Regel bald überwunden. — Aus diesen Übungen und anderen Beobachtungen liefs sich soviel entnehmen, dafs gewisse Lötrohrversuche sich gut für derartige Schülerübungen eignen, ferner dafs der Drang nach praktischer Bethätigung bei Schülern der Mittelstufe ein besonders reger ist.

5. Steinkohle mit Petrefakten des begleitenden Thonschiefers; Oberbergamt Bonn für Saarbrücken.
6. Steinkohle mit Schwefelkieseinlagerung; Oberbergamt Dortmund für Piesberg bei Osnabrück (Georgs-Marienhütte).
7. Schwefel; Oberbergamt Clausthal für Lauenstein (Weenzen).
8. Braunkohle (Lignit); Oberbergamt Clausthal für Habichtswald. Oberbergamt Halle für verschiedene Gruben.
9. Quarz, krystallisierter Gangquarz; Oberbergamt Clausthal für Clausthal und Lautenthal.
10. Roteisenerz; Oberbergamt Bonn für Neue Haardt b. Siegen.
11. Steinsalz; Oberbergamt Halle für Stafsfurt (und Schönebeck); ferner Inowrazlaw.
12. Gyps und Anhydrit; Oberbergamt Halle für Stafsfurt.
13. Schwerspat; Oberbergamt Clausthal für Clausthal.
14. Phosphorit; Oberbergamt Bonn.
15. Kalkspat; Oberbergamt Clausthal für den Andreasberg und Clausthal.
16. Kalkstein mit Petrefakten; Oberbergamt Halle für Rüdersdorfer Kalkberge.

Aufserdem würde es ratsam erscheinen, einige solche Privatgruben mitzuberücksichtigen, in denen das Material in besonders guter Beschaffenheit vorkommt oder in denen Mineralien gefunden werden, die in den fiskalischen Gruben überhaupt nicht vorkommen. Um aus solchen Gruben das Material zu beziehen, könnten diejenigen Oberbergämter, in deren Revier die Privatgruben liegen, um ihre Vermittelung ersucht werden. In dieser Beziehung sind anzuführen:

ad 1. Bleiglanz: Rescheid (Oberbergamt Bonn).
ad 2. Schwefelkies: Meggen a. d. Lenne (Oberbergamt Bonn).
ad 3. Kupferkies: Siegener Land (Oberbergamt Bonn).
ad 4. Zinkblende: Selbeck (Oberbergamt Dortmund), Bensberg (Oberbergamt Bonn).
ad 8. Braunkohle (Schwelkohle): Weifsenfelser Gruben (Oberbergamt Halle).

Hierzu würden noch die folgenden 5 Mineralien (nicht aus Staatsgruben beziehbar) treten:

17. Antimonglanz: Casparizeche b. Arnsberg (Oberbergamt Bonn).
18. Brauneisenerz: Eisenzeche b. Siegen (Oberbergamt Bonn).
19. Flufsspat: Grube Luise in der Krummschlacht b. Stolberg (Oberberg- und Hüttendirektion der Mansfelder Gewerkschaft in Eisleben).
20. Spateisenstein: Siegener Land (Oberbergamt Bonn).
22. Bernstein: Werke des Samlandes, welche von der Firma Stantien und Becker betrieben werden (auf das bewährte Entgegenkommen dieser Firma ist zu rechnen; es würden Bernsteinstückchen genügen, welche sonst nur zu Lacken u. dergl. verarbeitet werden).

Die noch übrigen Mineralien bestehen der Mehrzahl nach aus Silikaten, wie Feldspat und Glimmer. Um diese herbeizuschaffen würde es zweckmäfsig sein, einen der gröfseren Mineralienhändler heranzuziehen; diese pflegen an den betreffenden Fundorten mit ortsangesessenen kleinen Leuten in Verbindung zu stehen, welche für sie das Material in gewünschten Mengen sammeln. Da es sich nicht um wertvolle Mineralien und Stücke handelt, würde man auf diese Weise mit verhältnismäfsig geringen Kosten die gesteckten Ziele erreichen. Für die Gesteine, wie Granit und Porphyr, würden grofse Steinmetzfirmen anzugehen sein (die Abfälle, etwas bearbeitet, würden zweckentsprechend sein).

Untersuchungen und Erhebungen in den Bergwerken.

Was nun die oben (S. 24) berührte Form des Materials und die Absendung zunächst nur seitens der staatlichen Gruben betrifft, so kann nicht einfach den letzteren die Aufgabe gestellt werden, dies oder jenes namentlich bezeichnete Rohmaterial, welches am Ort gerade gebrochen wird, an die Zentralstelle zu versenden, — dazu ist das Material, auch selbst das aus einer einzelnen Grube geförderte zu ungleichartig und in seiner Ausbildung wechselnd, — sondern es kommt darauf an, dafs das Material, wie schon oben hervorgehoben, in der für Unterrichtszwecke am meisten geeigneten Form zur Versendung gelange. Erst nach genauer Prüfung und Vergleichung der Beschaffenheit des Materials an mehreren Bergwerken könnte ein für alle Mal angegeben werden: dort der so beschaffene Kalkspat, dort jener Schwefelkies, dort diese Petrefakten aus der Steinkohlenformation u. s. w. eignen sich für Unterrichtszwecke an den Gymnasien bezw. Realanstalten und könnten unmittelbar an die Zentralstelle abgehen. Da das ganze für den Schulunterricht ist, und nur derjenige, der mitten in der Praxis des Unterrichts steht, beurteilen kann, worauf es bei demselben ankommt, so wäre notwendig, dafs die betreffenden Bergwerke von praktischen Schulmännern durchforscht würden, damit das schliefslich zur Verteilung gelangende Material möglichst typisch oder sonstwie zweckentsprechend sei. Die Beihülfe der geologischen Landesanstalt und der Bergwerksbehörden ist hierbei unentbehrlich und würde, wenn sie gewährt wird, von Seiten der Schule aufserordentlich hochzuschätzen sein.

Auf diese Besichtigungen und Vergleichungen an Ort und Stelle ist noch in andrer Hinsicht ein grofses Gewicht zu legen. Es werden sich nämlich dabei oft genug Nebendinge ergeben, die für den Unterricht gröfseren Wert haben, als die eigentliche Mineralspezies. An manchen Stellen der Bergwerke ist z. B. das Material durch Wasserwirkung in eigentümlicher Weise verändert, — die Stücke erhalten eine Beschaffenheit, dafs man daran wichtige Begriffe über die unterirdische Thätigkeit des (mit Sauerstoff und Kohlensäure beladenen) Wassers erläutern kann; zuweilen gewinnen diejenigen Stücke einen besonderen Wert, an denen die chemische Zersetzung bis zu einem bestimmten Grade vorgeschritten ist, oder solche, an denen eine neue chemische Verbindung erscheint (z. B. Kupfervitriol am Kupferkies), die ein klares Licht auf den ganzen Vorgang der Zersetzung wirft. Es handelt sich also nicht um Mineralspezies schlechthin, sondern um mineralische Fundstücke, die gleichzeitig in chemischer und in mineralogisch-geologischer Hinsicht besonders verwertbar sind. Zumal die Hauptsammlung könnte durch diese Forschungen bereichert werden[1]). Käme es nur auf die eigent-

---

[1]) Auf eine Bereicherung sei an dieser Stelle noch speziell hingewiesen: Es wäre erfreulich und nicht zu schwer ausführbar, wenn jeder Sendung ein Stück eines Bohrkernes beigelegt werden könnte. Man wäre dann im stande eine Tiefbohrung zu erläutern. (Letztere geschehen so, dafs ein aus einer wachsenden Anzahl von einzelnen Stücken zusammengeschraubter Hohlcylinder in schnelle Rotation versetzt wird; das unterste Stück desselben enthält die Diamantkrone; es ist an seinem unteren Rande wie eine Festungsmauer ausgezackt und in jedem Zacken ist ein knapp erbsengrofses Stück von rohem, grauem Diamant fest eingelassen, ohne hervorzuragen. Bei der Rotation bleibt demgemäfs ein kompakter Gesteinscylinder, der sog. Bohrkern stehen. — Verfasser hat mit dem Mechaniker A. Herbst, Berlin, Krautstr. 26a über ein Modell solcher Diamantkrone (mit Kieseln statt der Diamanten) eingehend Rücksprache genommen; letzterer ist erbötig, ein solches Modell, welches in der Form genau dem Originale gleicht, zu liefern.)

lichen Mineralspezies an, so wären solche Erforschungsreisen zwar noch nützlich aber nicht unumgänglich; dann könnten auf administrativem Wege unter Beihülfe der geologischen Landesanstalt, der die Fundorte genau bekannt sind, die Mineralspezies nach der Zentralstelle befördert werden. Verfasser glaubte selbst, dafs für einzelne Mineralien, z. B. das Steinsalz, die Sachen so klar lägen, dafs eine besondere Erforschung unnötig sei; — es brauchte blofs angegeben zu werden, so und soviel Zentner möglichst klares Krystallsalz sind nach der Zentralstelle zu schaffen. Die Besichtigung an Ort und Stelle hat ihn aber eines besseren belehrt; ein Stück Steinsalz, welches von einem der oben erwähnten Jahresringe durchsetzt ist, hat für den Schüler einen viel gröfseren Wert, als das schön krystallisierte, durchsichtige. Wird er auch an diesem zuerst sicherlich mehr Freude haben, so verblafst sein Wert, wenn er die Entstehung des Steinsalzlagers begriffen hat; das andere gewinnt dann dadurch, dafs es ihm immer bei der Betrachtung jene Entstehung ins Gedächtnis zurückruft, zumal wenn im Besitz der Anstalt sich ein gröfseres Stück mit mehreren Jahresringen befindet. Etwas ähnliches ist es beim grauen Anhydrit; auch hier genügte es nicht, wenn ein gröfserer Block zerstückelt würde, sondern es dürften nur diejenigen Stücke genommen werden, welche auf der einen Seite noch die Schichtungsfläche aufweisen. Hierdurch gewinnt das Stück erst Leben für den Schüler, er erkennt es als lagerndes Glied des ganzen Steinsalzlagers. An Ort und Stelle läfst sich dies alles leicht bewerkstelligen, die Arbeit ist keine gröfsere, der Wert der Stücke aber ein bedeutend höherer.

Geschieht die Auswahl und Zusammenstellung der ganzen Verteilungssammlung nach derartigen Gesichtspunkten und Ergebnissen, so wird ihre Verwendung unzweifelhaft eine umfangreichere, während die Kosten dieselben bleiben. — Nur durch solche Erforschung mit gleichzeitigen finanziellen Erhebungen in den einzelnen Gruben kann auch ein endgültiger Überblick über die Kosten erhalten werden.

Verteilung der Kosten.

Die Kosten des Unternehmens würden sich auf drei Ministerien verteilen, da das Berg- Hütten- und Salinenwesen zum Ressort des Handelsministeriums und die Verwaltung der Staatseisenbahnen zum Ressort des Ministeriums der öffentlichen Arbeiten gehört. Es wären demnach zu bestreiten:

1. Vom Königlichen Kultusministerium: die Kosten für die Einrichtung der Zentralstelle, woselbst ein zu ebener Erde gelegener Raum eines Königlichen Gebäudes (Bergakademie, Oberbergamt) zu einer Art Versendungsbüreau herzurichten wäre, in dem die möglichst gleichzeitig einlaufenden Mineralien verteilt und expediert würden; ferner die Kosten zur Anschaffung der Kisten; schliefslich die Kosten für diejenigen Mineralien (S. 25), welche nicht aus Staatsgruben geliefert werden können.

2. Vom Königlichen Handelsministerium: die Kosten des aus den Staatsgruben entnommenen Materials, d. h. es würde ein kleiner Ausfall in den Erträgen verschiedener Gruben zu verzeichnen sein.

3. Vom Königlichen Ministerium der öffentlichen Arbeiten: die Beförderungskosten, die ebenfalls nur einen gewissen Ausfall in den Erträgen der einzelnen Eisenbahndirektionen bedeuten.

Dies wäre in den Hauptumrissen der Plan. Wird irgend etwas davon in der Zukunft realisiert werden? — Würde man demselben ein Prognostikon nach seiner Vergangenheit stellen, so möchte es ungünstig genug ausfallen, denn aus dieser ist nicht viel Erfreuliches zu berichten. Am 31. März 1891 übergab Verfasser eine Ausarbeitung über denselben seinem Direktor Herrn Professor Dr. Lange, welcher dieselbe weiter an die hohe Behörde zu befördern die Güte hatte. Es war ein ungünstiger Umstand, dafs die Sache mitten in die Zeit der Schulreform fiel, in der es wichtigere Dinge zu thun gab, als eine Arbeit zu berücksichtigen, die sich mit dem inneren Ausbau eines für das Gymnasium als ganz untergeordnet betrachteten Faches befafste. Sie blieb daher liegen. Nachträglich ist Verfasser ein Bescheid geworden, dahingehend, dafs die Verfolgung für eine spätere geeignetere Zeit vorbehalten sei. Auch ein bezüglicher Antrag beim städtischen Patronat führte zu keinem Ergebnis. Bei der Fürsorge, welche sonst die hohe Behörde dem Schulwesen widmet, ist wohl anzunehmen, dafs der Grund zu der Hinausschiebung in der zur Zeit bestehenden ungünstigen Finanzlage zu suchen ist. — Um nun auch bei ungünstiger Finanzlage dem chemisch-mineralogischen Unterricht die angegebene Unterstützung zu gewähren, giebt es zwei Auswege.

1. Die Ausführung der Sache könnte zunächst **beschränkt werden auf diejenigen Mineralien, welche aus Staatsgruben bezogen werden könnten.** Oben war es erforderlich, den Plan im allgemeinen aufzustellen. **Für das Gymnasium** könnte jedoch unter den jetzigen, im 1. Teil dargelegten Verhältnissen überhaupt eine Beschränkung eintreten. Es würde die Unterstützung, die auf diese Weise gewährt wäre, doch noch eine ganz ansehnliche sein. Die Gesamtkosten würden sich dabei so verringern, dafs jene zu diesen etwa in dem Verhältnis von **3 : 1** stehen. Nötigenfalls könnten die Frachtkosten wohl von den einzelnen Anstalten übernommen werden.

2. Der andere Ausweg, der aber zuletzt empfohlen werden soll, ist der einfachste. Es könnten die Kosten auf die Gesamtzahl der an der Vergünstigung teilnehmenden Schüler (bezw. Eltern) verteilt werden. Der Beitrag des einzelnen Schülers würde nach einer ungefähren Schätzung nicht mehr als 1 Mark betragen. Auf diese Weise würden die Kosten völlig gedeckt und dem Schüler würde doch noch ein nennenswertes Geschenk gemacht.

Was könnte aber bis zu dem unbestimmten Zeitpunkt, an dem die Angelegenheit von der Behörde vielleicht wieder in die Hand genommen wird, geschehen? Oben S. 26 ist es bereits angedeutet; es bezieht sich auf die speziellen Untersuchungen in den Bergwerken, auf welche vorerst das Hauptgewicht zu legen ist. Verfasser möchte geradezu an diejenigen Herren Kollegen, denen die oben angegebenen Bergwerke von ihrer Anstalt aus leichter zugänglich sind, die Aufforderung richten, nach der angegebenen Richtung hin Forschungen vorzunehmen. Gerade deswegen hat Verfasser das oben S. 25 angegebene Material mitgeteilt, bezw. die Erlaubnis zur Mitteilung nachgesucht. Diese Vorarbeiten, an denen Verfasser nicht verfehlen wird, sich zu beteiligen, wären gewissermafsen die molekularen Stöfse, durch deren Summation später doch vielleicht der ganze Stein ins Rollen kommt. Jedenfalls würde Verfasser für alle bezüglichen Mitteilungen sehr dankbar sein — und er schliefst mit der Hoffnung, dafs den Plan aus seinem jetzigen papiernen Dasein einmal erwecken möge ein kräftiges

Glück auf!

Druck von W. Pormetter in Berlin.

Wissenschaftliche Beilage zum Jahresbericht des Humboldt-Gymnasiums zu Berlin. Ostern 1895.

Bemerkungen

zu

Gregor von Tours kleineren Schriften.

von

Georg Osterhage.

BERLIN 1895.
R. Gaertners Verlagsbuchhandlung
Hermann Heyfelder.

1895. Programm Nr. 57.

Die vorliegende Abhandlung beschäftigt sich mit den Sagen, aus welchen die von Gregor von Tours gesammelten Wundergeschichten erwachsen sind. Während Loebell (Gregor v. T. und seine Zeit S. 222ff.) und Hauck (Kirchengeschichte I 184 ff.) besonders die persönliche Seite in der Bildung dieser Erzählungen berücksichtigen und ein Bild des geistigen und sittlichen Lebens jener Zeit entrollen, soll hier lediglich der Stoff dieser Dichtungen einer Prüfung unterzogen werden. Wie die religiösen so bleiben auch die kulturgeschichtlichen Gesichtspunkte unerörtert, obgleich es die rein menschliche Teilnahme in hohem Grade erregt, bei den Orten zu verweilen, wo die Leidenden in den Jahrhunderten, in denen die Naturkunde so wenig beliebt war, Heilung suchten und oft, soweit seelische Eindrücke wirkten, auch fanden. Diese Prüfung besteht nur darin, die Sagen zu ordnen und mit denen der neueren Zeiten, besonders den französischen, zusammenzustellen. Es dürfte sich daraus ergeben, dafs dieselben zur Zeit Gregors annähernd in demselben Umfange und in ähnlicher Form im Umlauf waren wie jetzt, und dafs sie sich auch nicht wesentlich von den Sagen der benachbarten germanischen Gebiete unterscheiden, ein Nachweis der nicht unwichtig für das Verständnis der epischen Dichtung der Franken sein würde. Man kann einwenden, dafs die Mirakel Gregors zeitlich oft weit auseinanderliegen. Darauf ist zu erwidern, dafs eine gewisse Einheit durch den Zweck des Verfassers gewährleistet ist. Um die Gläubigen durch das Leben seiner Helden zu erbauen, mufste Gregor eine gewisse Auswahl treffen und Dinge, die seinen Zeitgenossen ganz fremdartig erschienen wären, weglassen. Dann bringt es die Natur dieser Sagen mit sich, dafs man bei ihrer Zusammenstellung sich schwer ganz bestimmt auf einen gewissen Zeitabschnitt beschränken kann. Ein Blick in die Sammlungen der Neuzeit beweist, dafs ihre Verfasser sich zeitlich noch weniger gebunden haben.

Es folgen zunächst einige Stellen, in denen Gregor heidnische Götterverehrung und Gebräuche als solche erwähnt, dann die Sagen, welche sich christlichen Anschauungen untergeordnet haben. Die Ordnung ist die gewöhnliche, welche von der volkstümlichen Einteilung des Alls in Luft und Erde (Pflanzenleben und Wasser) ausgeht und daran Sagen über Tiere, Dämonen und Menschen schliefst. Die Orts- und Zeitangaben sind den Anmerkungen der Ausgabe von Krusch entnommen.

Zeugnisse vorchristlicher Religionsübung. Ein einheitliches Bild können sie nicht gewähren. Igitur instante persecutione ad Brivatinsim vicum (Brioude 70 Kilometer von Clermont, am Allier), in quo fanatici erroris neniae colebantur, advenit (v. Juliani 1). Etwas genauer c. 5: Erat autem haud procul a cellula, quam supra sepulcrum martyris haec matrona (die Gemahlin eines spanischen Gefangenen dessen Befreiung durch Kaiser Maximus sie dem h. Julian zuschrieb) construxerat, grande delubrum, ubi in colomnam altissimam simulachrum Martis Mercuriique colebatur (die ältere Passio, Boll. AA. SS. 28. Aug. VI, p. 173, sagt: Illis autem temporibus a gentilibus vana superstitio in his locis celebrabatur). Cumque delubri illius festa a gentilibus agerentur, ac mortui mortuis thura deferrent, medio e vulgo commoventur pueri duo in scandalum . . . Der Verfolgte traut seinen Göttern nicht mehr und flieht in das Heiligtum des Julian. Der Verfolger erfafst die Thürpfosten und erstarrt durch die Kraft des Heiligen. Beim Anblick dieses Wunders bekehrt sich die Menge. Einige Tage später (c. 6) wollte eine Schar doch wieder den Göttern opfern. Da erhebt sich auf Bitten des christlichen Bischofs ein so furchtbarer Sturm, dafs die Heiden heulend dem Bischof versprechen, wenn der Sturm aufhöre, würden sie die Verehrung ihrer Bilder aufgeben. In der That zertrümmern sie die Bildsäulen und werfen die Reste in einen See nahe beim Orte und beim Flusse. Einigermafsen lehnt sich diese Darstellung an Sulpicius Severus, Dialogus III, 9 an. Bekannt (Meyer Mythologie 17) ist die Stelle von dem Heiligtum welches der h. Gallus aus Clermont in Köln verbrannte (v. Patrum VI 2). Erat autem ibi fanum quoddam diversis ornamentis refertum, in quo barbaries proxima libamina exhibens, usque ad vomitum cibo potuque replebatur; ibique et simulacra ut deum adorans, membra, secundum quod unumquemque dolor attigisset, sculpebat in ligno. Das daemonium meridianum wird erwähnt De v. S. Martini III 9, IV 36. Vgl. Grimm M.[4] 972. Il existe également en Bretagne un malin démon qui n'apparaît qu'à l'heure de midi, et qui s'introduit dans le corps des laboureurs ou des moissonneurs endormis pour leur inspirer de mauvaises pensées (de Nore 214). Von dem See in Gabalitano territurio (Montagnes d'Aubrac) wird unter „Wasser“ die Rede sein. Über das heilige Bild der Berecynthia redet Grimm M.[4] 211. In der vita des Nicetius von Trier erzählt jemand dem Bischof von einem Sturm auf dem Mittelmeer. Auf dem Schiffe befanden sich fast nur Landleute: Pagani vero invocabant deos suos, et ille Jovem, iste Mercurium proclamabat, alius Minervae, alius Veneris auxilium flagitabat. Er habe den Gott des Nicetius angerufen, worauf der Sturm sich legte (Patrum XVII 5). Die aus Prudentius entlehnte Geschichte von dem heidnischen Opfer, bei welchem, wie der Opferpriester entdeckte, die heidnischen Götter nicht zu erscheinen wagten, weil ein anwesender Soldat getauft war und dem Christentum angehörte, ist zwar sehr belehrend wegen der sinnlichen Auffassung der Gottheit auf heidnischer wie auf christlicher Seite, gehört aber doch Gregor nicht an (Martyrum 40).

Zwei Stellen der v. S. Andreae beweisen, wie die volkstümlichen Begriffe von Teufelswesen sich entwickeln. Ein Verfolger der Christen erzählt: apparuerunt mihi duo viri Aethiopes qui me flagris cedebant, dicentes: Non possumus hic jam ullam potestatem habere, quia venit homo ille quem persequi cogitabas. Et nunc in hac nocte, in qua adhuc potestatem habemus ulciscimur nos in te (Andreae 22). Eine Frau bittet ihre Schwester: Vade, quaeso, et invoca Dianam deam nostram, ut misereatur mei. Ipsa enim habet studium obstetricandi Faciente autem sorore quae sibi imperata fuerant, venit ad eam nocte diabolus, dicens: Quid me casso invocas, cum tibi nihil prodesse possim? Sed magis vade ad apostolum Dei Andream in Achaia, et ipse miserebitur sorori tuae (25).

Bei einem Gottesurteile, einer Wasserprobe, hatte jemand seinen Arm gesalbt. Als der Gegner das sieht, erhebt er den Einwand: Magicis artibus te elitandum putasti (Martyrum 80). In Thessalonika hatte ein Christ ein angelegtes Feuer durch einen Krug mit Wasser unter Anrufung des Namens Christi gelöscht. Als die Eltern das sahen, rufen sie: Ecce jam filius noster magus effectus est (Andreae 12). Dort nennt ein Proconsul den Andreas einen magus und maleficus, weil er einen Besessenen heilt und sich zeitweilig unsichtbar macht (18). Deutlicher tritt die Thätigkeit der Zauberer hervor. Per hoc enim nomen inluminantur tenebrae, serpentes fugiunt, idolatria prosternuntur, cessat hariolus, tabescit sortilegus (Martyrum 40). Gregor scheint mir mit den letzten Worten anzudeuten, dafs der Zauberer der sonst Menschen und Vieh krank macht, durch Mittel wie sie in späteren Sagen Hexen anwenden, nun durch seine eigenen Waffen gestraft wird. Dasselbe scheint Wodan zu sagen in Havamal: Ein Sechstes ist mein, wenn ein Mann mich sehrt — mit wilden Baumes Wurzel, — nicht mich versehrt, den Mann verzehrt — das Verderben mit dem er mir drohte. Ein Jäger hatte auf der Jagd im Walde irgend etwas Entsetzliches gesehen, vielleicht die wilde Jagd, oder jene unheimlichen Stimmen der Waldgeister gehört, genaues läfst sich leider nicht sagen (Martini I 26 Narrabo et illud, qualiter diabolicae artis insaniae ad ejus basilicam denudentur. Quidam Aquilinus nomine, dum venatione cum patre suo in silvas Franciae exerceret, pavorem pessimum, inimico insidiante, incurrit. Erat enim ei tremor cordis, et interea videbatur ex sensu. Ähnlich ging es einem Chariwald, per venationem similem incurrens insidiam, latus unum, debilitata manu ac pede perdiderat 27). Im ersteren Falle wandten sich die Eltern zunächst an Zauberer. Parentes vero ejus intellegentes, eum diaboli inmissione mulcari, ut mos rusticorum habet, a sortilegis et hariolis ligamenta ei et potiones deferebant (I 26). Die Zauberer erkennen ferner die Wirkung des daemon meridianum und wenden Angehenke und Zauberformeln dagegen an (ligamina herbarum atque incantationum verba, Martini IV 36). Sogar Gregors Leute rufen, als er auf einer Wallfahrt in Brioude sich befand, und einer aus dem Gefolge an der Pest erkrankte, einen Zauberer, hariolum. Incantationes inmurmurat, sortes jactat, ligaturas (Angehenke Grimm M.[3] 1196) collo suspendit, promittit vivere quem ipse mancipaverat morti (Juliani 46 A). Das letzte soll wohl andeuten, dafs die Pest auch von bösen Geistern (wie in Trier Patrum XVII 4) oder Zauberern gebracht war.

Luft, Feuer, Regen. Der h. Julian tötet die Frevler, welche das Eigentum seiner Basilika in Brioude sich aneignen durch den Blitz (igne de caelo dilapso 13, jaculo igneo de caelis elapso 15). Ein ehemaliger Diakon, der die Herden des Heiligen verletzt hatte, indem er den Raub mit höhnischen Reden einleitete und begründete, starb in Brioude vor der Basilika innerlich und äufserlich vom Fieber verbrannt (proclamat se miser incendi per martyrem . . . jactarique super se aquam deprecabatur . . . tamquam de fornace ita fumus egrediebatur e corpore 17). Ein Soldat ruft dem Proconsul zu: Warum schickst du mich gegen einen Mann (Andreas), der mich mit seinen Zauberkräften verbrennen kann (qui . . . suis me virtutibus incendere potest). Dann entweicht der Dämon aus ihm und er fällt tot hin (Andreae 18). Die letzten Fälle scheinen an den Glauben zu erinnern, dafs man Hexen durch eine fern von ihnen vollbrachte Handlung namentlich durch Verbrennen bestimmter Gegenstände peinigen kann. Durch Feuer wird auch der Diakon bestraft, der einen vom h. Nicetius von Lyon hinterlassenen Mantel wie ein gewöhnliches Kleidungsstück trennt und benutzt. Vom Dämon ergriffen fällt er nieder und speit Blut, dabei fallen die Füfse in das Feuer und pedes cum pedulibus ignis pariter devoravit (Patrum VIII 5). Hierher gehört auch noch die Erzählung von dem Bischof in Brioude, der durch sein Gebet einen furchtbaren Sturm entfesselt um die hartnäckigen Heiden zu strafen und zur Bekehrung zu zwingen (Juliani 6). Durch Erdbeben, Blitz und Donner straft Andreas seine Verfolger und besonders eine Mutter die ihren Sohn verleumdet (Andreae 4). Strafe durch Blitz kommt auch in den Sagen der neueren Zeit noch vor. Auf der Strafse von Clermont nach Tours im Berry bei la Croix Moquée hatten Arbeiter aus der Auvergne im Übermut den Stamm des Kreuzes angesägt. Mais à peine le fer effleura-t-il le bois sacré que l'on en vit jaillir des gouttes de sang et quo les deux sacrilèges, frappés de la foudre, furent engloutis dans un abime qu'elle ouvrit sous leurs pieds. In ruhigen Nächten hört der Wanderer noch das unterirdische Geräusch einer Säge (Laisnel de la Salle II 96.) Ein sehr belehrendes Beispiel findet sich im Coronement Looys 515 ff. Vgl. Zeitschr. f. rom. Ph. XI 343. Viel häufiger sind natürlich die Fälle, in denen die Heiligen ihre Verehrer gegen die Elemente schützen Ein furchtbares Gewitter in Brioude, bei dem der Blitz durch die Öffnung, die für die Glockenseile bestimmt war, einschlug, verletzte niemanden (Juliani 27). Wachs aus der Basilika des h. Martin löschte einen Brand (Martini I. 2); in Bordeaux wird sogar eine Feuersbrunst, ohne materielle Mittel, durch Gebet zum h. Martin gelöscht (IV 47), ein Fall der bei Gregor sehr selten ist. In Poitiers erhob Plato, ein Schüler Gregors, das Gefäfs mit dem Staube vom Grabe gegen das Feuer, erweckte dadurch einen Gegenwind und schützte das Haus der Kirche (IV 32). Ähnlichen Erfolg hatte Gregor selbst (Martyrum 10). In Clermont ging der h. Gallus bei einem grofsen Brande mit offenem Mefsbuche den Flammen entgegen und dämpfte das Feuer (Patrum VI 6). In Gregors elterlichem Hause wurde ein Balkenbrand durch die Nähe der Reliquien des Eusebius gelöscht (Conf. 3). Auf dem Gute seiner Eltern wurde ein grofser Brand auf den Feldern durch Reliquien unbekannter Märtyrer beschränkt (Martyrum 83). In Thiers (Puy-de-Dôme) schützten die Reliquien des h. Symphorianus zwar nicht die aus Holz gebaute Basilika, blieben aber selbst in der gewaltigen Glut unverbrannt (Martyrum 51). Stark von biblischen Wundern beeinflufst sind wohl die Legenden über Stürme auf der See und auf Strömen, die sich auf das Geheifs der Heiligen beruhigen (Andreae 8, 21, Patrum XVII 5, Martyrum 75, 82, Martini I 2, II 17). Gegen Feuer half auch eins der Zauberlieder Wodans im Havamal (Ein Siebentes brauch ich, seh' ich den Brand — Hoch um der Menschen Behausung, — Wie breit er auch brenne, ich bring' ihn zur Ruh' — Mit zähmendem Zaubergesange). Eine längere Abhandlung über die Meinungen der Bewohner von Berry über die Kunst das Feuer zu bändigen (barrer le feu) giebt Laisnel de la Salle I 254 ff. On cite des exemples prodigieux de cette faculté surnaturelle; malheureusement ceux qui barrent le feu risquent leur âme; ce qui fait que ces précieux thaumaturges deviennent excessivement rares (254). Der Verfasser weist auch noch auf das von Raphael verewigte Wunder im Brand vom Borgo hin. Wenn die Edda selbst das Wunder dem christlichen Sagenkreise entnommen hätte, so ist es doch wahrscheinlich, dafs diese Feuerbesprechung schon in vorchristlicher Zeit nicht blofs im keltischen Volksglauben vorhanden war. Wie in Tirol wurden auch in Frankreich früher gegen Blitzgefahr die Glocken geläutet. Berühmt wegen ihrer Kraft waren im Berry die Glocken von Saint Phalier zu Chabris, genannt les bons chiens

... qui mieux que limiers suivant la piste, savent chasser les démons et les tempêtes (Laisnel de la S. I 257). Das Wachs der am Grabe des h. Martin geweihten Kerzen schützte gegen Hagel. Agrum quendam grando annis singulis vastare consueverat ... Tunc ego in vineis illis arborem unam, quae erat excelsior ceteris, eligens, de sancta cera super eam posui. Post illam autem diem usque in praesens tempus numquam ibidem tempestas caecidit, sed veniens, locum illum tamquam timens praeteriit (Martini I 34).

Ein Lichtwunder dürfte noch zu erwähnen sein. In Bazas fielen von der Höhe der Kirche auf den Altar drei kristallhelle Tropfen nieder, die sich zu einer Perle vereinigten, ein Symbol des Geheimnisses der h. Dreifaltigkeit. Diese Perle in einem goldenen Kreuz gefafst, erscheint dem Unschuldigen hell, dem Sünder dunkel (Martyrum XII). Diese von dem persönlichen Seelenzustande abhängige Veränderung in den Dingen bildet auch die Grundlage der bekannten Sagen von dem Wunderhorne des Auberon und dem noch von Ariost erwähnten Zauberbecher, aus dem nur der trinken kann, welcher durch treue Liebe beglückt wird.

Ein eigenartiger Windzauber liegt der folgenden Erzählung zu Grunde. Es wollte jemand aus der Gegend von Nizza Reliquien des h. Hospitius nach dem berühmten Kloster Lirinum (Saint Honorat) bringen. Das Schiff auf dem er sich befand, war nach Marseille bestimmt, und da es Juden gehörte, wagte der Überbringer nicht seinen Wunsch zu äufsern. Plötzlich steht das Schiff, obwohl keineswegs Windstille herrschte, auf der Höhe von Lirinum still. Den staunenden Besitzern erzählt der Christ nun seinen Wunsch, er wird ans Land gesetzt und die Weiterfahrt geht ohne Hinderung von statten (Conf. 95). Dienstbar machte auch St. Martin das Licht den Menschen, indem er Lanzen und Schwerter leuchten liefs, so dafs die Träger in einem Falle in grofser Dunkelheit bei Gewitterhimmel den Weg über die Loire fanden, in dem anderen Falle die Umgegend einer Burg in Italien, welche von Barbaren belagert wurde, deutlich übersehen konnten (I 10, 14). In seiner Kapelle in Tours entzündete das Licht der Lampe vor dem Altar die Kerze einer Dienerin, die sich in Verlegenheit befand, aus erheblicher Höhe von selbst (Martyrum 14). Dafs der Docht einer von seinem Grabe genommenen Kerze das Fieber stillt, gehört kaum noch hierher (Martini II 2).

Schlagende Stellen finden sich über die Annahme, dafs in der Windhose ein Dämon sitzt der sie erregt um Schaden zu stiften. Ein Bürger von Bayeux der reichlich Wein getrunken hatte, ging ungeschickt seines Weges. Subito diversis flantibus ventis pulvis campi commovetur, et mixtum, ut solet, cum stipulis in sublime levatur, fitque totum aer una nubs pulveris, de qua hic opertus, amisso sensu, equo deicitur (Martini II 53). Er verfällt in Verfolgungswahnsinn, von dem er aber geheilt wird. Nach Jahren erleidet er einen Rückfall data, ut credo, iterum inimico potestate, also auch die erste Erkrankung war Werk des Feindes. Ein anderer Fall der ein dreijähriges Kind betraf, in Limoges, ist noch deutlicher: commotam per emissionem diabolicam vim venti, pulvis a terra cum paleis elevatur, super puerum ac matrem ejus cum magno turbine fertur (Martini III 16). Da die Mutter nicht schnell das Kreuzzeichen macht, so erblindet der Knabe. Dieser letzte Zug findet sich noch in zahlreichen Tiroler Sagen. Vgl. auch Martini III 20. Ein guter Geist war in dem Sturm, der den von einem zu harten Richter Verurteilten rettete (commoto subito vento, audivit vocem dicentem: Liberemus eum Martini III 53). Da erhebt sich ein Sturm aus allen Windrichtungen und der Galgen stürtzt zusammen. Von guten wie von bösen Geistern im Winde und in Wolken finden sich in Frankreich noch Sagen genug. In der Normandie sagt man nach De Nore 263: Si l'on tire sur la nuée la plus noire, avec une balle bénite, il en tombera infailliblement un sorcier. Vgl. v. Alpenburg 257: Solche Hexenwetter vertrieb der vor sieben Jahren verstorbene Anton Hechenblaikner, am Reiterberg im Alpbachthale. Sobald eine dunkle Wetterwolke heranzog, schofs er aus einem kleinen Kanönchen gegen die Wolke hin mit einer bekreuzten Kugel, welche er am Palmsonntage mit den Palmen weihen liefs, und so glaubte er fest, er habe das Wetter unschädlich gemacht. Es fällt auch wohl eine Hexe aus der Wolke (Panzer II 167 nach dem Segen). Lorsque les Bretons aperçoivent un tourbillon de poussière, ils se persuadent, comme le font aussi les Irlandais, que ce tourbillon renferme dans son sein un groupe de fées qui changent de demeure (De N. 217). Die Bergbewohner des Dorfes Burbanche im Bugey sagen bei einem Sturm im Walde qu'une légion d'Esprits aériens était tombée sur le petit bois, et qu'ils avaient attristé le vallon de leurs gémissements et des cris de leurs douleurs (Monnier 29, etwas ganz ähnliches aus Abrêts, Isère). In der von Monnier angeführten Stelle aus Henri Boguet, discours des sorciers, 2ᵉ éd. p. 145 wird gesagt, dafs es Zauberer gäbe qui, après avoir battu l'eau . . ., sont guindés en l'air avec les vapeurs et fumées qui s'élèvent de la même eau. Aus der Mitte von Frankreich (Berry): Chaque fois que les fruits de la terre ont été ravagés par la grêle, il est rare que nos paysans ne racontent pas que, dans telle paroisse, au moment où l'orage était le plus effrayant, un coup de fusil tiré dans la nuée, en fit tomber un ou plusieurs prêtres, dans les poches desquels se trouvèrent une grande quantité de grêlons. Au reste, aux yeux de nos villageois, qui ont conservé la plupart des préjugés du moyen âge, tout prêtre est un grand savant, et tout savant, étant plus ou moins sorcier, passe nécessairement pour être plus ou moins malfaisant (Laisnel de la Salle II 134). In Ephesus erlangte der Apostel Johannes durch sein Gebet, dafs an der Stelle auf einem Berge, wo er zwischen Wänden die kein Dach hatten, sein Evangelium schrieb, kein Regen fiel bis er das Werk vollendet hatte (Martyrum 29). Als die Reliquien der hh. Agricola und Vitalis von Bologna nach Clermont gebracht wurden, regnete es in der Nähe dieser Stadt heftig. Aber der Teil des Zuges, in welchem die Reliquien getragen wurden blieb vom Regen dauernd verschont (43). Gregor selbst reiste von Burgund nach Clermont, beim Heranziehen eines heftigen Gewitters erhob er die Reliquien die er bei sich trug gegen die Wolke, da teilte sich diese und das Gewitter schadete weder ihm noch seinen Begleitern (83). Weniger schlagend sind folgende Fälle. Bei der Belagerung von Chinon im J. 463 entstand im Innern Wassermangel. Da prophezeite der Abt Maximus Regen der auch wirklich eintraf (Conf. 22). Bei dem Feste des h. Thomas im Orient (Martyrum 32), wo ein grofser Zulauf des Volkes stattfand, lieferten die Brunnen wunderbarerweise soviel Wasser mehr dafs es ausreichte. Mehr Beachtung verdient hier wieder die Sage von dem Schnee, der alles ringsherum bedeckte und nur das Grab eines Heiligen unbedeckt liefs (Conf. 71). Zur Erläuterung brauche ich hier nur hinzuweisen auf die beinahe zahllosen Sagen von Wetterhexen in Tirol und in anderen Gegenden. Während sonst diese Thätigkeit in unserer Zeit Zauberern beigelegt wird, sehen wir hier aus dem östlichen und südlichen Frankreich Fälle beigebracht, in denen Personen, die Gregor und seinen Heiligen gewissermafsen näher standen, dieselbe Macht ausübten. Le bon curé des Alymes, l'abbé Castin, passait bien auprès de certaines gens du Bas-Bugey pour avoir le don d'écarter les orages de sa paroisse; mais deux de ses confrères, des bords de la rivière d'Ain, eurent pendant quelque temps la réputation contraire. Un jour, aux environs de 1835, nous entendîmes raconter par des vignerons, à la veillée, que les curés de St.-M. et de C.-G. avaient été vus se disputant un nuage de grêle. Nous ne savons si, dans le cercle qui écoutait, ce récit a soulevé plus de terreur que de colère, mais on n'avait pas l'air de douter de la véracité du conteur (Monnier 31 Anm.). Ähnliches erzählte eine alte Frau aus dem Dorfe Crançot im Jahre 1818 Monnier (32). Aus der Pyrenäengegend berichtet De Nore 97: Les montagnards disent que lorsque la grêle ne tombe point sur une paroisse, c'est que le curé a jeté son chausson en l'air dans la direction de la nuée.

Mythische Flora. Auch ohne Gregors Mitteilungen würden wir nach den gründlichen Untersuchungen Mannhardts (F. W. K. I) annehmen dürfen, daſs man zu seiner Zeit noch eine Art Baumkultus gefunden hat. Um dieser unausrottbaren Sitte die kirchliche Weihe zu geben, begünstigte der Clerus die Entwickelung von Sagen, welche als Grund der Heilkraft die Vermittelung eines christlichen Heiligen, der mit dem Baum in irgendwelche Beziehung gekommen sein konnte, nahelegten. Wo irgendwie ein Baum in der Nähe einer Kirche oder eines Grabes sich fand, besonders wenn er von ehrwürdigem Alter oder auffälliger Form war, hatte die Sage einen Anhalt, an dem sie üppig emporwucherte. Von diesem Gesichtspunkte aus sind die folgenden Mitteilungen aufzufassen und zu erklären. In einem kleinen Orte bei Tours sah der h. Martin einen Baum, der durch seinen Fall den Weg versperrte. Er machte darüber das Kreuzzeichen und richtete ihn wieder auf. Dort sah ihn noch Gregor gerade am Wege stehen, halb erstorben und fast ohne Rinde, die als Heilmittel abgekocht wurde (Conf. 7). Bei Chinon hatte ein Priester Johannes Bäume gepflanzt, von denen einer später fast verdorrt war. Der Verwalter des Gartens machte daraus eine Bank. Nach längerer Zeit empfindet er darüber Gewissensbisse, zerschlägt die Bank und gräbt sie ein. Im Frühjahre wachsen an der Stelle Sträucher von 5—6 Fuſs (Conf. 23). Mit Blättern von Gemüsen oder Bäumen heilte die selige Monigundis Geschwüre (24). Severus, bei Tarbes lebend, befahl einmal einem Baume, der ihn verletzt hatte, zu verdorren. Nachher bereut er seine Heftigkeit und befiehlt ihm wieder zu grünen. Beiden Befehlen folgte sofort die Ausführung (49). Heilsam in Krankheiten war ein Stück Holz, welches von einem Baume, den der h. Laurentius beim Bau einer ihm geweihten Kirche verlängert hatte, übrig geblieben war (Martyr. 41). Ein gutes Geschäft machte jemand mit Birnen, die auf dem Grabe der h. Nazarius und Celsus bei Embrun wuchsen (46). Von dem Maulbeerbaum, der an der Stelle stand, wo der h. Genesius bei Arles enthauptet war, waren Zweige und Rinde heilkräftig (67). In einer Stadt in den Pyrenäen (urbis Beorritanae) hatte ein Heiliger durch sein Gebet eine dürre Kastanie wieder grünen lassen. In seiner Basilika wurden an seinem Gedenktage verdorrte Lilien wieder grün (73). Bei Nîmes stand über dem Grabe des h. Baudelius ein Lorbeerbaum, der ohne Rinde und Blätter war, weil sie auſserordentliche Wunder bewirkten. Als ein Kaufmann mit solchen Blättern sich einem orientalischen Hafen näherte, riefen die Besessenen schon vor der Landung vor dem staunenden Volke, der h. Baudelius nahe der orientalischen Küste (77). Deutlicher kann die Mannhardtsche Auffassung kaum bestätigt werden. Ein Stück von dem Holzgeländer, welches das Grab des h. Martin umgab, war von jemandem mitgenommen worden, der es nicht genügend in Ehren hielt. Da mahnt ihn eine drohende nächtliche Erscheinung es Gregor zu bringen (S. Martini I 35). Von Stäben, die auf das Geheifs der Heiligen grünen, lesen wir noch Patrum X 3, Conf. 39. Dafs ein Einsiedler bei Autun einen Holzkessel zum Kochen seiner Gemüse benutzen kann (Conf. 96), dürfte hier auch zu erwähnen sein. Diese Legende steht wohl in Verbindung mit der Sage, wonach gewisse Holzarten vor dem Blitze schützen (Laisnel de la Salle I 59). Auf dem Grabe des h. Julian findet ein Diakon Urbanus eines Morgens wunderbare Rosen, von besonderer Schönheit mitten im Winter, die nachher Heilungen bewirken (Jul. 46). Auf den Leichnam des h. Gallus in der Basilika St. Laurent in Clermont hatte man, damit er nicht anschwelle, ein Rasenstück gelegt. Dies wurde nachher in einem Garten weiter gepflegt und das Gras heilte Krankheiten (Patrum VI 7). Von gleicher Kraft erwiesen sich Kräuter, welche die Verehrung des Volkes in Lyon über das Grab des h. Nicetius gestreut hatte (Patrum VIII 6) und welche der Diakon Agiulfus, als er 590 von Rom zurückkam, nach Tours brachte. Aus Spanien berichtete man Gregor, dafs der Hofnarr des Königs Miro durch Erstarrung des Armes bestraft wurde, weil er Trauben von einem der Basilika des h. Martin gehörigen Weinstock abschneiden wollte (Martini IV 7). Eine besondere unbekannte Pflanze wuchs in Caesarea Philippi vor einem Erzbilde Christi (Martyrum 20). In Besançon heilten die am Grabe des h. Ferreolus und Ferrucius aufgelesenen Kräuter Gregors Schwager (Martyrum 70). In Dijon legte man Moos vom Grabe des h. Tranquillus auf kleine Geschwüre (Conf. 43). In Saint-Lizier (Ariège) unter dem Leichname des h. Valerius (Conf. 83) fand man Lorbeerblätter, die der Bischof Kranken gab. In Cieutat (Begorra), Hautes Pyrénées, blühten sonst verdorrte Lilien am Tage des h. Genesius wieder auf (Martyrum 73). Beinahe dieselbe Sage wird von den Lilien in der Basilika des h. Severus bei Tarbes erzählt (Conf. 50). Reicher ausgeschmückt ist eine annähernd entsprechende Sage, welche Gregor, nach Prudentius, vom Grabe der h. Eulalia in Merida in Spanien erzählt (Martyrum 90). Sunt igitur ante ejus altare . . . tres abores . . . cumque jam medio mense decimo (10. Dec.) . . sint ab omni foliorum decorae nudatae, ea die inlucescente caelo in modum columbae alitis flores proferunt suavitatis, scilicet quod sanctus ejus spiritus in columbae speciae penetraverit caelos, et quod beatum ejus corpusculum jam exanime vestibusque nudatum nix caelitus decedua molli vellere contexisset. Wenn die Blüten früh kommen, ist das Jahr günstig, wenn sie nicht aufbrechen wollen, sucht man durch Singen die Heilige zu erweichen. Vom Auslande hatte Gregor ebenfalls die Legende von dem Grünen der Dornenkrone Christi (Martyrum 6). Von einem Cultus des Vegetationsdämon giebt es noch eine ganze Reihe von Spuren in Frankreich. En Berry, comme ailleurs, on connaît plusieurs plantes qui, lorsqu'on les cueille dans la matinée qui ouvre le jour de la Saint-Jean acquièrent des propriétés merveilleuses. Les unes, telles que l'hièble, le frêne, l'aune, etc. sont employées par les sorciers dans l'exercice de leur art infernal; les autres, au contraire, servent à éloigner ou à détruire les maléfices: de ce nombre sont le trèfle à quatre feuilles, l'aubépine, le buis, etc. (Laisnel de la Salle I 238). Aus ungedruckten Bemerkungen eines Präfekten von Saône-et-Loire (Roujoux) führt Monnier 390 folgende Stelle an: Il n'est pas rare de rencontrer au printemps une mère en pleurs, agenouillée devant un aubépin, priant avec ardeur pour un enfant fiévreux, qu'elle tient dans ses bras. Elle est sûre de sa guérison: les vents porteront au ciel ses voeux avec la douce exhalaison des fleurs de l'aubépine.

On dit que les branches de cet arbrisseau formèrent la couronne du Christ, et cet acte de religion, fait avec ferveur, résultat d'une foi sincère, aurait droit au respect des hommes, s'il ne s'adressait pas à l'image matérielle dont ces gens simples ne séparent aucune idée." Auch der Maibaum gehört nach Mannhardt zu den Gegenständen dieses Cultus, von ihm findet man noch vielfach Beispiele (Monnier 307: Cet usage est, je pense, universel; il n'appartient pas plus à telle province qu'à telle autre). Von Maibäumen in Bordeaux und Périgord spricht de Nore 137, 149. Ein heilkräftiger Gebrauch aus der Bretagne wird 231 erwähnt: Jadis, on faisait passer les hommes et le bétail par un creux d'arbre pour les préserver d'accidents et les guérir des douleurs qu'ils ressentaient dans le dos et dans les membres. Au VIIe siècle, saint Éloi reprochait cette superstition au peuple. Im Westen wie im Osten schützt der Weifsdorn gegen den Blitz (De Nore 261. Monnier 389f.) In der Bretagne pflückt man unter seltsamen Gebräuchen heilkräftige Kräuter gegen Viehkrankheiten (De Nore 225), gegen Gifte und Behexungen die Mistel (184), in Périgord Johanniskräuter gegen Krankheiten und Zaubereien (150f.)

Wasser. Auch die unausrottbare Verehrung des Volkes für heilige Quellen suchte die christliche Sage durch Beziehungen auf das Leben der Heiligen auszunützen. So in Brioude: In loco autem illo quo beatus martyr percussus est fons habetur splendidus, lenis, dulcibus aquis uberrimus, in quo et a persecutoribus caput amputatum ablutum est (Juliani 3). Diese Quelle hilft u. a. auch Gregor gegen die Folgen eines Sonnenstichs, gegen Fieber selbst in schweren Fällen 25, 26. Ein Priester aus Limoges, Aridius, hatte eine kleine Flasche daraus geschöpft: „Antequam ad domum accederem colore spissitudine atque odore in balsamo conmutata est (41). Eine Wunderquelle liefs der h. Marcellinus in Embrun entspringen (Conf. 68). Aridius aus Limoges fand auch das Wasser eines vom h. Martin gegrabenen Brunnens heilkräftig: puteum quem sanctus dei proprio labore patefecit (Martini II 39). Zur Belohnung einer Frau, die ihm Wasser gegeben, kniet Martin nieder und betet. Ac statim consummata oratione, disrupta terra, fontem inmensum populis admirantibus patefecit. Qui usque hodie beneficium praebet hominibus ... IV 31. Der Einsiedler Caluppan betet mit ähnlichem Erfolge: Statimque ... gutta laticis a caute prorumpens coepit solum stillis frequentibus inrigare Patrum XI 2. In Köln wurde ein Brunnen erst wunderkräftig, nachdem Märtyrer von der thebäischen Legion hineingeworfen waren (Martyrum 61). Andere Beispiele berichtet Gregor aus dem Auslande. In Bethlehem zeigte sich Einzelnen ein Stern in dem Brunnen, aus dem Maria geschöpft hatte (Mart. 1). Von den bekannten spanischen Osterquellen berichtet er Mart. 23. Es scheint, dafs er auch die Sage von den drei Quellen an der Stelle, wo Paulus enthauptet wurde, gekannt hat (Mart. 28). Unreines stöfst das heilige Wasser aus, wie der Jordan. Eine Frau will, wie es Sitte war, mit Anderen am 6. Januar in den Flufs steigen: Cumque ... amnem ingrederetur, mirum dictu fugit aqua ante pedes ejus; illa quoque insequente, fluvius ad ripam aliam premebatur. Sie bekennt dann: Septem jam a me parvulos editos interfeci, octavum adhuc die praeterita sugillavi (Mart. 87). Ein böser Geist, Dämon oder Zauberer läfst bei Limoges eine nützliche vielfach ausgenutzte Quelle verschwinden ... insidiatoris, ut credo, invidia sub terra dehiscit, ac velut in stadiis duodecim in medium paludis, ubi nullum prorsus possit opus efficere, fluctibus sparsis, exoritur. Die Reliquien des h. Clemens geben ihr später den gewöhnlichen Lauf wieder (Mart. 36). Die Heiligen beherrschen auch die Gewässer und gebieten ihnen, die Menschen, die sie anrufen, zu verschonen oder zu begünstigen. Die bösen Geister haben gleichfalls Gewalt über dieselben, aber unterliegen, wenn jene angerufen werden. Zu Ostern wollte eine Fähre bei Tours über die Loire setzen, um Wallfahrer nach der Zelle des h. Martin zu bringen. Da entsteht plötzlich temptatoris inpulsu ein Windstofs und das Fahrzeug schlägt um. Hilfeflehend wenden sich alle an St. Martin und sie gelangten sämtlich ans Ufer (Martini I 2). Ähnlich rettet Romanus bei Blaye an der Gironde die Seefahrer sobald sie seine Basilika aus der Mitte des Stromes erblickt haben, wie Gregor persönlich erfuhr. Ein Kaufmann aus Trier erzählte der Äbtissin Agnes aus Poitiers, er sei im Salzhandel mit einem Schiffe in Metz gewesen und habe an der Moselbrücke Abends sich schlafen gelegt in seinem Kahn mit den Worten „Domne Martine, me et puricellos quos habeo et navicellam meam tibi conmendo." Am anderen Morgen sei er in Trier erwacht, weder die hochgehenden Fluten noch die Klippen der felsigen Ufer hätten seinem Fahrzeuge geschadet, das führerlos flufsabwärts fuhr (Martini IV 29). In Trier erlebte der h. Nicetius folgendes: Dum Mosellam fluvium navigio transnataret, inter pilas pontis fluctuum actus inpulsu, palmis tantum pilae adhaesit, pede contenens navem, et sic ab intuentibus jam ad dimersionem paratus erutus est, quod non sine temptatoris insidia haec pertulisse ferebat (Patrum XVII 3). In der Indre hatte der h. Ursus eine Mühle gebaut, indem er das Wasser durch Steinschleusen zurückhielt. Ein Gothe Silarius, dem die Mühle gefiel, wollte sie kaufen und baute, als er abgewiesen wurde, flufsabwärts neue Schleusen, die den Betrieb des höher gelegenen Werkes störten. Der Abt betete zwei Tage und zwei Nächte ununterbrochen; am dritten Tage war die ganze Anlage des Gothen spurlos von den Fluten verschlungen (Patrum XVIII 2). Die Entstehung dieser Sagen ist klar genug. Flüsse und Seen waren ursprünglich von Gottheiten bewohnt, bei den Kelten sowohl wie bei Germanen und anderen Stämmen. Eine bekannte Stelle darüber findet sich im Leben des h. Hilarius: Mons enim erat in Gabalitano territurio cognomento Helarius (montagnes d'Aubrac, Longnon 529) lacum habens magnum. Ad quem certo tempore multitudo rusticorum, quasi libamina lacui illi exhibens, lenteamina projeciebat ac pannos, qui ad usum vestimenti virili praebentur; nonnulli lanae vellera, plurimi etiam formas casei ac cerae vel panis diversasque species, unusquisque juxta vires suas, quae dinumerare perlongum puto. Veniebant autem cum plaustris potum cibumque deferentes, mactantes animalia et per triduum aepulantes. Quarta autem die cum discendere deberent, anticipabat eos tempestas [immensa] cum tonitruo et corruscatione valida; et in tantam imber ingens cum lapidibus violentiam discendebat, ut vix se quisque eorum putaret evadere. Sic fiebat per singulos annos, et involvebatur insipiens populus in errore (Conf. 2). Der Bischof predigt den Leuten und mahnt sie von diesem Götzendienst abzulassen „Nulla est enim religio in stagnum". Es wird dort eine Basilika gebaut und die Gaben dieser dargebracht. Der Sturm hörte von da ab auf und störte die christliche Feier nicht mehr. — Ein Bauer mufs ganz früh um Holz zu holen über eine Schiffbrücke fahren. Zufällig hatte ein Geistlicher bei ihm die Nacht zugebracht und sein Brod geweiht. Mitten auf der Brücke hört er plötzlich eine Stimme: Merge, merge, ne moreris." Cui respondit vox alia, ait: Sine tua enim admonitione quae proclamas fecissem, si res sacra meis conatibus non obstaret. Nam scias, eum euglogiis sacerdotis esse munitum, ideo ei nocere non possum. At ille voces audiens et personam nullius cernens ac de se verba jactari cognoscens, consignans se cruce dominica, gratias Deo egit, quod ei pars adversa praevalere non potuit (Conf. 30). Diese Geschichte könnte genau so in den Sammlungen von Panzer und v. Alpenburg sich finden. Die allgemeine Anschauung findet ihren kürzesten Ausdruck in der aus den apokryphen Evangelien geschöpften vita s. Andreae: Der Apostel badet und heilt am Wasser einen Besessenen. Es erfolgen Bekehrungen und Andreas erklärt: Inimicus generis humani ubique insidiatur, sive in lavacris sive in fluminibus (27). In den heutigen Sagen erscheinen die Seen und andere Gewässer überwiegend von Feen bewohnt (v. Alpenburg 98—102), doch auch von verderblichen Wesen. In den Krimmler Wasserfall wirft man Steine, wodurch die Geister günstig gestimmt werden, abweichend von der gewöhnlichen Sage. Jemand der auf den Grund des Ammersees zu dringen suchte, hörte die Worte: „Ergründst du mich, so schlück ich dich." Ein goldener Ring wird alle Jahre hineingeworfen, damit er nicht austrete (Panzer II 236 f.). Aus De Nore: Les Bretons nommeut Mary-mor-gands, les fées qui habitent les eaux, et, à Vannes, on appelle Groac'hs celles qui vivent dans les puits 212. A Toulouse, on jette des pièces d'argent dans la fontaine de Sainte-Marie, pour la rendre propice (81). Si l'on insulte le lac de Tabe, en jetant quelque chose dans ses eaux, on excite des tempêtes, on est consumé par le feu, brisé par la foudre etc. (80). La fontaine de Mouiès, près de Dourgne (in den montagnes noires östlich von Toulouse) guérit les douleurs au moyen des ablutions que l'on fait avec son eau sur la partie du corps qui est affectée (95). Besonders grofs ist die Wirksamkeit am Johannistage. Eine Quelle la Sague canine a la réputation de rendre les femmes fécondes. Aussi voit-on fréquemment des pèlerines agenouillées au bord de la source et puisant force verres de l'eau du miraculeux bassin (96). Les bonnes femmes vont se laver les yeux à la fontaine de Saint-Thyrses (commune de Labruguière). Le saint ayant été roulé jusqu'à cette source, dans un tonneau garni d'instruments tranchants, la doua de la propriété de guérir des ophthalmies (96). Gegen Aussatz hilft das Baden in der fontaine dite de la Reine bei Lacaune. La reine ou la nymphe qui préside à cette source ne s'en éloigne jamais (97). Les fontaines, les lacs et les ruisseaux sont en grande vénération chez les habitants des Pyrénées. On jette dans leurs eaux des pièces d'argent, des aliments et des étoffes; et pendant la nuit qui précède la fête de la saint Jean, on y lave ses yeux ou les parties du corps affaiblies par des infirmités (127. Vgl. 148). An den Stern in dem Brunnen zu Bethlehem erinnert einigermafsen folgende Stelle. Les habitants de Sorèze (in der Montagne Noire) se rendent, le jour de la saint Jean, à la fontaine de la Mandre, et là, munis de verres noircis, ils attendent le lever du soleil, parce que, dans ce jour solennel, l'astre doit danser en l'honneur du saint (96). Aus dem Berry: Nous connaissons, dans nos pays, un grand nombre de fontaines dont les eaux sont certaines (efficaces) contre les fièvres et une foule d'autres maux ... Le fiévreux, dit M. Jaubert, dans le Glossaire du Centre, après y avoir bu, ne manque pas de déposer aux alentours une pièce de menue monnaie. Malheur au passant qui s'avisera de la ramasser! il attrapera à son tour la fièvre" ... En vain, depuis cet avertissement (der Kapitularien) les canons de l'Église tonnèrent-ils cent fois contre ces coutumes païennes, la vieille croyance celtique (oracle des fontaines, sources regardées comme des divinités) bravant et capitulaires et canons, s'est perpétuée jusque dans notre siècle de lumières (Laisnel de la Salle I 324).

Tiersagen. Seelen von Gestorbenen werden in Tauben verwandelt, so die Seele der h. Eulalia (S. 10). Etwas weniger deutlich ist die Erzählung von der Taubenschar, die den Leichenzug der Jungfrau Georgia in Clermont begleitet (Conf. 33). Der Bildung der Sage liegt wohl die Anschauung zu Grunde, dafs die Seelen anderer Jungfrauen und Gefährtinnen, die ihr im Tode vorangegangen, sie an der Schwelle des Jenseits empfangen. Auf diese Verwandlung müssen auch wohl alle jene Sagen zurückgeführt werden, in denen Tiere in irgend einer Weise Menschen führen und leiten, sich gewissermafsen als vernünftiger erweisen. Die Burgunder hatten Brioude (am Allier) erobert. Tunc Hillidius quidam a Vellavo (Le Velay) veniens et, ut aiunt, commonitione columbae alitis incitatus, super eos inruit . . . Quod ne quis dubitet hanc beati Martyris (Juliani) fuisse victoriam, sed insinuatio columbae aliquod misterium fuisse creditur virtutis divinae. Nam veniente Hillidio, haec in obviam venit; cum ille, ut adsolet, aliquid demoraretur, haec in circuitu illius volitabat, illoque progrediente, ista praecedebat et revertebatur in obviam, quasi accelerare deprecans iter . . . Sed et ipso pugnante, columba, semper circa eum est visa decurrere. Quod ne quis invideat confictum de columba et homini praestitum christiano, cum Horosius consolem Romanum, id est Marcum Valerium, a corvo alite scribat adjutum (Juliani 7). Bei Thiers (Puy-de Dôme) fanden verirrte Kühe das verborgene Grab des h. Genesius (Martyrum 66). Bei Reims sollte ein Priester Reliquien von Heiligen nach deren Basilika bringen. Er läfst sich durch die Bitten einer Frau bewegen, ihr davon abzugeben. Sein Rofs steht aber still und ist nicht von der Stelle zu bringen, bis er die Reliquien der Frau wieder abgenommen hat (Martyrum 54). Wenn Reiter es versäumen bei einer Kapelle zu beten, sind die Pferde nicht zu vermögen weiter zu gehen (bei Tours Conf. 8, bei Clermont Conf. 32). Freilich lehnen sich diese Sagen auch an entsprechende Stellen aus dem alten Testamente an. Ein Falke (milvus) entreifst einem reich gewordenen Weinfälscher das Geld mit der roten Börse und wirft es in die Saône (Conf. 110). Etwas anders verhält es sich mit den rasenden Rossen des Königs Charibert in der mit Unrecht besetzten Klosterwiese des h. Martin zu Nazelles bei Tours. Et frementes ad invicem, disruptis locis, per plana prosiliunt et in fugam vertuntur; et sic male dispersi, alii excaecantur, alii rupibus praecipitantur, alii sepibus ingerentes, palorum acuminibus ultro transfodiuntur (Martini I 29). Zur Bildung dieser Sage mag der Glaube beigetragen haben, der noch jetzt in manchen Gegenden Frankreichs herrscht, dafs koboldartige Wesen (lutins, follets) sich mit der Pflege der Pferde befassen und sie ganz beherrschen (Monnier 653, De Nore 213). Meist zeigen sie ihre Gegenwart oder Macht nur in harmloser Weise, doch zeigen sie sich auch schelmisch und rachsüchtig (Monnier 647 ff.). Auch Dämonen trieben die Tiere zur Raserei vgl. S. 17 (Sulpicius Severus Dialogus II 9).

Wie die Seelen so verwandeln sich auch Dämonen in Tiere. Unweit Tours lebte der Abt Venantius, welcher et ipsis daemonibus saepius inpulsatus est, sed victor in certamine perstitit. Nam surgente eo quadam nocte de strato suo, vidit duos arietes magnos suis foribus adsistentes, quasi praestolantes adventum ejus. Quo viso, furibundi ad eum cum impetu valido diregunt. At ille signum crucis opponens, illis evaniscentibus, absque metu oratorium est ingressus (Patrum XVI 3). Dem Nicetius von Trier erschien ein schwarzer Schatten mit Augen in modum tauri petulantis . . . At ille facto signo crucis econtra, in modum fumi ascendentis evanuit (XVII 3). Als Frösche quälten die Dämonen den zum Trunke neigenden Landulfus aus Vienne (Martini II 18). Aus dem Orient hat Gregor die Sage aufgenommen von sieben Dämonen, die in Hunde verwandelt wurden (Andreae 6 und 7). Diese wohnten zuerst in Nicea inter monumenta sita secus viam, wohl in einer Art Campagnalandschaft zwischen Grabmälern oder Ruinen. Nicht ganz klar sind folgende Erzählungen. Ein Priester Pannichius bei Poitiers wollte mit Freunden Wein trinken. Eine zudringliche Fliege kehrte obwohl mehrmals abgewehrt immer wieder . . . sensit esse insidiam inimici. Er segnet den Kelch darauf und dieser zerspringt in vier Teile . . . liquor, qui inerat, elevata in excelso unda, terrae diffunditur, patuit namque manifestissime fuisse haec insidiam inimici (Martyrum 106). Als Theodorich die Auvergne verwüstete, erschien der Abt Partianus als Vermittler in seinem Lager bei Artonne (Riom), traf aber nur den Grafen Sigivald. Der Abt soll durchaus Wein trinken und ihn auch vorher segnen, da zerspringt der Becher und der Wein fliefst zur Erde cum inmenso serpente (Patrum V 2). Die Franken danken ihm, dafs er auch sie gerettet. Von Vergiftungen scheint in beiden Fällen keine Rede zu sein.

Die mittelalterlichen Drachensagen sind aus biblischen, griechischen und einheimischen, keltisch-germanischen, Teilen zusammengesetzt. Von Drachenkämpfen ist hier nicht die Rede, weil Gregor nicht Heroen sondern Heilige feiert, die die Ungeheuer durch Gebet töten. So Andreas (19): adolescens . . . rogavit, ut accederet ad agrum ejus, in quo serpens mirae magnitudinis erat, qui totam regionem illam devastabat . . . Erat enim longitudo ejus quinquaginta cubitorum . . . Der Apostel wirft ihm das Unheil, das er im Paradiese angerichtet habe, vor und tötet es durch sein Wort. Keltisch dürfte die Sage von den zwei Drachen sein, die Caluppan (Patrum XI 1) in wilder Gebirgslandschaft angreifen und ebenfalls von ihm mit der biblischen Schlange identificiert werden. Der ganze Ton der Erzählung erinnert an die Drachensage im Moniage Guillaume. In Paris tötete Marcellus eine ungeheure Schlange (Conf. 87). Vielleicht dürfen wir hier schon germanischen Einflufs annehmen. Weniger deutlich ist was Amabilis in Clermont that, qui virtutibus magnis saepe serpentibus dicitur imperasse (Conf. 32). Dieser Heilige wird in dem nahen Riom verehrt und man berührte noch im 18. Jahrhundert die von Schlangen Gebissenen mit seinem Zahne (Gaidoz 86). Diese Drachensagen haben sich ungemein zahlreich entwickelt und erhalten. (Vgl. Monnier 136.)

An bekannte Sagen von Einsiedlern und an den Schutz, den die saligen Fräulein den Gemsen gewähren, erinnert die Erzählung von dem Einsiedler Aemilianus in einem Walde der Auvergne . . . cohabitatores enim bestias avesque illi erant, qui ad eum cotidie tamquam ad Dei famulum confluebant (Patrum XII 1), wenn Gregor etwas Wunderbares dadurch hat ausdrücken wollen. Beachtenswerter dürfte sein, dafs alle Tiere ihre Wildheit verlieren, wenn sie in Brioude in die Basilika des h. Julian geführt wurden. Die wildesten Stiere wurden sanft wie Lämmer. Teils beruhte das, wie Gregor angiebt, auf Beobachtung, es mag auch zur Sagenbildung die Vorstellung beigetragen haben, dafs Zauberer wilde Tiere schon aus der Ferne bändigen können, um so mehr also der Heilige. v. Alpenburg 311: Ein unbändiger Stier raste auf der Alpe Verwall. Der Besitzer verkauft ihn spottbillig an einen Zauberer. Dieser schickt einen zwölfjährigen Knaben zur Alpe, von dem sich der Stier ganz folgsam lenken liefs. Verwall liegt bei Schnan an der Arlbergstrafse. In Anch kehrten Bienen, welche wild geworden waren, nach Anrufung des heiligen Martin sogleich in den Garten des Besitzers zurück, und das gewonnene Wachs zeigte sich wie es scheint als heilkräftig gegen Rückenschmerzen (Martini IV 15).

Unerheblich und aus der Bibel entlehnt scheinen die Wunder von den Fischen, die sich fangen lassen, wenn ein Heiliger ihrer bedarf (Patrum XI 2, XVII 4, Conf. 5).

Die Grundlage aller dieser Tiersagen ist der Glaube, dafs Seelen von Menschen und Dämonen in Tiere übergehen. Dafür finden sich in den französischen Sagensammlungen viele Belege. L'alouette, qui s'élève en chantant vers le zénith, est souvent une âme qui se rend en paradis . . . La même chose se raconte en Bretagne, au dire de M. de Villemarqué, et, selon cet auteur, ce serait là un des vestiges des vieilles croyances druidiques, d'après lesquelles l'âme revêtait souvent la forme poétique d'un oiseau (Laisnel de la Salle I 224). Im Bugey (Dép. de l'Ain) sah ein Gärtner die Seele seines Herrn als Schmetterling im Treibhause. Er verschwand auf die Frage „Ame de mon maître, est-ce vous? Requiescas in pace (Monnier 143). D'autres (esprits) apparaissent sous des formes hideuses, d'hommes ou d'animaux, pour inspirer encore une plus grande crainte (De Nore 258). Werwölfe waren in der Normandie, (De Nore 265) in der Montagne noire (Pyrenäen), in Béarn (De Nore 99, 127) noch sehr verbreitet. Les gens de la campagne sont persuadés qu'ils ont rencontré plusieurs fois, dans la nuit, des béliers noirs qui vomissent des flammes, des chats noirs dont les yeux étincellent, des lapins blancs suspects, des taureaux rouges à cornes épouvantables, et des chiens noirs immobiles dans les lieux où il y a des trésors (De Nore 269. Normandie). Deutlicher noch als diese letztere Stelle sprechen die Beispiele aus dem deutschen Süden, vgl. v. Alpenburg c. X S. 210—219. Die Legende, dafs Tiere den Leichnam eines Heiligen an eine bestimmte Stelle bringen, findet sich besonders in Deutschland noch oft. So brachten weifse Ochsen den Leichnam der Notburga in Tirol gerade dahin, wo sich ihr Tempel erheben sollte (Payer II 43).

Gegen Viehseuche holte jemand Öl aus den Lampen, die in der Basilika St. Martin brannten . . . deportatumque domo pecora intinctum digitum in liquore, per frontes et dorsa cruce dominica signat, ipsisque animalibus ex hoc unguine fide plenus infudit in ore. Mox dicto citius clandestina peste propulsa, pecora liberata sunt (Mart. III 18). Als bei Bordeaux eine Pferdekrankheit herrschte, ging man zur Kapelle des Heiligen in Marsat bei Blaye und betete. Cumque his haec causa commodum exhiberet, addiderunt ut de clave ferrea, quae ostium oratorii recludebat, caracteres caballis imponerent (33). So werden mit den glühend gemachten Hubertusschlüsseln (clefs oder cornets de St.-Hubert, vgl. Gaidoz La rage et St.-Hubert 127 ff.) auch Menschen, besonders aber Tiere gebrannt und dadurch gegen die Wutkrankheit geschützt. Gaidoz führt Stellen an, nach denen derselbe Gebrauch auch im Berry, in der Champagne, in Baiern und Württemberg sich findet. In der Normandie verkauft man kleine Hubertusringe gegen dieselbe Krankheit (De Nore 270). An vielen Orten Frankreichs herrschte nach Thiers, Superstitions I 371, der Gebrauch, das Vieh an den Kirchenthüren mit einem glühenden Eisen zu brennen, welches la clef de St. Pierre genannt wurde.

Dämonen. Kein Element der vorchristlichen Religionen ist so verbreitet gewesen, als der Glaube an böse Geister und Zauberer. Die Dämonen wirken nach Gregors Meinung wohl in der Weise, dafs sie sich ganz äufserlich, nicht durch Besitznahme wie bei den Energumeni, an einzelne Menschen, die sich durch Sündhaftigkeit eine solche Strafe zugezogen haben, oder auch an Tiere heften. Ich schliefse dies aus der Anschauung, die in dem Leben des h. Martin von Sulpicius Severus durchweg hervortritt.

Wenn dort ein rasendes Tier Schaden anrichtet, so sitzt ihm ein Dämon auf dem Nacken (Dialogus II 9), und wenn ein Mann sich gegen seine Vorgesetzten empört, so hetzen ihn dazu Dämonen, die sich in unmittelbarer Nähe des geschilderten Auftritts befinden (Dialogus III 15). Gesehen werden diese aber nur von besonders begnadeten Personen, z. B. von dem h. Martin. Von diesen Ansichten ausgehend, konnte sich Gregor die bekannten Erzählungen von den bösen Einflüssen der „Zauberer" oder „Hexen" erklären und sie als incursio diabolica u. s. w. bezeichnen. Der eigentliche Hexenglaube des späteren Mittelalters lag ihm natürlich fern. So, glaube ich, sind folgende Stellen aufzufassen. Cum autem quidam per incursum diabolicum oculum perdidisset . . . Jul. 22. Ein fast ganz Gelähmter kam zum Feste und . . . ab omni incursione diabolica mundatus, sanus abscessit, Martini III 14. Puer vero ex Andecavo terreturio, dum in domo parentum resederet, per inmissionem, ut ipse adserebat, artis diabolicae, manum pedumque perdidit usum ib. 27. Clericus . . . per incursum insidiatoris lumine multatus ib. 28. Servus . . . . per incursionem nescio quam unius poplitis perdiderat usum ib. IV 41. Merobaudis quidam ex pago Pictavensi, dum esset laborans in opere, caecitate pessima, insidiatore inmittente, percussus est II 15. Ähnlich der Hexensage im Macbeth Andr. 32, 34. Daemon vero . . . seduxit puerum in secretum cubiculum et suffocavit eum, laqueo extorquens animam ejus Andreae 14. Andreas erweckt einen Ertrunkenen am Meeresufer. Dieser erzählt nun, dafs durch Teufelskunst noch 39 Halbbekehrte mit ihm ertrunken seien Andr. 24. An mehreren Stellen ist vom Feuer die Rede. Eine Kirche in Rennes wird instinctu maligni, qui semper bonis adversatur operibus, vom Feuer ergriffen (Conf. 54.) Victurius . . . non perferens eclesiasticas caulas ab insidia satanae devastari, obviam se turbini (incendio) obtulit ib. 55, invidia temptatoris inmissum incendium Martini I 2. An eine Nachahmung der biblischen Erzählung von Hiob ist hier kaum zu denken. Dem widerspricht die Vergleichung dieser Krankheitsfälle mit anderen, bei denen die Andeutung, dafs sie durch böse Mächte veranlafst seien, fehlt, weder zeichnen sich die Leidenden in unseren Fällen durch besondere Tugend, noch in den anderen durch Sündhaftigkeit aus. Wie käme namentlich der junge Mann aus Angers (Martini III 27) dazu, seine Lähmung mit der Krankheit Hiobs' irgendwie zu vergleichen? Entsprechende Sagen finden sich heute noch. Die „Brandhexen", welche mit Blitz und Feuer die Häuser anzünden, besonders zur Zeit, wenn im Herbst Heu und Ernte gut eingebracht ist, sind besonders in Tirol bekannt (v. Alpenburg 257). Von den angeführten Stellen sprechen die, welche französischem Boden entstammen, von Anfällen von Lahmheit oder Blindheit. Die ersteren erklären sich möglicherweise so, dafs Gregor Sagen gehört hat, wonach dämonische Wesen solche Leiden verursachen, die man annähernd richtig mit dem erklärenden Worte Hexenschufs bezeichnen kann (Meyer Myth. 135). Die zweite Klasse mag veranlafst sein durch die Vorstellung, dafs die stauberregende Windhose von einem Dämon erregt oder bewohnt war. Der Glaube, dafs Zauberer und Hexen Krankheit und sogar Tod bringen, ist in Frankreich sehr verbreitet. Vgl. De Nore 140, 154, 170, 193, 242, 257, 260 u. s. w. Als in Trier die Pest herrschte, betete Nicetius, der Bischof, für seine Herde: factus est sonus de nocte magnus tamquam tonitruum validum super pontem amnis, ita ut putaretur urbs ipsa dehiscere. Cumque omnis populus exterritus in lectulis resedisset, letifero eis interitum operiens, audita est in medio rumoris vox una ceteris clarior dicens: Et quid hic, o socii, faciemus?

Ad unam enim portam Eucharius (erster Bischof von Trier) sacerdos observat, ad aliam Maximinus excubat, in medio versatur Nicetius; nihil hic ultra praevalere possumus, nisi sinamus hanc urbem eorum tuitioni. Haec voce audita, statim morbus quievit, nullusque ab eo ultra defunctus est (Patrum XVII 4). Aus dem Ultenthale bei Meran berichtet v. Alpenburg 301 eine ganz ähnliche Klage. Dort war an der Laugenspitze ein Sitz der Wetterhexen, von denen einst eine klagte: „Ach, hinter mir die heilige Maria von Sennal, vor mir der heilige Ritter Hippolitus auf Naraun, zur Seite der heilige Blutzeuge Pankrazius! Da soll der Teufel sein Wetter selber machen, wir vermögens nicht!“ Die Hexen sind freilich nicht mehr die Dämonen selbst, aber doch die ergebensten, verschriebenen Dienerinnen derselben. Wenn manche Zusammenstellungen dieses Kapitels weniger treffend erscheinen, so wird dieser Mangel, wie mir scheint, ausgeglichen durch den vorliegenden Fall, der bei der auffallenden Ähnlichkeit des ganzen Tones der Erzählung den Gedanken an eine Entlehnung nahe legt, wenn eine solche nicht zu unwahrscheinlich wäre. Ähnliches teilt Laisnel de la Salle I 262 aus dem Berry mit. Zwei entsetzliche Hagelschauer näherten sich der Gemeinde Thevet. Une voix sortie des profondeurs du dernier des nuages fit entendre ces paroles: Nous arrivons! . . Avance! Avance! . . . Pas possible, Martin (die Glocke der Kirche) parle! répondit une autre voix qui partait du nuage le plus avancé. Darauf wenden sie sich links nach der Pfarrei St. Julien und verheeren alles. Man hatte übrigens die Stimmen erkannt. Es waren zwei Zauberer, Vater und Sohn, die noch im Laufe des Jahres elend umkamen.

Venantius (bei Tours wohnend) alia nocte regressus ab oratorio, invenit cellulam suam plenam daemoniis, dixitque eis: Unde venitis? A Roma, aiunt, hesterna die egressi, ad hunc locum accessimus. Quibus ille: Abscedite, inquit... Haec eo dicente, sicut fumus evanuerunt (Patrum XVI 3). Sehr beachtenswert sind die Ansichten, welche über das Verhältnis der Dämonen und der Heiligen zu Raum und Zeit in Umlauf waren. Wie germanische Götter müssen sie persönlich anwesend sein um zu nützen oder zu schaden. Gregor jammert in allem Ernste, als die Besessenen vor der Basilika ihm eines Tages zuriefen, der h. Martin sei nicht zugegen, er wirke Wunder in Rom (Martini II 25). Die Schnelligkeit ihrer Fahrten ist offenbar hergenommen von einer gewissen Beobachtung der Bewegungen der Luft, also von Windgöttern auf Heilige und Dämonen übertragen worden.

Die Erzählung von den Dämonen, welche einen Einsiedler mit Steinen werfen (v. Patrum I 1), scheint mir ein Nachklang solcher Sagen zu sein, nach welchen Riesen oder Hexen Unwetter erregen (Meyer Myth. 135 f.) und dadurch Bergstürze, Runsen, Steinregen und ähnliche schädliche Ereignisse veranlassen (v. Alpenburg 300). Nicht selten begegnet man in den Hexensagen der Anschauung, dafs man der Zauberin indirekt körperlich schaden kann, indem man andere Dinge besonders Tiere schädigt. So legte nach v. Alpenburg 300 die Frau eines Zimmermanns die Ohren und Schwänze von gefallenen Lämmern aufs Feuer. Gleichzeitig empfand die schuldige Hexe den Schmerz und jammerte, sie müsse verbrennen, wenn das, was in der Küche auf dem Feuer stehe nicht weggenommen werde. (Vgl. Laisnel de la Salle I 291.) In einem gewissen wenn auch entfernten Zusammenhange damit steht die Meinung, dafs jemand sterben mufs wenn sein Lebensbaum stirbt (Mannhardt F. W. K. I 49 ff.). Wie Bäume so bedeuten bekanntlich auch Lichter das Leben eines Menschen, und unter dem Einflufs dieser Vorstellung mufs sich die Wundersage gebildet haben, die Gregor Martyrum 78 mittheilt: Ein Graf Gomacharius hatte ein Gut der Kirche zu Agde an sich gerissen. Bischof Leo veranlafst ihn, nachdem der Graf vom Fieber ergriffen war, dasselbe herauszugeben, worauf er geheilt wird. Darauf bemächtigt sich der Graf von neuem des Gutes. Jetzt geht Leo morgens in die Kirche und löscht alle Lichter aus mit den Worten: Non hic accenditur lumen, donec ulciscatur Deus de inimicis et restituat res domus suae. In demselben Augenblick (Haec eo dicente protinus . . .) fällt jener wieder in das Fieber zurück und stirbt bald darauf. Natürlich verkenne ich nicht, dafs der Bischof den Heiligen zwingen will, etwas für seine Kirche zu thun. Die beiden Vorstellungen schliefsen sich nicht aus.

Eine Schauergeschichte, wie sie in Spinn- und Webestuben erzählt wurden, folge hier. Hoc tempore et mulier quaedam, dum, discedentibus paribus, sola tantum remansit ad telam, apparuit ei sedenti umbra teterrima, quae arripiens puellulam trahere coepit. Ad illa vociferans et plangens, cum nullum aspiceret auxilium, viriliter tamen resistere conabatur. Post decursa vero duarum aut trium horarum spatia regressae mulieres reliquae, invenerunt eam semivivam humo jacentem, nihil penitus loqui posse. Innuebat quidem illa manu; sed nihil intellegentibus, haec muta permansit. Umbra vero, quae ei apparuerat in tantum hominibus domus illius insidiata est, ut relinquentes locum alibi conmigrarent (Martini III 37). Nach einigen Monaten erhält sie in der Basilika die Sprache wieder. In Orleans hatte ein junger Mann vom Hofe des Königs Childebert das Fieber. Staub vom Grabe des h. Martin hatte das Fieber gemäfsigt: In sequenti vero nocte, cum dies ille, quo frangi consueverat, advenisset, vidit per visum advenientem personam teterrimam dicentemque sibi: Ecce jam tempus tui tremoris advenit, quid dissimulas? Age quod consuevisti! Da erscheint ihm im Traume der Heilige als ehrwürdiger alter Mann und heilt ihn. Auch dem Kaiser Justinus erschien ein solcher Schatten (umbra intolerabis Martyr. 5). Es will sich jemand in seiner Kammer erhängen. Et ecce umbra squalida atque funesta, quae nihil minus vultu quem diabolum similabat, apparuit ei hortans ac dicens: Heia, age, ne moreris . . . At ille semper agebat: Beatissime Paule, esto adjutor meus! Subito adfuit alia umbra huic similis, dicens ei quae cum homine erat: Fuge miserrime! En Paulum huc venientem! . . . Tunc evaniscentibus umbris, hic crucem virtutis dominicae pectori nutanti depingens, paenitentiam . . . agebat (Mart. 28). Ein anderes Beispiel aus dem Morgenlande: Uxor proconsulis abiit ad balneum cum procuratore suo. Cumque lavarentur simul, apparuit eis daemon teterrimus, a quo percussi ambo ceciderunt et mortui sunt (Andreae 23). In dichtem Dorngesträuch erscheint dem h. Nicetius von Trier umbra teterrima, statu procera, crassitudine valida, oculorum scintillantium inmensitate in modum tauri petulantis habebat, ore patulo quasi ad deglutiendum virum Dei parata. At ille facto signo crucis econtra, in modum fumi ascendentis evanuit. Quod non ambigitur, ipsum ei sceleris principem fuisse monstratum (Patrum XVII 3).

Die Bezeichnung umbra teterrima deckt hier natürlich Wesen verschiedener Art. Offenbar bezeichnet es mehrfach Krankheitsgeister, die aus dem Walde aber auch sonst von allen möglichen Orten kommen (Mannhardt F. W. K. I 22). Die Krankheitsgeister gehen über nach der einen Seite in Teufel und nach der anderen Seite in die „armen Seelen", deren Nähe oft Siechtum oder Tod bringt. Die ganze Reihe der unteren Gottheiten wurde auf christlichem Boden in Engel, unerlöste Seelen und Dämonen, je nach dem Grade ihrer Hilfsbereitschaft oder ihrer Schädlichkeit verwandelt. Wer den Tod, angelehnt an sein Haus sieht, stirbt bald (Panzer II 110). In Gestalt eines unheimlichen schwarzen Mannes zeigte sich ehemals in Tirol der Viehschelm (v. Alpenburg 62). An nächtliche Schatten und Phantome glaubt man noch jetzt in der Bretagne, den Pyrenäen (De Nore 85 f.) und in vielen anderen Gegenden Frankreichs. In Languedoc bringt ein „homme noir" den verderblichen Hagel (De Nore 80). Hierher gehört auch wahrscheinlich die Geschichte von der dunklen Gestalt (sombre figure), die sich hinter den Bäumen des Waldes von Fontainebleau Heinrich IV. im Jahre 1598 zeigte (Monnier 82).

Leben und Tod. Die gröfste Zahl der Heilungen wird hervorgebracht durch Genufs des Staubes von den Gräbern. Zu den Bemerkungen, die Gaidoz in der Bibliotheca mythica I 211 ff. hierüber macht, ist folgendes hinzuzufügen. Gregor gehörte gewifs zu den gebildetsten Leuten seiner Zeit, aber als Theologe steht er eigentlich sehr tief. Er füllte seinen Platz sehr gut aus als Mann von unbeugsamer Rechtlichkeit und starrer Überzeugung, aber in seinen metaphysischen Anschauungen vermochte er sich den volkstümlichen Meinungen trotz eines gewissen nüchternen Verstandes nicht zu entziehen. So nimmt er denn ohne Kritik Vorchristliches als christliche Anschauung auf. — Wie stark die Meinung, dafs durch die Asche der Verbrannten ihre Kraft übertragen werden konnte verbreitet war, scheint auch aus dem Bestreben der Heiden hervorzugehen, die Asche der Märtyrer nicht den Christen zu überlassen. Daher wurde die Asche der Märtyrer von Lyon (Martyrum 48), ebenso die der armenischen (95) ins Wasser geworfen. Gleiche Anschauung herrscht jedenfalls in Karls Drohung im Renaut de Montauban (S. 289) an Maugis: En charbon le ferai ardoir et embraser — Et la poldre cueillir et jeter en la mer. — Quant tot çou aurai fait, que vos ai devisé, — Si set tant li diables engiens et fausetés — Puis eschaperoit il, qu'il iert si atornés. Eine scherzhafte Übertreibung mag in diesem Falle allerdings auch vorliegen. Auch jetzt ist dieser Aberglaube noch nicht ganz verschwunden. Es klingt an das bekannte Verbot in den Capitularien gegen Genufs des Hexenfleisches an, was Laisnel de la S. I 165 erzählt. Dans quelques-uns de nos départements, les paysans vont encore trouver le bourreau, qui leur vend de la graisse de supplicié, qu'ils appliquent sur leurs écrouelles ou sur leurs rhumatismes.

Quidam ex Viennensi terreturio Landulfus nomine a lunatici daemonii infestatione vexabatur, ita ut plerumque ab hoste se vallari putans in terram corrueret, cruentasque ex ore spumas emittens, tamquam mortuus habebatur. Quod genus morbi ephilenticum peritorum medicorum vocitavit auctoritas; rustici vero cadivum dixere, pro eo quod caderet (Martini II 18). Thiers (Traité des superstitions I 517): Ceux qui se disent de la race de S. Martin prétendent guérir du mal caduc. Ich glaube kaum, dafs ein Zusammenhang von Alters her zwischen diesen Wundern vorhanden war.

Die Verjüngung zweier Greise, welche den Leichnam des h. Julian bestatteten, wird schon von der älteren Passio bezeugt (senserunt eam se a Deo quam in juventute habuerunt pristinam recepisse virtutem). Gregor kennt die Sage in einer noch deutlicheren Form: ita redintegrati sunt ut in senectute summa positi tamquam juvenes haberentur (Juliani 1); qui senum quondam decrepitae aetatis membra rigentia autiquo vigore restituit (4). Die Sagen von einer Verjüngung des Alters haben ihren Grund in einer der ältesten Formen des Mythus. Alljährlich verjüngt sich beim Beginn der schönen Jahreszeit Himmel und Erde zu einem neuen kurzen Lebensfrühling. Daraus gingen hervor (vgl. besonders Mannhardt F. W. K. II 264 ff.) der Mythus von Venus und Adonis und eine lange Reihe von Mythen und mythischen Gebräuchen. Die Beziehung auf Einzelwesen ist seltener, doch hinreichend belegt, z. B. in der Sage vom Jugendbrunnen, von Medea, in der von Panzer mitgeteilten Sage von Christus und Petrus, welche die alte Frau eines Schmiedes töten und dann verjüngen.

Bei Orléans wurde Saint-Avit mit grofsem Prunke und unter grofsem Zulauf des Volkes verehrt. Ein Bürger nahm jedoch seine Hacke und begab sich an dem Feiertage trotz der Warnungen anderer in seinen Weinberg, mit den Worten: Et hic quem colitis operarius fuit. Verum ubi ingressus vineam primo ictu terram aperuit, protinus, retorta cervice, facies ejus ad tergum conversa est (Conf. 97). Die Sage von dieser Strafe wird sich gebildet haben unter dem Einflusse jener Sage von der wilden Jagd, nach welcher die Bestraften ihren Kopf umgewandt halten müssen, um die Schreckensgestalten der Jagd zu sehen. Zur Strafe weil er einem Gespenst nachgejuchzt hatte, kam 1847 ein Bauernknecht bei Kreith mit umgedrehtem Kopf ins Dorf Fulpmes (v. Alpenburg 205).

An die in Frankreich sehr bekannten Sagen von verborgenen Schätzen, die sich Begnadeten periodisch, gewöhnlich während der Mitternachtsmesse zu Weihnachten öffnen, erinnert die Erzählung von dem Einsiedler und Abt Romanus im Jura, den Gott einen Schatz finden liefs, von dem er sich alljährlich holte, was er zum Unterhalte seiner Gemeinschaft brauchte (Patrum I 3).

Eine wundersame Geschichte passierte einem Diebe, der aus der Basilika des h. Felix bei Narbonne ein Pack kostbarer Sachen gestohlen hatte. Unterwegs gesellt sich zu ihm ein Mann, dem er, gegen das Versprechen die Sache geheim zu halten, seinen Schatz zeigt. Er schlägt ihm vor, die Sachen zu verkaufen und den Erlös zu teilen. Der Fremde sagt, er habe in verschiedenen Gegenden viele Freunde und selbst ein grofses, zum Verbergen geeignetes Haus. Dort könne er die Schätze zunächst niederlegen. Vertrauensvoll folgt ihm der Dieb und befindet sich plötzlich, ohne es zu merken, wieder in der Basilika, wo er die Sachen niederlegen mufs. Der Begleiter war schnell verschwunden. Unde indubitatum est ipsum ei beatum martyrem apparuisse (Martyrum 91). Bei einem Feste des h. Julian hatte ein Dieb ein Pferd gestohlen. Er reitet weg und glaubt, als es hell wird, mindestens dreifsig Wegstunden entfernt zu sein. Aber im Morgengrauen sieht er, dafs er noch in der Nähe der Basilika herumirrt und bringt das Pferd vorsichtig wieder an seinen Ort zurück. Sic miser virtute martyris tota nocte detentus in circuitu vici et, ut ego credo, ab auctore qui eum obsederat est delusus, ut viam quam adprehendere voluit non valeret (Juliani 18). Weniger auffallende Beispiele dieser Art s. Juliani 20, Martyrum 37. Diese Legenden scheinen sich gebildet zu haben nach dem Muster der zahlreichen Sagen von Geistern, die es lieben, Wanderer irre zu leiten, am meisten solche, die kein ganz reines Gewissen haben. De Nore 212: Dans la Cornouaille, les . . . Spriggians-fées se plaisent à égarer les voyageurs. Monnier 266: Nos Dryades . . . aiment à égarer les jeunes garçons dans les bocages. S. 647: Les follets malicieux se plaisaient . . . à égarer les voyageurs.

Eine grofse Rolle spielt die wunderbare Befreiung der Gefangenen (Juliani 4, Andreae 15, Patrum III 1, VIII 10, u. s. w.): Es werden sich auch hier die einheimischen Zauberkünste mit den biblischen Erzählungen verschmolzen haben. Als Beweise der volkstümlichen Anschauung erwähne ich Wodans Zauberlied im Havamal (Alsbald ich es singe, sobald kann ich fort, vom Fufse fällt mir die Fessel, der Haft von den Händen herab) und besonders die Zaubereien des Maugis im Renaut de Montauban.

In Bourges hatte Venantius auf Wunsch seiner Eltern sich verlobt und brachte der Braut cum poculis frequentibus etiam calciamenta (Patrum XVI 1). Ebenso that Leobardus bei Clermont (Dato sponsae anulo, porregit osculum, praebet calciamentum, celebrat sponsaliae diem festum (XX 1). Vgl. Grimm Rechtsaltertümer² 156. Von dieser Sitte schreibt De Nore 190 aus der westlichen Bretagne, wie es scheint, um Nantes herum: Dans quelques lieux, les fiançailles ou les Affédales consistent simplement dans le cadeau que le prétendu fait à sa future, d'un anneau et d'une paire de souliers. Nach Laisnel de la Salle II 32ff. versuchen im Berry alle Verwandten nach der Reihe der Braut den Schuh anzuziehen und legen nach vergeblichem Bemühen ein Stück Geld hinein. Endlich erscheint der Bräutigam, dem es sofort gelingt. Der Verfasser führt dazu aus Michelet (Origines du droit français 12) den Satz an: La femme entrait dans le soulier, lorsqu'elle entrait en puissance de mari.

Reliquien vom h. Julian wurden auch nach Reims gebracht. Der Träger nähert sich Reims und kommt in die Nähe eines Gutes, auf dem viele Arbeiter mit Pflügen und anderen Bestellungsarbeiten beschäftigt sind. Da schreit plötzlich ein Ackerknecht zum grofsen Staunen seiner Genossen, die offenbar gar keine Ahnung haben, dafs ein Besessener mit ihnen arbeitet, laut auf und klagt, er werde vom Heiligen verbrannt und gequält. Der Priester mufs mit der Reliquienkapsel den bösen Geist vertreiben (32). Die Einkleidung dieses Wunders erinnert, bei allen gern zugestandenen Abweichungen, an die bekannten Erzählungen von Waldwesen in Tirol, die bei Bauern emsig dienen und sich ganz heimisch zu fühlen scheinen, bis sie plötzlich, auf einen Ruf aus dem Walde her, ihre Natur entdecken und ohne weiteres das Haus verlassen, um in den Wald, woher sie stammen, zurückzukehren. Auch der Knabe, der im Hause seiner Eltern lebte, und beim Anblick der Reliquien wie tot niedersank (45), bis ihn der Priester heilte, scheint vorher kein Zeichen seiner dämonischen Natur gegeben zu haben, da die Eltern glauben, dafs er infolge magischer Künste hingefallen ist. Jene Fauggen in Tirol sind die unerkannten Kinder von Walddämonen, die Ansichten von der Besessenheit beruhen zum Teil auf gleicher Annahme.

An der Martinsquelle bei Ligugué war ein Stein qui vestigium retinet aselli illius, super quem sanctus sedit antistis (Martini IV 31). Bei Dijon, wo der h. Benignus verehrt wurde, fand sich ein Stein in quo cum plumbo remisso pedes ejus confixi fuerunt, factis loculis, vinum aut siceram multi infundunt (Martyrum 50). Diese Flüssigkeiten halfen gegen schlimme Augen und Wunden. Ob die letztere Stelle auch auf das bekannte mythische Hinterlassen von Spuren körperlicher Eindrücke (Rofstrappe) in Felsen zu verstehen ist, bleibe dahingestellt.

Mehrfach findet sich die seltsame Erscheinung, dafs Gestorbene sich noch einmal erheben um zu sprechen oder durch eine Bewegung irgend einen letzten Wunsch kundzugeben. Diese Stellen scheinen mir von besonderer Bedeutung, weil durch sie die gewaltige Kluft, die Leben und Tod trennt, zuerst überbrückt erscheint und weil sie vermutlich den Weg eröffneten für die Sagen von Auferweckungen der Toten, die sich mit so erstaunlicher Zähigkeit in den Leben der Heiligen erhalten haben. Hier zeigt sich am deutlichsten das Grundprinzip aller mythologischen Anschauung, die grofsen Unterschiede, welche die Klassen der Wesen und die Entwickelungsstadien im Leben trennen, zu verwischen. Verwandt mit diesen Sagen aber nicht zu verwechseln sind jene, welche von Geistererscheinungen nach dem Tode, in denen das Los im Jenseits sich offenbart, berichten. Ein klassisches Beispiel findet sich in der Rolandsage, das sich bis in Italien erhalten hat. In der Spagna rimata klagt Karl vor der Leiche Rolands in Roncesvalles stehend diesen an, dafs er ihm nicht, wie er versprochen, das Schwert Durlindana wiedergegeben habe. Da erhebt sich Roland, giebt Karl das Schwert in die Hand und sinkt wieder hin (XXXVI 6). So war nach Gregor St. Gallus in der Kirche zu Clermont aufgebahrt. Magnum ibi miraculum ostensum fuit, quod sanctus dei, adtracto dextro pede in feretro, se in aliud latus, quod erat versus altari, contulit (Patrum VI 7). Ein Mann steht am Grabe seiner Frau, die eben in Clermont in der Basilika beigesetzt wird und dankt Gott quod, sicut mihi eam conmendare dignatus es, ita tibi reddidi ab omni voluptatis contagio inpollutam. Da lächelt die Tote und sagt: Sile, sile, vir Dei, quia non est necesse, fatearis nostrum, nemine interrogante, secretum. Nach einiger Zeit wurde auch der Mann ebenda begraben, aber an einer anderen Wand. Am anderen Morgen fand man die Gräber nebeneinander (Conf. 31). In Dijon wurde die Frau eines Senators Helarius in dem Grabmal ihres Mannes begraben, subito elevata viri dextera conjugis cervicem amplectitur (41). Hierher gehört auch wohl die Erzählung von den zwei befreundeten Priestern in Bouillac bei Bordeaux. Der eine ist an der nördlichen, der andere an der südlichen Seite begraben und beim Chorsingen erhebt jeder seine Stimme mit dem ihm zunächst befindlichen Chore vereint (46). Unklar ist der Fall des h. Nicetius in Lyon, dessen Stimme bei seinem Begräbnis einen blinden Knaben ermahnt, näher an die Bahre zu treten, weil es auch die Stimme einer Erscheinung sein kann (perlata est vox in aure ejus 60). Ebenfalls in Lyon hielt der h. Helius einen Leichenräuber nicht nur so lange an seinem Grabe fest bis Leute nahten, sondern bis der Richter dem Strafwürdigen wenigstens das Leben geschenkt hatte (61).

Eine sehr geizige Frau hatte Geld, das zum Loskaufen von Gefangenen bestimmt war unterschlagen und in ihrer Hütte vergraben, wo es nach ihrem Tode gefunden wurde. Der Bischof befiehlt das Sündengeld ihr ins Grab auf den Leichnam zu legen. Nec mora, nocturno tempore, audiuntur voces a tumulo, fletus et ululatus inmensus . . . Nach drei Tagen öffnet man das Grab wieder und sieht das Gold quasi in fornace resolutum in os mulieris ingredi cum flamma sulpurea. Der Bischof betet dann und die Klagen werden nicht mehr gehört (Martyrum 105). Allgemeiner berichtet De Nore 267 aus der Normandie: Un homme damné mange après sa mort le suaire qui lui couvre le visage, et ce malheureux pousse dans la tombe des cris sourds et effrayants. Wiederholt liest man, dafs Särge plötzlich leicht oder schwer werden wenn der Tote an einem bestimmten Orte beigesetzt werden will oder nicht (Patrum VII 3, Conf. 74, Martyr. 88 u. a.). Wie die Unterschiede zwischen Mensch und Tier, Leben und Tod, sich in dem Mythos verwischen, so auch die natürlichen Eigenschaften der Körper. Anklänge findet man auch jetzt noch in Frankreich. Es kommt vor, dafs der Sarg vor dem Kirchhof plötzlich schwer wird, ein Zeichen dafs der Gestorbene ne se trouve point en état de grâce ou qu'il est damné! Dans le premier cas, les prières . . . réussissent presque toujours à lever la difficulté . . . Le second cas se présenta il y a bien des années à Lacs. Alors on creusa la fosse aux abords du saint lieu; mais lorsqu'on y eut descendu le cercueil, il s'enfonça à une telle profondeur dans la terre, qu'on le perdit complètement de vue, et que tout le monde fut persuadé qu'il s'était directement rendu aux enfers (Laisnel de la S. II 78). Wenn das auch als Scherz erzählt wurde, so müssen die Grundlagen doch in alten Erzählungen vorhanden gewesen sein.

In der Basilika des h. Julian in Brioude wurde ein räuberischer Krieger vom Blitz getroffen. Seine Genossen warfen über den Leichnam Steine, die aber von Blitz und Donner auseinandergerissen wurden, sodafs der Leichnam unbedeckt blieb. Wie mir scheint, haben wir hier eine verschiedene Auffassung derselben Handlung bei Franken und Römern vor uns. Die Germanen warfen Steine über den Körper des Toten, um den bösen Geist des von der Gottheit getroffenen an die Stelle zu bannen, wie man in Tirol Steine auf das Grab der wilden Fräulein warf (Zingerle 156), damit sie sich nicht als schwere Bürde von dem Wanderer bis zur nächsten Kapelle tragen liefsen. Gregor fafst die Bedeckung offenbar als eine Handlung der Pietät auf, die dem Kirchenräuber gegenüber nicht am Platze ist. Der Gebrauch ist sehr alt und Spuren davon sind noch im Berry vorhanden. Jamais les Celtes ne passaient près d'un tombeau sans y ajouter une pierre (Laisnel de la S. II 75).

Die Erzählung von der unterseeischen Grabstätte des h. Clemens enthält deutlich Spuren mythologischer Sagen, die zum Teil schon in Gregors Quelle, der von Surius herausgegebenen Passio, vorhanden sind. Im allgemeinen scheint der Gedanke des periodisch zugänglichen unterseeischen Grabes dem keltischen Sagenkreise, der sich später zu der Sage von der Fata Morgana verdichtete, entnommen zu sein. Die Zuthat von der Mutter, die ihren Sohn dort aus Versehen zurückläfst und ihn nach Jahresfrist noch schlafend wiederfindet, erinnert unverkennbar an entsprechende Sagen von bergbewohnenden Geistern oder Zwergen, bei denen jemand ein Jahr oder öfter sieben Jahre verweilt in dem Glauben nur eine Nacht dort zugebracht zu haben: aspicit filium in eo loco, ubi eum dormientem reliquerat, in ipso adhuc sopore teneri . . . Interrogansque, ubi per anni fuisset spatia, nescire se ait, si annus integer praeterisset; tantum dormisse se suavi sopore in unius noctis spatio aestimabat (Martyrum 35). Vgl. etwa die Sage vom Kasermannl (Zingerle 85) und aus dem Berry die Erzählung einer alten Frau bei Laisnel de la Salle I 275. Die Urgrofsmutter der Erzählerin hatte an einem heiligen Abend unter den Pfeilern einer Kapelle einen Schatz entdeckt. Während sie das Gold und Silber aufraffte, war ihr Kind verschwunden. Nach Verlauf eines Jahres zur selben Stunde während der Mitternachtsmesse findet sie an derselben Stelle ihr Kind wieder, welches aber ganz mager geworden war und ein Zaubermerkmal (wie von der Kralle einer Katze) trug.

Intra ipsum autem terminum Toronicum erat mons parvulus, sentibus, rubis vitibusque repletus agrestibus, ut vix aliquis intro possit inrumpere. Ferebat enim fama, duas Deo sacratas virgines in loco illo quiescere. Ilicet cum in vigiliis dierum festorum lumen ibi accensum divinitus a fidelibus saepius cerneretur, unus audatior ad locum accedere sub obscura nocte non metuit, atque cereum mirae candoris inmenso lumine fulgorantem aspiciens admiratusque diu, discessit, aliisque quae viderat nuntiavit. Tunc uni de incolis loci se virgines per visum ostendunt; exponunt se ibidem esse sepultas ac sine tecto imbrium injuriam diutius ferre non posse. Hic vero, si sibi vellet esse consultum, incisis vepribus tegumen tumulis adhiberet. Expergefactus vero, tradidit oblivioni quae viderat. Alia vero nocte apparuerunt ei iterum, vultu minaci terribiliter conminantes, nisi locum tegeret, anno praesenti ab hoc saeculo migraret. Er baut nun dort eine Kapelle und bittet den Bischof Eufronius, sie zu weihen. Dieser entschuldigt sich wegen seines hohen Alters und des schlechten Zustandes der Wege im Winter. Verum ubi sacerdos membra quieti laxavit, vidit duas virgines adstare sibi, quarum senior tristi vultu sic infit: „Quid tibi ingratae extetimus? Quid moleste intulimus regioni tibi a Deo commissae?... Veni nunc obsecramus per nomen omnipotentis Dei, cujus nos sumus ancillae“... Als er nun hingeht, hört Wind und Regen auf. Von den Jungfrauen unam quidem dicebat prolixiorem, alteram minorem statu, non merito, utramque tamen nive candidiorem. Quarum unam Mauram, Brittam alteram vocitabat, dicens se ab earum ore haec nomina cognovisse Conf. 18. In mancher Beziehung noch interessanter ist das was wir über das Grab des h. Benignus in Dijon erfahren. Benignus apud Divionensim castrum martyrio consummatus est. Et quia in magnum sarcophagum conditus fuit, putabant nostri temporis homines, et praesertim beatus Gregorius episcopus, ibi aliquem positum fuisse gentilem. Nam rustici vota inibi dissolvebant et quae petebant velociter inpetrabant. Ad hoc ergo beati sepulcrum quidam, dum exinde multa beneficia perciperet, cereum detulit; quo accenso, domi rediit. Puerulus enim parvulus haec observans, illo abeunte discendit ad tumulum, ut ardentem cereum extingueret et auferret. Quo discendente, ecce serpens mirae magnitudinis de alia parte veniens, cereum circumcingit... Talia et his similia beato pontifici nuntiata nullo modo credebat, sed magis, ne ibidem adorarent, fortiter testabatur. Tandem aliquando Dei martyr beato se confessori revelat et dicit: „Quid, inquid, agis? Non solum quod tu despicis, verum etiam honorantes me spernis. Ne facias, quaeso, sed tegmen super me velocius praepara“... Martyrum 50. Vgl. auch Martyrum 56. Wir gewinnen hier einen Einblick in die Zeit, in welcher die heiligen Denkmäler der Kelten, Dolmen, Menhirs und angebliche Gräber von Feen für den christlichen Kultus erobert wurden. Die Heiden verehrten, wie aus dem Beispiel von Dijon hervorgeht, ihre heiligen Gräber ungefähr so wie die Christen. Es fehlte auch nicht an Stimmen, die sich ablehnend gegen diese Herübernahme keltischer Heiligtümer verhielten. Der h. Martin war selbst in dieser Beziehung nach Sulpicius Severus vita B. M. 11 mifstrauisch gewesen. Er hatte den Geist des Begrabenen beschworen und dieser hatte ihm gestanden, er sei ein Räuber gewesen und wegen seiner Verbrechen getötet worden. Wenn ich diese Sage recht verstehe, so bedeutet sie, dafs ein Halbgott, seiner Natur nach verwandt mit dem göttlichen Räuber Mercur, dort seine Grabstätte hatte. Die Vorstellungen, welche der Erbauer der Kapelle und der Bischof Eufronius von christlichen Heiligen hatten, müssen stark von keltischen Sagen beeinflufst gewesen sein. Die Sprache, die sie zu hören glaubten, ist etwa die der saligen Fräulein in Tiroler Sagen. Die Zweizahl der Jungfrauen ist weniger oft belegt als die Dreizahl, aber doch namentlich insofern häufig, als sich unter einer Dreizahl von mythischen Schwestern fast immer eine böse befindet, so bei einer grofsen Zahl der von Panzer mitgeteilten Fälle. Die Erscheinungen rühmen sich, dafs sie der Gegend nichts böses gethan hätten, sie konnten also jedenfalls durch Wettermachen auch Schaden anstiften. Um Wettersegen wird auch die Landbevölkerung an dem Grabe bei Dijon gebetet haben. Wahrscheinlich befanden sich solche Gräber oft auf Höhen, die in gewissem Sinne die Witterung in der Umgegend beherrschten.

Ein Kranker, der nachts vor der Basilika des h. Julian in Brioude auf einem

Wagen liegt, sieht das Innere plötzlich hell erleuchtet und hört den Gesang vieler Menschen. Wie er eintreten will, verschwindet die Lichterscheinung, aber er fühlt sich geheilt (Jul. 42). Am Grabe des h. Stremonius, in der Basilika von Issoire (Puy-de-Dôme), sieht der Bischof Cautinus von Clermont († 571), dessen Kammer an die Kirche stiefs, ebenfalls helles Licht und eine Menge weifsgekleideter Kerzenträger und Sänger (Conf. 29). Als Bertchramnus († 585) Bischof von Bordeaux war, geschah es durch Versehen, dafs eine alte Frau, welche die Lichter der Basilika des h. Petrus anzuzünden hatte, in der Krypta eingeschlossen wurde: vidit circa medium fere noctis, patefactis ostiis, omnem basilicam inmenso lumine effulgere. Et ecce chorus psallentium, qui ingressus basilicam! Postquam, dicta Gloria Trinitati, psallentii modolatio conquievit, audivit viros conquerentes inter se atque dicentes: Moram nobis sanctus levita facit Stephanus. Iam enim alias debebamus adire basilicas et non possumus, nisi ille prius qui praestolatur adveniat. Haec enim crebre repetentibus, advenit vir subito in veste alba, cujus personam omnis illa multitudo salutavit humiliter, dicens: Benedic nobis, sacer ac sanctae levita Stephane. At ille iterum salutans, data oratione, interrogatus ab eis, cur a visitatione locorum sanctorum paululum retardasset, respondit: Navis enim in mari periculum dimersionis incurrerat, ibique invocatus adsteti, erutamque, ecce adsum! Et ut ipsi probetis esse vera quae loquor, vestimentum, quod indutus sum, adhuc guttis stillantibus marinis, fluctibus cernitur umectatum". Diese Tropfen nimmt die Frau später sorgsam mit einem Tuche auf, welches sie dem Bischof giebt. Von diesem hatte Gregor die Sache gehört (Martyrum 33). Einen anderen Charakter trug eine nächtliche Scene in der Kirche von Voultegon (Deux-Sèvres). Zwei Knaben glauben nachts die Kirchenglocken zu hören; sie stehen auf und begeben sich dorthin. Cumque in atrium eclesiae pervenissent, inveniunt ibidem choros mulierum canentium. Exterritique valde, cognoscentes catervam esse daemoniorum, dum ad terram corruunt, nec se signo salutare praemuniunt, unus lumine, alius et lumine et gressu multatur (Martini II 45). In Autun befand sich ein Kirchhof neben der Basilika des h. Stephan. Zwei nächtliche Beter hörten in dieser Kirche ebenfalls Gesang und sahen übernatürliches Licht. Einer der Sänger naht sich ihnen und sagt: Execrabilem rem fecistis, ut nobis arcana orationum Deo reddentibus adesse praesumeretis. Discedite ergo alioquin ab hoc mundo migrabitis. Ex quibus unus discedens abiit, alter vero, qui in loco remansit, post [non] multos dies a saeculo conmigravit (Conf. 72).

Gregor hatte von Clermont einige kleine Reliquien, Fasern von einer Grabdecke, nach Tours gebracht und sie in einer Kirche niedergelegt: Referebat autem mihi vir fidelis, cum nos basilicam sumus ingressi, vidisse se pharum inmensi luminis e caelo dilapsam super beatam basilicam discendisse, et deinceps quasi intro ingressa fuisset (Jul. 34). Fremde hatten Reliquien vorläufig für eine Nacht auf dem Altare von Saint Martin in Tours niedergelegt, über ihnen sah der Abt Brachio um Mitternacht gleichfalls eine Feuerkugel emporsteigen (Patrum XII 3). Als Gregor Reliquien des h. Martin in seine Hauskapelle brachte, durchfuhr ein furchtbarer Blitz den ganzen Raum (Conf. 20). Er erinnert dabei an jene Feuerkugel, die sich einst über dem Haupte des h. Martin als er am Altare stand, erhoben hatte (Severi Dial. II 2). Ganz klar wird die Bedeutung dieser Kugel durch die Erscheinung, welche dem Bischof Trojanus von Saintes zu teil wurde. Als dieser nachts in Begleitung eines Subdiakons die heiligen Stätten der Umgegend besuchte, erschien ihm ein globus magnus luminis quasi de caelo descendens. Cognita autem vir Dei re, ait comiti: Ne sequaris penitus, donec ego te vocem. . . Adpropinquante vero lumine, cucurrit sacerdos ad occursum ejus, et usque ad terram se humilians, ait: Benedic, quaeso, mihi beate pontifex. Cui ille qui advenerat ait: Tu mihi benedic, sacerdos Dei Trojane. Et dato sibi osculo, facta oratione, locuti sunt diutissime simul. Subdiaconus vero attonitus spectans vidit, lumen qui apparuerat eadem qua venerat via reverti. Dem Subdiacon sagt Trojanus auf seine Frage: Dico tibi, sed tu nemini dixeris. Nam scito, ut, in quacumque die haec publicaveris, ab hoc mundo migrabis. Sanctum, inquid, Martinum Turonicum vidi, et ipse locutus est mihi. Cave ergo, ne cui vulgare audeas arcana Dei. An seinem Todestage erst erzählt der Subdiacon zu Ehren des h. Trojanus das Erlebte (Conf. 58). Pelagia, die Mutter des Abtes Aridius, starb am 26. August 586. Vier Tage später wurde sie beigesetzt. In der folgenden Nacht (30. August) erschien in der Luft eine solche Feuerkugel, welche durch den ganzen Himmel ziehend über der Kirche stehen blieb (Conf. 102). Vgl. Geschichte der Franken VIII 42, Fredegar IV 6.

In der Kirche zu Marsat (Puy-de-Dôme) glaubte Gregor selbst eine nächtliche Schar zu überraschen, aber bei seinem Eintritt zeigte sich nichts ungewöhnliches (Martyr. 8). Die Bildung der Sage von dem ohne Öl und Docht brennenden Lichte in der indischen Klosterkirche, wo der Apostel Thomas zuerst begraben war, scheint sich auf gleicher Grundlage vollzogen zu haben (ib. 31), ebenso die Legende von der leuchtenden Krypta in Lyon mit den Gräbern dreier Märtyrer (49). Biblischen Ursprungs sind wohl die Legenden von den wunderbaren Ölvermehrungen in den Lampen vor den Gräbern der Heiligen, von dem Glanze, der die nächtlichen Erscheinungen derselben begleitet, von dem himmlischen Feuer, welches eine Kerze entzündet, von dem Gebete, das als Flamme emporsteigt. Hieran schliefse ich noch einige wunderbare Lichterscheinungen etwas anderer Art.

Als Nantes von den Barbaren belagert wurde (vor 511), erschienen Nachts die hh. Rogatianus und Donatius an der Spitze eines Zuges weifsgekleideter Männer mit Kerzen und zogen aus ihrer Basilika einem anderen Zuge gleicher Art entgegen, der aus der Basilika des h. Similinus auszog. Sie begrüfsten sich und gingen wieder nach der bezüglichen Kirche zurück. Als der Führer der Feinde, Chillo, das beobachtet hatte, wurde er sofort Christ (Martyrum 59). Eine ähnliche Sache wird Martyrum 12 erzählt, nur dafs es da einigermafsen unklar bleibt, ob der Zug, der auf der Mauer einherzieht, überirdischer Natur ist. Die belagerte Stadt ist Bazas, der Belagerer König Geiserich. Es fanden auch wirkliche Züge auf der Stadtmauer unter Anführung des Bischofs statt, der letzte scheint aber übernatürlicher Art zu sein. Dafs die Schutzgötter, Schutzengel und Heiligen der Stadt an der Verteidigung teilnehmen, ist eine Anschauung die sich im Altertum wie in christlicher Zeit findet. Mounier widmet dieser Auseinandersetzung ein längeres Kapitel (S. 15ff.), die angeführten Beispiele beziehen sich aber zum grofsen Teil auf die Schutzpatrone einzelner. Am zutreffendsten ist das, was er nach Grimm über die Belagerung von Salzwedel mitteilt: On avait vu de ces créatures célestes allant et venant sur les remparts, interceptant les coups du catapulte, détournant les projectiles, et dirigeant eux-mêmes la défense.

Vom h. Partianus in der Auvergne sagt Gregor: Nec hoc praeterire volui, quod eum diabolus diversis machinis conatus inludere, cum videret se nihil ei posse nocere, visibilibus illum proeliis est adgressus. Nam nocte quadam ... vidit cellulam suam quasi incendio concremari; exsurgensque perterritus, ostium petiit. Quem cum reserare nequiret, in oratione prosternitur, ac signum salutare coram se et circa se faciens, protinus phantasia flammarum quae apparuerat evanuit, cognovitque, haec diaboli fuisse fallatiam (Patrum V 3). Das wurde gleichzeitig dem Protasius offenbart, der seinem Mitbruder einen Mönch schickte mit der Ermahnung standhaft zu bleiben. Die Trugbilder, welche durch ein Flammenmeer schrecken, finden sich in der keltischen Sage, besonders im Lancelot, und später bei den Italienern bis Tasso, häufig. Wenn das visibilibus illum proeliis est adgressus auf Sagen von körperlichen Kämpfen beruht, so finden sich entsprechende Beispiele auch in Tirol (v. Alpenburg 170). Ein Schlüsseldreher wirft einen bösen Geist, der ihm in Tiergestalt erscheint, weit von sich.

Dafs Lichterscheinungen Seelen verkörpern, ist eine auf dem ganzen Gebiete der Sage bestätigte Bemerkung. Les paysans font le signe de la croix, lorsqu'ils aperçoivent ces météores connus sons le nom d'étoiles qui filent, parce qu'ils pensent que cest l'âme d'un petit enfant non baptisé. Si, lorsqu'ils marchent de nuit, ces paysans remarquent des feux follets, ils croient que c'est une âme en peine dans l'autre monde (De Nore 160). Ähnlich erscheinen die Feen der Bretonen: Ce sont de belles femmes, et si lumineuses que ceux qui les ont vues les comparent à des lanternes (208). Lorsqu'on voit tomber un météore, connu sous le nom d'étoile qui file, c'est que quelqu'un meurt au même instant, et que son âme monte au ciel (267). Vgl. Monnier 160 c. XXXIX les étoiles filantes; v. Alpenburg 151 ff., die Feuerpütze, und oft; Mannhardt F. W. K. I 41, 51. Ein Beispiel einer Totenversammlung in einer hell erleuchteten Kirche (in Kronach) bei Panzer II 109. Im Schlosse Braghiero im Thale von Nonsberg in Tirol wird nachts im hellen Saale „die wilde unheimliche Hochzeit" gefeiert (Zingerle, Sagen aus Tirol 251). In der Burg Völtenberg zwischen Götzens und Axam im Selrainthal unweit Innsbruck, erscheinen zu gewissen Zeiten um Mitternacht in den Ruinen die alten Besitzer der Burg, Herren und Ritter, Damen in Schleppkleidern mit Dienerschaft, alle uraltmodisch aufgeputzt, aber Totenschädel statt der Köpfe auf dem Hals, steigen die Treppen auf und ab (v. Alp. 206.). Im Schlofs Vorst bei Meran sieht man um Mitternacht „blaue Lichter flimmern blafs und fahl" und hört die Totenvesper, „Geister loben ihren Gott und Herrn" (Zingerle 174).

Wissenschaftliche Beilage zum Jahresbericht des Humboldt-Gymnasiums zu Berlin. Ostern 1903.

Die babylonischen Bufspsalmen und das Alte Testament.

Von

Johannes Bahr,
Oberlehrer.

BERLIN
Weidmannsche Buchhandlung.
1903.

1903. Programm Nr. 61.

Einleitung.

Die durch den assyrischen König Assurbanipal im 7. Jahrhundert v. Chr. veranstaltete Sammlung der gesamten babylonischen Literatur ist uns zum Teil in den Ruinen der beiden Königspaläste zu Kujundschik, die Lagard und Hormuzd Rassam in der Mitte des vorigen Jahrhunderts aufdeckten, erhalten. Von den gefundenen Beschwörungs- und Zauberformeln, Götterhymnen, epischen Gedichten, astronomischen Texten, historischen Inschriften und chronologischen Listen verdanken die sogenannten Bufspsalmen diese Bezeichnung ihrer oberflächlichen Ähnlichkeit mit den biblischen; bei den Babyloniern hiefsen sie „Klagelieder zur Herzensberuhigung“. Sie fanden im Kultus Verwendung und scheinen zum Teil nur diesem Zwecke gedient zu haben. Darum sucht man wohl nicht mit Unrecht die Dichter derselben in den Kreisen der Priester. Höchst wahrscheinlich sind sie im III. Jahrtausend v. Chr. gedichtet, wenigstens deutet ps. V[1]) auf die Unterdrückung Babylons durch Elam (2300 v. Chr.) hin. Ihre poetische Form ist der sogenannte Parallelismus membrorum, d. h. der Gleichlauf der Sätze, den sie mit den biblischen gemein haben.

Psalm I. (Anfang abgebrochen.)[2])

1. Niederwerfen des Antlitzes	der beseelten Creatur.
2. Ich, dein Knecht,	voll Seufzens rufe ich zu dir.
3. Wer sündhaft ist,	dessen inbrünstiges Flehen nimmst du an.
4. Blickst du einen Menschen an,	so lebt dieser Mensch.
5. Machthaberin über alles,	Herrin der Menschheit!
6. Barmherzige, der sich zuzuwenden	gut ist, die annimmt das Seufzen!

Priester.

7. Während sein Gott und seine Göttin	ihm zürnen, ruft er dich an.
8. Dein Antlitz wende ihm zu,	ergreif seine Hand!

---

[1]) Ich zitiere die babylonischen Bufspsalmen mit römischen und die biblischen Psalmen mit arabischen Ziffern.

[2]) Diese Übersetzung der Bufspsalmen hat Zimmern in seinem Kommentar zu denselben (1885) gegeben.

Büßer.

9.	Außer dir gibt es ja	keine rechtleitende Gottheit.
10.	Treulich blick auf mich,	nimm an mein Seufzen!
11.	Sprich[1]): Wie so lange ich?	und dein Gemüt besänftige sich!
12.	Bis wann, meine Herrin,	möchte sich zuwenden dein Antlitz?
13.	Gleich Tauben klage ich,	von Seufzen sättige ich mich.

Priester.

14.	Vor Weh und Ach	ist voll Seufzen sein Gemüt.
15.	Tränen vergießt er,	in Klagerufe bricht er aus.

(Schluß abgebrochen.)

Psalm II. (Anfang abgebrochen.)

1.	Vollführerin der Gebote Bels	. . . .
2.	Der spitze Dolch	. . . .
3.	Gebärerin der Götter,	Vollführerin der Gebote Bels,
4.	Die du emporsprießen lässest	das junge Grün, Herrin der Menschheit,
5.	Schöpferin von allem,	Lenkerin aller Geburt,
6.	Mutter Istar, deren Macht	kein Gott nahekommt,
7.	Herrin, hoch erhaben,	von übermächtigem Gebot!
8.	Ein Gebet will ich sprechen;	was ihr wohlgefällt, möge sie mit mir tun.
9.	O meine Herrin, seit den Tagen	meiner Kindheit bin ich gar sehr an Unglück gebunden!
10.	Speise habe ich nicht gegessen,	Weinen war meine Labung;
11.	Wasser habe ich nicht getrunken,	Tränen waren mein Getränk.
12.	Mein Herz ist nimmer fröhlich,	mein Gemüt nimmer heiter geworden.
13.	. . . .	herrschergleich wandle ich nicht dahin.
14.	. . . .	schmerzlich wehklage ich.
15.	Meiner Sünden (?) sind viel,	schmerzvoll ist mein Gemüt.
16.	O meine Herrin, lehre mich erkennen	mein Tun, schaffe mir eine Ruhestätte!
17.	Meine Sünde mache rein (?),	richte empor mein Antlitz!
18.	Mein Gott, der Herr des Gebets,	möge mein Gebet dir verkünden!
19.	Meine Göttin, die Herrin des Flehens,	„ „ Flehen „ „
20.	Der Gott der Sturmflut, der Herr von Charsaga,	„ „ Gebet „ „
21.	Die Gnadenreiche, die Herrin des Gefildes,	„ „ Flehen „ „
22.	Der Herr des Himmels und der Erden, der Herr von Eridu,	„ „ Gebet „ „
23.	Die Mutter der großen (Wasser)-wohnung Damkina,	„ „ Flehen „ „

[1]) Hommel übersetzt: „Ach daß ich doch endlich (scil. Ruhe fände)!“ sprich, . . .

24. Merodach, der Herr von Babel, — möge mein Gebet dir verkünden!
25. Seine Gemahlin, der erhabene Sprofs(?) Himmels und der Erde, — „ „ Flehen „ „
26. Der erhabene Diener, der Gott, der den guten Namen kündet, — „ „ Gebet „ „
27. Die Bräutliche, die Erstgeborene des Gottes . ., — „ „ Flehen „ „
28. Die Herrin, welche die feindliche Rede im Zaume hält(?), — „ „ Gebet „ „
29. Die erhabene, die grofse, meine Herrin, die Göttin Nana, — „ „ Flehen „ „
30. Dein Auge richte gnädig auf mich! — möge sie zu dir sagen.
31. Dein Antlitz wende gnädig mir zu! — „ „ „ „ „
32. Dein Herz beruhige sich! — „ „ „ „ „
33. Dein Gemüt besänftige sich! — „ „ „ „ „
34. Dein Herz, wie das Herz einer Mutter, — die geboren, erheitere es sich;
35. Wie einer Mutter, die geboren, eines Vaters, — der gezeugt, erheitere es sich.

Psalm III. (Anfang abgebrochen.)

1. . . . . — erhebt er Wehklage zu dir.
2. . . . . — erhebt er Wehklage zu dir.
3. Ob seines Angesichtes, das er vor Tränen nicht erhebt, — „ „ „ „ „
4. Ob seiner Füfse, an welche Fesseln gelegt sind, — „ „ „ „ „
5. Ob seiner Hand, welche vor Schlaffheit erschöpft ist, — „ „ „ „ „
6. Ob seiner Brust, welche wie ein . . . Schreie[1]) . . ., — „ „ „ „ „

Büfser.

7. O Herrin, in Herzensbedrängnis richte ich Rufe bedrängt zu dir, — sprich: Wie so lange ich?
8. O Herrin, deinem Knecht — Gnade verkünde ihm, — dein Herz beruhige sich!
9. Deinem Knechte, welcher Leid empfindet, — Erbarmen gewähre ihm!
10. Dein Angesicht wende ihm zu, — nimm an sein Flehen!
11. Deinem Knecht, welchem du zürnst, — wende dich ihm zu!
12. O Herrin, meine Hände sind gebunden, — ich . . . dich!

---

[1]) Hommel übersetzt: Ob seiner Brust, welche wie eine Flöte Klagetöne hervorbringt.

13.	Vor dem tapferen Helden Samas, deinem geliebten Gemahl, vertritt mich(?),	auf dafs ich ein Leben ferner Tage vor dir wandeln möge!
14.	Mein Gott bricht vor dir in Wehklagen aus,	dein Herz beruhige sich!
15.	Meine Göttin spricht zu dir Gebete,	dein Gemüt besänftige sich!
16.	Der tapfere Held, Gott Anu, dein geliebter Gemahl,	möge mein Gebet dir verkünden!
17.	..... der Gott der Rechtleitung,	„ „ Flehen „ „
18.	..... dein erhabener Diener,	„ „ Gebet „ „
19.	..... der Machthaber von E-babara,	„ „ Flehen „ „
20.	Dein Auge richte treulich auf mich!	möge er zu dir sprechen.
21.	Dein Antlitz wende treulich mir zu!	„ „ „ „ „
22.	Dein Herz beruhige sich!	„ „ „ „ „
23.	Dein Gemüt besänftige sich!	„ „ „ „ „
24.	Dein Herz, wie das Herz einer Mutter, die geboren,	erheitere es sich;
25.	Wie eine Mutter, die geboren, wie ein Vater, der ein Kind gezeugt,	„ „ „ !

Bufspsalm an .... Anunit.

(An Istar-Anunit von Sippar gerichtet.)

Psalm IV.

1.	Dafs meiner Herren Herzens Zorn	sich besänftigte!
2.	Dafs der mir unbekannte Gott	„ „
3.	Die mir unbekannte Göttin	„ „
4.	Bekannter und unbekannter Gott	„ „
5.	Bekannte und unbekannte Göttin	„ „
6.	Dafs meines Gottes Herz	„ „
7.	Dafs meiner Göttin Herz	„ „
8.	Bekannter und unbekannter Gott und Göttin	„ besänftigten!
9.	Der Gott, welcher mir zürnte,	möge sich besänftigen,
10.	Die Göttin, welche mir zürnte,	„ „ „ !
11.	Die Sünde, die ich begangen,	kenne ich nicht.
12.	Die Missetat, „ „ „	„ „ „
13.	Einen gnädigen Namen	möge mein Gott nennen!
14.	„ „ „	„ meine Göttin „
15.	„ „ „	„ bekannter und unbekannter Gott nennen!
16.	„ „ „	„ bekannte und unbekannte Göttin „
17.	Reine Speise	habe ich nicht gegessen,
18.	Klares Wasser	„ „ „ getrunken.

19. Das Leid von meinem Gott, — unvermerkt ward es meine Speise,
20. Das Ungemach von meiner Göttin, — „ trat es mich nieder.
21. O Herr, meiner Sünden sind viel, — grofs sind meine Missetaten!
22. Mein Gott, „ „ „ „ — „ „ „ „
23. Meine Göttin, meiner Sünden sind viel, — „ „ „ „
24. Bekannter, unbekannter Gott, meiner Sünden sind viel, — „ „ „ „
25. Bekannte, unbekannte Göttin, meiner Sünden sind viel, — „ „ „ „
26. Die Sünde, die ich getan, — kenne ich nicht;
27. Die Missetat, die ich begangen, — „ „ „
28. Das Leid, das meine Speise ward, — nicht weifs ichs, wie?
29. Das Ungemach, das mich niedertrat, — „ „ „ „
30. Der Herr hat im Zorn seines Herzens — mich angeblickt,
31. Der Gott hat im Grimm seines Herzens — mich heimgesucht,
32. Die Göttin hat wider mich gezürnt — und in Schmerz mich gebracht.
33. Bekannter und unbekannter Gott — hat mich bedrängt,
34. Bekannte und unbekannte Göttin — hat mich in Leid gebracht.
35. Ich suchte nach Hilfe, — aber niemand fafste mich bei meiner Hand;
36. Ich weinte, — aber niemand kam an meine Seite;
37. Ich rufe laut, — aber niemand hört auf mich.
38. Leidvoll liege ich am Boden, — blicke nicht auf.
39. Zu meinem barmherzigen Gott wende ich mich, — laut seufze ich;
40. Die Füfse meiner Göttin küsse ich — und . . . . . .
41. Zu bekanntem und unbekanntem Gott — seufze ich laut,
42. Zu bekannter und unbekannter Göttin — „ „ „ .
43. O Herr, blick auf mich, — nimm an mein Flehen!
44. O Göttin, blick auf mich, — „ „ „ „
45. Bekannter und unbekannter Gott, — . . . .
46. Bekannte und unbekannte Göttin, — . . . .
47. Bis wann, mein Gott, — . . . .
48. Bis wann, meine Göttin, — möchte dein Antlitz sich zuwenden(?)?
49. Bis wann, bekannter und unbekannter Gott, — möchte der Zorn deines Herzens . . . .
50. Bis wann, bekannte und unbekannte Göttin, — möchte dein feindliches Herz sich besänftigen?
51. Die Menschheit ist verkehrt — und hat kein Einsehen;
52. Die Menschen, so viele einen Namen nennen, — was verstünde ihrer einer?
53. Mögen sie Gutes oder Böses tun, — kein Einsehen haben sie.
54. O Herr, deinen Knecht, — stürze ihn nicht!
55. In die Wasser der Hochflut geworfen, — fasse ihn bei der Hand!

56. Die Sünde, die ich begangen, verwandle in Gnade!
57. Die Missetat, die ich verübt, entführe der Wind!
58. Reifs entzwei meine Schlechtigkeiten wie ein Gewand!
59. Mein Gott, meiner Sünden sind 7 mal 7, vergieb meine Sünden!
60. Meine Göttin, „ „ „ „ „ „ „ „ „
61. Bekannter und unbekannter Gott, meiner Sünden sind 7 mal 7, „ „ „
62. Bekannte und unbekannte Göttin, meiner Sünden sind 7 mal 7, „ „ „
63. Vergieb meine Sünden, so will ich in Demut vor dir mich beugen!
64. Dein Herz, wie das Herz einer Mutter, die geboren, erheitere es sich;
65. Wie eine Mutter, die geboren, wie ein Vater, der ein Kind gezeugt, „ „ „ !

Bufspsalm von 65 Zeilen, Tafel für jedweden Gott.
Sein Wort verkündet meinen Frieden.
Gemäfs dem Original abgeschrieben und durchgesehen.
Palast Assurbanipals, Königs der Gesamtheit, Königs von Assyrien.

Psalm V. (Anfang abgebrochen.)

1. [1])Bis wann, meine Herrin, soll der gewaltige Feind dein Land aufreiben?
2. In deiner erlauchten Stadt Erech ist Verschmachtung ausgebrochen.
3. In E-ulbar, dem Hause deines Orakels, wird Blut wie Wasser vergossen.
4. In allen deinen Landen hat er Feuer angelegt, über sie hingegossen wie Weihrauch(?).
5. O meine Herrin, gar sehr bin ich an Unglück gebunden!
6. Meine Herrin, du hast mich umringt, in Schmerzen hast du mich gebracht!
7. Der mächtige Feind, wie ein einziges Rohr hat er mich niedergetreten(?).
8. Einsicht vermag ich nicht zu gewinnen, ich selbst bin ratlos.
9. Gleich einem Felde traure ich Nacht und Tag.
10. Ich, dein Knecht, beuge mich vor dir.
11. Dein Herz beruhige sich, dein Gemüt besänftige sich!
12. .... Wehklage, dein Herz beruhige sich!
13. .... „ „ „ „
14. .... dein Antlitz wende zu(?)!

(Schlufs abgebrochen.)

---

[1]) Gebet an die Göttin Istar.

Psalm VI. (Anfang abgebrochen.)

1.	Der rauben läfst	der verdüstert ....
2.	..... ruhen	sein Herz will sich beruhigen(?),
3.	Sein reines Herz, sein glänzendes Herz,	sein strahlendes (?) Herz.
4.	O Herr, dessen Herz oben	sich nicht beruhigt,
5.	O Herr, dessen Herz unten	„ „ „
6.	Oben und unten	„ „ „
7.	Der mich niedergebeugt,	zunichte gemacht hat,
8.	Der in meine Hand	Verstörung(?) gelegt hat,
9.	Meinem Leibe	.... bereitet hat,
10.	Meine Augensterne	mit Tränen gefüllt hat,
11.	Mein Herz mit Niedergeschlagenheit,	Seufzen erfüllt hat!
12.	Sein reines Herz will ich beruhigen,	mein Gebet zu ihm sprechen.
13.	Sein Herz, durch Besänftigung	beruhige es sich.
14.	Das Herz seiner Majestät, durch Besänftigung	„ „ „
15.	Herz, wende dich, wende dich!	soll zu ihm gesagt werden,
16.	Herz, ruhe, ruhe!	„ „ „ „ „ .

Priester.

17.	Für sein Herz begehrt zu Grofses,	wer sich selbst Recht verschaffen will(?).
18.	Um sein Herz zu besänftigen,	mögen die Geister der Erde im Gebet hintreten!
19.	Die Geister der Erde, welche die Verstörung Anus anrichten,	mögen im Gebet hintreten(?)!
20.	Sein Gott trägt Wehklage empor.	Sein Gebet möge er dir verkünden!
21.	Wenn er in zornstillende Wehklage ausbricht,	möge dein Herz sich beruhigen!

(Büfser.)

22.	Der Herr, der grofse Machthaber, der Gott Adar,	möge mein Gebet dir verkünden!
23.	Die Bittflehende, die Herrin von Nippur,	„ „ Flehen „ „
24.	Der Herr des Himmels und der Erden, der Herr von Eridu,	„ „ Gebet „ „
25.	Die Mutter der grofsen (Wasser)wohnung, die Göttin Damkina,	„ „ Flehen „ „
26.	Merodach, der Herr von Babel,	„ „ Gebet „ „
27.	Seine Gemahlin, der erhabene Sprofs(?) Himmels und der Erden,	„ „ Flehen „ „
28.	Der erhabene Diener, der Gott der den guten Namen nennt,	„ „ Gebet „ „

29.	Die Bräutliche, die Erstgeborene des Gottes ....,	möge mein Flehen dir verkünden!
30.	Der Gott der Sturmflut, der Gott von Charsagn,	„ „ Gebet „ „
31.	Die Gnadenreiche, die Herrin des Gefildes,	„ „ Flehen „ „
32.	Dein Auge richte treulich auf mich!	möge er zu dir sprechen!
33.	Dein Antlitz wende treulich mir zu!	„ „ „ „ „
34.	Dein Herz beruhige sich!	„ „ „ „ „
35.	Dein Herz besänftige sich!	„ „ „ „ „
36.	Dein Herz, wie das Herz einer Mutter, die geboren,	erheitere es sich;
37.	Wie eine Mutter, die geboren, wie ein Vater, der ein Kind gezeugt,	„ „ „ .

Bufspsalm, 45 Zeilen an Zahl, Tafel des Gottes Bel.
Gemäfs dem Original abgeschrieben und durchgesehen.

Psalm VII.

Priester.

1.	Unter Seufzen	sitzt er da,
2.	Unter schmerzlichem Schreien,	in Herzensbedrängnis,
3.	Unter bitterem Weinen,	unter bitterem Seufzen.
4.	Gleich Tauben klagt er	heftig Tag und Nacht,
5	Zu seinem barmherzigen Gotte	schreit er gleich einer Wildkuh.
6.	Schmerzliche Wehklage	stellt er an.
7.	Vor seinem Gott unter Seufzen	wirft er sein Antlitz nieder.
8.	Er weint, dafs er sich nahe,	nichts hält ihn zurück.

(Büfser.)

9.	Mein Tun will ich dir sagen,	mein Tun, das doch unsagbar ist;
10.	Mein Reden will ich dir erzählen,	mein Reden, das doch unerzählbar ist;
11.	Mein Gott, mein Tun will ich dir sagen,	mein Tun, das doch unsagbar ist!

(Schlufs abgebrochen.)

Psalm VIII. (Anfang abgebrochen.)

(Priester.)

1.	Durchbrich seine Kette,	löse seine Fessel!
2.	Öffne seine Bande,	seiner Gebundenheit ....
3.	....	seine Besonnenheit(?) ....
4.	.... haben ihn erfüllt(?)	mit Wehklage und ....
5.	Krankheit, Seuche(?),	Ungemach(?), Fieber(?)

6. Haben ihn aufgerieben, schwach ist sein Seufzen;
7. Hinschlachtung(?), Ungemach, Schrecken, Druck
8. Haben ihn zu Falle gebracht, haben verstummen lassen seine Wehklage.
9. Gesündigt hat er, schmerzvoll weint er jetzt vor dir,
10. Sein Gemüt ist umnachtet, zitternd steht er vor dir.
11. Ergriffen ist er, einen Tränenstrom läfst er gleich einer Regenwolke hervorquellen,
12. Überwältigt ist er, und ....
13. Gleich einem Strandläufer prefst er Schreie hervor.
14. Seine Ergebung spricht er aus unter Seufzen.
15. Was hat gesonnen, geplant meines Herrn Knecht?
16. Offenbaren möge sein Mund, was ich nicht weifs!

Büfser.

17. Viel sind meiner Sünden, die ich gesündigt allesamt.
18. Dieser Bann(?) möge weichen, hinausgehen in die Einöde!
19. Viel sind meiner Sünden, die ich gesündigt allesamt.
20. Dieser Bann(?) möge weichen, hinausgehen in die Einöde!

Priester.

21. .... Grimm die Decke(?) seines Mundes und seiner Füfse
22. Hat er ihm genommen, den Schatz(?) seines Antlitzes ihm entführt, niedergebeugt liegt er am Boden(?).
23. Angesichts deines Grimmes sind gebunden seine Hände,
24. Wird er dich lösen? das zu wissen, vermag er nicht.
25. Er spricht zu dir unter Seufzen.
26. Das Geheifs des Gotte Ea möge dein Herz besänftigen,
27. Sein inbrünstiges Flehen möge oben dich gnädig stimmen!
28. Seufzen oder Gnade, bis wann noch? soll er zu dir sprechen!
29. Sieh doch an sein leidvolles Ergehen!
30. Es möge ruhen dein Herz und gewähre ihm Gnade!
31. Ergreif seine Hand, löse ihn von seiner Sünde!
32. Lafs weichen Siechtum(?) und Fieber(?) von ihm!
33. Durch dein festes Geheifs lafs doch von deinem gestürzten Knechte
34. Weichen deinen Grimm, in den Strom mit seiner Gallensucht!
35. Öffne seine Bande, löse seine Fessel!
36. Erleuchte sein Angesicht, befiehl ihn seinem Gotte, seinem Schöpfer!
37. Lafs leben seinen Knecht, auf dafs er preise deine Macht!
38. Vor deiner Gröfse mögen sich beugen alle Lande!
39. Nimm entgegen sein Geschenk, nimm an sein Lösegeld!
40. In dem Lande des Friedens möge er vor dir wandeln!
41. Mit triefendem Überflufs erfülle er dein Heiligtum!
42. In dein Haus werde seine Fülle niedergelegt!

43. Mit Fett lasse er deine Verschläge gleich Wassern überfluten,
44. Mit Fettigkeit in Fülle mache er triefend deine Schwelle!
45. Errichten(?) möge er dir . . . . . aus Cedernholz,
46. Vorzüglichen Opferduft, des Weizens(?) Fülle!
47. Blick doch, o Herr, auf deinen Knecht, der voll Seufzen ist;
48. Lafs wehen deinen Hauch, zur Freiheit(?) löse ihn!
49. Legen möge sich dein schwerer Grimm!
50. Löse seine Fessel, auf dafs er frei aufatme!
51. Öffne seine Bande, durchbrich seine Fessel!
52. . . . . öffne und sprich aus seine Entscheidung!
53. . . . . schone, schone seines Lebens!
54. . . . . öffne und sprich aus seine Entscheidung!
55. . . . . schone, schone seines Lebens!
56. Was hat geplant der Knecht, das Geschöpf deiner Hände?
57. Was hat er gesonnen, was ist sein Trotz(?)?
58. . . . . der Knecht fürchtet seinen Herrn.
59. . . . . Gotte, was könnte er hinzufügen?
60. . . . . seine Herrschaft entscheidet(?),
61. . . . . lösen . . . entscheidet;
62. . . . . seine Herrschaft entscheidet(?).

(Schlufs abgebrochen.)

Psalm IX. (Anfang verstümmelt.)

1. Mein Gott, der du mir zürnst, nimm entgegen mein Gebet!
2. Meine Göttin, die du mir grollst, nimm an mein Flehen!
3. Nimm an mein Flehen, beruhigen möge sich dein Gemüt!
4. Mein Herr, gnädig und barmherzig, ...
5. Der die Lebenszeit lenkt, dem Tode Einhalt tut, mein Gott, nimm entgegen mein Gebet!
6. Meine Göttin, blick auf mich und nimm an mein Flehen!
7. Vergeben werden mögen meine Sünden, getilgt werden meine Missetaten!
8. Der Bann auf mir werde gebrochen, die Kette gelöst!
9. Meine Seufzer mögen hinwegtragen die sieben Winde!
10. Entzweireifsen will ich meine Schlechtigkeit, der Vogel trage zum Himmel sie empor!
11. Meine Drangsal trage der Fisch hinweg, führe fort der Strom!
12. Abnehmen möge sie von mir das Getier des Feldes, rein waschen mögen mich die dahineilenden Wasser des Stromes!
13. Mache mich hell gleich dem Glanz(?) des Goldes,
14. Wie ein Ring(?) aus Diamant(?) möge ich vor dir kostbar sein!

15. Mache rein(?) meine Schlechtigkeit, errette meine Seele! Sicher ist deine Stätte(?), dein (Rettungs)-seil(?) ergreife ich.

16. Von meiner Schlechtigkeit lafs mich weichen, lafs mich bewahrt sein bei dir!

17. Sende mir und lafs mich schauen einen gnädigen Traum!

18. Der Traum, den ich schaue, sei gnädig, der Traum, den ich schaue, sei untrüglich,

19. Der Traum, den ich schaue, in Gnade wandle ihn!

20. Der Gott . . . . ., der Gott der Träume, stehe zu meinen Häupten!

21. Lafs mich eintreten in E-sagil, den Tempel der Götter, das Haus des Lebens!

22. Merodach, dem barmherzigen, zur Gnade in seine gnädigen Hände befiehl mich!

23. So will ich mich beugen vor deiner Gröfse, will preisen deine Gottheit;

24. Die Bewohner meiner Stadt mögen verherrlichen deine Macht!

(Schlufs abgebrochen.)

Der Schamanismus der Bufspsalmen.

Auf der Halbinsel Arabien steht die Wiege der semitischen Völker. Der kärgliche Bodenertrag und der geringe Gewinn an Lebensmitteln, der durch die Viehzucht erzielt wurde, zwangen zu verschiedenen Zeiten die Bewohner Arabiens zur Auswanderung. Wir wissen, dafs bis jetzt viermal die Arabien benachbarten Länder durch arabische Horden überschwemmt sind: im 4., 3., 2. Jahrtausend vor und 1. nach Chr. Geb. Ein Blick auf die Karte Vorderasiens zeigt, dafs das Gebiet des Euphrat und Tigris der Völkerflut Arabiens ohne ein natürliches Verteidigungsmittel gegenüberstand, während den ganzen Westen und Nordwesten das Meer oder Gebirge einigermafsen schützte. Eine Nachricht von den Kämpfen der Ureinwohner Babyloniens, der Sumerer, gegen die ersten semitischen Eindringlinge im 4. Jahrt. v. Chr. gibt keine Urkunde. Beim Beginn der historischen Zeit sehen wir die Semiten in unbeschränktem Besitz des Landes und vernehmen nichts von den Resten unterworfener Ureinwohner. Diese sind also von den Siegern, ähnlich wie später die Kanaaniter in Kanaan von den Juden, aufgesogen worden. Wir hätten auch keine Kunde von den Sumerern, wenn sie nicht den Siegern den Stempel ihrer Kultur, welche die höhere war, aufgedrückt hätten. Sprache und Schrift haben die Besiegten den Siegern überliefert; allerdings die Sprache nicht für den Volksgebrauch wie die Schrift, sondern nur für den Kultus als „Kirchensprache" wie das Latein im Mittelalter. Als dann später die Kenntnis des sumerischen Idioms schwand, gab man den sumerischen Texten zum allgemeineren Verständnis eine babylonische Übersetzung bei. Deshalb sind uns die meisten religiösen Texte in bilinguer Form erhalten.

Durch eine Vergleichung der sumerischen Sprache mit andern asiatischen ist Hommel zu dem Resultat gelangt, dafs die Sumerer zu der ostasiatischen Turkbevölkerung gehören und Verwandte der Tartaren, Mongolen, Finnen u. a. sind. Diesen Nachweis stützen Denkmäler aus der ältesten Zeit Babyloniens, z. B. die Statue des sumerischen

Priesterfürsten im Berliner Museum Der Kopf desselben zeigt genau den mongolischen Typus; er ist rund, oben glatt rasiert, das Kinn bartlos und die Backenknochen ein wenig vorstehend. Dasselbe beweist ferner ein Rest sumerischen Götterglaubens, der sich in der Religion der Babylonier findet, der Schamanismus. Denselben trifft man bei allen turanischen Völkern an, nie bei Semiten. Daraus kann man den berechtigten Schlufs ziehen, dafs die Semiten ihn von daher bezogen haben. Die Möglichkeit der Vererbung des Schamanismus von den Sumerern kann nur der leugnen, der wie Halevy die Sprache der Sumerer für eine Kunstsprache erklärt und damit die Existenz der Sumerer ganz in Abrede stellt. Es steht jetzt aber endgiltig fest, dafs die Annahme Halevys irrtümlich ist und dafs die sumerische Sprache keine Kunstsprache, sondern die Sprache der Ureinwohner Babyloniens gewesen ist. Da ist es nur allzu natürlich, dafs mit der Kultussprache zugleich auch der Kultus und Götterglaube der Sumerer auf die semitischen Sieger übergegangen ist!

Aus den uns erhaltenen Zaubertexten und Beschwörungsformeln der Sumerer können wir uns ein ungefähres Bild ihres Schamanismus machen. Sie glaubten wie noch heute ihre Rassegenossen an schädliche und wohltätige Geister[1]). Die bösen haben ihren Sitz in der Wüste, im Gebirge, im Meer oder in den Sümpfen. Sie verursachen alles, was dem Menschen schadet: Trockenheit, Überschwemmung, Mifswachs, Erdbeben; Pest, Fieber, Irrsinn; Unfruchtbarkeit der Gattin und Mifsgeburt. Sieben böse Geister treiben in der himmlischen Sphäre ihr Unwesen, daher die Finsternisse und der Neumond; andere sieben hausen im Erdinnern und schaden dem Menschen, wo und wie sie können. Kein Haus ist vor ihnen sicher. Sie dringen durch Türspalten und über das Tor hinweg; kein Riegel hindert sie am Öffnen der Tür. Im Hause selbst entzweien sie Gatten und Gattin, Vater und Sohn, Mutter und Tochter, Freund und Freund. Deshalb lebt der Mensch beständig in Furcht vor ihnen. Die Bannsprüche und Beschwörungsformeln dienen nun zum Teil dazu, die bösen Geister zu entfernen, zum Teil, sie fernzuhalten. Die Anwesenheit der bösen Geister erkennt man an dem Schaden, den sie verursachen; daher bespricht man z. B. den Kranken, d. h. den Besessenen. Hilft das nicht, so ruft man die guten Geister zur Hilfe, damit sie den Dämon vertreiben. Die beste Unterstützung verspricht sich der Gläubige durch die Anrufung des über den niederen Geistern stehenden Geistes des Himmels und Geistes der Erde, wobei man sich öfter des Silikmulu-khi als Mittelsperson bedient. Zur Fernhaltung der bösen Geister dienen auch Talismane in Gestalt derselben oder Idole an Türschwellen. Von Tempeln und Palästen scheuchen sie die Göttergestalten, die vor ihnen aufgestellt sind. Von dem Palast des Assurbanipal sollte sie eine Darstellung sich bekämpfender Ungetüme vertreiben[2]).

---

[1]) Diese sind mit den späteren Schutzgottheiten des Menschen (s. u.) verwandt und wohnen in seinem Innern oder stehen ihm zur Seite.

[2]) Vergl. hierzu 1) Tertullian Apologeticus cap. 23 f.

Hier mufs es genügen, ihr (nämlich der Dämonen) Wirken darzulegen. Dasselbe hat einzig das Verderben der Menschen zum Zweck. Von Anfang an arbeitete die Bosheit dieser Geister auf den Untergang der Menschen. Daher verursachen sie den Körpern Krankheiten und böse Zufälle aller Art, der Seele aber plötzliche und aufserordentliche, sie gewaltsam erschütternde Ausbrüche. Zustatten kommt ihnen bei diesen Angriffen auf Seele und Leib ihre Feinheit und Dünnheit. An sich unsichtbar und jeder Wahrnehmung entzogen, erscheinen diese Geister zwar nicht im Akt selber, aber im Effekt sind sie häufig

Reste des sumerischen Schamanismus zeigen sich in der babylonischen Religion, z. B. in den Bufspsalmen aus der Bibliothek des Assurbanipal, an den Stellen, wo ein Gott, um ein Unglück zu bannen, durch Anrufung anderer Götter, die dem Menschen als besondere Schutzgottheiten[1]) zur Seite stehen, sei es von einem Priester oder dem vom Unglück Betroffenen, beschworen wird (II, 18 ff., III, 13 ff., VI, 22 ff.). Dahin gehört auch, dafs im ps. VI, 18. 19 die Geister der Erde zur Unterstützung angerufen werden. Das ist ein Beweis dafür, dafs man im Lauf der Zeiten auch nach der Verschmelzung der sumerischen und semitischen Religion nicht vergessen hatte, dafs die Geister einander feindlich gesinnt sind. Ob die Praxis, in Träumen einen Hinweis auf die Zukunft zu sehen (ps. IX, 17 ff.), auf dieselbe Quelle zurückgeht, scheint mir deshalb zweifelhaft, weil sie sich auch da findet (in Ägypten), wo ein Einflufs von Seiten der Babylonier ausgeschlossen erscheint; aber sicherlich ist die Nekyomantie von den Sumerern ererbt und von hier aus weitergegeben. Der Tunguse traut auch heute noch seinem Schamanen die Kraft zu, die Geister der Verstorbenen auf die Oberwelt zu rufen und von ihm Weisungen für die Zukunft zu erhalten (cfr. I Sam. 28). Vielleicht hat auch der Glaube an Omina, die Eingeweideschau u. a. seinen Ursprung im Lande der Sumerer.

Die Götter der Bufspsalmen.

Mit dem Glauben an niedere Geister zog auch die Verehrung der oberen: des Geistes des Himmels und Geistes der Erde u. a. in den Kult der Babylonier ein. Der Geist des Himmels wurde als Anu[2]) in Uruk (Erech, Eryx?) verehrt. Vielleicht steckt

bemerkbar, wenn z. B. ein unerklärliches, in der Luft liegendes Übel die Baumentwicklung schädigt, und wenn die durch eine unbekannte Ursache verdorbene Luft ihren pestbringenden Hauch herabschüttet. Mit derselben Heimlichkeit der Ansteckung bewirkt die Anhauchung der Dämonen und Engel auch mancherlei Verderben des Geistes durch Raserei, Wahnsinn und häfsliche oder schreckliche Lüste mit verschiedenen Irrtümern, wovon der vornehmste jener ist, dafs sie den besessenen und gebundenen Menschenseelen jene Götter empfehlen. .... Jeder Geist ist beflügelt; so auch die Engel und Dämonen. Daher sind sie im Augenblick überall. Die ganze Welt ist für sie ein einziger Ort .... Da sie in der Luft wohnen, in der Nachbarschaft der Gestirne, und mit den Wolken in Verbindung stehen, können sie sofort wissen, was sich dort vorbereitet....

2) Cyprian ad Donatum cap. 5:

Im Christentum wird die Gabe verliehen, zur Heilung der Kranken .... umherschweifende Geister, die in den Menschen fahren, um von ihnen Besitz zu nehmen, durch Drohungen und Scheltworte zum Bekenntnis zu zwingen, durch harte Rede zum Ausfahren zu nötigen, sie unter Sträuben, Heulen, Seufzen über die Vergröfserung ihrer Pein auf die Folter zu spannen, mit Geifseln zu peitschen und mit Feuer zu brennen.

3) Cyprian ad Demetrium cap. 15:

O wenn du die Dämonen hören und in jenen Momenten sehen wolltest, wenn sie von uns beschworen, mit geistlichen Geifseln gequält und durch folternde Worte aus den besessenen Leibern ausgetrieben werden, wenn sie, mit menschlicher Stimme heulend und ächzend und durch göttliche Macht die Geifselhiebe und Schläge empfindend, das kommende Gericht bekennen müssen! (Übersetzt von Harnack.)

[1]) Aufser einem Schutzgott und einer Schutzgöttin kennt die babylonische Religion noch Haus- und Strafsengötter.

[2]) Anu, Bel und Ea gingen Anschar und Kischar und diesen wiederum Lachmu und Lachamu voraus (Kronos-Titan-Japetos: Uranos und Gäa).

sein Name in Anam-melech 2. reg. 17, 31 (Anu sumer. Ana: Anu ist König). Als weibliche Figur steht neben ihm Anatu, eine Doppelgängerin der Istar-Anunit. Anatu repräsentiert wie alle weiblichen Gottheiten ursprünglich nicht das weibliche Princip, sondern eine Seite des männlichen, also die unter dem Himmel (Anu) befindliche Tiefe, und ist als solche die Gebärerin des Erdgottes Ea, des Geistes der Erde. Ea ist der Gott der Wassertiefe und wohnt im Ozean. Seine Stadt ist Eridu (Abu Schareihn), seine Gemahlin Damkina und beider Sohn der genannte Fürsprecher Silik-mulu-khi babyl.-assyr. Marduk.

Anu-Enlil, der Herr der Geister, ist mit dem semitischen Gott Bel, Bil (hebr. Baal), dem Gott der Erdoberfläche, identifiziert. Seine Stadt heifst Nippur (Niffer)[1]. Bels Gemahlin ist Bilit (Beltis, Baaltis), ebenfalls eine Doppelgängerin der Istar. Oft wird Bel dem Stadtgott von Babel Marduk gleichgesetzt, z. B. Jes. 46, 1; Jer. 51, 44; Bel zu Babel 2 ff. Ursprünglich ist er der Herr des Himmels und wohl nur dem von den Sumerern übernommenen Gott des Himmels Anu gewichen, denn auch im semitischen Götterglauben wird unter dem Himmel die Gottheit vorgestellt. Als weitere Erscheinungsformen derselben sah man dann Sonne, Mond und Sterne an, aus deren Zahl sehr bald die ihnen bekannten fünf Planeten: Venus, Jupiter, Mars, Merkur und Saturn bevorzugt wurden, weil sie durch ihre Bewegung gleichsam den Willen der Gottheit anzeigten. Dieser Grundgedanke hat in Babylon die Astrologie gezeitigt und ist von da aus bis in die Neuzeit wirksam gewesen.

Der Mondgott Sin wird besonders in Ur (El-Mugheir) im Tempel E-sirgal gefeiert, während der Sonnengott Samas sum. Babbar zwei Tempel gleichen Namens E-babbara in Larsa (Senkereh) und Sippar hatte. Hier wurde auch seine Gemahlin Istar-Anunit verehrt[2].

Marduk (hebr. Merodach Jes. 39, 1; 2. reg. 20, 12) ist der Stadtgott von Babel (Hillah). Sein Gestirn ist der Planet Jupiter; sein Tempel E-sagil.

Nabu (Nebo), sein Sohn, ist Gott von Borsippa (Birs Nimrud), der Sprecher unter den Göttern. Sein Heiligtum heifst E-zida, sein Gestirn ist der Merkur. Die Göttin Taschmit (Erhörung) wird als seine Gemahlin genannt.

Nergal, der Sohn des Sonnengottes Samas, wird als Jagd-, Pest- oder Kriegsgott unter dem Bilde des Mars in Kuta (bei Tell Ibrahim) verehrt: verwandt mit ihm ist Ninib (Adar), der Herr der Stadt Nippur (Niffer), ein Sohn des Bel und der Bilit. Der Saturn ist sein Gestirn.

Istar sum. Nana (*Navaia* 2. Makk. 1, 13) hat einen doppelten Charakter und heifst als lebenschaffende Kraft und Göttin des Liebreizes Bilit (Mylitta), Aphrodite (Symbol: Venus als Abendstern) und als Kampf- und Jagdgöttin Anunit (Symbol: Venus als Morgenstern). Die Kultstätten der Istar-Nana befinden sich in Nippur und Erech (die Tempel heifsen hier E-ulbar und E-anna) und der Istar-Anunit in Sippar (Abu Habba), wo ihr Heiligtum auch E-ulbar genannt wird. Bald ist Istar die Tochter Anus

---

[1]) Seinen Tempel E-kur haben die Amerikaner in der letzten Zeit ausgegraben.

[2]) Die Rangstufen der Götter werden durch folgende Zahlen ausgedrückt: Anu = 60, Bel = 50, Ea = 40, Sin = 30, Samas = 20, Istar = 15, Nergal = 14 und Marduk = 11, wobei wohl Verwandte zusammengenommen sind.

und Anatus und dann Gemahlin des Samas, bald dessen Bruder, wenn Sin als ihr Vater genannt wird, bald ist sie auch die Gattin Bels und Marduks Schwester.

Von den oben angeführten neun Bufspsalmen sind die ersten drei und der fünfte an die Göttin Istar, ps. VI an Bel, ps. IX an einen Gott und eine Göttin, ebenso zweifellos Bel und Istar, und ps. IV an jedweden Gott gerichtet. Es leuchtet also ein, dafs der Gott Bel und ganz besonders die Göttin Istar in der babylonischen Religion eine Hauptrolle spielen. Im grofsen und ganzen richtet sich wohl überhaupt die Bedeutung eines Gottes nach der Bedeutung der Stadt, in der er verehrt wurde. So konnte es kommen, dafs zur Zeit, als Ur der Mittelpunkt des Landes war, der Mondgott Sin die andern Götter in den Schatten stellte. Solch eine allgemeine Verehrung eines Gottes ist manchmal monotheistisch gedeutet worden; das ist aber auf keinen Fall richtig. Darum kann auch Babel nicht als Wiege des Monotheismus angesehen werden. Viel besser ist dieses Verhältnis durch den Ausdruck Henotheismus oder Monolatrie gekennzeichnet; denn Monotheismus im eigentlichen Sinne schliefst die Möglichkeit und Anerkennung anderer Götter aus, während das gerade in Babylon nicht der Fall war. Als Monotheisten hätten die Babylonier die jeweiligen andern Götter des Landes verwerfen und verabscheuen müssen. Das haben sie aber nicht getan, sondern sie bevorzugten nur den Gott ihres Distrikts und erwarteten von ihm etwa aus Lokalpatriotismus die beste Hilfe. Das soll doch wohl auch nur durch den Schlufs der Inschrift auf der Nebostatue von Kalach bei Ninive ausgedrückt werden:

Mensch zukünftiger Zeiten, auf Nebo vertraue!
Auf einen andern Gott vertraue nicht!

Die Theologie der Bufspsalmen.

Gottheit und Welt. Mit dem gröfsten Nachdruck betont das Alte Testament das Dasein Gottes in aller Ewigkeit:

Ehe die Berge geboren und Erde und Erdkreis hervorgebracht wurden,
Warst du Gott von Ewigkeit her (ps. 90, 2),

und seine Unvergänglichkeit gegenüber der vergänglichen Welt:

Du hast vor Zeiten die Erde gegründet, und der Himmel ist deiner Hände Werk.
Sie werden vergehen, du aber bleibest:
Sie werden insgesamt wie ein Gewand zerfallen; wie ein Kleid wirst du sie wechseln,
und sie werden sich wandeln.
Du bist derselbe, und deine Jahre nehmen kein Ende (ps. 102, 26 f.).

Ganz anders die Bufspsalmen! Psalm II nennt Istar die „Gebärerin der Götter“, und die babylonische Kosmogenie berichtet uns eingehend, wie die Götter erschaffen sind. Als geschaffene Wesen unterscheiden sich die Götter Babylons nur dadurch von dem Menschen, dafs sie übermenschlich mächtig sind; sonst haben sie im Lauf der Zeit, wie das auch bei den klassischen Völkern eingetreten ist, menschliche Züge angenommen. Durch diese Personifikation hat die ursprüngliche Idee der Gottheit, die, wie schon oben gesagt war, in dem Himmel sinnbildlich vorgestellt wurde, gewaltig verloren. Die Götter sind damit göttliche Menschen geworden mit all den Mängeln, die der Menschheit anhaften. Sie bewegt ebenso wie die Menschen Hafs und Liebe, Neid und Streit; sie haben Geheimnisse voreinander, belügen und betrügen sich und sind der Unzucht mit der Leidenschaftlichkeit eines echten Orientalen ergeben. Ja, man kann sogar behaupten, dafs die Göttin Istar, wie aus dem Gilgamesch-Epos ersichtlich ist, unter das sittliche Niveau des Orients versinkt! Allerdings zeigt auch Jahve im Alten Testament anthropopathische Züge, aber selbstverständlich tun diese seinem erhabenen Bilde keinen Abbruch, ebensowenig wie die Erzählungen, in denen er anthropomorph erscheint. Jahve unterscheidet sich nicht nur dadurch von den Göttern Babylons, dafs er einer ist, sondern einzigartig in der Religionsgeschichte ethisch gedacht wird. Er ist das höchste ethische Ideal und verwirklicht es in seiner Person, die wiederum als solche auf die Menschheit ethisch wirkt. Wenn auch die Bufspsalmen, im Gegensatz zur übrigen Überlieferung, von einer Reinheit (VI, 3) der Gottheit sprechen, mit der Heiligkeit Jahves hält sie keinen Vergleich aus. Im ganzen Alten Testament steht keine Stelle, in der auch nur andeutungsweise Jahve als ethische Persönlichkeit gefährdet wäre. Vielmehr läfst die attributive Bedeutung Jahves — heilig (quadosch) — der Bedeutung des Stammworts nach erkennen, dafs Jahve stets als der gedacht wird, der über das Alltägliche, Gewöhnliche und Gemeine erhaben, der an sich vollkommen, sündlos und gut ist.

Dafs es in Babylon nie Monotheisten, sondern höchstens Henotheisten gegeben hat und dafs daher der Monotheismus des Alten Testaments nicht von dort nach Juda, wie manchmal behauptet wird, eingeführt ist, bedarf keines Nachweises, zumal da jetzt allseitig zugestanden wird, dafs der Name „Jahve" judäischen Ursprungs ist. Aber auch wenn das wirklich nicht der Fall sein sollte, so ist doch zwischen dem Namen und Wesen Jahves zu unterscheiden; es wäre also immer noch das Wesen des Monotheismus judäisch. Ebensowenig verdient die Hypothese Beachtung, die den alttestamentlichen Monotheismus aus der ursprünglichen Gottheitsidee der Semiten in der arabischen Urheimat unter Vermeidung der in Babylonien und anderswo vollzogenen Depravation abgeleitet sein läfst. Denn wäre das geschehen, so müfste sich doch sicherlich ein Rest dieser alten Gottheitsidee, auch wenn sie durch den Monotheismus überwunden wäre, in irgend einem Attribut des einzigen Gottes Jahve erhalten haben. Aber alle Bezeichnungen der Gottheit im Alten Testament (sie sind übrigens nichts weiter als Titel Jahves): El, Eloah, Elohim (Macht, Obmacht, Übermacht), Bel, Baal (Besitzer), Eljon (Höchster), El schaddaj (der Allmächtige), Jahve zebaoth (J. der Heerscharen) und Adonaj (mein Herr) lassen keine Beziehung auf den „Himmel" zu. Es folgt also daraus mit gröfster Gewifsheit, dafs der Monotheismus, wie auch die alttestamentliche Überlieferung will, ureigentümlicher Besitz des Volkes Israel von der Väter Zeit her ist und seinen Ursprung nicht etwa aus der „Reflexion", sondern wie Oettli (Der Kampf um Bibel und Babel S. 24) sagt, „aus der Erfahrung göttlicher Gerichts- und Rettungstaten, begleitet und beleuchtet von prophetischem Zeugnis," genommen hat. Geradezu unwissenschaftlich erscheint die Begründung des alttestamentlichen Monotheismus in Helmolts Weltgeschichte III. Bd. 1. Hälfte S. 40: „Dafs Jahve immer ausschliefslicher der alleinige Gott Judas wird, hat seinen sehr einfachen Grund darin, weil Juda so klein geworden war, dafs es für andere Götter keinen

Raum mehr besafs," besonders wenn man in Betracht zieht, dafs in Juda in der vorexilischen Zeit unausgesetzt fremde Götter und während der Regierung des Manasse sogar die Götter Assyriens von Staats wegen verehrt wurden.

Gleichmäfsig lehren die Bufspsalmen und das Alte Testament, dafs die Gottheit die Welt regiert und der Mensch in seinem Tun und Treiben von ihr abhängt. Den Beweis für diese Abhängigkeit liefert beiden die Schöpfung der Welt durch die Gottheit.

Es herrscht nun kein Streit darüber, dafs der babylonische und biblische Schöpfungsbericht aus einer Überlieferung geflossen ist, denn sonst wäre die Ähnlichkeit z. B. des 4. Tagewerks nicht erklärbar, wohl aber darüber, woher beide ihren Ursprung genommen haben. Ehe die El-Amarnabriefe gefunden waren, behaupteten die meisten Assyriologen, dafs das jüdische Volk während der babylonischen Gefangenschaft Gelegenheit genommen hätte, sich den Weltschöpfungsbericht der Babylonier anzueignen und monotheistisch umzugestalten. Dagegen wurden aber von Anfang an Bedenken laut. Die Kürze der Zeit und die Abneigung des jüdischen Volkes gegen heidnisches Wesen und heidnische Theologumena liefsen diese Hypothese unwahrscheinlich erscheinen. Mit um so gröfserer Freude wurde dann, als die genannten Briefe, die das Vorhandensein der babylonischen Kultur in Kanaan schon vor der Einwanderung der Juden nachweisen, veröffentlicht wurden, diese Hypothese modifiziert und behauptet, dafs die Juden den babylonischen Schöpfungsbericht von den Kanaanitern empfangen und im Lauf der Jahrhunderte nach ihrem Sinne umgestaltet hätten. Wenn das nun wirklich geschehen wäre, so wäre es auch noch nicht schlimm, da der alttestamentliche Bericht trotzdem ein selbständiges Produkt infolge der monotheistischen Verarbeitung zu nennen wäre. Viel mehr Anspruch auf Wahrheit hat jedoch, meine ich, die Erklärung, dafs die Juden, als sie im 14. Jahrhundert v. Chr. in Kanaan einfielen, schon längst daran glaubten, dafs Jahve die Welt geschaffen habe, und dafs sie ihren Bericht nach dem vorgefundenen babylonischen veränderten, eben weil er ihnen congenial war und ihre Phantasie wegen seiner gröfseren Anschaulichkeit mehr reizte als ihr eigener (cfr. Gen. 2, 4ff.), der nur mit dürren Worten das Faktum berichtet. Dafs der alttestamentliche Bericht den babylonischen an Gedankenklarheit und Einfachheit bei weitem übertrifft und dieser gekünstelt erscheint, beweist schon eine kurze Wiedergabe desselben:

Tafel I. Die Urwesen Apsu (Süfswasser!) und Tiamat (Salzwasser!) mischen ihre Wasser in einander, wodurch die Götter in mehrfachen Generationen: Lachmu, Lachamu — Anschar, Kischar — Anu u. s. w. entstehen. Gegen diese empört sich Tiamat und ein Teil der neu entstandenen Götter, denen als Helfer elf von Tiamat erschaffene Ungeheuer: Riesenschlangen, Drachen, Molche, wütende Schlangen, Lachamus, wütende Hunde, Skorpionmenschen, Fischmenschen, Widder u. s. f. an die Seite treten. Mit dem Oberbefehl über diese Schar betraut Tiamat ihren Buhlen Kingu, dem zum Zeichen seiner Würde die Schicksalstafeln übergeben werden.

Tafel II. Anschar fordert Anu zum Kampf gegen die Empörer auf, und als dieser ohne Erfolg umkehrt, Nudimmut und zuletzt Marduk, der nach dem Siege der Vorrang unter den Göttern erhalten soll.

Tafel III. Murduk wird in einer Götterversammlung, in der sich die Götter am Weine berauschen, zum Rächer bestellt und

Tafel IV als König und oberster Gott anerkannt. Er erweist seine Macht durch ein Wunder, indem er ein Kleid vor den Augen der Götter verschwinden und wiederkommen läfst. Dann rüstet er sich zum Kampf, nimmt Bogen, Pfeil und Köcher, einen Blitz und ein Netz und fährt Tiamat auf einem Viergespann entgegen. Die Helfer Tiamats erschrecken, nur Tiamat selbst hält Stand. Marduk fängt sie mit seinem Netz, schiefst ihr einen Pfeil in den Leib, der sie tötet. Darauf fängt er die Helfer Tiamats und fesselt sie. Den Leichnam Tiamats zerschlägt Marduk in zwei Stücke und bildet aus dem einen den Himmel und dem andern die Erde.

Tafel V handelt von der Erschaffung der Himmelskörper, der Sonne, des Mondes, der fünf Planeten und Sterne.

Die Tafeln VI—IX sind verloren.

Tafel X ist vielleicht in einem Hymnus auf Marduk erhalten, der die einzelnen Taten desselben noch einmal aufzählt. Darnach hat er noch den Menschen und das Festland u. s. w. erschaffen.

Beide Schöpfungsberichte verfolgen, wie schon oben gesagt war, nur den Zweck, die Abhängigkeit der Welt mit allem, was in ihr ist, von der Gottheit zu begründen. Es liegt gleichmäfsig der Bibel wie den Babyloniern fern, in den betreffenden Erzählungen etwa eine physikalische Theorie der Weltentstehung zu geben, wie das so häufig vermutet wird. Nichts ist darum überflüssiger als das apologetische Bestreben, Bibel und Naturwissenschaft in Einklang bringen zu wollen. Dafs, wie gesagt, eine Spekulation über die Entstehung der Welt den Babyloniern absolut fern gelegen hat, geht schon zur Genüge daraus hervor, dafs sie unsern Begriff — Welt — gar nicht kennen, ja nicht einmal eine Vorstellung von ihm haben. Ihre Weltanschauung geht wirklich nicht über das hinaus, was sie mit ihren eignen Augen sahen; denn eine abstrakte Anschauung der Welt erforderte ein Mafs von Denktätigkeit, wie es sich eben erst bei den klassischen Völkern fand. Die Welt der Babylonier dehnte sich auf Erden nur so weit aus, wie ihre Karawanenzüge gingen oder Heere vordrangen, und über derselben bis zum letzten sichtbaren Stern. Dies Himmelsbild und solch eine Vorstellung von der Erde entsprechen aber so wenig der Realität, dafs sie eine fruchtbare Spekulation über die Welt nicht hervorrufen konnten. Dazu kommt aber noch der semitische Volkscharakter, der jeder Spekulation abhold ist und kein anderes Bestreben kennt, als die eigenen Verhältnisse oder höchstens die des jedesmaligen Milieus zum Gegenstand alles Sinnens und Trachtens zu machen.

Doch, kehren wir zurück! — Realste Basis einer Weltanschauung ist den Babyloniern der Gedanke, dafs die Erde von der Gottheit geschaffen ist und darum alles, was auf ihr ist, derselben gehört: Mensch und Tier, Vogel und Fisch, Baum und Strauch, kurz alles, was da lebt und webt. Mit dieser Begründung nennen die Bufspsalmen die Göttin Istar (ps. I, 5) „Machthaberin über alles", „Herrin der Menschheit" (auch ps. II, 4), „Schöpferin (cfr. ps. VIII, 36) von allem", „Lenkerin aller Geburt" (ps. II, 5) und den Menschen das „Geschöpf deiner Hände" (ps. VIII, 56), einen „Knecht" (der Götter) (ps. IV, 54 u. a.).

Sünde und Strafe. Mit dem Rechte des Besitzers schalten und walten die Götter Babylons auf ihrer Erde mit dem Menschen, wie es ihnen beliebt. Der Mensch ist dazu da, ihrer Macht die gehörige Ehrerbietung zu erweisen (ps. IV, 63; VIII, 14) und sie zu preisen (ps. VIII, 37). Im übrigen ist es seine Pflicht, der Gottheit Geschenke darzubringen, ihre Tempel zu bereichern und „vorzüglichen Opferduft" zum Himmel steigen zu lassen (ps. VIII, 39ff.). Tut er das nicht, zeigt er Trotz (ps. VIII, 57), so machen die Götter von ihrer Macht Gebrauch und senden dem Menschen die Schar der Übel Leibes und der Seele: Seuche, Ungemach, Fieber; Schlaffheit, Siechtum; Wassersnot, Verschmachtung; Feuersnot, Feinde, Fesseln, Hinschlachtung; Verstörung und Schrecken. Dabei werden bei solchen Heimsuchungen selbst in den Bufspsalmen Zweifel an der Gerechtigkeit der Götter laut: Aufser dir (Istar) gibt es ja keine rechtleitende Gottheit (ps. I, 9). Wie viel mehr wird das noch sonst der Fall gewesen sein! Wir müssen uns doch vorstellen, dafs die Bufspsalmen von religiös tief veranlagten Männern gedichtet sind, die eine besonders hohe Idee vor der Gottheit gehabt haben. Das trifft bei dem gemeinen Manne nicht zu. Der urteilt nach dem, was er sieht. Und da sieht und erfährt er tagtäglich, dafs es dem Bösen gut und dem Frommen schlecht geht. Mufste nicht da der Glaube, dafs die Götter ungerecht seien, Allgemeingut des Volkes werden! Hat sich doch selbst das Alte Testament nur unter der gröfsten Selbstbescheidung einen Ausweg aus diesem Konflikt gesucht!

Bei dieser Gelegenheit können wir die ungleich tiefere religiöse Veranlagung der Juden gegenüber den Babyloniern feststellen. An beide tritt das Problem der Theodice heran. Der Babylonier erfafst es garnicht; er urteilt nach dem vorliegenden Sachverhalt und nennt seine Götter ungerecht, wenn sie den Guten leiden und den Bösen glücklich sein lassen. Wie ganz anders in Juda! Jahrhunderte lang quält sich der Jude mit dem Problem ab. Ihn lehrt auch der Angenschein, dafs Jahve ungerecht sein mufs; er bringt es aber nicht über das Herz, auch im gegebenen Falle seinem Gotte Ungerechtigkeit zuzumuten. Lieber nennt er das Glück des Bösen ein Scheinglück:

Ich sah einen Gottlosen trotzig und sich spreizend wie die Zedern des Libanon.
Als ich aber vorüberging, da war er nicht mehr da;
Ich suchte ihn, aber er war nicht zu finden (ps. 37, 35. 36);

und das Unglück des Frommen Glück:

Das Wenige, was der Fromme hat, ist besser als der Reichtum vieler Gottlosen (ps. 37, 16).

Ja, der Dichter behauptet endlich, um aus dem unseligen Zwiespalt zu kommen, dafs es dem Frommen überhaupt nicht schlecht gehen könne:

Ich bin jung gewesen und bin alt geworden
Und habe nie einen Frommen verlassen gesehen oder seine Nachkommen nach Brot gehen (ps. 37, 25).

Das ganze Problem klingt schliefslich in die im gesamten Religionsleben der alten Völker einzig dastehende Glaubensgewifsheit des Israeliten aus, die ihren Ausdruck durch den Dichter des 73. Psalms findet:

Wenn ich nur dich habe, so frage ich nichts nach Himmel und Erde;
Wenn mir gleich Leib und Seele verschmachten, so bist du doch meines Herzens Trost und mein Teil (ps. 73, 25. 26)!

Manchmal ist dem Babylonier das Vergehen gegen die kultische Verpflichtung gar nicht einmal zum Bewußtsein gekommen:

Die Sünde, die ich getan, kenne ich nicht,
Die Missetat, die ich begangen, kenne ich nicht (ps. IV, 26. 27);

oder

Das Leid von meinem Gott, unvermerkt ward es meine Speise,
Das Ungemach von meiner Göttin, unvermerkt trat es mich nieder (ps. IV, 19. 20);

oder

Einsicht vermag ich nicht zu gewinnen, ich selbst bin ratlos (ps. IV, 8).

Dann erinnert ihn die Strafe der erzürnten Gottheit in Gestalt irgend eines Unglücks an die Sünde, und das veranlaßt ihn, so schnell wie möglich der betreffenden Gottheit seine Ergebung durch Wort und Tat auszudrücken. Ein anderer, der infolge von Unterlassungssünden gegen irgend einen Gott böse Erfahrungen gemacht hat, ist schon so vorsichtig geworden, selbst dem unbekannten Gott und der unbekannten Göttin (ps. IV) ein Opfer darzubringen oder seine Demut zu zeigen (cfr. Apostelgeschichte 17, 23), damit ihn nicht noch einmal ein unerwartetes Übel treffe.

Buße und Gnade. Schickt ein Gott dem Babylonier wegen einer Übertretung irgend ein Übel, so zeigt sich bei ihm die Leidenschaftlichkeit des echten Orientalen. Eine Stufenleiter von Ausbrüchen des Schmerzes, wie sie an Vollständigkeit nirgends auf so wenig Zeilen gefunden wird, enthalten die neun Bußpsalmen: Der Betroffene ruft voll Seufzens zur Gottheit (ps. I, 2), fleht inbrünstig (ps. I, 3), vergießt Tränen (ps. I, 15), läßt einen Tränenstrom gleich einer Regenwolke hervorquellen (ps. VIII, 11), bricht in Klagerufe aus (ps. I, 15), schreit gleich einer Wildkuh (ps. VII, 5), ißt keine Speise, trinkt nicht Wasser, ist nimmer fröhlich, noch heiter (ps. II, 12ff.), empfindet Leid, liegt leidvoll und niedergebeugt am Boden (ps. IV, 38; VIII, 22) und trauert Tag und Nacht (ps. V, 9).

In seiner Herzensangst und Bedrängnis eilt er zum Tempel und sucht den erzürnten Gott, so schnell es geht, zu beschwichtigen, damit das Unglück nicht allzu lange anhalte. Mit triefendem Überfluß (ps. VIII, 41) erfüllt er das Heiligtum und legt eine Fülle von Opfergaben (ps. VIII, 43) auf dem Altar seines Herrn nieder. Der geopferte Weizen verbreitet einen lieblichen Duft (ps. VIII, 47), der zusammen mit dem gespendeten Lösegeld (ps. VIII, 40) des Gottes Zorn schwinden läßt[1]). Dazu beteuert er, daß er die Sünde ohne Absicht begangen habe, daß er endlich viel zu töricht sei, mit Wissen und Willen die Gottheit zu beleidigen:

Die Menschen, so viele einen Namen nennen, was verstände ihrer einer?
Mögen sie Gutes oder Böses tun, kein Einsehen haben sie (ps. IV, 53ff.).

Opfer und Gebet begleiten zum Erweise der reumütigen Gesinnung den Ausbruch des Schmerzes, durch den der Büßer auf die Gottheit zu wirken hofft. Zweifelt er jedoch

[1]) Daß das nicht immer geschehen ist, beweist ein Siegelcylinder im Berliner Museum, auf dem der Gott zum Schlage gegen den Beter ausholt.

daran, dafs seine Tätigkeit allein von Erfolg gekrönt sein werde, so ruft er den Priester zu Hilfe. Der weist dann wiederholt auf die Gefühlsausbrüche des Beters hin und legt dem Gott die Begnadigung des Sünders recht warm ans Herz:

> Sieh doch an sein leidvolles Ergehen!
> Es möge ruhen dein Herz, gewähre ihm Gnade!
> Ergreif seine Hand, löse ihn von seiner Sünde (ps. VIII, 30ff.)!

Hilft das noch nicht, so schreitet der Priester zur Beschwörung des Gottes. Er ruft die Geister der Erde (ps. VI, 18. 19), damit sie im Gebete vor den erzürnten Gott treten, indessen der Büfser die übrigen Götter als Nothelfer anruft. Damit ist die ganze Götterwelt in Bewegung gesetzt; mehr kann der Sünder nicht tun!

Auch im Alten Testament hören wir öfter von Gefühlsausbrüchen, von Weinen und Klagen:

> Ich bin matt von Seufzen; jede Nacht schwemme ich mein Bette, netze ich mit meinen Tränen mein Lager;
> Verfallen ist vor Kummer mein Auge (ps. 6, 7. 8);

oder

> Vor meinem lauten Stöhnen klebt mein Gebein an meinem Fleisch (ps. 102, 6);

es geschieht aber nicht, um Jahve dadurch zu erweichen, sondern es ist der Ausdruck des unter der Sündenschuld erliegenden Herzens, das sich mit seinem Gott entzweit sieht und von dem Zweifel gequält wird, ob sich auch der durch die Sünde in seiner Heiligkeit verletzte Gott wieder versöhnlich zeigen werde oder nicht.

Nicht im entferntesten reicht an diesen Standpunkt die babylonische Auffassung der Sünde als Unterlassung einer kultischen Leistung heran, denn dafs die Sünde hier nur so aufzufassen ist und nicht etwa nach den wenigen Stellen der Bufspsalmen, die ein intensiveres Sündenbewufstsein hindurchschimmern lassen, lehrt die stete Zuflucht des Büfsers zu der Magie des Priesters. Die ethische Betrachtungsweise der Sünde als einer Verfehlung gegen die Gottheit, die nur durch ernste Reue ausgesöhnt werden könne, ist lediglich auf Rechnung des tiefer veranlagten Dichters zu setzen und läfst keinen Schlufs auf die Allgemeinheit zu. Das Gros der Bevölkerung hat sich wirklich niemals über den oben gekennzeichneten Standpunkt erhoben, sonst hätte es doch nicht an dem Kulte der Istar-Bilit, zu dem die Prostitution der Kedeschen im Tempel gehörte, Gefallen finden können!

Dafs im übrigen die allgemeinen Gebote der Ethik, die das Gemeinschaftsleben der Menschen voraussetzt, dafs Kauf und Verkauf in Handel und Gewerbe und ein wohlgeordnetes Staats- und Familienrecht in Babylon Geltung haben, zeigen die Beschwörungsgebete Surpu und die gefundenen Rechtsaltertümer, die sogar bis ins kleinste Detail gehen und alle Verhältnisse des Lebens mit peinlicher Sorgfalt beobachten und regeln:

Beschwörungsgebete Surpu[1]).

Hat er Vater und Sohn entzweit?
Sohn und Vater „
Mutter und Tochter „
Tochter und Mutter „
Schwieger und Schnur „
Schnur und Schwieger „
Bruder und Bruder „
Freund und Freund „
Genossen und Genossen „
Hat er einen Gefangenen nicht freigelassen?
Einen Gebundenen nicht gelöst?
Einen Eingekerkerten das Tageslicht nicht erblicken lassen?
Einem Gefangenen „nimm ihn gefangen"?
Einem Gebundenen „binde ihn" zugesprochen?
Ists etwa eine Sünde wider einen Gott? Ein Vergehen wider eine Göttin?
Hat er einen Gott gekränkt . . . eine Göttin verachtet?
Ists Versündigung wider seinen Gott, Verfehlung wider seine Göttin?
Gewalttat wider den „Ahnherrn", Hafs gegen den älteren Bruder?
Hat er Vater und Mutter verachtet, die ältere Schwester beleidigt?
Im Kleinen gegeben, im Grofsen verweigert?
Zu Nein Ja, zu Ja Nein gesagt?
Unlauteres gesprochen, Ungehorsames, Frevelhaftes gesprochen . . .
Falsche Wage gebraucht . . .
Falsches Geld gegeben, rechtes Geld nicht genommen?
Einen rechtmäfsigen Sohn enterbt, einen unrechtmäfsigen eingesetzt?
Falsche Grenze gezogen, rechte Grenze nicht ziehen lassen?
Grenze, Mark und Gebiet verrückt?
Hat er seines Nächsten Haus betreten?
Seines Nächsten Weib sich genaht?
Seines Nächsten Blut vergossen?
Seines Nächsten Kleid geraubt?
Hat er aus seiner Gewalt einen Mann nicht entlassen?
Einen braven Mann aus seiner Familie vertrieben?
Eine wohlvereinte Sippe zersprengt?
Gegen einen Vorgesetzten sich erhoben?
War er mit dem Munde aufrichtig — im Herzen falsch?
Mit dem Munde voller Ja — mit dem Herzen voller Nein?
Ists wegen aller Ungerechtigkeit, auf die er sann,
Um Gerechte zu verfolgen, zu verstofsen,

[1]) Nach der Übersetzung von Zimmern.

Zu vernichten, zu vertreiben, zu Grunde zu richten,
Gewalt aufzurichten, aufzuhetzen ....
Zu freveln, zu rauben, rauben zu lassen,
Mit Bösem sich zu befassen?
Ist lose, unflätig sein Mund,
Trügerisch, widerspenstig seine Lippen?
Hat er Unlauteres gelehrt, Unziemendes unterwiesen?
Folgte er Bösem auf der Spur?
Überschritt er die Grenze des Rechts?
Hat er Unlauteres begangen,
Mit Zauberei, Hexerei sich befafst?
Ists wegen des argen Unrechts, das er getan,
Wegen der vielen Sünden, die er begangen?
Wegen einer Gemeinschaft, die er aufgelöst,
Einer wohlgeordneten Schar, die er zersprengt?
Ists deswegen, womit er seinen Gott und seine Göttin verachtet?
Hat er mit Herz und Mund versprochen, aber nicht gehalten?
Durch ein Geschenk den Namen seines Gottes mifsachtet?
Etwas geweiht, gelobt, aber es zurückbehalten?
Etwas geschenkt . . . aber es gegessen?
Hat er ein rechtmäfsiges Speisopfer abgeschafft,
Seinen Gott und seine Göttin wider sich erzürnt?
Erhob er sich in einer Versammlung, sprach Unheilvolles?
Gelöst werde er, wodurch er auch immer gebannt ist.

Ist der Gott durch die Lamentationen des Büfsers und Zaubersprüche des Priesters versöhnt, so bricht für den vom Unglück Betroffenen der Tag des Glückes an. Der Bann ist gebrochen (ps. IX, 8); der Fesseln los und ledig wandelt er im Lande des Friedens (ps. VIII. 40). Seine Schlechtigkeit ist zerrissen und seine Drangsal vom Strome dahingeführt (ps. IX, 11 ff.). Er ist hell wie der Glanz des Goldes und seinem Gotte kostbar wie ein Ring und Diamant (ps. IX, 13 ff.), darum blickt auch Gott gnädig auf ihn.

Ein höheres Ziel wahrer Religiosität, das in dem Streben des Menschen nach möglichster Vollkommenheit liegt, das so oft im Alten Testament seinen Ausdruck findet. hat man in Babylon nicht gekannt, da begnügte man sich eben mit den Segnungen dieser Welt, dem behaglichen Genusse des Reichtums.

In der Assyriologie wiederholt sich das, was auch sonst eingetreten ist: der Enthusiasmus der Beteiligten läfst die an sich wertvolle Sache in höherem und bedeutungsvollerem Lichte erscheinen und überschätzt den wahren Wert der neu erschlossenen Kultur. Aber der guten Sache wird besser gedient, wenn nicht in Übereilung, sondern mit Ruhe und Sachkenntnis das als neue Wahrheit verkündet wird, was vor der Kritik Bestand hat.

Druck von W. Pormetter in Berlin.

Wissenschaftliche Beilage zum Jahresbericht
des Humboldt-Gymnasiums zu Berlin. Ostern 1904.

Jean-Jacques Ampères lyrische Dichtungen.

Von

Walter Ramm,
Oberlehrer.

BERLIN
Weidmannsche Buchhandlung.
1904.

1904. Programm Nr. 62.

Jean-Jacques Ampère, der Sohn des berühmten Physikers, ist vor allem Literarhistoriker gewesen. Als solcher ist er ausgezeichnet durch die Weite seines Gesichtskreises. Alles interessierte seinen lebhaften Geist, die Literatur Frankreichs von den ältesten Zeiten an, die griechisch-römische, die italienische und die englische, aber auch die deutsche und die skandinavische Dichtung; sogar der Literatur Chinas hat er ein eifriges Studium gewidmet. Mit der Geschichte, besonders der römischen, hat er sich viel beschäftigt. und auch die Hieroglyphen Ägyptens hat er entziffern gelernt. Die lange Reihe seiner Schriften legt Zeugnis ab für diese so verschiedenartigen Studien. Aber neben der wissenschaftlichen Tätigkeit ging eine lebhafte dichterische Produktion einher. Der junge Ampère glaubte sich sogar vornehmlich zum dramatischen Dichter berufen und strebte nach Triumphen auf der Bühne des Théâtre-Français. Freilich sah er bald ein, dafs für solche Ziele seine Begabung nicht ausreichte, und nur gelegentlich hat er sich in späteren Jahren noch auf dramatischem Gebiete versucht. Die lyrische Dichtung aber hat er dauernd gepflegt. Die meisten seiner Gedichte hat er zuerst nur den Freunden bekannt gegeben, erst als Fünfzigjähriger ist er mit einer Sammlung seiner Lyrik vor die Öffentlichkeit getreten.

Wenn wir Ampères Lyrik überblicken, so finden wir am häufigsten solche Gedichte, in denen der Dichter seine persönlichen Stimmungen darstellt. Eins kann man diesen Gedichten jedenfalls nachrühmen, die Wahrheit der Empfindung. Seitdem der Briefwechsel Ampères[1]) vorliegt, können wir es ziemlich genau verfolgen, wie sich Ampères inneres Leben in seinen Gedichten wiederspiegelt. Infolge dieses persönlichen Gehaltes haben die Gedichte grofse Bedeutung für die Biographie Ampères. Häufig sind auch bei Ampère Beschreibungen dessen, was er auf seinen zahlreichen Reisen gesehen und erlebt hat. Anderes als Beschreibung des Gesehenen, Darstellung der eigenen Empfindungen ist selten. In der Vorrede zu der Sammlung seiner Dichtungen legt Ampère Wert darauf, dafs man bei ihm keine unwahren Gefühle, keine erkünstelten Situationen finde; er sagt von diesen Dichtungen: il me semble qu'elles ont du moins le mérite d'avoir été composées avec sincérité, de retracer des impressions vraies. Wir werden für einen Dichter, bei dem wir von der Wahrheit seiner Empfindungen überzeugt sein können, leicht ein

[1]) André-Marie Ampère et Jean-Jacques Ampère. Correspondance et souvenirs (de 1805 à 1864) 2 Bände. 2. Aufl. Paris 1875.

günstiges Vorurteil haben. Aber für die ästhetische Beurteilung kommt es hauptsächlich auf die Art der Darstellung an. Mag nun auch manches Schwächere mitunterlaufen, nicht selten ist es Ampère jedenfalls gelungen, seine Empfindungen schön zu gestalten. Dem Gedichte Le bonheur hat Sainte-Beuve reiches Lob gespendet; er hat es im dritten Bande der Portraits contemporains abgedruckt und die Worte hinzugefügt: Dans un temps où il y aurait encore une Anthologie française, une seule pièce pareille suffirait pour y marquer un nom. Bei alledem hat freilich Ampères Lyrik noch keinen Anspruch auf eine hohe Stellung in der Geschichte der poetischen Literatur, denn Ampère gehört nicht zu denen, die der französischen Lyrik neue Wege gewiesen haben. In jedem Falle aber verdienen diese Gedichte als Bekenntnisse einer interessanten Persönlichkeit Beachtung.

Einheimische und fremde Vorbilder haben auf Ampères Lyrik gewirkt. Auf die innere Entwickelung des jungen Ampère hat Chateaubriand mit seinem Weltschmerz und auch Sénancour mit der tristesse désolée seines Oberman[1]) Einflufs gehabt. Wenn diese beiden auch nicht für die poetische Gestaltung Muster sein konnten, so sind sie doch gewifs für den Gehalt der Jugendgedichte von Bedeutung geworden. Freilich läfst sich dieser Einflufs mehr erschliefsen als durch Beispiele belegen, da von den ersten Gedichten Ampères nur wenig erhalten geblieben ist. Aber wir können wohl annehmen, dafs das nicht veröffentlichte Gedicht Malédiction du soleil, das 1821 Chateaubriand vorgelesen wurde, sich in dem angedeuteten Gedankenkreise bewegte und dafs Ampère noch mehr in der Art gedichtet hat. Es sei gleich hier erwähnt, dafs Byron, den Ampère so sehr bewunderte, in der gleichen Richtung wie Chateaubriand wirkte. Unter den französischen Lyrikern hat Lamartine mit seinen ersten Dichtungen den meisten Einflufs geübt. Seine Méditations erschienen und erweckten Begeisterung als eine neue Offenbarung gerade zu einer Zeit, wo Ampère noch in der Entwickelung begriffen war. Für die weiche Melancholie der Méditations war Ampères Gemüt sehr empfänglich. In den melancholischen Betrachtungen früherer und späterer Dichtungen Ampères finden wir Anklänge an Lamartine; auch eine Übereinstimmung einzelner Motive werden wir bei genauer Betrachtung der Gedichte nachweisen können. In der Vorliebe für die Schilderung der persönlichen Stimmungen könnte man ebenfalls Ampères Lyrik zu der Lamartines stellen. Indessen mufs hervorgehoben werden, dafs Ampères Lyrik doch ihren eigenen Charakter hat. Ampères Gedichte sind viel reicher an konkreten Zügen, an Detail der Beobachtung; andererseits fehlt bei Ampère fast ganz das religiöse Element, das Lamartines Poesie so sehr durchdringt. Fast garnicht hat auf Ampère Victor Hugo gewirkt, dessen erste Gedichte doch nicht viel später als die Lamartines erschienen sind. Der äufserlichen Art jener ersten Lyrik Victor Hugos steht Ampère durchaus fern. Nur gelegentlich finden wir bei ihm Anklänge an den Stil Victor Hugos, nämlich in dem Gedichte L'Arc de Triomphe de l'Étoile, zu dem wahrscheinlich Victor Hugos Dichtung A l'Arc de Triomphe (in Les voix intérieures) die Anregung gegeben hat. Ebensowenig wie Victor Hugo konnte Vigny Ampère beeinflussen, denn die sozusagen unpersönliche Lyrik des penseur der Romantik war ganz und gar verschieden von der Art Ampères, bei dem das Aussprechen der persönlichen Empfindung die Hauptsache ist. Aber auch die mehr persönliche Lyrik Mussets, dessen erste Gedichte übrigens erst erschienen, als Ampères Art

[1]) Sénancour und die Wirkung seines Romans hat Sainte-Beuve in zwei Artikeln der Portraits contemporains Bd. I) behandelt.

sich schon ausgebildet hatte, hat nicht auf Ampère gewirkt[1]. — Von nichtfranzösischen Dichtern hat Byron deutlich Ampère beeinflufst. Zuerst hinsichtlich der pessimistischen Stimmung in der Jugend, wo sich Byrons Einflufs mit dem Chateaubriands kreuzte. Davon ist schon vorhin die Rede gewesen. Ferner wirkte Byron noch durch ein Zweites, wofür freilich auch die Prosa Chateaubriands Muster bot, nämlich durch seine im Childe Harold glänzend geübte Kunst, die Schilderung der Landschaft mit persönlicher Stimmung zu erfüllen. Gedichte solcher Art haben wir ja mehrere bei Ampère, und in dem Gedichte Florence hat er sich sogar ziemlich eng an die Stanzen Byrons im Childe Harold angeschlossen.

Der Vers Ampères entspricht, was den inneren Bau anlangt, durchaus der klassischen Regel. In den zwanziger Jahren des neunzehnten Jahrhunderts, wo Ampère die Hauptmasse seiner Gedichte schrieb, gab es ja den romantischen Vers noch nicht. Auch Victor Hugo folgt in den ersten Sammlungen seiner Gedichte durchaus der alten Tradition. Bei dem klassischen Vers ist Ampère dann auch in den Dichtungen der späteren Jahre geblieben. Nach Versart und Strophenbau kann man Ampères Gedichte in drei Gruppen scheiden. Für die rein lyrischen Gedichte verwendet Ampère oft die Gliederung in gleichartige Strophen. Die Strophen haben meist vier Verse, nur zweimal fünf Verse und einmal sechs Verse. Die Anordnung des Reimes und die Länge der Zeilen ist dabei sehr verschieden. Ein Teil der Gedichte besteht aus stances isomètres; einmal kommt ein Beispiel für den seltenen neunsilbigen Vers vor. Neben den stances isomètres finden sich ebenso häufig Strophen mit Versen von ungleicher Silbenzahl in mannigfaltiger Anordnung. Für die vorwiegend beschreibenden Gedichte gebraucht Ampère den Alexandriner mit Schlagreimen, ebenso für die kleine dramatische Scene Le droit de naufrage[2]. Eine besondere Stellung nehmen die mehr lyrischen Gedichte L'Arc de Triomphe de l'Étoile und Le monument ein. Unter die zwölfsilbigen Verse sind hier einige wenige kürzere Verse gemischt, auch finden wir hier nicht nur Schlagreime. Ähnlich steht es mit dem Gedichte Le bonheur. Die Freiheit, unter eine längere Reihe von Alexandrinern hier und da ein paar kürzere Verse zu mischen, haben sich auch andere genommen, z. B. Lamartine in den Méditations oder Musset in dem Gedichte Le saule. Endlich verwendet Ampère bei einer Anzahl von Gedichten teils beschreibenden, teils rein lyrischen Inhalts die sogenannten stances libres (oder vers libres). Hier hat also jeder Abschnitt eine eigene, von der der anderen Abschnitte verschiedene Zusammensetzung[3]. Einmal findet sich ein allerdings hinsichtlich des Reimes den strengen Anforderungen nicht entsprechendes

---

[1]) Interessant ist es, zu sehen, wie verschieden die beiden das Thema Venedig behandelt haben. Man vergleiche die ernste Elegie des doch erst vierundzwanzigjährigen Ampère mit dem tändelnden Gedicht Mussets in den Contes d'Espagne et d'Italie. Übrigens hat Ampère von der poetischen Art Mussets mit Anerkennung gesprochen in einer Anmerkung zu den Portraits de Rome à différents âges.

[2]) Einmal begegnet uns der Alexandriner mit Schlagreimen ohne Beimischung anderer Verse in einem rein lyrischen Gedichte, nämlich in La cloche de Noël.

[3]) Diese Gedichte seien hier mit dem Datum ihrer Entstehung aufgezählt, wobei man sieht, dafs die stances libres hauptsächlich in den Jugendgedichten beliebt sind. In den dreifsiger Jahren hat Ampère nur ein solches Gedicht geschrieben, später kommen die stances libres überhaupt nicht mehr vor. In freien Strophen sind gedichtet: 1. Pensées de la mort à dix-huit ans 1818. 2. L'adieu 1822. 3. Florence 1823. 4. Promenade sur la mer 1824. 5. Course au Vésuve 1824. 6. Voyage aux enfers de Virgile 1824. 7. Pæstum 1824. 8. Ma vingt-cinquième année 1825. 9. Ma vingt-sixième année 1826. 10. L'affranchissement de la Grèce 1827. 11. La tapisserie de la reine Mathilde 1829. 12. Rêverie dans les montagnes zwischen 1830 und 1836.

Sonett und einmal ein Versuch in Terzinen. Auf die mannigfachen Strophenformen der Übersetzungen Ampères gehen wir hier nicht ein.

Die Sammlung der Lyrik Ampères erschien im Jahre 1850. Nur wenige Gedichte sind vor diesem Termin gedruckt worden. Der engere Freundeskreis aber kannte die Lyrik Ampères in weiterem Umfange schon seit langer Zeit. Ampère gab den Freunden Abschriften einzelner Gedichte, gelegentlich trug er auch einmal eins seiner Gedichte Freunden und Bekannten vor, so eine Dichtung über Rom, als er von der ersten italienischen Reise zurückkam; der Vater empfing Abschriften und gab sie an andere weiter. Auch wurde eine handschriftliche Sammlung der Gedichte an die Freunde gegeben[1]).

Wenn man die Vorrede liest, die Ampère zu der Sammlung seiner Lyrik geschrieben hat, könnte man leicht meinen, vor 1850 habe er überhaupt nichts Lyrisches veröffentlicht. Indessen ist eine allerdings geringe Anzahl von Gedichten schon früher gedruckt worden, so das Gedicht Uranie in der Revue des deux mondes 1835, die Épître à M. de Tocqueville in der Revue de Paris 1840, L'affranchissement de la Grèce 1841, das Fragment aus der Épître sur Rome 1846 in dem Buche La Grèce, Rome et Dante und endlich zwei Gedichte von der ägyptischen Reise in der R. d. d. m. 1847 und 1849. Am frühesten ist die Bearbeitung der altnordischen Sigurdsage veröffentlicht worden, nämlich 1832 in der R. d. d. m. Erwähnt sei hier auch, dafs Sainte-Beuve schon 1840 das Gedicht Le bonheur in seinem Essai über Ampère abgedruckt hat.

Wie Ampère selbst erzählt, war seine Wahl in die Académie française (1847)[2]) nicht ohne Einflufs auf die Veröffentlichung seiner Lyrik. Le choix si honorable pour moi de l'Académie française m'a semblé autoriser le membre de l'Académie des Inscriptions à se souvenir de ce qui fut son premier goût, le goût des vers (Heures de poésie, Avant-propos). Die Ausgabe der Gedichte wurde merkwürdigerweise mit der neuen Auflage des 1834 zuerst erschienenen Buches Littérature et voyages vereinigt. Das gesamte Werk erhielt nun den Titel Littérature, voyages et poésies und erschien in Paris bei Didier in zwei Bänden mit der Jahreszahl 1850. Der erste Band (504 S.) enthält die Neubearbeitung jenes Werkes von 1834, der zweite Band (330 S.) enthält die Gedichte, darunter eine grofse Zahl von Übersetzungen, und führt den Nebentitel Heures de poésie[3]). Wie sich aus dem zweiten Bande ergibt, hat Ampère die Arbeit daran schon 1849 abgeschlossen. Im Jahre 1863 sind dann die Gedichte allein veröffentlicht worden unter dem Titel Heures de poésie par J.-J. Ampère. Nouvelle édition. Diese Ausgabe stimmt genau überein (auch in der Seitenzahl) mit dem zweiten Bande des Werkes Littérature, voyages et poésies. Auch die im Jahre 1849 geschriebene Vorrede ist wieder abgedruckt. Nur das Titelblatt mufste natürlich etwas geändert werden.

Die Sammlung stellt eine Auswahl aus der Lyrik Ampères dar. Von den vielen Gedichten aus der Jugendzeit ist nur sehr wenig veröffentlicht. Von den vor 1850 gedruckten Gedichten

---

[1]) Wir erfahren dies aus Sainte-Beuves Aufsatz über Ampère in den Portraits contemporains Bd. 3.

[2]) Turquan in seinem Buche über Mme Récamier gibt als Datum 1846, der Verfasser des Artikels über Ampère in der Grande Encyclopédie das Jahr 1848. Mme Lenormant in dem Buche Mme Récamier, les amis de sa jeunesse et sa correspondance intime Paris 1872 läfst die Wahl Ampères in den ersten Tagen des Jahres 1847 geschehen. In Wirklichkeit fand die Wahl erst um die Mitte des Jahres 1847 statt. Seinen discours de réception hielt Ampère erst im Mai des folgenden Jahres.

[3]) Die R. d. d. m. bringt eine Besprechung der beiden Bände im Jahrgang 1850. Nouv. pér. Bd. 5. S. 547/48.

sind zwei nicht aufgenommen, die einen Platz in dem Buche La Grèce, Rome et Dante gefunden haben, nämlich L'affranchissement de la Grèce und das Fragment aus der Épître sur Rome. Alle anderen sind wieder abgedruckt. Mehrere Gedichte sind also an verschiedenen Stellen gedruckt: auf die geringfügigen Abweichungen in den Texten einzugehen lohnt sich nicht.

Ampère hat die Sammlung seiner Gedichte folgendermaſsen eingeteilt. Der erste Abschnitt, betitelt Jeunesse et tristesse, enthält die rein lyrischen Gedichte von 1818 bis 1842. Darauf folgen die Contemplations: A mon âme, La flotte, Uranie, La démocratie. Sodann kommen Gedichte, die meist an Ampères Erlebnisse auf seinen zahlreichen Reisen anknüpfen, und die Übersetzungen aus den verschiedenen Literaturen, mit denen sich Ampère beschäftigt hat. Hierfür ergab sich leicht eine Art geographischer Einteilung. Die Überschriften dieser Abschnitte sind: Italie, Grèce ancienne et moderne, Orient, France, Écosse et Angleterre, Allemagne, Scandinavie. Die letzten drei Abschnitte enthalten nur Übersetzungen. — Bei einer beträchtlichen Anzahl von Gedichten ist das Jahr der Entstehung angegeben, für viele der nichtdatierten läſst es sich ermitteln. Die Gedichte des ersten und zweiten Abschnittes sind nach der Entstehungszeit geordnet; auch in den übrigen Teilen ist die chronologische Anordnung öfter verwendet worden. Wenn eine Übersetzung ein Datum erhalten hat, so hat das immer einen besonderen Grund. Ampère sagt selbst in der Vorrede zu den Heures de poésie, er habe im allgemeinen solche Stücke aus der fremden Dichtung übersetzt, die im Einklang mit seinen eigenen Empfindungen standen. Die datierten Übersetzungen sind nun immer solche, die nicht nur literarhistorisches Interesse haben, sondern als Ausdruck von Ampères persönlichen Stimmungen gelten können. So hat z. B. Ampère die Strophen an Inez aus Childe Harold im Hinblick auf seine Liebe zu Mme Récamier übersetzt, und seine Übertragung des Ewaldschen Gedichtes La mort d'une amie ist seine eigene Totenklage um Clémentine Cuvier. Beide Übersetzungen sind daher datiert, die Bearbeitung der Sagen von Sigurd dagegen, deren Entstehungszeit Ampère genau bekannt war, ist ohne Datum geblieben. Nach welchen Grundsätzen die Daten bei Ampères eigenen Gedichten gesetzt sind, läſst sich nicht erkennen.

Wir betrachten nun die Gedichte Ampères hauptsächlich in Beziehung zu seinem Leben und seiner Entwickelung und werden sie deshalb chronologisch ordnen. Dabei werden wir von den Übersetzungen diejenigen zu erwähnen haben, die als Ausdruck der Stimmungen Ampères angesehen werden können. Über das innere Leben Ampères unterrichten uns genau die Briefe an den Vater und an die Freunde. Schon in den Briefen aus den ersten Jahren der Korrespondenz[1]) tritt uns die zwiespältige Art Ampères entgegen, die wir auch in seinem späteren Leben, wenn auch weniger schroff hervortretend, immer wieder entdecken werden. Einmal sehen wir ihn als einen Glücklichen, der sich mit Lust in seine Studien versenkt oder an der Betrachtung der Natur Genuſs findet. Ein andermal ist er traurig, wehmütig gestimmt, selbst leidenschaftlich unzufrieden mit der Welt. Der Weltschmerz, den die groſsen Vertreter der Literatur seiner Zeit empfinden, hat auch ihn ergriffen. Byron und Chateaubriand haben gewaltig auf ihn gewirkt; groſs war auch der Einfluſs von Sénancours Oberman, der von Ampère und seinen Freunden eifrig gelesen wurde.

Zum ersten Mal erfahren wir von den trüben Stimmungen Ampères aus einem Briefe

---

[1]) Künftighin zitiert als Corr. I, II.

vom 17. Juli 1818, gerichtet an den innigggeliebten Freund Jules Bastide (Corr. I, 145). Aus dem Jahre dieses Briefes stammt Ampères erstes Gedicht Pensées de la mort à dix-huit ans, das die Sammlung der Lyrik eröffnet (Heures de poésie S. 3, 4). Es ist das einzige, das aus der grofsen Zahl der ersten Versuche uns erhalten geblieben ist. Jedenfalls verdiente es diese Dichtung des Achtzehnjährigen, aufbewahrt zu werden. Der Dichter fragt: Wann wird mich der Tod ereilen? Er fürchtet ihn nicht, mag der Tod nun bald herankommen oder erst im späten Alter. Schon sucht er im heimatlichen Tale einen Platz für sein Grab. Aber wer weifs, ob es ihm beschieden ist, dort zu sterben. Vielleicht endet er einst unbeweint in der Fremde. Da möchte er doch lieber in der letzten Stunde den gewohnten Klang der Dorfglocke und das Rauschen der Bäume der Heimat hören. So wie am Schlufs des Gedichtes springt der Gedanke auch um in Ampères Brief an den Vater vom 22. Juli 1818 (Corr. I, 146): Quelquefois je rêve les voyages, mais bientôt, las de m'égarer sur les plages lointaines, je rentre au logis, pauvre pèlerin désabusé, pauvre rêveur réveillé en sursaut. Man kann nicht sagen, das Gedicht Pensées de la mort drücke pessimistische Stimmungen im Sinne der Literatur des 19. Jahrhunderts aus; wir finden hier nur jene allgemeinen Empfindungen der Wehmut und Trauer, wie sie auch französische Lyriker des 18. Jahrhunderts wohl ausdrücken konnten.

Am 1. Januar 1820 wurde Ampère durch Ballanche Mme Récamier, der vielgefeierten Schönheit, die in der Abbaye-au-Bois einen Kreis von Literaten und Politikern um sich versammelte, vorgestellt. Diese Bekanntschaft sollte von der gröfsten Wichtigkeit für Ampères ferneres Leben werden[1]). In den Briefen aus der ersten Zeit nach dem bedeutungsvollen Neujahrstage von 1820 wird freilich Mme Récamier noch nicht erwähnt. Ampère verfällt noch öfter in seine melancholischen Stimmungen, die wir schon an ihm kennen. Gewaltigen Eindruck macht auf ihn Byrons Manfred, den er zweimal hintereinander im Original liest. Sehr schön schildert er die erschütternde Wirkung dieser Lektüre in dem Briefe an Bastide vom 20. Mai 1820 (Corr. I, 160). So kommt es denn, dafs er einige Stücke aus dem Manfred in Versen übersetzt (H. d. p. S. 239—249). Er wählt die erste Scene des ersten Aktes, wobei er freilich die Verse, welche die Anerbietungen der Geister und die beiden Wünsche Manfreds enthalten, wegläfst, um gleich zu dem Bannfluch zu kommen, der auch Goethes und Heines Übersetzungskunst gereizt hat[2]). Ferner hat er noch aus dem dritten Akt das Gespräch Manfreds mit Astarte übersetzt. Die Manfredübersetzung ist ein schöner Beleg für die Behauptung Ampères in der Vorrede zu den Heures de poésie, er habe gern solche Stücke fremder Poesie übersetzt, die im Einklang mit seinen eigenen Empfindungen standen.

Im September 1821 (Corr. I, 195) schreibt Ampère, der nun häufig im Salon der Mme Récamier verkehrt, an seinen Vater, man habe Chateaubriand ein Fragment von ihm Malédiction

---

[1]) Zuletzt hat Turquan das Leben der Mme Récamier dargestellt (Paris, 1902), doch ist er offenbar voreingenommen und hat den Charakter dieser Frau vielfach ungerecht beurteilt.

[2]) Die Übersetzung der Incantation schliefst mit den schon im Brief vom 20. Mai 1820 angeführten Versen:

L'univers tout entier sur ton cœur a passé.
Que ce cœur désormais soit aride et glacé!

Das entspricht den englischen Versen:

O'er thy heart and brain together
Hath the word been pass'd — now wither!

Die Stelle hat also gereicht den allgemeinen Inhalt, den ihr Ampère in der Übersetzung verleiht.

contre le soleil vorgelesen. Dies Gedicht hat Ampère später nicht veröffentlicht. Der Titel läfst darauf schliefsen, dafs es Gedanken in der Art Chateaubriands oder Byrons ausführte. Da Ampère noch sagt, er werde das Gedicht dem Vater zeigen, wird er es nicht lange vorher, also sicher im Jahre 1821 verfafst haben.

Der Jüngling, der die glänzende Schönheit der Mme Récamier zuerst schüchtern bewundert hatte, wurde bald zum Liebenden. Und die über vierzig Jahre alte Frau erwiderte ein Zeit lang die Gefühle des jungen Dichters. Damals schmückte die belle Juliette in Erinnerung an die Nouvelle Héloïse den guten Jean-Jacques mit dem poetischen Namen Édouard. Aus Ampères Briefen sehen wir, wie tief ihn jene Leidenschaft ergriffen hat. Erst nach mehreren Jahren trat eine Wandlung ein. Die stürmische Leidenschaft schwand, doch die Liebe und Bewunderung blieben für immer.

Zuerst gab Ampère seinen Gefühlen für Mme Récamier in einer kleinen, nicht veröffentlichten Prosadichtung La Dame de l'Abbaye Ausdruck, wo Mme Récamier unter dem durchsichtigen Namen Juliette de Sancerre erscheint (vgl. darüber Corr. I, 195).

Am 7. Juni 1822 (Corr. I, 211) erwähnt Ampère einen Plan zu einer Dichtung in Versen Juliette, der Mme Récamiers Beifall gefunden hat: Je ferai Juliette, parce que ce plan vous sourit, parce qu'il sera ravissant de prononcer votre nom dans mes vers. In dieser Dichtung wollte er ein Bild der Geliebten entwerfen. Mit der Ausführung dieses Planes scheint es nichts geworden zu sein. Vielleicht kann man auf die Juliette folgende Stelle in einem Brief an Mme Récamier vom September 1822 (Corr. I, 228) beziehen: Ce serait une consolation pour moi de penser à l'ouvrage qui est inséparable de votre nom et de votre souvenir; mais il n'y a dans mon âme malade ni grâce ni harmonie.

Aus einem von Rouen aus geschriebenen Brief Ampères vom September 1822 (Corr. I, 231) ersehen wir, dafs es zwischen ihm und Mme Récamier zu einer ernsten Aussprache kam und dafs er eines Tages die Geliebte mit der Überzeugung verliefs, sie für immer verloren zu haben. Wenn sie ihm nicht bald verziehen hätte, wäre er nach Amerika gereist. An diese Möglichkeit eines Abschiedes für immer denkend, hat er das Gedicht L'adieu verfafst (H. d. p. S. 5—7). Das Gedicht ist zwar nicht datiert, aber es pafst durchaus zu der im Briefe angedeuteten Situation, so dafs wir es in den September des Jahres 1822 setzen müssen. Der Dichter sieht sich am Ufer des Meeres, für immer vom Vaterlande Abschied nehmend. Schmerzlich empfindet er es, dafs niemand beim Scheiden um ihn trauert. Mögen andere glücklicher sein als er! Dann nimmt er Abschied von der Geliebten. Das Schicksal hält die beiden von einander fern (ein Gedanke, der auch öfter in den Briefen ausgedrückt wird):

Hélas! par le destin nos âmes séparées
Ne connaîtront jamais ni bonheur ni repos,
Et nos ombres égarées
Se chercheront encor dans la nuit des tombeaux.

Da er keine Freuden mehr zu erwarten hat, wird er in der Ferne gleichgültig seine Tage dahinleben. Ähnliche Stimmungen sind häufig bei Lamartine, man denke an L'isolement und auch an Adieu in den Premières méditations. Das lange Gedicht Ampères hat viel Schönes im einzelnen; Ampères Bedürfnis nach Freundschaft und Liebe findet darin einen starken und glücklichen Ausdruck.

Nach ihrer Stellung in der Reihe der chronologisch geordneten Gedichte des Abschnittes Jeunesse et tristesse haben wir in die Zeit von 1822 bis 1825 drei kleinere, nicht datierte Gedichte zu setzen, nämlich La fenêtre (H. d. p. S. 8), La cloche de Noël (H. d. p. S. 9/10), ein Gedicht, das für Ampères religiöse Entwickelung wichtig ist, und Le revenant (H. d. p. S. 11).

Schon im September 1822 wünscht sich Ampère mit Mme Récamier nach Italien reisen zu können. Von dieser Reise erhofft er eine Beruhigung seiner Affekte. In Rouen las er damals die Dichtungen, die Goethe in Italien geschrieben hat (Corr. I, 233). Jene Reisepläne sollten ein Jahr später verwirklicht werden. Anfang November 1823 reisten Mme Récamier, Ballanche und Ampère von Paris nach Italien ab. Der Aufenthalt in Florenz gab Anlafs zu einer ersten längeren Dichtung: Florence (H. d. p. S. 61—66, mit dem Datum 1823). Ampère beginnt damit, wie er jetzt in Italien aufatmet, befreit von all den quälenden Gedanken, die „hinten im Norden" auf ihm lasteten. Er fühlt die Stimmung nach, die Goethe am Anfang der 7. Römischen Elegie ausgedrückt hat[1]). Der Dichter wandert dann mit der Geliebten durch die Stadt. Er zeigt ihr die Gräber der grofsen Männer Italiens; aber ein Name fehlt darunter, der gröfste Sohn der Arnostadt liegt nicht in ihren Mauern begraben. Unter den Herrlichkeiten der Kunst lenkt die Venus die Aufmerksamkeit auf sich. Ausführlich wird der Eindruck geschildert. Doch herrlicher erscheint dem Dichter das Bild der Himmelskönigin Maria. Was soll nun dieser Kontrast? Die letzten Verse verraten es. Eine Aspasia kann nur unbefriedigende Leidenschaft erregen, die keusche Schönheit dagegen beruhigt die Stürme des Herzens. Der zweite Teil des Gedichtes ist also an die Adresse der Mme Récamier gerichtet. Auch des Dichters Leidenschaft hat sich allmählich beruhigt. Der ganze Kontrast mit seiner Anwendung scheint nicht allzu glücklich, auch viele Verse im einzelnen sind weniger gelungen. Das umfangreiche Gedicht gehört zu Ampères schwächeren Leistungen. Da lesen wir lieber die Stanzen auf Florenz in Byrons Childe Harold, die Ampère bei seiner Dichtung sicher vorschwebten. Bei Byron finden wir, mit Ausnahme des Schlufskontrastes, schon alles, was Ampère hat: den Preis der Venus, die Erinnerung an die Toten, die Erwähnung Dantes.

Während des Aufenthaltes in Rom schrieb Ampère eine Reihe von Versen, die die Segnung urbis et orbis durch Papst Pius VII. schildern. Diese Verse wurden, wie Ampère selbst bezeugt, am 13. Juli 1824 verfafst; also kurz vor der Abreise von Rom, denn am 15. Juli war Ampère schon in Neapel. Jene Schilderung ist als Teil einer Épître sur Rome gedacht, die indes nie vollendet wurde. Ampère hat das Fragment dann in den Portraits de Rome à différents âges veröffentlicht, die einen Teil des zuerst 1848 erschienenen Buches La Grèce, Rome et Dante bilden[2]). Das Fragment schildert die Majestät des Schauspiels der Benediktion durch den Papst Pius VII. Auch Persönliches mischt sich, wie fast immer bei Ampères Schilderungen, mit ein. Auf der Stelle, wo heute das prunkvolle Schauspiel stattfindet, herrschte sonst friedliche Stille, und hier genofs der Dichter mit der Geliebten Augenblicke schmerzlichen Glückes. Siebenunddreifsig Jahre

[1]) Von dieser Elegie hat Ampère später in seinen Portraits de Rome à différents âges eine schöne Übersetzung in Prosa gegeben.

[2]) Die Portraits de Rome sind zwar schon 1835 in zwei Heften der R. d. d. m. veröffentlicht worden; dort stehen aber jene Verse noch nicht. — Die erste Ausgabe des Buches La Grèce, Rome et Dante ist mir allerdings nicht zugänglich, aber die zu dem Gedicht gehörende Bemerkung über die main libératrice Pius IX. zeigt, dafs die Verse schon 1848 abgedruckt wurden.

danach erinnerte sich Ampère beim Durchlesen eines alten Briefes wieder jener Verse aus der Épître sur Rome (Corr. II, 306).

Der Aufenthalt in Neapel rief dann eine Reihe von Gedichten hervor, deren Entstehung wir in die Zeit von Mitte Juli bis Anfang November 1824 zu setzen haben. Allen, mit Ausnahme des letzten, ist die deutliche Beziehung auf Mme Récamier gemeinsam. Das erste Gedicht ist die Promenade sur la mer (H. d. p. S. 69 - 72, datiert Neapel 1824). Die Dichtung zerfällt in vier Teile von ungleicher Länge. Sehr schön ist der Anfang. Nach des Tages Hitze bricht man auf; am Meere ist es ruhig und kühl:

Le jour fut accablant! cette heure est fraîche et belle!
Que ton repos est doux, calme et brillante nuit!
Tous les vents pour dormir ont reployé leur aile,
Chaque flot effacé par le flot qui le suit
Vient mourir sur le sable avec un faible bruit.

Ampère schildert dann die schöne Fahrt bei Meeresleuchten und Mondschein. Eine dem entsprechende Beschreibung lesen wir in dem Briefe an den Vater vom 15. Juli 1824 (Corr. I, 272). Der zweite und der dritte Teil führen dann die Schilderung weiter. Dazu vergleiche man Lamartines Gedicht Le golfe de Baïa in den Premières Méditations, wo die Darstellung ganz ähnlich angelegt ist. Der vierte Teil bringt zur Überraschung einen Heineschen Schlufs. Der Dichter erklärt, dafs ihm alles, was er gepriesen hat, sehr gleichgültig ist; denn die Geliebte, mit der er allein in die stille Nacht hinausfahren möchte, hört einzig auf die langen Komplimente und die faden Erzählungen eines neapolitanischen Generals.

Ferner entstand in Neapel die Course au Vésuve, eine stimmungsvolle Beschreibung einer nächtlichen Besteigung des Vulkans (H. d. p. S. 73—77), ebenso wie die Promenade sur la mer in mehrere Abschnitte von ungleicher Länge gegliedert. Wie dem Anfang, so hat Ampère auch dem Schlufs des Gedichtes sehr geschickt eine persönliche Beziehung auf Mme Récamier gegeben.

Mit Mme Récamier unternahm Ampère einen Ausflug in die Gegend des alten Cumä. So entstand das Gedicht Voyage aux enfers de Virgile (H. d. p. S. 78—83). Ampère schildert darin einen Gang durch die Unterwelt Vergils, oft im engen Anschlufs an den Text der Aeneis; die entsprechenden lateinischen Stellen werden regelmäfsig in den Anmerkungen abgedruckt.

Das Gedicht Pæstum (H. d. p. S. 84 - 86) enthält nicht so wie die vorhergehenden drei Gedichte einen Hinweis auf das Zusammensein mit Mme Récamier. Aber wenn wir beachten, wie Ampère in dem Gedichte von sich selbst spricht, werden wir es doch dem Jahre 1824 zuweisen und nicht dem zweiten Aufenthalte vom Jahre 1831, wo Ampère allein in Paestum weilte. Das Gedicht preist die alten Baumeister, weil sie es verstanden hätten, Dauerndes zu schaffen, während die Neueren solches nicht mehr vermöchten. Diese Verherrlichung der Alten erinnert sehr an eine ähnliche Stelle in dem Gedichte Le monument vom Jahre 1826.

Während des Aufenthaltes in Neapel entstanden noch zwei Übersetzungen, die hier Erwähnung verdienen. Aus dem Orlando furioso hat Ampère drei Episoden übertragen, die zusammen eine einheitliche kleine Dichtung ergeben (H. d. p. S. 90 - 120). Die drei Stücke behandeln die Liebe Angelicas zu Medor, die Eifersucht Rolands und endlich die lächerlichen Taten des dem Wahnsinne verfallenen Helden. Der in Ottave rime abgefafsten Übersetzung hat Ampère eine geistreiche kleine Vorrede in derselben Strophenform vorausgeschickt. In einem Gespräch zwischen dem Doktor Classicus und dem Dichter wird die Beschränkung der Übersetzung auf die drei Episoden sehr hübsch gerechtfertigt. Zwischen den ersten und zweiten Teil hat Ampère dann noch einige verbindende Strophen eingeschoben und ebenso einiges als Abschlufs hinzugefügt. Wir dürfen annehmen, dafs nicht nur die Gründe literarischer Art, die in der Prosavorrede angedeutet werden, Ampère zu seiner Übersetzung bewogen haben. Im Ariost fand er in gewissem Sinne ein Abbild seiner eigenen Gefühle für Mme Récamier. Für diese persönliche Beziehung spricht, dafs der Übersetzung Ort und Jahr der Entstehung beigefügt sind. — In Neapel hat Ampère dann noch aus Byrons Childe Harold die neun Strophen An Inez übersetzt (H. d. p. S. 253—255 mit der Angabe Naples 1824). Hier ist die Beziehung auf Mme Récamier ganz sicher. Die leidenschaftlichen Verse Byrons sind der rechte Ausdruck für die qualvolle Stimmung Ampères in jener Zeit.

Anfang November 1824 reiste Ampère nach Venedig, während Mme Récamier noch längere Zeit in Neapel blieb. In der Lagunenstadt schrieb Ampère den gröfsten Teil der Elegie Venise (H. d. p. S. 124—132). Schon am 16. November erinnert ihn Mme Récamier von Neapel aus daran, dafs er ihr ein Gedicht über Venedig versprochen habe (Mme Lenormant, Mme Récamier, les amis de sa jeunesse et sa correspondance intime S. 236). Am 3. Dezember schreibt sie dann von Rom aus (ib. S. 238): Pourquoi ne m'avez-vous pas envoyé les vers que vous avez faits à Venise? ils sont à moi, je veux les joindre à ceux que vous m'avez laissés. Ampère wurde freilich nicht so schnell fertig, wie Mme Récamier dachte. Als er wieder in Paris angekommen war, schrieb er am 19. Dezember (Corr. I, 310), dafs er noch etwa dreifsig Verse zu schreiben habe. Offenbar machte ihm der Schlufs Schwierigkeiten, weil er dort seine Stellung zu Mme Récamier behandeln wollte. Am 22. Dezember war dann die Elegie fertig (Corr. I, 311). Anfang und Schlufs des Gedichtes handeln von den persönlichen Beziehungen des Dichters. Dieser gedenkt wehmütig der Zeiten, wo es ihm vergönnt war, mit der Geliebten zusammen zu sein. Für seine Stimmung scheint ihm Venedig gerade der rechte Ort. Sehr schön wird eine nächtliche Fahrt auf die Lagune hinaus geschildert. Dann preist der Dichter die Schätze der Kunst, lobt Palladio, der auch Goethe so sehr gefallen hat, charakterisiert die Kirche San Marco mit ihrer bizarren Architektur, ähnlich wie er es in dem Briefe an Mme Récamier vom 18. November 1824 (Corr. I, 296) getan hat. Aber bei dem Gedanken an das harte Regiment in Venedig empört sich Ampères freiheitlicher Sinn. Und endlich sind ja alle Künste der Regierenden vergeblich gewesen. Venedigs Freiheit ist unrühmlich untergegangen. Ja, Venedig hat sogar kein Gefühl mehr für seine Leiden. Man läfst alles gehen, wie es will. Der Tag mufs kommen, wo die unglückliche Stadt in die Fluten zurücksinken wird, aus denen sie einst emporgestiegen ist. Von der Betrachtung des Schicksals Venedigs kommt Ampère auf sein eigenes Schicksal. Wir können seine Gedanken kurz so zusammenfassen: Wenn ihm auch das wahre und volle Glück immer versagt gewesen ist und immer versagt bleiben wird, so kann er doch einigen Trost finden in der Freundschaft, die ihn mit Mme Récamier verbindet. Interessant ist, was Ampère selbst von diesen Schlufsbetrachtungen sagt (Corr. I, 311): Je n'ai pu m'empêcher d'exprimer un regret qu'il faut me pardonner: le regret de ce qui aurait pu être, est le sentiment le plus profond de mon cœur; je n'ai pu l'y contenir, et j'ai osé dire une fois ce que je ne dirai plus. Wenn freilich Ampère Ende 1824 glaubte, dafs die heftige Leidenschaft nun erloschen sei, täuschte er sich. Die alten Gefühle flammten in der nächsten Zeit noch einmal auf. Für die poetische Wirkung ist es sehr glücklich, dafs Ampère uns nicht eine lange Revue über die Geschichte Venedigs gibt, sondern Einzelnes passend herausgreift und mehr seine Stimmungen, sein persönliches Verhältnis zu Venedig darstellt. Jedenfalls gefällt uns Ampères Dichtung besser als die bekannte Elegie W. Schlegels auf Rom, in der sich doch die versifizierte Historie zu sehr vordrängt[1]). Die Elegie Venise bedeutet gegenüber den Versen, die Florenz schildern, einen grofsen Fortschritt. Während das Gedicht Florence in der Anlage sich vielfach mit den Stanzen im vierten Gesange des Childe Harold berührt, ist die Elegie über Venedig von den Stanzen, die Byron dieser Stadt gewidmet hat, durchaus unabhängig. Dagegen kann man in dem Plan der Elegie eine gewisse Ähnlichkeit mit dem der Dichtung Lamartines La liberté ou une nuit à Rome (in den Nouvelles méditations poétiques) finden.

Die Zeit nach der italienischen Reise bringt eine Krisis in der geistigen Entwickelung Ampères. Bis zum Jahre 1824 war er vor allem Poet; nach der italienischen Reise tritt die kritische und literarhistorische Tätigkeit entschieden in den Vordergrund. Im März 1825 erscheint seine erste Rezension im Globe. So ist denn das Thema der nächsten drei Gedichte (aus den Jahren 1825 und 1826) Schätzung der eigenen Kraft und Ausblick in die Zukunft. Das erste Gedicht ist betitelt Ma vingt-cinquième année (H. d. p. S. 12—14, mit dem Datum 1825). Ampère wird es um die Zeit seines Geburtstages (12. August) geschrieben haben. Der Dichter beklagt, wie seine Jugend traurig und ohne Gewinn dahingegangen ist. Aber er will nicht in eitler Trauer verharren. Der Glaube an die Kraft im Innern stärkt ihn:

Réveille-toi, sèche tes larmes!
Comme un guerrier de langueur abattu
Au matin se réveille en saisissant ses armes,
Guerrier, ne cède point sans avoir combattu.
Marche d'un pas plus ferme au vrai but de ta vie;
Travaille, souffre, attends, ton heure doit venir;
Tu dois laisser un nom à la patrie,
Tu dois laisser une œuvre à l'avenir.

Man kann sich fragen, was für ein Werk Ampère hier meint. Zunächst wird man an eine Dichtung denken; ganz ausgeschlossen ist es jedoch nicht, dafs Ampère, als er diese Verse schrieb, schon an ein literarisch-kritisches Werk dachte, etwa an eine Histoire des littératures, wie sie ihm ganz sicher im Gedicht des Jahres 1826 Le monument als Ziel vorschwebt. Leider haben wir für die Jahre 1825 und 1826 nur wenig Briefe von Ampère, so dafs wir die Wandlung in seinem Lebensplane nicht genauer verfolgen können. Nur ein Brief an Mme Récamier vom 7. November 1825 (Corr. I, 370) wirft etwas Licht auf jene Krisis. Wir sehen da, wie Ampère an seinem Dichterberuf zu zweifeln beginnt und schon die Möglichkeit eines Verzichtes auf seine bisherigen Bestrebungen erwägt[2]). Im Jahre 1826 bricht er dann ent-

---

[1]) Ampère hat später die Schlegelsche Elegie, die er wohl auch 1824 schon kannte, sehr günstig beurteilt (in den Portraits de Rome à différents âges). — Unter Sainte-Beuves Poesien findet sich eine Nachbildung des Schlegelschen Gedichtes, in der die ganze Übersicht über Roms Geschichte weggelassen ist! (Sainte-Beuve Poésies complètes Paris 1840 S. 316—318).

[2]) Ampère schreibt: Mon travail avance; j'espère vous porter bientôt ma tragédie fort améliorée: alors nous ferons la tentative sur Talma, et tout dépendra de son résultat. Mais il faudra que ce résultat soit positif.

schieden mit der dramatischen Dichtung und will sich ganz seinem grofsen literar-historischen Werke widmen.

Im Jahre 1826 stellte Ampère dem vorigen Gedichte ein ähnliches zur Seite: Ma vingt-sixième année (II. d. p. S. 15 16). Dies Gedicht schliefst sich an das vorige an. Der Dichter erinnert sich dessen, was er vor einem Jahre bei sich gelobt hat. Er hat noch immer die Gedanken auf das hohe Ziel seines Lebens gerichtet. Aber die Anerkennung der Menschen ist schwer zu erlangen. Bei seinen ersten Schritten auf dem Wege zum Ruhme haben die Freunde an ihm gezweifelt. Doch er wird warten, bis der sicherste Richter, die Zeit, das Urteil der Freunde berichtigen wird. Was von dem Zweifel der Freunde gesagt wird, zielt wohl darauf, dafs Ampères zweite Tragödie Rachel keine günstige Beurteilung fand[1]).

Nach der italienischen Reise flammte die Leidenschaft des Dichters für Mme Récamier noch einmal empor und schuf seinem reizbaren Gemüte viele Qualen. Dazu kam, dafs der Vater sehnlichst hoffte, den Sohn vermählt zu sehen: er hätte sich Clémentine, die Tochter Cuviers, als Schwiegertochter gewünscht. Das war ein Plan, der dem Sohne durchaus widerstrebte. Alles das versetzte ihn in den Zustand heftigster Erregung. Wie schon vor drei Jahren, erschien ihm auch diesmal eine gröfsere Reise als der beste Ausweg aus seiner Lage. Er entschlofs sich, nach Deutschland und Skandinavien zu reisen, wo er seine literar-historischen Pläne verfolgen wollte; doch ging es zunächst nach Süd-Frankreich. Ende August oder Anfang September kam er an den Pont du Gard, wo noch die gewaltigen Reste der alten römischen Wasserleitung zu sehen sind. In jenen Tagen entstand das schöne Gedicht Le monument, das seinem Inhalte nach eng mit den beiden vorigen zusammengehört (II. d. p. S. 195—197, versehen mit der Angabe Au pont du Gard, 1826). Aus einem Briefe vom 8. Oktober 1826 (Corr. I. 379) erfahren wir, dafs der Vater das Gedicht erhalten hat, und hören auch von dem Eindruck, den die Verse auf die Tochter Cuviers machten. Ampère beginnt mit der Klage über sein Schicksal. Dann schildert er das gewaltige Bauwerk im Tal des Gard. In schönen Bildern führt er nun aus, welche Gedanken der Anblick dieses römischen Denkmals in ihm erweckt:

> Ces hommes ne sont plus: qu'importe! ils ont été.
> Leur vie est l'avenir, notre jour n'a qu'une heure.
> Ces hommes ont passé; ce qu'ils ont fait demeure.
> Je voudrais leur néant pour leur éternité.
> Le foudre expire aussi perdu dans un nuage.
> Dans la mer qui l'attend le torrent fait naufrage;
> Mais le foudre a grondé, le torrent a rugi,
> Mais roulant plus à l'aise en son lit élargi
> De son flot qui dévore il a creusé sa plage.
> Avec le foudre éteint que ne suis-je perdu!
> Que ne suis-je emporté par le torrent qui passe!

J'ai pris mon parti de toutes les chances Croyez-moi, j'ai un grand fond de philosophie pour toutes choses, excepté vous; ce qui compose ma vie me semble fort indifférent.

[1]) Ampère sagt in dem Gedichte, er habe sich geweigert, Orakel zu verehren, an die er nicht glaubte. Mit diesen Worten spielt er darauf an, dafs seine Tragödie sich etwas vom klassischen Ideal entfernte. Wegen dieser Abweichung hat er auch mit so grofsem Interesse das Wagnis Lebruns beim Cid d'Andalousie verfolgt.

Pourvu que par la gloire en tout lieu répandu
De mon nom, dans les temps, l'écho fût entendu,
Pourvu que sur ce globe où presque tout s'efface
De mon cours orageux pût s'imprimer la trace!

Ampère preist nun weiter die Tatkraft der Erbauer jenes Monumentes. Ihrem Beispiel will er folgen. So wie jene Römer will er ein Denkmal errichten, das dauern soll:

Moi-même aussi sur cette terre
Je laisserai mon monument![1])

Wir wissen nun aus Ampères Briefen vom 9. September 1826 (Corr. I, 375) und vom 21. September 1826 (Corr. I, 377), dafs er in jener Zeit endgültig auf die Laufbahn des dramatischen Dichters verzichtete und nur noch an die Ausführung seines grofsen literar-historischen Werkes dachte. Wir könnten aber auch den Charakter des geplanten Werkes aus der Beschreibung am Ende des Gedichtes erschliefsen. Man sieht da deutlich, es soll kein poetisches, sondern ein wissenschaftliches, auf tüchtige Arbeit gegründetes Werk sein. — In die Zeit zwischen 1826 und 1830 haben wir das kleine, nur aus zwei Strophen bestehende Zwiegespräch Le poète et l'hirondelle zu setzen (H. d. p. S. 17).

Ins Jahr 1827 gehört, wie Ampère selbst angibt, das Gedicht L'affranchissement de la Grèce. Es steht nicht in der Sammlung der Gedichte, sondern hat seinen Platz in dem Buche La Grèce, Rome et Dante am Schlufs des Aufsatzes La poésie grecque en Grèce erhalten. Dieser Aufsatz wurde zwar zuerst 1844 in der Revue des deux mondes veröffentlicht; doch fehlen hier jene Verse über die Befreiung Griechenlands; sie müssen indes ebenfalls 1844 gedruckt worden sein. Ampère sagt selbst in der (1844 geschriebenen) Vorbemerkung, das Gedicht sei durch ein Preisausschreiben der Académie française veranlafst worden, er habe es aber dann zum Concours nicht eingesandt. Aus seinen Andeutungen ergibt sich, dafs das Gedicht in Bonn entstanden ist. Da Ampère in den Monaten Januar, Februar und März des Jahres 1827 in Bonn war, ist die Dichtung also in diese Zeit zu setzen. Das Gedicht ist zum grofsen Teil dialogisch. Das unglückliche Griechenland bittet zuerst Frankreich um Hilfe. Frankreich ist bereit für Griechenland zu kämpfen. Griechenland wendet sich weiter an Rufsland, aber dieses will nicht helfen; es mufs deshalb scharfen Tadel über sich ergehen lassen. England antwortet nicht auf Griechenlands Flehen, nur Byron tritt für die hellenische Sache ein. Nachdem der Dichter noch Byron verherrlicht und den Fall Missolunghis beklagt hat, tritt er selbst hervor, um zu werktätiger Hilfe für die Griechen aufzufordern:

Donnons du pain, donnons des armes;
Des pleurs valent mieux que des vers,
Un denier vaut mieux que des larmes.

Im Herbst 1828 reiste Ampère nach der Normandie. Auf dieser Reise kam er nach Bayeux und sah dort den berühmten Teppich, auf dem die Eroberung Englands durch die Normannen dargestellt ist und den angeblich Mathilde, die Gemahlin des Eroberers, verfertigt hat. In einem Gedicht La tapisserie de la reine Mathilde (H. d. p. S. 198–200, mit der Angabe Bayeux

---

[1]) Diesen letzten Vers zitiert Ampère ein wenig verändert (J'élèverai mon monument) in dem Briefe an Mme Récamier vom 19. November 1827 (Corr. I, 406).

1828) erzählt Ampère von dem Teppich der Mathilde, wie er ihn zu sehen bekam und wie er den Plan fafste, die Scenen der Tapisserie dichterisch darzustellen. Für Ampères Wesen ist bezeichnend sein Mitleid für die Besiegten in jenem grofsen Kampfe zweier Völker:

Mon cœur battait aussi pour le peuple victime.

In einer Anmerkung zu seinem Gedichte sagt uns Ampère selbst, er habe jenen Plan nicht ausgeführt, nur eine Scene sei vollendet worden. Diese Scene haben wir in der dramatischen Skizze Le droit de naufrage (II. d. p. S. 201—210), die aus derselben Zeit wie das einleitende Gedicht stammt. Wir sehen, wie Harald an der Küste von Ponthieu landet, von den Bewohnern ergriffen wird und sich zuletzt dem hinzukommenden Grafen Guy ergibt. Die kleine Scene ist sehr lebendig. Die beutegierigen Bauern und besonders der Priester, die das Stranden des Schiffes ersehnen, sind mit starker Ironie gezeichnet.

Im Jahre 1828 übersetzte Ampère ein Gedicht des dänischen Dichters Ewald unter dem Titel La mort d'une amie (II. d. p. S. 283—285). Die dem Gedichte beigefügte Jahreszahl weist darauf hin, dafs wir hier eine persönliche Beziehung suchen müssen. Eine solche ist auch leicht zu finden. Ende September 1827 starb jene Clémentine Cuvier, die Ampères Vater so gern als Schwiegertochter begrüfst hätte. Jean-Jacques hatte jedoch eine entschiedene Abneigung gegen die Wünsche seines Vaters gezeigt. Aber der frühe Tod des Mädchens, der unter sehr traurigen Umständen erfolgte, hat ihn doch gewaltig ergriffen. Dem Andenken Clementinens hat er jene Übersetzung gewidmet[1]).

Aus dem Jahre 1830 haben wir zwei Dichtungen Ampères. Vom März dieses Jahres an hielt Ampère in Marseille seine Vorlesung über die skandinavische Literatur. Bei dieser Gelegenheit kam er auch nach Toulon und sah dort die grofse französische Flotte, die am 25. Mai nach Algier segeln sollte. Dieser Anblick veranlafste ihn zu dem Gedicht La flotte (II. d. p. S. 34—39), wo Beschreibungen und Betrachtungen über das bevorstehende Unternehmen miteinander abwechseln. Bezeichnend für Ampère ist das Bekenntnis am Schlufs. Der prächtige Anblick so vieler Schiffe, die doch nur ausgesandt werden, um eine injure douteuse zu rächen, läfst das Herz des Dichters kalt. Wie viel schöner wäre es, wenn die Flotte für die grofse Sache der Freiheit zu kämpfen hätte! — Nicht genau datieren läfst sich das Gedicht A mon âme (II. d. p. S. 33), doch darf man wohl, da es in der Reihe der chronologisch geordneten Contemplations vor La flotte steht, annehmen, dafs es früher als dieses Gedicht entstanden ist. Die Betrachtung Ampères über die Seele erinnert im Ausdruck an eine Reihe von Versen aus Lamartines Méditation La foi (in den Premières méditations poétiques), nämlich an den Abschnitt, der mit den Worten Ame, qui donc es-tu? beginnt.

Im Jahre 1830 entstand aufser der Betrachtung La flotte das Gedicht Le bonheur (II. d. p. S. 18/19, mit dem Datum 1830). Dies Gedicht, in dem sich Scherz und bittere Ironie eigenartig mischen, gehört zu den schönsten Ampères. Schon Sainte-Beuve hat es mit dem höchsten Lobe bedacht[2]). Ampère stellt darin Einst und Jetzt gegenüber, die Vergangenheit, wo

---

[1]) Die Beziehungen Ampères zu Clémentine Cuvier hat zuerst Mme Lenormant dargestellt im Correspondant und dann in dem schon angeführten Buche über Mme Récamier. (Paris 1872.) Vgl. auch Sainte-Beuve, J.-J. Ampère. Nouveaux lundis Bd. 13.

[2]) Das Gedicht ist leicht zugänglich, da es Sainte-Beuve in seinem Aufsatz über Ampère vom Jahre 1840 abgedruckt hat (Portraits contemporains, Bd. 3).

er unglücklich war, aber reich an tiefen Empfindungen, und die Gegenwart, wo die Freunde ihn glücklich preisen, aber sein Herz nichts mehr weifs von starken Gefühlen[1]). Das Gedicht schliefst mit den offenbar an Mme Récamier gerichteten Versen:

Vous qui savez des chants pour calmer la douleur,
Pour calmer la douleur ou lui prêter des charmes,
Quand vos chants du malheur auront séché les larmes,
Consolez-moi de mon bonheur.

Schwierig ist die Datierung des Gedichtes Rêverie dans les montagnes (H. d. p. S. 20—25). In den Heures de poésie steht es zwischen einem Gedichte von 1830 und einem von 1836. Dadurch wäre eine zunächst noch sehr weite Grenze gegeben. Das Gedicht enthält eine Menge von Erinnerungen, auch an frühere Reisen, und daneben Wünsche für zukünftige Fahrten; doch läfst sich damit noch keine genauere Datierung erreichen. Indes können wir, wenn auch indirekt, aus dem Gedicht entnehmen, dafs zur Zeit seiner Abfassung der Vater Ampères noch lebte. Dann kämen wir also auf die Jahre zwischen 1830 und 1836. Die Scenerie in dem Gedichte scheint darauf hinzudeuten, dafs das Gedicht auf einer Reise in die Schweiz entstanden ist. Liefsen sich die vielen Reisen Ampères genauer verfolgen, so würden wir leichter zu einer bestimmten Datierung gelangen. Ampère erzählt, wie er sich von seinen Gefährten trennt, die lieber in der Tiefe bleiben, und wie er zu den Bergeshöhen emporsteigt. Wie er so oben in der Einsamkeit wandert, kommt ihm eine Reihe von Bildern aus der Vergangenheit ins Gedächtnis. Das alles ist sehr schön ausgeführt. Der Schlufs bringt eine Betrachtung über Gott und Unendlichkeit, so dafs das Gedicht ähnlich ausklingt wie Lamartines ebenfalls eine Wanderung in die Berge schildernde Dichtung La solitude (in den Nouvelles méditations poétiques). — Noch unsicherer als bei der Rêverie dans les montagnes ist die Entstehungszeit bei der Ode Prométhée (H. d. p. S. 135/136) und bei dem eine orientalische Sage nacherzählenden oder umformenden Gedichte Nembrod (H. d. p. S. 163/164)[2]).

In der zweiten Hälfte des Sommers 1832 verweilte Ampères Vater in Clermont. Im August wünscht er dringend, seinen Sohn bei sich zu sehen (Corr. II, 45). Am 28. des Monats spricht er seine Freude darüber aus, dafs Jean-Jacques zu ihm kommen will (Corr. II, 48). Im September also ist dieser in Clermont gewesen. André-Marie Ampère war damals mit seinem grofsen Werke über die Philosophie des sciences beschäftigt, das er schon im Winter von 1829 auf 1830 mit dem Sohne besprochen hatte. Die Theorien des Vaters haben Jean-Jacques Anregung zu dem Gedichte Urania, dem eine Widmung A mon père vorausgeschickt ist, gegeben. Das Gedicht ist, wie auch Ampère selbst bezeugt, schon 1832 in Clermont verfafst, aber erst 1835 in der R. d. d. m. (4e série, 2) veröffentlicht worden. Im Jahre 1834 nämlich erschien der erste Band von André-Marie Ampères Philosophie des sciences (über die sciences cosmologiques); so wurde das Gedicht des Sohnes, das gerade die kosmologischen Wissenschaften behandelt, als

[1]) In demselben Jahre 1830, wo Ampères Gedicht entstand, schrieb auch Victor Hugo seine ganz anders angelegte Betrachtung über das Glück (Feuilles d'automne, Nr. 18).

[2]) Ampères Darstellung weicht von der gewöhnlichen Tradition über Nimrods Ende (erzählt bei Weil, Biblische Legenden der Muselmänner, Frankfurt 1845) erheblich ab.

Ersatz für eine Analyse des Werkes in der Revue abgedruckt, und der Herausgeber Sainte-Beuve fügte eine einleitende Bemerkung hinzu. Das Gedicht wurde dann, mit der Vorbemerkung von Sainte-Beuve, in den R. d. p. (S. 40—52) abgedruckt; doch wurde der lobende Satz Sainte-Beuves, der Ampères Contemplation zu ähnlichen Dichtungen Voltaires und Lebruns stellt, weggelassen. Das Gedicht A mon père berichtet, wie die Philosophie des sciences am Ufer des Mittelländischen Meeres in Hyères entstand, und weiter erzählt Jean-Jacques von seinem alten Plane einer grofsen Dichtung über die Natur. Als ein Vorspiel dazu soll das (in der R. d. d. m. als Contemplation première bezeichnete) Gedicht Urania gelten. Es lehnt sich an die Klassifizierung der Wissenschaften, die André-Marie Ampère gegeben hat, an. In den Anmerkungen wird auch auf diese Klassifizierung hingewiesen. Ampère hat in dem Gedichte Urania hauptsächlich die Entwickelung der astronomischen Anschauungen dargestellt. Er hat den schwierigen Stoff ganz glücklich gestaltet und schliefst wirkungsvoll mit dem Hinweis auf die Erweiterung unseres Weltbildes durch Herschels Entdeckungen. Seinen ursprünglichen Plan hat Ampère später nicht weiter verfolgt.

Ebenfalls im Jahre 1832 entstand nach Ampères Angabe das Gedicht L'Océan et la Méditerranée (R. d. p. S. 87—89). Ampère fügt zu dem Titel hinzu: En mer, entre Naples et Palerme. 1832. Aus den wenigen Zeugnissen läfst sich allerdings eine Reise nach Sizilien für das Jahr 1832 nicht belegen. Wir wissen nun, dafs Ampère im Jahre 1831 in Sizilien war; es ist aber ganz unwahrscheinlich, dafs er erst Anfang 1832 nach Frankreich zurückgekehrt sein sollte. Hätte er das Gedicht auf der Rückreise geschrieben, so würde er auch wohl die beiden Städtenamen der Überschrift in umgekehrter Reihenfolge genannt haben. Wir werden also annehmen, dafs er im Herbst 1832 noch einmal in Sizilien war. Das Gedicht stellt in einer Wechselrede sehr schön den Gegensatz zwischen dem gewaltigen Ozean und dem anmutigen Mittelmeer dar. Die ersten vier Strophen mögen als Probe für die Ausführung hier stehen:

L'Océan.

Je suis la mer immense et le gouffre géant
Aux rivages lointains, aux secousses profondes,
La mer aux larges flots, la mer aux grandes ondes,
Le majestueux Océan.

La Méditerranée.

Je suis la mer limpide et fraîche et fortunée,
Aux sinueux contours, aux cieux étincelants,
La mer aux bords bénis, la mer aux flots brillants,
La belle Méditerranée.

L'Océan.

Couché d'un pôle à l'autre, à l'aise et triomphant,
Je berce dans mes bras, qu'autour d'eux je déroule,
Le monde qui commence et celui qui s'écroule,
Comme un vieillard berce un enfant.

La Méditerranée.

Des palmiers de Cadix ma tête est couronnée,
Dans mon beau lit je dors à leur frémissement,
Et de mes pieds d'azur je presse mollement
Les sables de la mer Égée.

Im Jahre 1836 begann Ampère ein Gedicht, zu dem ihm Dantes Divina Commedia den Plan eingegeben hatte. Dies Gedicht, Le Dante au XIXᵉ siècle, sollte eine neue Reise Dantes, unternommen in der Gegenwart, schildern. Einiges davon führte Ampère aus, doch veröffentlichte er 1850 nur den Prolog, der ihm als Muster für die Terzine wichtig schien (H. d. p. S. 67/68). Die Vorbemerkung zu dem Prolog unterrichtet über diese Dinge und skizziert auch ganz kurz den Inhalt des Ganzen: Ce nouveau voyage que Dante, dans ma fiction, entreprenait de notre temps, devait comme l'autre embrasser l'enfer, le purgatoire et le paradis: dans l'enfer, je plaçais les rois; dans le purgatoire, les peuples; le paradis, c'était l'avenir. In dem Prolog wird erzählt, wie Dante in der Mitte der Nacht aus seinem Grabe sich erhebt und sein Vorhaben verkündet, eine neue Wanderung zu unternehmen.

Das Gedicht L'Arc de Triomphe de l'Étoile (H. d. p. S. 211—215) ist eine Wechselrede zwischen dem neuen Frankreich, wie es aus der Revolution hervorgegangen ist, Babylon und Ägypten. Das neue Frankreich hat seinen Triumphbogen errichtet zum Zeichen seines Ruhmes, aber die alten Kulturländer Babylon und Ägypten wollen die Ansprüche der noch so jungen Macht nicht gelten lassen. Ampère rechtfertigt nun Frankreich in Versen, deren Ton sehr an Victor Hugo anklingt. Mögen jene alten Reiche weiterträumen in ihrer Nacht; das neue Frankreich hat schon Herrliches genug getan und wird auch künftig den Völkern voranschreiten. Aus den Worten der France nouvelle:

Pour moi j'ai seulement cinquante ans dans l'histoire

läfst sich schon ein Anhalt für die Datierung des Gedichtes gewinnen, freilich braucht die runde Zahl noch nicht auf ein bestimmtes Jahr hinzuweisen. Aber noch etwas anderes kommt für die Datierung in Betracht. Im Jahre 1837, ein Jahr nach der Vollendung des Arc de Triomphe de l'Étoile, hat Victor Hugo in den Voix intérieures sein Gedicht A l'Arc de Triomphe veröffentlicht, das in seinem Inhalt dem Gedichte Ampères gerade entgegengesetzt ist. Victor Hugo sagt, jenem Werke fehle noch die Weihe des Alters und dadurch stehe es den Denkmälern der alten Reiche nach. Wahrscheinlich wurde Ampères Gedicht durch die Strophen Victor Hugos veranlafst. Wir würden dann das Jahr 1837 als terminus a quo erhalten.

Im Jahre 1838 entstand, wie Ampère selbst angibt, das Gedicht Amitié (H. d. p. S. 26/27). Dieses Gedicht, das beginnt:

J'ai trop vécu par la pensée
J'ai trop peu vécu par le cœur;
Je redescends des monts, car leur cime est glacée;
Ah! ce n'est pas si haut qu'habite le bonheur!

klingt wie ein Widerruf dessen, was Ampère in den Jahren 1825 und 1826 über das Ziel seines künftigen Lebens gesagt hatte. Nur in der Freundschaft will er hinfort das Glück seines Lebens

2*

finden. Da Ampère sagt, die Freundschaft habe ihn schon lange begleitet und das Ende seiner langen Irrfahrt erwartet, so mufs man wohl annehmen, dafs das Gedicht, wie schon so viele frühere, durch seine Gefühle für Mme Récamier veranlafst wurde. — Dagegen möchten wir auf Tocqueville das Sonett La perle A . . . . . (H. d. p. S. 28) beziehen, das zwischen 1838 und 1842 entstanden ist. Ende der dreifsiger Jahre begann ja die Freundschaft Ampères für den Verfasser der Démocratie en Amérique, eine wahre amitié-passion nach Sainte-Beuves treffendem Wort.

Im September 1840 schickte Ampère das soeben in der Revue de Paris gedruckte Gedicht La démocratie, das er seinem Freunde Tocqueville gewidmet hatte, diesem zu. (Die Épître ist dann aufgenommen in die Heures de poésie S. 53—58). Zu jener Sendung gehört Ampères Brief an Tocqueville vom 24. September 1840 (Corr. II, 105), dessen Anfang wir hier wiedergeben, weil wir daraus etwas über Ampères Art zu arbeiten erfahren: Mon cher ami, je vous envoie mon article, pardonnez-moi s'il est en vers, je n'ai pas eu le temps de le faire en prose. Toujours en route, toujours en course, agité de mille affaires et de mille soucis, ma consolation était de m'occuper de vous. Tel vers a été écrit sur le bateau à vapeur, tel autre en diligence, celui-ci en attendant un membre de l'Institut, celui-là dans l'antichambre de Mme Récamier. Die Épître, die etwa in der Zeit von Juli bis September 1840 entstanden ist, gibt eine kurze Darstellung der Ideen Tocquevilles. Ampère knüpft dabei an eine Rheinreise an, die er im Sommer des Jahres 1840 gemacht hat[1]). Die Burgen am Rhein sind die Reste der alten, aristokratischen Zeit, das Dampfboot vertritt das neue, demokratische Zeitalter. Tocqueville dankt für die Übersendung der Épître in einem Briefe vom 27. September 1840 (Oeuvres et correspondance inédites de Tocqueville, herausgegeben von Beaumont, Paris 1861. Bd. 2, S. 103)[2]).

Im Jahre 1842 schrieb Ampère in dem selten verwendeten neunsilbigen Verse das Gedicht L'âge mûr, das letzte in dem Abschnitt Jeunesse et tristesse (H. d. p. S. 29/30, mit dem Datum 1842). Das Gedicht des reifen Mannes zeigt dieselbe wehmütige Stimmung, die wir auch bei dem jungen Ampère so oft gefunden haben. Mit Gedanken an den Tod schliefst die erste Reihe der Lyrica Ampères, so wie sie damit begonnen hat:

Vers un but qui reculait dans l'ombre,
En aveugle on courait sans effort;
Le chemin est plus clair et plus sombre,
On le voit ce but, et c'est la mort[3]).

---

[1]) Er hatte Mme Récamier nach dem Bade Ems geleitet, worauf er auch im Anfange des Gedichtes anspielt.

[2]) In der Korrespondenz Ampères mit Tocqueville wird die Épître noch zweimal erwähnt (Corr. II, 211 und 265).

[3]) Aus einer ähnlichen Stimmung heraus könnte Ampère folgende schöne, allerdings nicht datierte Übersetzung eines Gedichtes von Michelangelo (H. d. p. S. 69) geschrieben haben:

Hélas! hélas! quand je songe aux années
Loin, loin de moi par le temps entraînées,
Je ne puis d'un seul jour dire: je l'ai goûté!
L'amour, les pleurs, le désir, la souffrance,

Die spätesten Gedichte Ampères in der Sammlung Heures de poésie sind die Gedichte aus Ägypten. Ampère unternahm die Reise nach Ägypten nicht nur um der allgemeinen Kenntnis des Landes willen, sondern er verfolgte auch einen bestimmten wissenschaftlichen Zweck dabei, nämlich das weitere Studium der Hieroglyphen; seit einiger Zeit hatte er mit leidenschaftlichem Eifer die Wissenschaft Champollions betrieben. In der Tat brachte auch die Reise Ampères eine Menge wissenschaftlicher Arbeit. Für ihn selbst wie für die Freunde war es eine Überraschung, wenn sich inmitten jener ernsten Tätigkeit die poetische Neigung wieder regte. In dem Bericht über seine Reise entschuldigt sich Ampère denn auch scherzend, als er sein erstes Gedicht abdruckt. Der Reisebericht, den Ampère in der R. d. d. m. (1846—1849)[1] veröffentlicht hat, erlaubt die Entstehungszeit der sechs in Ägypten geschriebenen Gedichte einigermafsen genau zu bestimmen. Die erste Dichtung Le Nil ist gegen den 20. Januar 1845 entstanden; sie fafst die Eindrücke von der zwanzigtägigen Fahrt auf dem Strome zusammen. Gleich darauf sind die beiden Gedichte über Theben entstanden. Das erste, L'attente de Thèbes, ist rein lyrisch, es schliefst mit der Klage, dafs die schönen Stunden der Erwartung und der ersten Freude bald vorüber sein werden. Das zweite Gedicht, Premier aspect de Thèbes, gibt eine Schilderung des gewaltigen Eindruckes der Ruinen von Karnak. Anfang Februar entstand das Gedicht L'île de Philé, bald darauf das Gedicht La Nubie und Ende Februar oder Anfang März das Gedicht La seconde cataracte. Bis zum zweiten Katarakt ging Ampères Fahrt; deshalb schliefst das Gedicht mit Gedanken an die Rückkehr[2]. In der R. d. d. m. und folglich auch in dem Buche Voyage en Égypte et en Nubie findet man nur die Gedichte Le Nil und La seconde cataracte. Die sämtlichen sechs Gedichte stehen in den Heures de poésie S. 165—185.

In den letzten beiden Jahrzehnten seines Lebens scheint Ampère die lyrische und beschreibende Dichtung in der Art, wie sie uns in den Heures de poésie entgegengetreten ist, weniger gepflegt zu haben. Jedenfalls erfahren wir nichts über derartige Gedichte. Dagegen hat

---

Du véritable but m'ont toujours écarté,
Pas à pas maintenant vers la tombe s'avance
Mon corps malade et las, l'ombre vient, le jour fuit,
Et je vais tomber dans la nuit!

Zum Vergleich stehe hier der italienische Text:

Ohimè, ohimè, che pur pensando
A gli anni corsi, lasso, non ritrovo
Fra tanti un giorno che sia stato mio.
Le fallaci speranze, e'l van desio,
Piangendo, amando, ardendo, e sospirando
(Ch'affetto alcun mortal non m'è più nuovo)
M'hanno tenuto, ora il conosco, e provo,
E dal vero, e dal ben sempre lontano.
Jo parto ammano ammano,
Crescemi ognor più l'ombra, e'l Sol vien manco,
E son presso al radere infermo, e stanco.

[1]) Erst nach Ampères Tode sind diese Artikel der Revue zu einem Buche vereinigt worden: Voyage en Égypte et en Nubie. Paris 1868.

[2]) Als Ampère auf dem Heimwege schwer krank wurde, dichtete er noch eine Variante hinzu; siehe darüber R. d. d. m. 1849. Nouv. pér. 1, S. 112 und Voyage en Égypte et en Nubie S. 521.

er in kleineren politischen Satiren seiner Abneigung gegen das zweite Kaiserreich Ausdruck gegeben. Von diesen Gedichten erzählt Mme Lenormant in ihrem Buche über Mme Récamier (S. 381 in de Anmerkung), und Ampère meint sie offenbar, wenn er in einem Briefe des Jahres 1855 von seinen madrigaux sur la situation spricht (Corr. II, 268). Der Drang Ampères dichterisch zu schaffen ist vielleicht in den letzten Jahren kaum schwächer gewesen als früher; doch hat Ampère in dieser Zeit mehr Befriedigung in der dramatischen Gestaltung gefunden[1]).

[1]) Was Lomenie in der Vorrede zu Ampères Mélanges d'histoire littéraire et de littérature (Bd. I S. XVI) von den grofsen Dichtungen sagt, die Ampère in seiner letzten Zeit geschrieben habe, wird man wohl, auf die dramatischen Scenen beziehen müssen.